a clínica
psicanalítica das
**psicopatologias
contemporâneas**

C641 A clínica psicanalítica das psicopatologias contemporâneas / Gley P. Costa e colaboradores. – 2. ed. ampl. – Porto Alegre : Artmed, 2015.
396 p. ; 23 cm.

ISBN 978-85-8271-144-6

1. Psicanálise. I. Costa, Gley P.

CDU 159.964.2

Catalogação na publicação: Poliana Sanchez de Araujo CRB-10/2094

Gley P. Costa
e colaboradores

a clínica psicanalítica das psicopatologias contemporâneas

2ª edição ampliada

2015

© Artmed Editora Ltda., 2015

Gerente editorial
Letícia Bispo de Lima

Colaboraram nesta edição:

Coordenadora editorial
Cláudia Bittencourt

Capa
Paola Manica

Preparação do original
Mônica Ballejo Canto

Leitura final
Cecília Jabs Eger

Editoração eletrônica
Bookabout – Roberto Carlos Moreira Vieira

Reservados todos os direitos de publicação à
ARTMED EDITORA LTDA., uma empresa do GRUPO A EDUCAÇÃO S.A.
Av. Jerônimo de Ornelas, 670 – Santana
90040-340 – Porto Alegre, RS
Fone: (51) 3027-7000 Fax: (51) 3027-7070
É proibida a duplicação ou reprodução deste volume, no todo ou em parte, sob quaisquer formas ou por quaisquer meios (eletrônico, mecânico, gravação, fotocópia, distribuição na Web e outros), sem permissão expressa da Editora.

SÃO PAULO
Av. Embaixador Macedo Soares, 10.735 – Pavilhão 5
Cond. Espace Center – Vila Anastácio
05095-035 – São Paulo, SP
Fone: (11) 3665-1100 – Fax: (11) 3667-1333

SAC 0800 703-3444 – www.grupoa.com.br

IMPRESSO NO BRASIL
PRINTED IN BRAZIL
Impresso sob demanda na Meta Brasil a pedido de Grupo A Educação.

Contemporâneo é aquele que mantém fixo o olhar no seu tempo,
para nele perceber não as luzes, mas o escuro.
(AGAMBEN, 2013, p. 62).

AUTORES

Gley P. Costa
Psiquiatra e Psicanalista. Membro fundador da Sociedade Brasileira de Psicanálise de Porto Alegre (SBPPA). Membro titular da Federação Brasileira de Psicanálise (FEBRAPSI). Membro titular da Federação Psicanalítica da América Latina (FEPAL). Membro titular da Associação Psicanalítica Internacional (IPA). Fundador, professor e membro do conselho da Fundação Universitária Mário Martins (FUMM).

Cynara Cezar Kopittke
Psicóloga. Membro titular da Sociedade Brasileira de Psicanálise de Porto Alegre (SBPPA). Membro do Núcleo de Vínculos da SBPPA. Coordenadora do Grupo de Vínculos da Fundação Universitária Mário Martins (FUMM). Professora da Residência em Psiquiatria da FUMM e da Especialização em Vínculos do Instituto Contemporâneo de Interdisciplinaridade.

David Maldavsky
Doutor em Filosofia e Letras. Diretor do Doutorado de Psicologia e do Mestrado em Problemas e Patologias do Desvalimento na Universidad de Ciencias Empresariales y Sociales (UCES). Diretor do Comitê de Investigação da Asociación Internacional de Psicoanálisis de Pareja y Familia (AIPPF). Diretor da *Revista Subjetividad y Procesos Cognitivos*.

Edson Sá Borges
Psicólogo Clínico. Psicoterapeuta. Especialista em Psicologia Hospitalar. Mestre em Saúde da Criança e do Adolescente pela Faculdade de Medicina da Universidade Federal do Rio Grande do Sul (UFRGS). Professor do Curso de Especialização em Psicologia Hospitalar do Hospital Moinhos de Vento (HMV).

Gildo Katz
Psiquiatra e Psicanalista. Membro titular e didata da Sociedade Brasileira de Psicanálise de Porto Alegre (SBPPA). Professor dos cursos de Psiquiatria e Psicoterapia da Fundação Universitária Mário Martins (FUMM).

José Facundo Oliveira
Psiquiatra e Psicanalista. Membro titular e didata da Sociedade Brasileira de Psicanálise de Porto Alegre (SBPPA). Professor dos cursos de Psiquiatria e Psicoterapia da Fundação Universitária Mário Martins (FUMM).

Liliana Haydee Alvarez
Psicóloga. Mestre em Problemas e Patologias do Desvalimento. Doutora em Psicologia. Professora titular de Metodologia da Pesquisa em Psicologia Clínica e Psicanálise do Doutorado em Psicologia da Universidad de Ciencias Empresariales y Sociales (UCES). Professora titular de Estágios no Mestrado em Problemas e Patologias do Desvalimento na UCES. Diretora do Programa: Investigação em Casais e Famílias da UCES. Coordenadora do Instituto de Altos Estudios en Psicologìa y Ciencias Sociales da UCES.

Nilda E. Neves
Psicóloga. Coordenadora e docente do Mestrado em Problemas e Patologias do Desvalimento da Universidad de Ciencias Empresariales y Sociales (UCES).

Roberto Vasconcelos
Psicólogo. Especialista em Psicoterapia Psicanalítica. Mestrando em Patologias do Desvalimento pela Universidad de Ciencias Empresariales y Sociales (UCES). Coordenador do Ambulatório de Transtornos Alimentares da Fundação Universitária Mário Martins (FUMM).

Sebastián Plut
Psicólogo e Psicanalista. Doutor em Psicologia. Professor titular do Doutorado em Psicologia, do Mestrado em Problemas e Patologias do Desvalimento e do Mestrado em Direito Empresarial da Universidad de Ciencias Empresariales y Sociales (UCES).

Dedico este livro ao grande mestre e amigo David Maldavsky, diretor do Instituto de Altos Estudios en Psicología da Universidad de Ciencias Empresariales y Sociales, de Buenos Aires, cuja contribuição à teoria, à clínica e à investigação psicanalíticas, além de volumosa, apresenta uma profundidade e uma consistência que o situa entre os autores mais profícuos da atualidade.

AGRADECIMENTOS

Agradeço à Artmed Editora pela consideração, estímulo e oportunas sugestões; a Cláudio Rossi pelo prefácio, cujo conteúdo representa uma valiosa contribuição ao tema deste livro; aos colegas José Luiz Petrucci, Celso Gutfreind e Rogério Nogueira Coelho de Souza pelas magníficas resenhas escritas para a revistas *Psicanálise*, da Sociedade Brasileira de Psicanálise de Porto Alegre, para a *Revista Brasileira de Psicanálise* e para o *International Journal of Psychoanalysis*, respectivamente; a Leopold Nosek pela honrosa e generosa apresentação; a Cynara Kopittke, Gildo Katz, José Facundo Passos Oliveira, Edson Sá Borges e Roberto Vasconcelos pela participação em capítulos deste livro; a Adriana Loiferman, Antônio Falcetta, Carla Aladren Taroncher, Carmen Sílvia Mariotto Jubran, Laura Ward da Rosa e Maria del Carmen Aladren de Taroncher pela colaboração; à Fundação Universitária Mário Martins (FUMM), à Sociedade Brasileira de Psicanálise de Porto Alegre (SBPPA), à Federação Brasileira de Psicanálise (Febrapsi) e à Federação Latino-Americana de Psicanálise (FEPAL) pela divulgação da primeira edição do livro; à Sociedade Brasileira de Psicanálise de São Paulo, presidida por Plínio Montagna, pela realização de uma reunião científica em 2012 de debate sobre os temas tratados no livro e apresentados brilhantemente por Marina Miranda; aos professores David Maldavsky, Nilda Neves, Liliana Alvarez e Sebastián Plut, meus mestres no doutorado em Psicologia da Universidad de Ciencias Empresariales y Sociales, de Buenos Aires, pela importante participação, direta e indireta, na elaboração deste livro.

Gley P. Costa

SUMÁRIO

APRESENTAÇÃO 17

PREFÁCIO À SEGUNDA EDIÇÃO 19

PREFÁCIO DA PRIMEIRA EDIÇÃO 23

INTRODUÇÃO À SEGUNDA EDIÇÃO 29
Gley P. Costa

INTRODUÇÃO DA PRIMEIRA EDIÇÃO 31
Gley P. Costa

1. A ANGÚSTIA ESCONDIDA 41
   (Caso Amália)
   Gley P. Costa

2. A HOMOSSEXUALIDADE SONHADA 53
   (Casos Luíza, Paula, Alice e Joana)
   Gley P. Costa

3. SEM FORÇA PARA VIVER 72
   (Caso Aluísio)
   Gley P. Costa

4. INTOXICADO PELA VIDA 87
   (Caso Jacques)
   Gley P. Costa, Liliana Haydee Alvarez e Nilda E. Neves

5. INFÂNCIA INTERROMPIDA 104
   (Caso Lara)
   Gley P. Costa

6. A VIDA MUITO PRÓXIMA DA MORTE 113
   (Casos Ernesto e Ana)
   Gley P. Costa, David Maldavsky, Gildo Katz e José Facundo Oliveira

7. O SILÊNCIO DA ALMA 140
   (Caso Alana)
   Gley P. Costa e Liliana Haydee Alvarez

8. O CORPO INERME 164
   (Caso Lívia)
   Gley P. Costa e Roberto Vasconcelos

9. DEPRESSÃO SEM TRISTEZA 181
   (Caso Isolda)
   Gley P. Costa

10. UM CORPO QUE CAI 194
    (Caso Emílio)
    Gley P. Costa e Gildo Katz

11. ETERNO PRESENTE 213
    (Caso Aquiles)
    Gley P. Costa e Edson Sá Borges

12. ESCRAVA DA DELICADEZA 239
    (Caso Alícia)
    Gley P. Costa e Sebastián Plut

13. VIVER O MUNDO COMO SE NÃO FOSSE O MUNDO 272
    (Casos Guido e Jakob)
    Gley P. Costa

14. O DIA DO GAFANHOTO 279
    (Caso Luana)
    Gley P. Costa

15. A FESTA DA MARCAÇÃO DO GADO 289
    (Caso Armênio)
    Gley P. Costa

16. IMPACIÊNCIA E DESESPERAÇÃO 299
    (Caso Isidro)
    Gley P. Costa e Liliana Haydee Alvarez

17. UM CORPO ESTRANHO NA MENTE 312
    (Caso Júnior e Vera)
    Gley P. Costa e Gildo Katz

18. SOFRIMENTO REFERIDO, MAS NÃO SENTIDO 322
    (Caso Marlene e Luiz Antônio)
    Gley P. Costa e Gildo Katz

19. CARNE DE MINHA CARNE 333
(Casos família Silva e família Oliveira)
Gley P. Costa, Nilda E. Neves e Cynara Cezar Kopittke

20. EU NÃO EXISTO SEM VOCÊ 354
(Casos Mariana, Zilá, Arlete e Isaura)
Gley P. Costa, Sebastián Plut e José Facundo Oliveira

REFERÊNCIAS 381

APRESENTAÇÃO

Devemos dar boas-vindas a esta nova edição do livro do psicanalista Gley Costa e colaboradores. Seu estilo agradável possibilita uma leitura fluida sobre temas difíceis e atuais. Rico em exemplos clínicos e contemplando ampla revisão bibliográfica, permite ao leitor se contrapor à visão do imaginário popular, persistente no meio profissional, de que a psicanálise é uma disciplina interpretativa: a psicanálise explica... Freud já colocava que mais importante que a interpretação de sonhos é o processo de sua construção. Na contemporaneidade, de transformações em velocidade vertiginosa, em que o tempo necessário para o devaneio e o sonho não é encontrado, o espírito não se constrói. Esse é o espaço das patologias atuais e de sua abordagem clínica. É o tempo em que se precisa criar o consciente para que este possa ser esquecido. Uma nova tópica se apresenta? Vamos seguir o autor nesse questionamento. Este é um livro essencial, nascido em nosso meio, que deve ser lido por profissionais e por todos os que tenham interesse em se atualizar nesse deslumbrante campo que é a psicanálise.

Leopold Nosek
Psicanalista. Psiquiatra. Ex-presidente
da Federação Brasileira de Psicanálise (Febrapsi).
Ex-presidente da Sociedade Brasileira de Psicanálise de São Paulo (SBPSP).
Ex-presidente da Federação Psicanalítica da América Latina (FEPAL).

PREFÁCIO À SEGUNDA EDIÇÃO

Sete novos capítulos foram acrescentados a este livro, enriquecendo-o ainda mais. Onze novos casos clínicos ilustram e exemplificam as teorias e os conceitos apresentados. Novos aspectos foram abordados, e temas desenvolvidos na primeira edição foram aprofundados e retomados, facilitando sua compreensão. Dinâmicas e psicopatologias vinculares, conjugais e familiares foram apresentadas e discutidas, pondo em evidência suas interações e consequências sociais. Os novos capítulos e os casos clínicos ajudam a compreender por que as concepções clássicas que dão ênfase ao intrapsíquico são insuficientes para se pensar as patologias com carência de simbolização, tornando-se necessário levar-se em conta o "interpsíquico" e o "extrapsíquico". Novas técnicas são sugeridas e exemplificadas, e modificações de enquadramento são compreendidas e justificadas.

No "Dia do gafanhoto", Capítulo 14, é feita uma revisão das teorias e das técnicas psicanalíticas que mostra como as novas maneiras de pensar permitem abordar e tratar pacientes de forma que as teorias e as técnicas clássicas não dariam conta. O tratamento de Luana, caso que é apresentado no capítulo, somente se desenvolve quando o analista deixa de perseguir *insights* e passa a construir de maneira criativa, juntamente com a paciente, um novo mundo de significados para preencher o vazio deixado pela passagem dos "gafanhotos" (experiências infantis nas quais faltara empatia). A neutralidade e o enquadramento asséptico nesses casos tendem a ser experimentados pelo paciente como uma repetição de experiências traumáticas infantis, o que torna o trabalho improdutivo e cansativo.

Na "Festa de marcação do gado", Capítulo 15, conceitos fundamentais, como função paterna, castração, inscrição do significante pai, assim como a essência dos gêneros masculino e feminino e seu descolamento em relação ao sexo biológico, juntamente com muitos outros, são apresentados para que se possa entender em profundidade as questões levantadas pelo caso de Armênio. Como na primeira edição, conceitos complexos e de difícil apreensão são explicados em linguagem simples e acessível, reafirmando a clareza didática deste livro. Kaës (1993), citado por Gley, afirma que o ser humano é, ao mesmo tempo, herdeiro, escravo e beneficiário da vida psíquica dos que lhe precederam. Esse capítulo ilustra com bastante felicidade essa afirmação.

A dinâmica das correntes psíquicas depressivas e melancólicas que decorrem de fixações na fase oral secundária é examinada no Capítulo 16. As diferenças entre a dinâmica depressiva e a melancólica são apresentadas e exemplificadas no material clínico. Vivências de impaciência e desesperação são analisadas e interpretadas à luz das defesas caracterológicas e das fixações libidinais do paciente.

Os traumas psíquicos, por serem impossíveis de elaboração e simbolização quando ocorrem, ficam como uma espécie de corpo estranho na mente dos pacientes. O Capítulo 17 trata das peculiaridades das dinâmicas vinculares que acontecem nas relações entre pessoas que sofreram traumas. É apresentado um caso de casal no qual ambos os cônjuges passaram por sérias situações traumáticas na infância. Citando Maldavsky, os autores mostram que nesses casos é necessário um trabalho com os pacientes para que eles possam representar a vulnerabilidade psíquica antes de se poder trabalhar com o que pertence ao psíquico. A vivência traumática não perderá sua patogenicidade enquanto o paciente não perceber e aceitar que passou pelas cinco fases do complexo traumático, descritas no texto. Novamente fica claro por que um trabalho excessivamente focado nos conteúdos simbólicos, no psíquico propriamente dito, em casos como esses, pode ficar estagnado em impasses.

Os conceitos de intersubjetividade e transubjetividade são retomados para o trabalho com casais que padecem de patologias tóxicas, Capítulo 18. O conceito de toxicidade, aqui, é similar ao usado por Freud quando definiu as neuroses atuais. Nesses casais, com simbolização precária, encontra-se, como dizem os autores, "um funcionamento narcisista que gera relacionamentos fusionais e adesivos, nos quais as individualidades se tornam indefinidas. Esses vínculos se caracterizam por um verdadeiro aferramento ao outro, sendo esse outro aquele do qual não se pode separar porque permite sustentar uma frágil ilusão de existência". Esses casais não podem ter uma experiência de intersubjetividade, e rupturas são vividas como verdadeiras hemorragias libidinais que podem ser seguidas de apatias duradouras. Também nesses casos o enfoque que privilegia a busca de material simbólico reprimido é pouco adequado e os autores explicam o porquê.

Em "Carne da minha carne", Capítulo 19, vários conceitos de Maldavsky, sobre processos e estruturas vinculares, são apresentados e desenvolvidos. Estuda-se os casos de duas famílias nas quais o desvalimento é sintoma predominante. Uma revisão cuidadosa é feita procurando mostrar diferentes pontos de vista encontrados na literatura, assim como sua evolução histórica. Pactos e acordos inconscientes que estando a serviço da pulsão de morte, acabam provocando desvitalização e crises de violência são descritos e estudados. Nesse denso capítulo, não menos didático e interessante, complexas estruturas identificatórias e pulsionais são estudadas e suas implicações clínica e técnicas apontadas.

No último capítulo, "Eu não existo sem você", em quatro casos clínicos os autores mostram como fantasias inconscientes relacionadas à infertilidade têm grande importância nos casos de reprodução assistida. Levar em conta os aspectos psicodinâmicos desses casos é importante não apenas para promover o equilíbrio emocional dos que procuram a medicina para ter filhos como, também, para sua prole. Citando um trabalho que vem sendo feito pela Sociedade Brasileira de Psicanálise de Porto Alegre com pacientes de um hospital público da capital gaúcha, os autores descrevem uma predominância de fantasias ligadas à infertilidade nesse grupo e apontam para as consequências psicopatológicas esperadas. A infertilidade é frequentemente vivida como uma forte ferida narcísica que provoca defesas com consequências desadaptativas. No capítulo é feita também uma revisão sobre a adoção de crianças e são discutidas as similaridades de problemática entre a adoção e a reprodução assistida.

Com os acréscimos feitos na segunda edição, este livro, que já era uma referência no campo das patologias contemporâneas e seus tratamentos, ficou ainda melhor. Merece ser lido cuidadosamente e estudado. Com certeza enriquecerá o trabalho clínico dos que o fizerem.

Claudio Rossi
Psicanalista. Mestre em Psiquiatria. Membro efetivo da Sociedade Brasileira de Psicanálise de São Paulo. Membro da Associação Psicanalítica Internacional. Ex-presidente da Federação Brasileira de Psicanálise.

PREFÁCIO DA PRIMEIRA EDIÇÃO

Uma das mais nobres e importantes tarefas dos seres humanos é criar e formar as novas gerações. O ser humano, diferentemente dos animais, precisa, para existir, de um longo período de maternagem, seguido de um ainda mais longo tempo de aprendizagem. A capacidade de se relacionar de forma humana – recorrendo à fala, à imaginação, ao pensamento – é desenvolvida no contato com as pessoas que com ele convivem desde o seu nascimento.

Gente não existe no mundo da natureza, mas precisa ser constituída, produzida pelo meio social e histórico em que nasce. Cada vez mais dados da psicanálise e de outras áreas do conhecimento sugerem que o início da vida, os primeiros meses, tem importância crucial para que uma pessoa desenvolva uma série de capacidades psicológicas necessárias para uma vida sadia, criativa e emocionalmente equilibrada.

Freud, com sua espantosa intuição e sua grande capacidade de observação, já havia afirmado e previsto, em sua obra, uma série de possibilidades a respeito da gênese do psiquismo humano que vêm sendo confirmadas pelo trabalho psicanalítico e por inúmeras ciências. Algumas condições são necessárias para que esses primeiros momentos de vida sejam bem-sucedidos, e determinados contextos socioculturais podem facilitar ou dificultar seu acontecimento. Os adultos que vivem em uma sociedade estão submetidos a uma série muito grande de estímulos, exigências, ideologias que determinam sua maneira de ser e pensar, levando-os a se comportar de forma típica àquele momento histórico. Essas influências, evidentemente, exercem-se também sobre sua maneira de criar os filhos e de se relacionar com a família. As consequências desses modos de relacionamento determinam um desenvolvimento dessas crianças que só será percebido e avaliado décadas depois, com todas as dificuldades e complicações envolvidas nesse tipo de verificação.

Muitas das alterações de comportamento e do psiquismo podem levar gerações, de maneira cumulativa, a se desenvolverem plenamente e a revelarem seu caráter benéfico ou negativo. As estruturas socioculturais, porém, não interferem apenas na geração de novas personalidades; atuam intensamente também nos adultos, promovendo alterações positivas ou patológicas. Nem sempre é fácil distinguir um problema atual de outro estrutural e que foi gerado na infância.

Por todas essas razões, é difícil responder com convicção à questão proposta por Gley Costa na introdução deste livro. Pergunta ele se existem patologias específicas do mundo contemporâneo ou se pacientes com tais sintomas sempre existiram, mas eram recusados ou ignorados pela clínica psicanalítica. É provável que o progresso teórico e técnico da psicanálise permita o reconhecimento de novas "doenças", mas é bastante provável, também, que a incidência de certas dificuldades psicológicas tenha aumentado, mesmo não sendo novas, devido à estrutura social e cultural contemporânea. Essa última hipótese é coerente com certo consenso entre os profissionais de que problemas que eram raros há 30 anos se tornaram os mais frequentes na atual clínica do dia a dia. Isso não ocorre apenas na psicanálise e pode ser observado, também, na clínica psiquiátrica, na medicina geral, na pedagogia e em outros ramos de atividade.

Este livro se dedica a essas novas formas de ser e de sofrer, como diz Minerbo, citada por Gley. Nele encontramos uma metódica, ampla e cuidadosa revisão das mais importantes pesquisas e teorias psicanalíticas sobre esses problemas, as quais são um desafio constante para todos os que trabalham no campo da saúde mental. Somente essa revisão já tornaria a publicação uma referência e sua consulta extremamente relevante e obrigatória. A ilustração por meio de casos clínicos, os comentários e as discussões feitas pelo autor promovem uma grande vocação didática ao trabalho, tornando-o acessível, também, para quem tem poucos conhecimentos e pouca experiência na área. Os conceitos são explicados de forma clara e comparados entre si, de tal maneira que o sentido emerge nitidamente, permitindo ao leitor uma visão crítica do texto. Os casos clínicos são suficientemente extensos para que se possa aprender seu contexto e suficientemente breves para que não se perca o foco do que se está querendo esclarecer. Os comentários ajudam a compreensão e levantam questões, impedindo que se esqueça de que a pesquisa continua e de que existem controvérsias e mistérios que estão longe de serem resolvidos.

O estilo coloquial do texto permite uma leitura agradável, apesar da profundidade e da complexidade dos conceitos. O enfoque temático, centrado em conjuntos psicopatológicos típicos, permitiu que contribuições originadas de diferentes autores e escolas psicanalíticas fossem utilizadas de modo complementar, iluminando o assunto focalizado em perspectivas distintas. Tal amplitude, além de enriquecer os conhecimentos e a compreensão, situa a análise na história dos conceitos e das teorias disponíveis no campo. Para os psicanalistas e psicoterapeutas experientes, a leitura deste texto certamente provocará questionamentos sobre a clínica e revisões no que concerne à prática analítica.

Por ter começado com a neurose histérica, a psicanálise se construiu principalmente sobre o mundo simbólico, no qual o conflito psicológico se manifesta por sintomas que o representam. As necessidades da clínica, porém, levaram a uma ampliação do campo psicanalítico para que ele pudesse atender a quadros nos quais a falha na simbolização é a característica predominante. Esses quadros são os que vêm se multiplicando nos dias atuais, colocando em questão uma série de conceitos e posturas desenvolvidos na "clínica do simbólico".

Na introdução, tomando como referência as teorias da angústia da obra de Freud, Gley Costa mostra as diferenças entre a clínica do simbólico (neuroses, psicoses e perversões) e a clínica do desvalimento. Nesta se encontram pacientes que carecem de uma vida simbólica capaz de dar conta dos estímulos endógenos e exógenos, tornando-se, por isso, dependentes de um ambiente empático que, ao falhar, leva-os a ter vivências de um profundo vazio e desamparo.

No Capítulo 1, um caso atual de histeria é apresentado e discutido como um exemplo da clínica do simbólico, tal como esta é concebida pela psicanálise contemporânea. Angústias psicóticas derivadas da ferida narcísica causada pelo sentimento de exclusão da cena primária levam à identificação com o pai (Édipo negativo), com a finalidade de ser o objeto de amor da mãe. A falha dos mecanismos histéricos de defesa leva a paciente a uma depressão na qual a autoestima muito diminuída se compõe com uma escassa capacidade de tolerar a culpa. Na transferência, manifesta-se uma dependência voraz e estéril que não assegura uma boa introjeção. A expectativa é de que o analista, como uma mãe histerogênica dizendo que "está tudo bem", ajude-a a negar a realidade psíquica. Procura, ainda, estabelecer uma pseudorrelação com a finalidade de evitar uma catástrofe interna.

No Capítulo 2, sonhos de quatro pacientes servem para mostrar a importância da forte corrente homossexual, resultante da fixação na fase negativa do complexo de Édipo, na dinâmica da histeria.

A carência de vida simbólica em pacientes que apresentam desvalimento, como a expressão de dor sem qualidade e sem sujeito, é estudada no Capítulo 3.

No Capítulo 4, mostra-se a importância do conceito de correntes psíquicas necessário à compreensão das diferentes formas de angústia e de simbolização em um mesmo paciente. Exemplifica-se com o caso de Jacques, que apresenta uma sintomatologia tóxica e fóbica, ou seja, as angústias automática e sinal. Nesse caso, mostra-se a importância de o analista se manter empático e sustentar a eficácia simbólica de seu pensamento, fazendo frente a fortes vivências contratransferenciais que tendem a impedir essas duas funções. Os pacientes com deficiência simbólica precisam, para evoluir, ter a experiência de ser reconhecidos em sua subjetividade.

As carências na primeira infância de um vínculo empático que permita o desenvolvimento da subjetividade e da atividade fantasmática têm como uma de suas consequências clínicas a manifestação de patologias nas quais um narcisismo com atividades mentais empobrecidas é acompanhado de uma tendência a somatizações. Uma grande quantidade de pesquisas em neurociências, em neurogenética, em psiquiatria e em psicologia do desenvolvimento tem mostrado que a estrutura cerebral é afetada de maneira importante por experiências negativas na primeira infância, reduzindo a capacidade de tolerar frustrações e a resiliência de maneira geral. Esses dados confirmam os achados da clínica psicanalítica. No Capítulo 5, o "caso Lara" ilustra como uma experiência traumática precoce, que teve como consequência um empobrecimento simbólico e identificatório, levou a um quadro de sobreadaptação ou falso *self*.

No Capítulo 6, mostra-se a utilidade do uso de um algoritmo desenvolvido por Maldavsky para uma investigação das erogeneidades e das defesas por meio da linguagem. A partir da aplicação do método em dois pacientes, verifica-se que se pode refinar a análise do material, dando ensejo a novas hipóteses e conceitos.

As patologias psicossomáticas são discutidas no Capítulo 7, e os conceitos fundamentais das escolas que estudam esses quadros clínicos são nele apresentados. Assim, são definidos traumatismo, somatização, pensamento operatório, depressão essencial e mentalização, de acordo com a escola de Marty. Críticas de André Green a esses conceitos são apresentadas, e conceitos de Maldavsky são expostos. Deste último, os conceitos de libido intrassomática, apoiado em Freud, e de fixação intrassomática, que precede às fixações orais primárias, permitem a superação de algumas dificuldades teóricas da escola francesa. Examinam-se, também, as relações interpessoais dos pacientes que padecem de distúrbios psicossomáticos e mostra-se a diferença entre a intersubjetividade e a transubjetividade características desses pacientes. Nessa última existe uma abolição de limites que diferencia as subjetividades, levando a investimentos fusionais e adesivos.

Nos Capítulos 8 e 9, que respectivamente tratam dos quadros de anorexia e de depressão sem tristeza, entra-se na chamada clínica do vazio. Na anorexia, é discutida a relação do corpo com a sociedade contemporânea, na qual ele é transformado em objeto com valor de mercadoria a ser exibida. Nessa psicopatologia, o narcisismo negativo – que visa a redução dos estímulos a zero e que promove a desobjetalização na forma de um ataque à própria função objetalizante, usando o repúdio dos afetos – busca neutralizar um excesso de excitação, a qual, por sua falta de simbolização, não é capaz de manejar.

Nas depressões sem tristeza, que se caracterizam por uma carência de simbolização da ausência, não estão presentes a culpa e o objeto. A imobilidade, uma espécie de morte em vida, uma vida em suspensão, é a única defesa possível diante da ameaça de aniquilamento causada pela torrente de experiências traumáticas precoces. A falta de uma mãe empática – a "mãe morta" de Green, a "mãe frígida" de Fédida, o "déspota louco" de Maldavsky – promove uma retirada dos investimentos libidinais, o que resulta no vazio. O paciente não busca prazer, mas a calma, dado o caráter traumático de qualquer excitação. O analista tende a ser neutralizado e a sentir desvitalização na forma de desinteresse e sonolência. O trabalho será o de uma verdadeira construção de experiências emocionais para que a relação analítica tenha significado.

A neurose de angústia, com sua correlata psiquiátrica síndrome do pânico, é estudada no Capítulo 10. Discutem-se as bases psicanalíticas e as dificuldades que surgem pelo fato de quadros neuróticos, fóbicos e outros se superporem à patologia tóxica, que é o núcleo dos quadros de pânico e que, portanto, não tem representação simbólica.

No Capítulo 11, é feita uma revisão histórica do conceito de trauma, com o aprofundamento das suas bases psicanalíticas. Comparam-se as psiconeuroses com as neuroses traumáticas, e discutem-se a importância e as funções das fixações. A identificação primária e sua relação com as patologias narcísicas são desenvolvidas no Capítulo 12. Os conceitos de identificação primária e ego prazer purificado são definidos e as patologias narcísicas estudadas e exemplificadas com um caso clínico.

No Capítulo 13, dois filmes sobre o Holocausto nazista são usados para ilustrar a função do humor e da esperança na proteção contra as experiências traumáticas e para a sua superação. A relação inicial com uma mãe empática é a base do desenvolvimento da esperança, que consiste na crença de que no futuro virá a ajuda da parte de alguém que uma vez já a concedeu. No humor, que é o oposto do ressentimento, o indivíduo trata a si mesmo como um adulto que procura amenizar uma realidade que a criança experimenta como avassaladora. Gley Costa, nesse último capítulo, sugere que o que se espera de um tratamento analítico é que este ajude o paciente a enfrentar os traumas da vida com uma dose de humor e com esperança em uma saída.

Este livro, com diferentes abordagens e diversos casos clínicos, mostra a importância da relação empática na primeira infância e a grande dificuldade que representa tratar as consequências de suas falhas. A maior incidência epidemiológica das patologias tratadas aqui, todas elas, de alguma forma, estão ligadas à falta dessas experiências empáticas subjetivantes. Isso sugere que o meio sociocultural contemporâneo não é propício para que as relações mãe-

-bebê aconteçam de maneira satisfatória. Várias pesquisas têm demonstrado que pequenos investimentos visando o apoio à maternagem resultam em grande economia em futuras despesas em saúde, educação e segurança pública.

A psicanálise vem chamando a atenção para isso há um século. Enquanto a prevenção não for eficaz, porém, caberá aos psicanalistas, aos terapeutas e a outros trabalhadores da saúde tentar tratar e remediar essas tristes patologias. Para isso, é necessário que sejam capazes de ter o humor e a esperança descritos no Capítulo 13. Somente com esses elementos será possível enfrentar o terrível vazio que seus portadores sentem na alma.

Claudio Rossi
Presidente da Federação Brasileira de Psicanálise
(Gestão 2008-2009)

INTRODUÇÃO À SEGUNDA EDIÇÃO

Gley P. Costa

Nesta publicação, estamos ampliando as situações clínicas estudadas na primeira edição, mantendo o mesmo modelo de elaboração dos capítulos. Como enfatizamos na introdução da primeira edição, Freud construiu o edifício teórico da psicanálise a partir dos seus primeiros pacientes que, de certa forma, formavam uma clínica da angústia. O estudo deste conceito fundamental e indispensável da psicanálise, desenvolvido na introdução da primeira edição, possibilita uma melhor compreensão das psicopatologias contemporâneas, que incluem as manifestações clínicas subjetivadas, causadas por conflitos psicológicos e acontecimentos passados, e as manifestações clínicas não subjetivadas e não relacionadas a experiências conflituosas passadas. Esses dois grupos psicopatológicos encontram-se representados, de um lado, pelas neuroses, psicoses e perversões, configurando uma clínica do simbólico, e, de outro, por pacientes que demonstram uma capacidade muito precária para modular operativamente a angústia, recorrendo a defesas que visam atenuar as vivências de vazio, frieza e desamparo pelas quais o ego se sente invadido, configurando uma clínica do desvalimento. Esses pacientes apresentam uma perturbação da consciência originária, com o que se perde a qualificação, quer dizer, o registro dos afetos e dos matizes sensoriais diferenciais (Maldavsky, 1996). Um terceiro grupo psicopatológico reúne pacientes que apresentam fragmentos neuróticos, psicóticos ou perversos e fragmentos desvalidos em diferentes proporções ou em diferentes momentos, sendo o conceito freudiano de correntes psíquicas da maior importância para o entendimento e o manejo dessas situações clínicas. Esse é o contexto teórico que nos serviu de referencial para estudar os casos dos 20 capítulos que integram esta segunda edição, à qual incluímos estudos sobre problemas de identidade de gênero, de relacionamento de casal e família, de depressão e melancolia, de infertilidade e, ainda, de técnica psicanalítica.

Entendemos que a clínica psicanalítica contemporânea se define por três vértices relacionados: clínico, teórico e técnico. O vértice clínico encontra-se representado pela ampliação da psicanálise para dar conta dos pacientes cujos sintomas não permitem a redução histórica ou simbólica das vivências e não podem ser concebidos como satisfações sexuais substitutivas ou como transações entre moções pulsionais opostas, não respondendo, devido a isso, à técnica psicanalítica clássica. O vértice teórico, de acordo com Urribarri (2012), compreende uma leitura criativa de Freud, que revalorize a metapsicologia e o método freudiano como fundamentos da psicanálise, e a apropriação crítica das principais contribuições pós-freudianas, o que inclui um diálogo com autores contemporâneos de diversas correntes. A perspectiva metapsicológica contemporânea, tendo em vista as patologias não simbolizadas, também chamadas "não neuróticas", enfatiza, do vértice da técnica, a importância do enquadre interno do analista e a complexa pluralidade de seu funcionamento na sessão. O trabalho a ser desenvolvido deve ter como meta a construção das experiências não sentidas para que possam obter significação na relação analítica. Tendo em vista esse fim, a atitude do analista deve ser predominantemente facilitadora, reanimadora, explicativa, discriminativa e inter-relacionadora, tendo sempre presente na relação transferencial a diferença entre intersubjetividade e transubjetividade, como forma de evitar um atravessamento narcisista que implica investimentos fusionais e adesivos, os quais dão lugar à formação de uma dupla que funciona como continente de conteúdos indiferenciados.

INTRODUÇÃO DA PRIMEIRA EDIÇÃO

Gley P. Costa

Freud construiu o edifício teórico da psicanálise a partir de seus primeiros pacientes que, de certa forma, formavam uma clínica da angústia. Percorrer a trajetória desse conceito polissêmico na obra freudiana constitui base fundamental e indispensável para uma melhor compreensão da clínica psicanalítica contemporânea. Essa afirmativa é válida tanto para as manifestações clínicas subjetivadas, causadas por conflitos psicológicos e acontecimentos passados, quanto para as manifestações clínicas não subjetivadas e não relacionadas a experiências conflituosas passadas. Esses dois grupos psicopatológicos encontram-se representados, de um lado, pelas neuroses, psicoses e perversões, configurando uma clínica do simbólico, e, de outro, por pacientes que demonstram uma capacidade muito precária para modular operativamente a angústia, recorrendo a meios auxiliares, como as drogas, as compulsões sexuais e o *acting out*, através dos quais tentam atenuar as vivências de vazio, frieza e desamparo pelas quais o ego se sente invadido.

Costuma-se dizer que Freud postulou, no transcurso de sua obra, duas ou, para alguns autores, três teorias da angústia. Na realidade, trata-se de apenas uma que foi adquirindo um refinamento a par de um conhecimento mais sofisticado do funcionamento mental. Entre tais autores, encontra-se Green (1982), segundo o qual é possível distinguir três períodos na teoria freudiana da angústia, os quais não obedecem, rigorosamente, a uma ordem cronológica:

1º A angústia se inscreve no corpo, sendo abordada no contexto das neuroses atuais, em particular a neurose de angústia e suas relações com a vida sexual. Trata-se de uma teoria orgânica ou não psíquica da angústia. Esse afeto desagradável é definido como uma descarga automática, resultado de um acúmulo de excitação sexual que, ao ultrapassar a capacidade de elaboração psíquica do ego, é descarregada diretamente no corpo. Esse transbordamento de excitação, que Maldavsky (1995b) chama de "hemorragia libidinal", é traumático para o ego, gerando uma perda do calor vital. Os textos freudianos de referência sobre esse registro inicial da angústia são os seguintes: "Rascunho E" (Freud, 1977c), "Obsessões e fobias: seu mecanismo psíquico e sua etiologia" (Freud, 1976r), "Sobre os critérios para destacar da neurastenia uma síndrome particular intitulada 'neurose de angústia'" (Freud, 1976t) e "Uma réplica às críticas do meu artigo sobre a neurose de angústia" (Freud, 1976y), podendo-se ainda acrescentar "A sexualidade na etiologia das neuroses" (Freud, 1976c).

2º A angústia, sem deixar de ser inscrita no corpo, se inscreve, também, na mente, sendo abordada no contexto das psiconeuroses de defesa (histeria de conversão, histeria de angústia [fobia] e neurose obsessiva), intimamente relacionada com a libido recalcada e dela decorrente. De acordo com essa elaboração teórica, a angústia seria fruto do recalcamento *(Verdrängung,* em alemão; *repression,* em inglês; *represión,* em espanhol), portanto vinculada ao conflito psíquico. Apesar disso, mantém-se a ideia da fase inicial de que a angústia é um produto tóxico, ou seja, sem função, embora possa ser retomada pelo sintoma e se tornar uma angústia de segundo grau. Esse novo registro da angústia encontra-se referido, de forma muito destacada, na Conferência XXV da obra "Conferências introdutórias sobre psicanálise" (Freud, 1976i), assim como em "A interpretação dos sonhos" (Freud, 1972a) e, ainda, em "Análise de uma fobia em um menino de cinco anos" (Freud, 1976e) e "História de uma neurose infantil" (Freud, 1976k). Embora esta segunda teoria da angústia, correspondente à conceituação da primeira tópica, tenha atingido um grau mais elevado de elaboração nos trabalhos citados, deve ser lembrado que ela já estava presente desde os estudos iniciais de Freud sobre a histeria, assim como nos artigos "As neuropsicoses de defesa" (Freud, 1976h) e "Novos comentários sobre as neuropsicoses de defesa" (Freud, 1976o).

3º O terceiro momento, correspondente à vigência da segunda tópica, é o mais rico da reflexão de Freud sobre a angústia a partir do qual ele deixa de descrever esse afeto como uma transformação da libido recalcada e passa a considerá-lo, opostamente, uma condição que coloca em ação o processo de recalcamento. Essa nova teorização confere à angústia uma função estruturante da mente e lhe atribui um caráter defensivo diante dos perigos que ameaçam o ego. O texto fundamental dessa etapa é "Inibições, sintomas e ansiedade" (Freud, 1976k). A partir desse artigo, não é mais possível explicar a angústia como libido tóxica, como assinala Freud (1976n) em "Novas conferências introdutórias sobre psicanálise".

O centro passa a ser o ego que, para se defender da angústia resultante de seus conflitos com o id e o superego, recorre ao recalcamento. A propósito da fantasia que sofreu repressão no *Pequeno Hans** (ser mordido por um cavalo) e no *Homem dos lobos*** (ser devorado por um lobo), refere Freud (1976k, p. 131) que ela era substituta e, ao mesmo tempo, uma distorção do receio de ser castrado pelo pai, acrescentando:

> O afeto de angústia, que era a essência da fobia, não proveio do processo de recalcamento, mas do próprio agente repressor. Foi a angústia que produziu o recalcamento e não, como eu anteriormente acreditava, o recalque que produziu a angústia.

Portanto, nesse terceiro estágio da teoria da angústia, o perigo externo possui uma conotação narcísica e consiste, sobretudo, na ameaça da castração. No entanto, a castração não é a única fonte de perigo: ela envolve outras situações que remontam ao nascimento e a outros momentos do desenvolvimento do ser humano. Diz Freud (1976k, p. 156) que a angústia

> [...] é um estado especial de desprazer com atos de descarga ao longo de trilhas específicas, mas um relato puramente fisiológico dessa natureza quase não nos satisfará: somos tentados a presumir a presença de um fator histórico que une firmemente as sensações de angústia e suas inervações.

Nessa linha, adverte o autor que o nascimento é a primeira experiência de angústia vivida pelo ser humano, uma vez que ela implica um montante de excitações incontroláveis pelo imaturo aparelho psíquico do bebê. Segundo suas palavras, "[...] a angústia surgiu originalmente como uma reação a um estado de perigo e é reproduzida sempre que um estado dessa espécie se repete" (Freud, 1976k, p. 157). Ao enfatizar o nascimento como situação traumática inicial, Freud retorna à metáfora do rompimento, no ato inaugural da vida, da vesícula-organismo, uma barreira de proteção antiestímulo, que encontramos no "Projeto para uma psicologia científica" (Freud, 1977b). Sendo assim, podemos falar em uma angústia primária que vai gerar, segundo outra ideia de Freud (1974g), um recalcamento primário. Portanto, como esclarece Freud, ainda em "Inibições, sintomas e ansiedade", no

---

* Corresponde ao artigo "Análise de uma fobia em um menino de 5 anos" (Freud, 1976e).
** Corresponde ao artigo "História de uma neurose infantil" (Freud, 1976k).

período inicial da vida, marcado pela absoluta imaturidade e pela falta de autonomia do ego, a ameaça é de desamparo psíquico, de perda do objeto, assim como na fase fálica a ameaça é de castração e, no período de latência, a ameaça é do superego (perda do amor do objeto).

Como desfecho desses três momentos, podemos dizer que, para Freud, o nascimento é a experiência prototípica de todas as situações de perigo que o sujeito vai se defrontar ao longo de sua existência, podendo sua condição traumática ser ressignificada em situações de perigo e, como consequência, gerar uma reação inadequada. Nesses casos, o tipo de angústia resultante se caracterizará como "automática". A reação adequada se efetuará no reconhecimento de que essa experiência inicial traumática, em determinada situação, poderá ocorrer novamente, representando um "sinal de angústia", o qual levará o indivíduo a tomar medidas para evitar que a correspondente angústia "automática" se instale. Portanto, a partir de "Inibições, sintomas e ansiedade", verificamos que a teoria freudiana da angústia passou a ser única, mas com duas formas de apresentação: uma denominada *automática*, relacionada às situações traumáticas, e outra denominada *sinal*, própria dos quadros neuróticos e psicóticos. No primeiro caso, a angústia surge como o sintoma de uma situação em que o ego se vê avassalado por um montante de excitação que ultrapassa a sua capacidade de processamento psíquico. Isso ocorre como consequência da imaturidade do ego ou de uma quantidade excessiva de excitação. No segundo caso, a angústia antecipa ao ego que este se encontra em perigo, e ele, para se proteger, para evitar cair em uma angústia automática, se outra medida mais sadia não for possível, poderá recorrer à formação de sintomas, os quais, quando fracassam, liberam novamente a angústia. Ainda de acordo com o referido texto, o protótipo da angústia automática é o trauma do nascimento, e o protótipo da angústia sinal é a ameaça de castração, a qual vai remeter a outras angústias, como a da perda do objeto, da perda de amor, a angústia ante o superego e a angústia social.

Tendo em vista a angústia implicada nas duas situações caracterizadas por Freud, inferimos que, examinando pela clínica, ela possui duas formas de apresentação:

1. nas psiconeuroses, funciona como um sinal de alerta, razão pela qual foi denominada "angústia sinal", relacionada com a repressão dos impulsos sexuais, como é possível observar com riqueza de detalhes na histeria;
2. nas neuroses atuais, é a pura expressão de um montante de excitação que superou a capacidade de integração e processamento psíquico do ego e que, como resultado, não se descarrega sob a forma de libido e se extravasa automaticamente, sendo chamada, por isso, de "angústia automática".

Em relação às neuroses atuais, Freud acreditava que, nessa situação, as manifestações de angústia eram inacessíveis à técnica psicanalítica pelo fato de carecerem de um conteúdo simbólico, configurando um estado "tóxico" da mente. Provavelmente, por essa afirmativa, a teoria das neuroses atuais, na qual se baseava a neurastenia e a neurose de angústia, foi deixada de lado pela psicanálise, assumindo a psiquiatria biológica a primazia do tratamento dessas patologias. Entretanto, nos últimos anos, tem-se constatado na clínica psicanalítica que os sintomas de um grande número de pacientes extrapolam os limites do simbólico, exigindo o aporte de novos interrogantes, visando evitar um desgaste epistemológico decorrente do emprego de um referencial conceptual insuficiente ou inadequado. Como disse Green (2002, p. 39), "[...] a psicanálise, ao estender seus interesses, e os pacientes, ao consultar os psicanalistas, ultrapassando um pouco os limites das psiconeuroses de transferência, confrontaram a disciplina com dificuldades que ela não conhecia". De certa forma, ela conhecia, mas havia deixado de lado.

Na prática atual, tornou-se comum os pacientes chegarem a nós sem uma definição clara do seu sofrimento, não raro encaminhados por um clínico devido a sintomas físicos que podem ser confundidos com as somatizações dos histéricos; diferentemente desses, contudo, seus corpos são simbolicamente desabitados de emoções. Na verdade, esses pacientes questionam as hipóteses estabelecidas a respeito da representação simbólica, da função da erogeneidade – incluindo o masoquismo erógeno originário – e do valor dos mecanismos de defesa. Em sua vida pulsional, predomina uma tendência a deixar-se morrer, identificada como apatia, e sua defesa mais consistente é o repúdio do afeto (*Verwerfung,* em alemão; *repudiation,* em inglês; *desestimación,* em espanhol), que compromete os fundamentos da subjetividade, ou seja, a captação das qualidades psíquicas dos vínculos.

As teorias psicanalíticas que melhor explicam essas patologias são, justamente, as correspondentes às neuroses atuais e às neuroses traumáticas, entendendo-se como trauma um estímulo externo suficientemente forte para romper a barreira de proteção sob a qual se encontram abrigados os receptores sensíveis. A situação traumática se configura, portanto, pelo ingresso de grandes volumes de excitação no aparelho psíquico, dificilmente tramitáveis. Diferentemente das psiconeuroses, os sintomas desses quadros não permitem a redução histórica ou simbólica das vivências e não podem ser concebidos como satisfações sexuais substitutivas ou como transações entre moções pulsionais opostas, não respondendo, devido a isso, à técnica psicanalítica tradicional, baseada na associação livre e na interpretação.

Sendo assim, para dar conta desse universo sensorial caracterizado por uma falta de qualificação, impõe-se a necessidade de um novo paradigma capaz de ampliar a psicanálise para uma mente cuja lógica não é a do prazer-desprazer de uma erogeneidade representada, mas a da tensão-alívio de descargas, muito mais primitiva, carente de inscrições psíquicas, portanto, de subjetividade. Dessa forma, no lugar do tradicional "tornar consciente o inconsciente", visaríamos "tornar consciente uma percepção", considerando um funcionamento psíquico no qual se constata uma sensorialidade que não registra diferenças qualitativas dos estímulos mundanos, mas apenas frequências e períodos, a partir dos quais são estabelecidas equivalências não simbólicas. Assim como a primeira tópica deu conta das neuroses e a segunda tópica cuidou das psicoses, uma terceira tópica, esta da consciência, quem sabe possa dar conta dessas novas patologias, modificando o significado de cura em psicanálise e propondo uma ampliação do *setting* para acolher esses pacientes que representam grande parte da clínica psicanalítica contemporânea.

Apesar disso, as descobertas de Freud sobre o conteúdo simbólico dos sonhos, dos atos falhos, dos chistes e dos sintomas histéricos, além da evidência de uma força anímica de uma sexualidade e de um desejo recalcados, continuam representando os fundamentos da teoria e da técnica psicanalíticas. Não obstante, verificamos que a histeria, considerada a psicopatologia paradigmática dessa clínica do simbólico, já não mais se apresenta em suas formas clássicas, inseridas no contexto do conflito triangular edípico, mas como um modo de vida para lidar com angústias que são bem mais profundas, predominantemente relacionadas a uma fixação na etapa oral do desenvolvimento. Um dos trabalhos que, com muita propriedade, enfatiza a diversidade da clínica de pacientes histéricas chama-se "The so-called good hysteric" (Zetzel, 1968), no qual a autora refere que o grupo de pacientes do sexo feminino – com base nas manifestações sintomatológicas e caracteriológicas, consideradas genericamente histéricas – encontra-se distribuído em quatro subgrupos, a saber:

1. as verdadeiras boas histéricas, que são mulheres jovens preparadas e dispostas a enfrentar todos os aspectos da psicanálise tradicional;
2. as histéricas potencialmente boas, que são mulheres jovens cujo desenvolvimento, sintomatologia e estrutura caracteriológica sugerem claramente um transtorno histérico analisável, mas estão menos preparadas e/ou internamente prontas para o sério compromisso necessário para estabelecer a situação analítica;
3. mulheres com uma estrutura caracteriológica depressiva subjacente que frequentemente apresentam uma sintomatologia histérica manifesta que encobre sua patologia mais profunda;
4. mulheres cuja sintomatologia histérica demonstra logo serem pseudo-histéricas e pseudogenitais e, como consequência, raramente reúnem as condições necessárias para se submeterem a uma análise convencional.

Zetzel tem razão ao destacar a raridade das "histéricas puras" (subgrupos 1 e 2), predominando os dois últimos subgrupos, os quais caracterizam, do nosso ponto de vista, a histeria dos dias atuais (subgrupo 3) e as patologias mais graves (subgrupo 4), entre as quais se incluem as do desvalimento*, tendo como fio condutor a angústia em suas duas faces – sinal e automática –, cuja clara distinção não podemos subestimar, configurando, no primeiro caso, uma mente cuja lógica é a do prazer-desprazer e, no segundo, uma mente cuja lógica é a da tensão-alívio de descarga.

Trata-se, portanto, de dois funcionamentos psíquicos que, por meio da abordagem de Zetzel, encontram-se condensados, revelando a tendência que predomina por muitos anos na psicanálise de pensar "histericamente" a totalidade das manifestações psicopatológicas. Como diz Gauthier (2004, p. 302), "[...] a histeria constitui, ainda hoje, o horizonte epistemológico da psicanálise, o que equivale a dizer que, na psicanálise, é impossível pensar o corpo sem fazer dele a expressão de desejos supostamente recalcados ou inconscientes", em que pese, como ocorre frequentemente na clínica psicanalítica contemporânea, o corpo dos pacientes ser simbolicamente desabitado de emoções. Perceber essa diferença é fundamental porque, se na primeira situação, como disse Freud, a meta da psicanálise é tornar o inconsciente consciente, na segunda situação, deveríamos trabalhar no sentido oposto, ou seja, tornar o consciente inconsciente, visando ajudar o paciente, inicialmente, a construir uma mente subjetivada.

Diante disso, neste livro, através de estudos de casos, procuramos enfocar, de um lado, a clínica do simbólico, representada pela clássica histeria, na forma como ela se apresenta na atualidade (Capítulos 1 e 2); de outro, a clínica formada por pacientes que carecem de uma vida simbólica, o que decorre de uma fixação a uma etapa do desenvolvimento em que o aparelho

---

* "Patologias do desvalimento": Expressão cunhada por David Maldavsky (Maldavsky, 2004; Maldavsky et al., 2005, 2007) para designar a clínica de pacientes com traços autistas, as neuroses tóxicas e traumáticas, as doenças psicossomáticas, as traumatofilias, as adições, os transtornos alimentares, as perturbações do sono, a violência vincular, a promiscuidade e outras patologias que, do ponto de vista teórico, técnico e clínico, diferem das neuroses, psicoses e perversões. A palavra "desvalimento", no alemão "Hilflosigkeit", tirada da obra de Freud, foi traduzida para o português como "desamparo", conforme encontramos na introdução de Strachey em "Inibições, sintomas e ansiedade" (Freud, 1976k, p. 99), da tradução das *Obras completas* de Freud (Ed. Imago): "O determinante fundamental da ansiedade automática é a ocorrência de uma situação traumática; e a essência disso é uma experiência de desamparo por parte do ego em face de um acúmulo de excitações, seja de origem externa ou interna, que ele não consegue tramitar".

mental é incapaz de responder por si só aos estímulos endógenos e exógenos, gerando uma vivência de desvalimento quando essas pessoas não conseguem contar com a ajuda de um ambiente empático (Capítulos 3 a 12).

Além dos construtos relacionados ao conceito de angústia e da observação das características das manifestações dos pacientes que atualmente nos procuram, uma reflexão de Freud, registrada em uma nota de rodapé do pós-escrito do famoso *Caso Dora*, publicado no artigo "Fragmentos da análise de uma caso de histeria" (Freud, 1972c, p. 116), nos proporciona um conhecimento de fundamental importância para acompanhar as variações defensivas de uma clínica formada por patologias de grande complexidade. A citada reflexão foi consignada nos seguintes termos:

> Quanto maior o intervalo de tempo que me separa do fim dessa análise, mais provável me parece que a falha em minha técnica esteja nessa omissão: não consegui descobrir a tempo nem informar a paciente que seu amor homossexual era a corrente inconsciente mais poderosa de sua vida mental.

A existência de "correntes psíquicas" simultâneas no funcionamento mental inconsciente tem sido objeto de estudo de David Maldavsky (2008), que recebeu em 2007 um *grant* do Research Advisory Board da International Psychoanalytical Association (IPA) para realizar uma investigação sistemática sobre o assunto, utilizando-se do método de pesquisa por ele desenvolvido, ao qual deu o nome de Algoritmo David Liberman (ADL).*

Relacionado aos dois referidos caminhos da angústia, também procuramos mostrar neste livro como trabalhamos na clínica o conceito de correntes psíquicas, o qual nos ajuda a lidar com situações frequentes na atualidade, em que defesas relacionadas a diferentes pontos de fixação da libido operam em um mesmo paciente em diferentes momentos, eventualmente ao longo de uma mesma sessão. O esquema a seguir sintetiza essa visão da clínica psicanalítica contemporânea, cujos pacientes, em grande maioria, apresentam mais de um ponto de fixação da libido, como procuramos mostrar através do caso estudado no Capítulo 4.

Por último, no Capítulo 13, abordamos um sentimento que não poderia faltar em nenhuma situação analítica, mas que assume uma importância capital nas patologias do desvalimento: a esperança.

A dúvida que frequentemente é levantada a propósito da clínica atual é se esses pacientes sempre existiram, mas foram por um longo período recusados pelos psicanalistas por não serem acessíveis ao método psicanalítico tradicional, ou se representam uma patologia do mundo contemporâneo, as-

---

* Nos Capítulos 6 e 12, realizamos uma análise pelo método ADL dos casos estudados.

sim como teria sido a histeria uma doença vitoriana, caracterizada por uma forte repressão da sexualidade. Tendemos a pensar que a clínica atual reflete, em boa medida, um refinamento da teoria psicanalítica e, com ele relacionado, uma maior capacidade de acolhimento por parte dos psicanalistas, os quais, no entanto, se encontram confrontados com a necessidade de modificar a técnica psicanalítica para tratar esses pacientes sem, contudo, se descuidarem dos pressupostos básicos da nossa prática, entre os quais a neutralidade, a transferência e a contratransferência. Concordamos com Minerbo (2009), ao afirmar que a psicanálise não descobre novas patologias, mas reconhece novas formas de ser e sofrer e lhes dá um nome para que passem a fazer parte do campo da psicopatologia psicanalítica. Não é outra a nossa intenção quando nos referimos a uma clínica do desvalimento, foco principal deste livro.

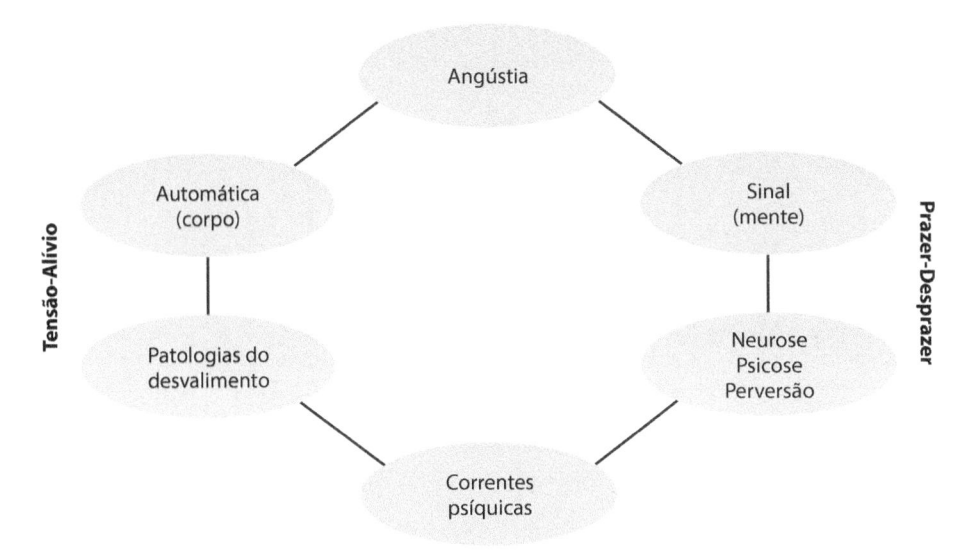

FIGURA I.1
Clínica psicanalítica contemporânea.

Diagrama hexagonal com os nós: Angústia (topo); Automática (corpo) e Sinal (mente) nos laterais superiores; Patologias do desvalimento e Neurose/Psicose/Perversão nos laterais inferiores; Correntes psíquicas (base). Eixo esquerdo: Tensão-Alívio. Eixo direito: Prazer-Desprazer.

1

A ANGÚSTIA ESCONDIDA
(Caso Amália)

Gley P. Costa

®ESUMO

Estudo clínico sobre a histeria como ela se apresenta na atualidade, enfatizando o caráter defensivo da identificação nessa patologia para lidar com a angústia resultante de experiências precoces de separação e perda do objeto.

A identificação foi descrita por Freud desde muito cedo em relação aos seus casos de histeria, percorrendo toda a sua obra e também a de seus seguidores, "como um ingrediente indispensável da teoria psicanalítica" (Etchegoyen, 1985, p. 11).
Conforme as palavras de Grinberg (1985, p. 7),

> [...] o conceito de identificação é central e básico para a compreensão do desenvolvimento e organização da personalidade, intervindo como processo fundamental na formação do ego, do superego, do ideal do ego, do caráter e da identidade.

No capítulo VII de "Psicologia de grupo e análise do ego", Freud (1976s, p. 133) refere que "a identificação é a mais remota expressão de um laço emocional com outra pessoa", acrescentando que a identificação se comporta como um derivado da fase oral da organização da libido e que, sendo ambivalente desde o início, pode se tornar expressão tanto de ternura quanto de desejo de afastamento de alguém.

Em certas situações, especialmente as que envolvem perdas, o desejo de *ter* o objeto pode se transformar no anseio de *ser* o objeto. Nesse caso, conforme Freud (1976s, p. 135), "[...] a escolha de objeto regride para a identificação". De acordo com Quinodoz (1993), quando o investimento objetal é frágil e previamente estabelecido em uma base narcísica, a escolha de objeto regride para a identificação narcísica. Nesse tipo de identificação, conforme já acentuara Freud (1974m), em "Totem e tabu", a libido retrocede ao estágio oral canibalístico, no qual impera o narcisismo primário. Winnicott (1956), Sandler (1960) e Meissner (1971) consideram a "identificação primária" a união simbólica indiferenciada com o objeto.

Uma fonte de identificação histérica encontramos no "sonho do internato" (Freud, 1976s), que se estabelece em uma situação afetiva compartilhada com outra pessoa que não é o objeto do impulso sexual.

A identificação também pode representar uma forma de merecer o amor do objeto valorizado e desejado no inconsciente. Um exemplo é o *Caso Dora*, publicado no artigo "Fragmentos da análise de um caso de histeria" (Freud, 1972c), que, ao se identificar com o pai, procurou despertar o amor que tinha por ele mulher que representava a sua mãe. No famoso "sonho do salmão defumado", Freud (1972a, p. 160) diz que "a paciente se colocou no lugar de sua amiga porque desejava se apropriar da posição que esta ocupava na estima de seu marido". De acordo com Widlöcher (1985, p. 71), "gozar se identificando com o outro é buscar aquilo de que goza o outro".

Não obstante, o aspecto que desejamos destacar é o das vicissitudes das identificações em situações precoces de separação e perda do objeto, observadas em um número grande de casos de histeria. De acordo com Quinodoz (1993, p. 24), a angústia de separação "é uma emoção estruturante para o ego, porque sentir a dor da solidão nos faz tomar consciência de que existimos como ser só e único em relação ao outro". No entanto, quando a angústia de separação é excessiva o indivíduo pode experimentá-la como um temor trágico de se ver abandonado pelo objeto, fonte primária da dor psíquica e do sentimento de luto.

Ao longo de sua obra, a partir de "Luto e melancolia" (Freud, 1974e), Freud, aos poucos, foi construindo a ideia de que o ego se defende dos sentimentos penosos despertados pela perda do objeto através da cisão, uma parte se identificando com o objeto perdido e negando a realidade da perda, enquanto a outra parte reconhece a realidade da perda. A negação da realidade, através da cisão do ego, representando uma forma de se defrontar com a perda do objeto, foi descrita por Freud (1976s), inicialmente, como uma defesa específica das psicoses, mas logo ampliada para as neuroses em "Fetichismo" (Freud, 1974d), onde afirma que a negação da realidade pode ser apenas parcial, afetando apenas a parte do ego para qual a perda do objeto é negada na realidade e, com mais precisão, em "A divisão do ego no processo de defesa" (1975a) e no "Esboço" (1975b).

Refere Quinodoz (1993, p. 72-73):

> Na minha opinião, é descrita uma terceira teoria da angústia em Freud, quando, em 1938, ele declara que a angústia aparece quando o ego se sente ameaçado em sua integridade, em outras palavras, que o ego

faz uso da negação e da cisão diante do perigo que ameaça sua própria integridade.

Seguindo essa linha, afirma Beres (1980, p. 9): "A conversão cedeu lugar a uma renovada insistência na ideia de que o objetivo primário da histeria é o manejo e a evitação da angústia", que, para Brenman (1980, 1985), é de nível psicótico, do tipo descrito por Bion (1962), ou seja, "catastrófica".

Uma contribuição importante ao tema se encontra em Klein (1975b), fundamentalmente, em seu conceito de "identificação projetiva", ao mesmo tempo uma relação de objeto e uma identificação, através da qual o ego, conforme Etchegoyen (1985, p. 25), "obtém aquelas duas ambições que assinalou Freud: ser o objeto e tê-lo". Em 1935, Klein descreveu novas defesas diante da separação e perda do objeto, as quais denominou de "defesas maníacas", caracterizadas pela tendência a negar a realidade psíquica da dor depressiva através do controle, do triunfo e do desprezo do objeto. Diz Meltzer (1989, p. 125): "A mania é uma forma de se libertar de um objeto que originalmente era tão importante que impunha ser amado, mas que depois decepcionou e feriu a tal ponto que suscitou raiva e ódio terríveis".

Enfatiza Green (1980) que o objetivo da histeria é travar uma luta enérgica contra a ferida narcísica que leva à depressão, uma depressão em que a autoestima se encontra bastante diminuída e associada a uma escassa capacidade de tolerar a culpa. Para os kleinianos, acentua Laplanche (1980, p. 19), a histeria só pode se definir como um método para se defender contra angústias que são arcaicas e psicóticas, enfatizando que "[...] a cena primária, através das primeiras experiências sexuais infantis, constitui o núcleo da histeria", no qual se enraíza sua problemática narcísica e se vincula ao seu aspecto "traumático": o sentimento de exclusão da cena primária.

CLÍNICA

Amália, 29 anos, procurou tratamento por se encontrar muito angustiada e deprimida. Ela informou ter apenas um irmão, um ano e meio mais jovem. Não chegou a ser amamentada e, segundo suas palavras, teve uma infância muito triste por se sentir abandonada pela mãe, que pouco se ocupava dela, e pelo pai, militar de profissão, que trabalhava muito e raramente estava em casa. A paciente o descreveu como uma pessoa austera, de poucas palavras, moralista e que evitava demonstrar seus sentimentos. A mãe, ao contrário, era infantil e dada a manifestações exageradas: tanto de alegria quanto de tristeza.

Desde pequena, experimentava intensa raiva e rechaço com relação à mãe, ao mesmo tempo em que idealizava o pai. Assim como este, desvalorizava a mãe, considerando-a, sempre em comparação ao pai, uma pessoa ignorante, sem gosto para se vestir e imbuída de "pensamentos sujos", ou seja, de conotação sexual. Amália referiu que, quando atingiu a adolescência, a mãe passou a competir com ela em relação ao pai, fazendo queixas sobre o seu comportamento para que este a repreendesse e, certa vez, cancelasse uma almejada e programada viagem para a Disney.

A paciente considerava a mãe como sendo a fonte de todas as desgraças da família, responsável, inclusive, pelas frequentes e violentas agressões físicas por parte do marido, porque "ela incomodava o pai falando bobagens e exigindo dele atenção e carinho". Irritava-se com o fato de que, após essas cenas de violência, "os pais se trancavam no quarto por várias horas e depois saíam alegres e felizes como se nada tivesse ocorrido". Seus ressentimentos com a mãe eram agravados pela suspeita de que ela não teria ficado satisfeita com o seu nascimento, desejando um filho homem em seu lugar. Uma nova gravidez da mãe antes que completasse um ano, aparentemente, reforçou essa suposição.

Os melhores anos de sua vida foram quando, aos 18 anos, veio com uma amiga do interior, onde vivem seus pais, para estudar em Porto Alegre. Após um período de festas e descontração, correspondente aos primeiros anos de faculdade, teve o primeiro namorado de quem realmente gostou. Contudo, passados alguns meses, Amália o encontrou em uma boate dançando e beijando outra jovem. Decepcionada, sentou-se em um degrau de uma escada e se pôs a chorar, oportunidade em que foi abordada por Afonso, um homem imaturo, que costumava se embriagar, ficando às vezes violento, mas "rico e poderoso". Segundo suas palavras, "bem ao gosto do meu pai". Casou-se com Afonso seis meses depois de conhecê-lo, abandonando o curso superior que havia iniciado.

Após o nascimento da filha, atualmente com 5 anos, Amália "esfriou" sexualmente, passando a se sentir infeliz em seu relacionamento com o marido, do qual reclamava ausência, desinteresse e maus-tratos, uma evidente repetição do relacionamento dos pais que ela tanto deplorara. A busca do tratamento se deu logo após o marido deixá-la sozinha na fazenda por duas semanas, período em que teria realizado uma viagem pelo exterior, pelo que disse, sozinho. Suas primeiras palavras foram: "Chorei muito nessas duas semanas, voltei para Porto Alegre decidida a me analisar, ainda que isso possa representar o término do meu casamento".

Já nas primeiras sessões foi possível constatar que Amália se encontrava presa à lembrança de cenas de violência que representavam o coito dos pais, imaginado a partir de intoleráveis sentimentos de frustração. Contou: "Sonhei que o porão estava cheio de ratos que faziam ruídos, os quais não me deixavam dormir. Sentia nojo e tentava matar dois deles com um pau. Eles já estavam meio tontos e não faziam mais ruídos, mas bati até matá-los. Eles ficaram esmigalhados".

Esses sentimentos, vividos ora como exclusão, ora como desprezo, abandono e iminência de morte, mobilizavam na paciente fantasias agressivas de nível oral, anal, fálico e edípico, conforme evidencia o material onírico relatado um dia após a amiga com quem morara no tempo de faculdade, e a quem ela considerava vulgar, ter-lhe dito que o seu analista era divorciado e que, em uma festa, "havia dado em cima dela", surpreendendo-se por considerá-lo, assim como o pai, "um homem sério, dedicado ao trabalho".

> **Sonho nº 1**
> Era um casamento. Uma pessoa me diz que estou com cheiro de beterraba. Vou ao banheiro. Volto abaixada para não atrapalhar. O meu pai grita: "Olha aí, atrapalhando a festa!". Eu respondo com raiva: "Vai tomar no cu!". Depois, me encontro no quarto dos meus pais, deitada com eles. A cama estava cheia de porcarias. Quando meu pai chegava de viagem, esparramava em cima da cama aquele monte de bugigangas que trazia. A mãe dava muito valor para aquilo. Eu achava uma merda. No sonho fiquei deprimida por estar deitada naquela cama e pensei: "Eu não quero saber desta esculhambação".

> **Sonho nº 2**
> Alguém de cabelo bem preto quer me matar. Uma pessoa veio por trás e me fincou uma faca nos seios. Logo estou no pátio da casa em que eu morava na infância. Entra um marido correndo atrás da mulher e dá um tiro. Ficou um monte de sangue no chão. Ela era médica e sabia que o marido tinha outra.

No sonho nº 1, Amália reproduziu o rebaixamento e a raiva que experimentou por se sentir excluída da cena primária revivida pelo suposto relacionamento do analista (pai) com a amiga vulgar (mãe). Referiu que se encontrava menstruada e se lembrou de ter lido em uma revista um estudo que mostrava que as mulheres, durante o período menstrual, provocavam mais acidentes de trânsito e cometiam mais crimes.

No sonho nº 2, Amália ataca e é atacada com violência pelos participantes da cena primária, mobilizada pela revelação da amiga na véspera.

Ameaçada internamente por essas fantasias, defensivamente lançou mão, maciça e indiscriminadamente, da cisão e da identificação projetiva. Como resultado desses mecanismos, estabeleceu em seu mundo interno um objeto idealizado, representado pelo pai, com o qual procurou se identificar, e um objeto mau, desvalorizado e persecutório, representado pela mãe, o qual se empenhava para manter afastado. Em uma sessão, comentou: "O meu corpo é a minha mãe, e a cabeça o meu pai. Corpo e cabeça estão separados. O meu corpo não tem identidade. Por isso, não estou podendo ser uma mulher. Estou sendo um homem igual ao meu pai". Ao se igualar ao pai, Amália tinha em mente excluir a mãe, pela qual havia se sentido excluída na infância, e também desvalorizá-la, uma forma de negar a sua dependência. Como resultado, desde muito cedo fantasiou compensar, através de seu relacionamento com o pai, as frustrações experimentadas com a mãe, caracterizando essa situação um Édipo no nível oral.

Mais tarde, mesmo se dando conta da falsidade do pai, um homem que reconhecidamente vivia de aparências, Amália procurou negar essa realidade para manter a mãe afastada, desvalorizada, empobrecida e culpada de tudo. Na verdade, embora bastante imatura e dependente, um caráter marcadamente masoquista, a mãe de Amália era mais humana e afetiva com os filhos do que o pai. Não obstante, a evolução da análise revelou que tanto o objeto supervalorizado quanto o objeto denegrido eram aspectos do objeto único "mãe", um objeto predominantemente supridor de necessidades orais. Certa vez, Amália disse:

> Não consigo me imaginar separada. Apavora-me a ideia de me encontrar com uma amiga e dizer que não sou mais K. [*inicial do sobrenome do marido*]. A dificuldade de me separar do Afonso é que ele está dentro de mim. Não consigo nem pensar nesse assunto. Estes dias fui a uma mercearia comprar pão e leite e me veio a ideia de me separar do Afonso. Fiquei tonta, quase desmaiei. Sinto medo de ficar sem o Afonso e não ter condições de comprar o pão e o leite para a minha filha. Por isso é que aguento o que ele me diz quando não lhe satisfaço alguma vontade: "Sua cadela sem-vergonha! Vai atrás da tua mãe [*que aconselhava a paciente a não se submeter ao marido*] que eu vou te deixar na merda. Não vais ter o que comer!".

A relação com os objetos externos supridores de necessidades infantis não satisfeitas estabeleceu na paciente um traço de caráter, de acordo com Brenman (1980), do tipo histérico: a identificação com um objeto fantástico. Afonso era esse objeto todo-poderoso "não marcado pela castração". Assim como ocorrera com o pai, Amália havia colocado no marido a imagem da mãe idealizada com a qual se identificava e, quando pensava em se separar, entrava em uma crise de identidade. Nessas ocasiões, quase desmaiava, reproduzindo uma situação infantil de ganho secundário: "Quando eu caía e chorava, a mãe me colocava no colo e me afagava". Através dessa defesa, ela procurava evitar a realidade psíquica, principalmente a culpa e a depressão, por ter, na fantasia, atacado e destruído a mãe e seu conteúdo. Disse: "Às vezes, me vem a ideia de que fiz algo que me levou a ser rejeitada".

Na verdade, o relacionamento da paciente com a mãe era ambivalente: o ódio escondia o amor e o rechaço escondia a dependência e o desejo. Contou que, ainda pequena, com 8 ou 9 anos, sentia-se intensamente atraída pela empregada, uma mulher robusta cujos seios enormes tinha prazer em tocar. Quando morava com a amiga que viera com ela do interior, algumas vezes, durante a noite, passou para a sua cama e acariciou e beijou os seus seios. "Para baixo – esclareceu – não houve nada". Concluindo: "Acho que vou precisar primeiro ter um orgasmo pela boca, para depois conseguir ter pela vagina. Eu não cresci, continuo criança. Falo em sexo, mas o que eu quero mesmo é carinho".

O recalcamento (*Verdrängung,* em alemão; *repression,* em inglês; *represión,* em espanhol) do amor pela mãe foi o mecanismo a que Amália recorreu para se defender da ferida narcísica que representou para ela o nascimento do irmão quando tinha, aproximadamente, 1 ano e meio. Outras frustrações, experimentadas ainda na infância, aumentaram suas dificuldades de relacionamento com a mãe. Ela também recalcou a sua sexualidade para poder atacar a mãe, considerada por ela "uma mulher vulgar, com jeito de puta", pelas duas gestações sucessivas. Dessa forma, ficou impedida de se identificar com a mãe tanto pelo afeto quanto pela sexualidade. Sua maior fonte de prazer sexual com o marido era oral, confirmando as palavras de Mayer (1989a, p. 42) ao dizer que a histérica, "não podendo reconhecer sua vagina a não ser como uma ferida que deve ser ignorada, e conhecendo o prazer oral que experimentou com a mãe, procurará incorporar pela boca o pênis idealizado do pai".

CARACTERÍSTICAS DA TRANSFERÊNCIA

Inicialmente, Amália se empenhou em estabelecer na situação analítica a configuração relacional defensiva que mantinha com seus objetos. Nesta, o analista deveria ocupar o papel de "pai-marido-objeto idealizado", ou seja, alguém que iria, mágica e onipotentemente, poupá-la do sofrimento psíquico pela perda do objeto materno. Reclamou: "Eu imaginei uma vida sem sofrimentos, e agora tu queres que eu sofra? Eu tinha a ideia de que aqui se pagava para não sofrer, de que tu ias me dizer palavras para me acalmar...".

Afora isso, deveria ser um aspecto dela mesma ou um aspecto "histerogênico" da mãe que, em vez de ajudá-la a enfrentar e tolerar a angústia, deveria lhe dizer que "tudo estava bem com ela" e, dessa forma, reforçar sua negação da verdade psíquica, particularmente seus intensos sentimentos de culpa. Em uma sessão em que comentou o fato de a mãe ficar grávida do seu irmão quando ela tinha menos de 1 ano, referiu: "Sinto-me deixada, mas como se fosse por minha culpa, por ser péssima, má".

O analista também deveria se submeter integralmente às suas necessidades, algo que Brenman (1980) denomina de "dependência voraz e estéril", ou seja, que não conduz a uma boa introjeção que assegure a dependência, o prazer e o reconhecimento. Vejamos uma situação: Amália faltara na primeira sessão da semana. No dia seguinte, reclamou:

> Aqui contigo é tudo cheio de horários. Com os outros médicos eu escolho o dia e a hora em que eu quero ser atendida. Se, por qualquer razão, eu não quero ir, peço para a minha empregada ligar dizendo que estou indisposta e o médico marca outro dia. Aqui, onde já se viu mandar a empregada ligar? É desconsideração! E no outro dia tem que analisar porque não veio. [Após um período de silêncio, continuou] Quem sabe eu quisesse ter uma sessão no fim de semana e, como não era possível, fiquei com raiva porque não tenho essa onipotência que eu inventava que tinha para conseguir tudo o que eu quisesse? Ocorre que não consigo respeitar as coisas como elas são.

Essa onipotência declarada representava uma forma de enfrentar seus profundos sentimentos de desvalorização, decorrentes da realidade de a mãe tê-la colocado no mundo "castrada". Reclamou: "Sinto-me prejudicada pela vida. Não consigo aceitá-la como ela é. Então me pergunto: o que fiz que não tenho o que quero? Aí vem toda a desvalorização que tu disseste, bem no início, que eu sentia". Amália estendeu essa desvalorização a todas as mulheres, particularmente à mãe.

Completando, o analista deveria manter atitudes que lhe proporcionassem, como mais um traço do caráter histérico, fugir da responsabilidade da sua agressão, deixando-se persuadir a aceitar sua pretensa posição de vítima dos objetos. Queixou-se: "Sinto que ela [*a mãe*] me rejeitou. Ela queria um menino para agradar ao meu pai".

No conjunto, mediante uma "pseudorrelação", o analista deveria compartilhar com ela uma "mentira" – o seu *modus vivendi* –, a fim de se defender da "catástrofe interna", sendo essa defesa, de acordo com Brenman (1985), outro traço marcante da personalidade histérica.

A "catástrofe", ou seja, a fantasia de uma fragmentação psicótica do ego, tinha raízes e se relacionava com a sua própria agressão diante da frustração com o objeto, e dava-lhe a sensação de possuir no seu interior, de acordo com as suas próprias palavras, "uma bomba de grande poder destrutivo".

Tanto quanto a "catástrofe interna", Amália temia o colapso do *self* pela perda da identidade estabelecida através de "identificações vicariantes" com objetos idealizados (Brenman, 1985). Em uma sessão em que relatou um *acting-out* de fim de semana relacionado com seus sentimentos irados de abandono por parte do analista, referiu que

> É... casei e me compliquei. Abri mão de ter uma vida própria. Para me livrar da mãe, e nunca mais precisar dela, vendi minha alma ao diabo. Achei que com o Afonso eu teria toda a segurança. Foi a necessidade de segurança que me fez negar a realidade de que eu não gostava do Afonso. Mas quando me imagino separada dele, tenho a sensação de que vou cair como uma roupa vazia.

Ao destituir a mãe de valores, a paciente se identificou com um objeto vazio, impedindo-a do sentimento de possuir uma identidade própria. A fim de obter, através do casamento, uma identidade emprestada, nas suas palavras, "vendeu a alma ao diabo".

Quando, transferencialmente, coloca o analista no lugar do objeto materno, Amália o desvaloriza e denigre, manifestando temor e insegurança com essa aproximação. A integração com os aspectos agressivos dissociados e projetados desperta culpa e medo de enlouquecer. Como resultado, a relação de dependência que estabeleceu inicialmente com ele precisa ser maciçamente negada. Disse:

> Quando tu passas do tempo com a paciente anterior, eu fico angustiada. Eu penso que a pessoa pode enlouquecer aqui dentro. O Paulo [*um funcionário do marido*] disse que te conhece desde a infância. Com essa informação, eu concluí que, como ele, deves ter uma origem muito simples, pobre mesmo! Tenho dúvida se realmente vais poder me ajudar.

Tendo em vista que somente através do reconhecimento da dependência do processo analítico, mercê de uma verdadeira relação afetiva, pode se estabelecer e, no desenvolvimento do processo, elaborar a posição depressiva e reparar o objeto, esse aspecto – a negação da dependência – representa um dos alvos principais dessa análise. Recentemente, a paciente referiu: "Tu tens razão: eu preciso compreender a infância, não posso querer arrumar a minha vida só por fora. Eu era uma criança triste. É essa tristeza da infância que eu procurei evitar casando com o Afonso".

COMENTÁRIO

Ao se identificar com o pai na história primitiva do complexo de Édipo, representada pela cena primária, Amália o fez, aparentemente, para compensar a perda da mãe. Ao mesmo tempo, uma identificação "desiderativa" (Mayer, 1989b). Nesse processo, por um lado, desprezou e triunfou sobre o objeto e, por outro, tentou reavê-lo, dizendo: "Agora podes me amar; sou semelhante à pessoa que tu amas". Portanto, conforme ela mesma declarou, não chegou a amar o pai, mas apenas procurou se identificar com ele. Para Lacan (1978), a histérica é alguém cujo objeto é homossexual e que aborda esse objeto por identificação com alguém de outro sexo. Portanto, seu objeto de amor continuou sendo a mãe, ao mesmo tempo por ela rechaçado e desvalorizado. De acordo com Mayer (1989a, p. 52), "[...] a identificação histérica abandona, em parte, a pretensão de ser o objeto e se transforma em um meio de tê-lo".

Essa ambivalência de sentimentos originou a ambiguidade de seus relacionamentos afetivos, tornando-se fonte de intensos sentimentos de culpa. O amor pela mãe foi reprimido, e, em seu lugar, nasceu o ódio (inversão do afeto). Freud (1972c), no pós-escrito do Caso Dora, chamou a atenção para a corrente homossexual de sentimentos nos psiconeuróticos, a qual permeou quase todos os relacionamentos de Amália, como se fossem um retorno do recalcado. Abadi (1986) e Mayer (1989a) destacam a dificuldade da histérica de abandonar a bissexualidade e a concomitância de identificações masculinas e femininas nessas pacientes.

De acordo com o funcionamento do processo primário, diante de afetos desagradáveis, o indivíduo procura encontrar em seus relacionamentos alguém que assuma o papel desempenhado pelos objetos no que diz respeito à remoção do desprazer. O resultado do fracasso defensivo é a formação de um traço de caráter. No caso de Amália, esse traço de caráter consistiu em uma permanente busca de objetos para se identificar. De acordo com Brenman (1985, p. 426), embora seja correta a afirmativa de que as identificações caracterizam os histéricos, deve-se observar que "não existe uma real identificação introjetiva de compartilhar ou de alguém compartilhar com eles. Em vez disso, ocorrem identificações projetivas geralmente do tipo 'objeto inteiro', não com um objeto real, mas com uma fantasia de objeto", sendo essa, aparentemente, uma das características principais da histeria e também uma das razões das divergências observadas na literatura quanto ao nível de funcionamento mental dessas pacientes.

Diz o autor (Brenman, 1985, p. 426):

> Os histéricos vivem vicariamente através dos outros. O que também se constata é a mínima importância do "*self* real" na medida apropriada da negação da realidade psíquica e do uso excessivo de objetos inteiros, vivos e fantásticos – uma fantasia, mas ainda assim ligada com uma pessoa.

Para a paciente, essa "pessoa" era uma representação da mãe que, na fantasia inconsciente, idealizadamente desempenharia o seu papel na realidade, tornando-se, portanto, fonte de novas e sucessivas frustrações. Sendo o marido uma pessoa abastada, ela fantasiou que nada lhe faltaria, e que o dinheiro iria poupá-la de sofrer. De acordo com Fairbairn (1975), foi estabelecida uma relação assexuada com um objeto ideal cujo núcleo era a mãe.

A origem desse processo defensivo transformado em caráter, no caso em apreço, parece ter origem em situações depressivas não elaboradas, provavelmente como decorrência de uma culpa exagerada. A extrema dificuldade de Amália de lidar com experiências afetivas que envolvam sentimentos de abandono, depressão, sofrimento e morte, os quais, na maioria das vezes, são recalcados ou negados, remete-nos a uma vivência infantil de profunda tristeza. De acordo com o seu relato, ela tinha aproximadamente 5 anos quando a mãe, devido ao rompimento do útero, perdeu um menino de 9 meses e quase morreu. Lembra-se a paciente da mãe em prantos, do ambiente de desolação e do caixãozinho branco em que a criança foi enterrada. Por muito tempo a mãe ficou entristecida e chorava sempre que via um bebezinho em propaganda de revista ou TV. Ela não entendia porque a mãe sofria tanto, se tinha dois filhos. Pelo que a paciente se lembra, ela não chegou a chorar, e tem a impressão de que o pai se encontrava viajando e nem tomou conhecimento da situação. Para evitar o sofrimento e a culpa pela morte do irmãozinho, ela se identificou com o pai, que supostamente desconheceu o fato.

Sendo assim, cabe levantar a hipótese de que a morte do irmão pudesse representar, pelos sentimentos de culpa envolvidos, uma parte importante do núcleo depressivo da personalidade de Amália e também a origem da sua sensação de possuir algo ruim, desvalorizado e morto dentro de si. Outra hipótese relacionada com a reconstituição do seu desenvolvimento psicopatológico é que, onipotentemente, ela tenha fantasiado que o útero da mãe fora rompido pela sua agressão, uma poderosa "bomba" da qual teme se aproximar. Um dos seus comentários iniciais ao analista foi o seguinte: "Eu tenho a sensação de ter uma bomba dentro de mim que parece que vai explodir. Por isso, tenho de fazer qualquer coisa. Eu te disse isso para saberes que, se me tomares em tratamento, vais pegar uma bomba".

Nessa linha, surge como oportuna a relação que Brenman (1985), a partir de Freud (1974e) e Abraham (1959), estabelece entre a histeria e a depressão. Nela, podemos postular a existência de uma defesa histérica contra a depressão, representando a negação da verdade e o momento da verdade, respectivamente. Segundo o autor, dois são os processos:

1. a mentira histérica entra em colapso e o paciente cai em depressão;
2. a fim de evitar a agonia desesperançada da depressão, o paciente lança mão dos dispositivos de projeção da culpa e da responsabilidade para se salvar.

A busca de tratamento por parte de Amália, após ser deixada sozinha na fazenda, parece caracterizar um momento de colapso dos mecanismos de projeção criados pela impossibilidade de continuar negando a sua realidade. Resnik (1992, p. 515), referindo-se às histéricas, diz:

> Às vezes, essas pacientes exibem uma extrema desilusão e uma profunda depressão, como se o objeto idealizado, o manto (protetor) criado em seu delírio, tivesse perdido o seu poder e se convertido em uma bola esvaziada. A esse fenômeno denominei esvaziamento do ego.

Na infância, quando tinha apenas 5 anos, Amália pode ter desejado que a mãe explodisse com o bebê que gestava em seu ventre. Embora a mãe permaneça viva, a verdade é que o filho morreu e, na ocasião, ela quase também morreu. Assim como o personagem do romance *Se eu fosse você*, de Julian Green, a fim de obter as satisfações das quais se sentia privada, ao se casar, Amália fez um pacto com o diabo, mediante o qual concordou em abrir mão da sua identidade. A cerimônia, realizada na religião do marido, para que a família dele aceitasse o casamento, simbolizou essa concordância. O marido representava o pai e também a mãe, e através deste ela fantasiava obter satisfações orais, anais, fálicas e edípicas.

É significativo que a primeira aproximação do personagem de Green com o demônio ocorre quando ele se sente intensamente frustrado: foi se encontrar com uma moça, e ela não apareceu. Amália, em condições semelhantes, ou seja, frustrada pelo namorado, aproximou-se pela primeira vez do seu futuro marido. Nessa altura, já estava pactuada com o diabo, pois, conforme esclareceu, a decisão de casar com Afonso ocorreu juntamente com a sua aproximação. De acordo com Klein (1975c), o demônio, nesse caso, pode ser entendido como a personificação dos impulsos destrutivos e vorazes do bebê diante de frustrações orais em relação à mãe, cuja perda a paciente tentou compensar em sucessivas identificações.

2

A HOMOSSEXUALIDADE SONHADA
(Casos Luíza, Paula, Alice e Joana)

Gley P. Costa

RESUMO

Estudo sobre sonhos de pacientes histéricas, os quais revelam a existência de uma corrente psíquica homossexual particularmente forte, que decorre de uma fixação na fase negativa do complexo de Édipo.

"Sonhos e histeria" foi o título originalmente escolhido por Freud (1972a) para "Fragmentos da análise de um caso de histeria", seu relato sobre o atendimento de Ida Bauer, uma jovem de 18 anos a quem deu o pseudônimo de Dora.

O intento de Freud, nesse trabalho, era enfatizar a importância do material onírico de pacientes com sintomatologia histérica. Nas notas introdutórias, Freud (1972c, p. 8-9) diz o seguinte:

> Uma investigação completa dos problemas dos sonhos é um requisito preliminar indispensável a qualquer compreensão dos processos mentais na histeria, e ninguém que deseja se furtar a esse trabalho preparatório tem a menor possibilidade de progredir mesmo uns poucos passos nesta região do conhecimento.

No entanto, são mais amplos os conhecimentos proporcionados pelo trabalho. Conforme acentua Rogow (1978, p. 332),

> talvez nenhum outro caso de Freud, sem excluir o homem dos lobos e Schreber, mereceu um número tão grande de críticas e comentários de tantas fontes diferentes, englobando – além de psicanalistas e psiquiatras – sociólogos, historiadores, psicólogos, cientistas políticos, críticos literários e romancistas.

Por essa razão, de acordo com Schoenenwolf (1990, p. 40), o *Caso Dora* representa "um marco na história psicanalítica". Ele acentua que esse trabalho é a primeira ilustração do uso da interpretação de sonhos como método de tratamento, além de introduzir vários e importantes conhecimentos psicanalíticos, entre os quais o de transferência.

De fato, as questões fundamentais em "Fragmentos da análise de um caso de histeria" são os sonhos e a transferência. Conforme destaca Lacan (1984), por meio dos sonhos se descobre a existência de uma corrente homossexual no mundo interno de Dora e, pela transferência, a sua fixação no complexo de Édipo negativo.

OS SONHOS DE DORA

"Como pode uma moça enamorada se sentir insultada por uma proposta feita com tato e sem ofensa?", pergunta Freud, referindo-se à "cena do lago", vivenciada com indignação e repulsa por Dora (1972c, p. 35).

Mediante essa pergunta, Freud estabelece a condição para definir, nesse trabalho, a histérica: "[...] toda a pessoa que, por ocasião de uma excitação sexual, experimenta sentimentos preponderante ou exclusivamente desprazerosos". (Freud, 1972c, p. 26)

Conforme destaca Bleichmar (1988), Freud atribuiu ao recalcamento (*Verdrängung,* em alemão; *repression,* em inglês; *represión,* em espanhol) a subversão dos afetos de Dora. Pela ação desse mecanismo, o asco, a repugnância e o rechaço ocuparam o lugar do desejo. O recalcamento foi mobilizado pela angústia, devido ao caráter incestuoso dos desejos de Dora em relação a *Herr* K., em conflito com as ideias morais, os sentimentos filiais e a culpa edípica.

De acordo com esse entendimento, os sintomas corporais de Dora decorreriam da insatisfação do desejo sexual, do ciúme e da necessidade de vingança, e representariam identificações com o objeto amado ou rival e uma forma de satisfação substitutiva dos desejos.

Portanto, o recalcamento, a identificação e a conversão, tendo como pano de fundo uma cena edípica cujos protagonistas interagem de uma forma bastante provocativa, constituiriam, segundo Freud (1972c, p. 109), "a estrutura interna de um caso de histeria".

Contudo, "Fragmentos da análise de um caso de histeria" desenvolve-se, principalmente, em torno de dois sonhos de Dora relatados ao longo de seu tratamento, interrompido abruptamente no terceiro mês. Refere Freud (1972c, p. 115-116) que:

> Era evidente que eu substituía o pai em sua imaginação... Quando surgiu o primeiro sonho... eu devia ter-lhe dito 'você fez a transferência de *Herr* K. para mim'... A transferência apanhou-me desprevenido... e ela

vingou-se de mim como desejava vingar-se dele, abandonando-me do mesmo modo como se sentira abandonada e enganada por ele.

No segundo sonho, Dora declina o convite de um homem para acompanhá-la, o que Freud relaciona com sua recusa de ser acompanhada por um primo à Galeria de Dresden, onde permaneceu por duas horas diante da tela da Madona Sistina.

Comenta Freud (1972c, p. 93): "Quando indaguei-lhe o que a agradara tanto no quadro, respondeu: 'A Madona'". Provavelmente, por isso, em uma nota de rodapé do pós-escrito, acrescentou:

> Quanto maior o intervalo de tempo que me separa do fim dessa análise, mais provável me parece que a falha em minha técnica esteja nessa omissão: não consegui descobrir a tempo nem informar a paciente que seu amor homossexual era a corrente inconsciente mais poderosa de sua vida mental. (Freud, 1972c, p. 116).

Mais tarde, diria Lacan (1978) que a histérica é alguém cujo objeto é homossexual e que aborda esse objeto por identificação com alguém de outro sexo.

Como é bem sabido, apesar do insucesso com Dora, Freud não chegou a retomar esse tema em seus estudos posteriores. Não obstante, muitos esclarecimentos puderam ser obtidos 30 anos mais tarde no trabalho "Sexualidade feminina" (Freud, 1974k), no qual amplia as descobertas anunciadas em "Algumas consequências psíquicas da distinção anatômica entre os sexos" (Freud, 1976f), e enfatiza a intensidade e a longa duração da ligação da menina com a mãe e a existência de um elemento ativo nessa relação, e na feminilidade em geral.

Com base nesse trabalho, é possível vislumbrar na repulsa de Dora na "cena do lago" um duplo feixe de sentimentos. Por um lado, podemos identificar os efeitos do recalcamento agindo sobre os impulsos sexuais incestuosos e sua transformação em sentimentos opostos (inversão do afeto).

De outro, podemos identificar os sentimentos de decepção de Dora motivados por uma proposta amorosa, apesar do seu inequívoco desejo de obter o amor de *Herr* K. Manifestamente, essa conduta é contraditória, mas não o é se considerarmos o seu conteúdo latente, no qual se encontra registrada a natureza do amor que Dora esperava receber.

Ao aludir, com sua proposta, a uma relação sexual, *Herr* K. incidiu em um erro que muitos homens, aparentemente, cometem com histéricas, despertando nelas, com esse gesto, decepção e, não raro, repugnância e desprezo. E insistem no erro porque, ao responderem com seu afastamento à frustração experimentada, desencadeiam nelas desesperados sentimentos de abandono, ponto de partida para novas tentativas de provocar a falsa impressão de um desejo de se relacionar sexualmente. Aparentemente, Freud estabeleceu essa sequência ao insistir na tese de que Dora, com sua conduta insinuante, desejava estabelecer com ele um relacionamento heterossexual.

Refere Abadi (1991, p. 143): "A histérica tenta seduzir o outro em uma fingida relação objetal para se adonar dele e tratá-lo como um mero espelho mágico que deverá dizer: como és formosa!". O importante para a histérica, acentua Mayer (1989a, p. 58), "[...] não é obter o prazer sexual, mas despertar o (seu) desejo no outro". O autor ainda esclarece que

> [...] o homem aparece como portador daquilo que a histérica crê que lhe falta e, por isso, não pode se entregar amorosamente a ele nesse nível. Em vez disso o induz a sentir a inferioridade, a impotência e o sentimento de desvalorização, seja no plano sexual ou em outros. (Mayer, 1989a, p. 35).

De acordo com Lacan (1984), na "cena do lago", quando *Herr* K. diz "minha mulher não significa nada para mim", Dora o esbofeteia porque ela também poderá não significar nada para ele, o que é intolerável para uma histérica. Em contrapartida, o homem significa alguma coisa para a histérica unicamente porque se situa no circuito de outra mulher, a qual, evidentemente, representa a sua mãe.

Provavelmente, em um primeiro momento, o que Dora desejava, através de técnicas femininas de sedução, era obter o restabelecimento de um vínculo materno idealizado, expresso em sua relação com *Frau* K. e também no material associativo do segundo sonho, quando refere que recusara a companhia de um homem para permanecer sozinha diante da imagem da "virgem-mãe" (Lacan, 1984, p. 93). O que Dora vê no quadro da Madona é *Frau* K., acentua Lacan (1984).

Como disse Freud (1972c, p. 18), a histérica vive de reminiscências. Por conseguinte, Dora agia no sentido da substituição do vínculo com a mãe da realidade – realidade essa que era experimentada como abandonadora e frustrante. Refere Freud (1972c, p. 18): "As relações entre a jovem e sua mãe eram inamistosas havia vários anos. A filha tratava a mãe com superioridade e costumava criticá-la impiedosamente, e afastava-se completamente de sua influência".

Quais as razões dessa atitude? Nos "Três ensaios", Freud (1972e) afirma que o primeiro objeto sexual da criança é o seio da mãe, e que este constitui o protótipo de toda relação amorosa posterior, acrescentando no citado trabalho de 1931:

> [...] onde a ligação da mulher com o pai era particularmente intensa, a análise mostrava que essa ligação fora precedida por uma fase de ligação exclusiva à mãe, igualmente intensa e apaixonada. Com exceção da mudança de seu objeto amoroso, a segunda fase mal acrescentara algum aspecto novo à sua vida erótica... Na verdade, tínhamos que levar em conta a possibilidade de um certo número de mulheres permanecerem

detidas em sua ligação original à mãe e nunca alcançarem uma verdadeira mudança em direção aos homens. (Freud, 1972b, p. 259-260).

Então, "por que Dora deseja *Frau* K. e não a mãe?", questiona Bleichmar (1988, p. 179): "Será que, por acaso, Dora deseja no fundo sua mãe, sendo *Frau* K. uma substituta?". Perguntamos: estaríamos, portanto, diante de um deslocamento?

De fato, o deslocamento é um dos conceitos iniciais da teoria psicanalítica das neuroses (Freud, 1974g). Consiste em um processo econômico mediante o qual o indivíduo, defensivamente, desloca o interesse de um objeto para o outro, de tal forma que o último se torna equivalente ou substituto do primeiro. No caso de Dora, o deslocamento é parcial, isto é, engloba apenas os aspectos onipotentes e idealizados do objeto original, o qual, como resultado da frustração, permanece denegrido e desvalorizado. Mediante esse processo de desinvestimento e posterior reinvestimento libidinal, Dora aparentemente buscava resgatar a desejada relação exclusiva com a mãe.

De acordo com Marmor (1953), o que a histérica deseja, como decorrência de fixações orais, é ser tomada pelas pessoas como uma criança e não como uma mulher. Para Reich (1974), essas pacientes apresentam uma "necessidade compulsiva" de serem amadas e admiradas. No caráter histérico, refere o autor, a boca representa o genital feminino.

Quando se identifica com o pai, através da tosse, refere Mayer, Dora pode estar tentando manter uma relação de amor com sua mãe.

> Muitas vezes, [...] há uma tentativa de compensar o rechaço materno com um deslocamento da dependência da mãe para o pai idealizado. Idealizado e superestimado como representação materna, como uma compensação dela, porém também como "salvador" que poderia tirá-la de um vínculo materno vivido como deserto afetivo e transformá-la em uma mulher amada com ternura. (Mayer, 1989a, p. 62).

Gambaroff (1991) cita um caso (Nina) de pseudossimbiose com um objeto do sexo masculino como reação ao rompimento da díade mãe-bebê.

De acordo com Chodorow (1990), a histérica projeta as qualidades objetais boas de sua imagem materna e o seu relacionamento íntimo com a mãe em seu pai, como objeto interno e em sua relação com ele, retendo as características objetais más de sua mãe como objeto tanto interno como externo. Não obstante, "em todos os passos da caminhada", refere a autora, "[...] a menina desenvolve sua relação com o pai olhando para trás, a fim de ver se a mãe está invejosa, para ver se desse modo pode conquistá-la. Voltar-se ao pai é ao mesmo tempo um ataque à mãe e expressão de amor por ela". (Chodorow, 1990, p. 161).

Freud, conforme posteriormente reconheceu, equivocou-se ao se colocar no papel de um objeto masculino desejado genitalmente. De acordo com

Brunswick (1980), na fase inicial do desenvolvimento, provavelmente o órgão executivo da mãe seja o seio, no qual a criança projeta a ideia do pênis no momento em que é reconhecida a importância desse órgão. Trata-se de uma fantasia regressiva e compensatória que alude a uma mãe supervalorizada, poderosa e onipotente. Quando a menina, frustrada, ainda que precariamente busca se identificar com o pai em substituição à mãe ativa, pode ocorrer que, mais tarde, venha estabelecer um relacionamento homossexual com outras mulheres.

Aparentemente, a fixação na mãe primitiva foi reprimida em Dora e surgiu em seu lugar o rechaço e o desprezo por esse objeto, enquanto o sentimento original – sob a forma de um retorno do recalcado – se dirigiu a outras mulheres. No que diz respeito ao pai, a atitude de Dora parece ter sido francamente compensatória e substitutiva. Dora se identificou com o pai porque desejava ocupar o seu lugar, particularmente o seu lugar em relação à mãe (identificação com o rival).

Portanto, o que encontramos em Dora é, segundo Abadi (1991, p. 142), referindo-se às histéricas de maneira geral, "[...] uma história cheia de angústia e culpa, de privação e solidão, de narcisismo ferido e negada dependência, enfim, de Eros contaminado por Tanatos".

COMPLEXO DE ÉDIPO FEMININO

Como consequência da necessidade de trocar de objeto em seu desenvolvimento psicossexual – inicialmente a mãe e após o pai –, o complexo de Édipo da menina apresenta uma primeira fase negativa na qual o pai é o terceiro que deve ser excluído (Freud, 1974k, 1976n).* "Essa fase de ligação com a mãe" – diz Freud – "está especialmente relacionada à etiologia da histeria" (1974k, p. 261). Portanto, a paciente histérica carece de um passo em direção ao complexo de Édipo positivo para que, além de uma identificação feminina, possa ainda canalizar o seu erotismo a um objeto do sexo masculino de forma mais verdadeira do que comumente o faz por um determinismo biológico, um ato de imitação ou uma adaptação social.

A experiência clínica leva ainda a acrescentar que algumas histéricas, como consequência de uma precária identificação materna, aparentemente almejam eleger o pai como objeto de desejo – o que vai servir de estímulo a uma atitude sedutora para com os homens –, mas fracassam porque, antes,

---

* A fim de esclarecer a dúvida que pode derivar do fato de Freud ora se referir a essa etapa como pré-edípica, ora como integrante da fase edípica, refere Nagera (1978, p. 78-79): "Freud assinala que esse período não pode ser considerado realmente como pré-edípico, mas como parte essencial da fase edípica, o qual leva em 'Sexualidade feminina' o nome 'complexo negativo'".

não conseguem realizar o necessário afastamento da mãe. Esse afastamento é vivido sob a forma de uma "catástrofe psíquica"*, resultante de uma relação em que predominam intensos sentimentos de frustração, o que determina um incremento da oralidade. Nesse nível é que essas pacientes estabelecem com a mãe um vínculo marcado pela ambivalência, no qual emergem sentimentos de desvalorização, delas e/ou do objeto, e, identificadas com o pai, a fantasia de possuírem um pênis para obter o amor da mãe.

Conforme esclarece McDougall (1987b, p. 113), um dos objetivos dos desejos homossexuais é ser do sexo oposto para possuir todos os privilégios e prerrogativas que a este são atribuídos. Portanto, "[...] a menininha não só quer possuir sexualmente sua mãe, ser exclusivamente amada por ela em um mundo em que todos os homens são excluídos, como também deseja, com igual ardor, ser um homem como seu pai, ter os genitais dele". A rivalidade que, a partir desse momento, ela procura estabelecer com a mãe, esconde, segundo Mayer (1989a), uma profunda admiração pela mãe e um obscuro desejo de se fundir a ela.

Klein (1974) refere que sucessivas frustrações orais levam a menina a se separar do seio materno e, seguindo o modelo de incorporação oral, imaginar que receberá do pênis paterno o que antes recebia do seio materno. Essa mudança, de acordo com Klein, constitui o núcleo do conflito edípico precoce. Nele, o pênis é investido de capacidades mágicas que o tornam capaz de compensar todas as frustrações experimentadas no relacionamento com a mãe. No entanto, o pênis do pai frustra a menina, que nele, então, projeta sua agressividade.

Uma paciente histérica em análise há longo tempo evidenciou, em diversas oportunidades, que se sentira preterida em relação ao carinho e aos cuidados maternos devido ao nascimento de um irmão quando tinha cerca de 2 anos. A partir dessa vivência, aparentemente, vinculou a pertinência ao sexo masculino à condição de amado e desejado pela mãe. Por essa razão, identificou-se com o irmão e também com o pai, encarados como seres superiores.

Em casos como esse, a mãe é dissociada em um objeto gratificante, que foi perdido, mas que se mantém na fantasia, e um objeto frustrante com o qual a paciente se relaciona na realidade.

Nessa condição, o pai e, mais tarde, todos os homens podem se tornar substitutos e/ou extensões, geralmente idealizados, da figura materna. Em outras palavras, uma réplica da mãe perdida e idealizada. Nessas pacientes, muitas vezes se observa uma identificação com os homens, aparentemente

---

* A expressão foi utilizada por Brenman (1985), tendo por referência a descrição que Bion (1991) faz das angústias internas, insuportáveis, experimentadas pela criança quando falha o sistema de *rêverie* materna.

porque representam o pai, isto é, o objeto desejado e valorizado pela mãe na cena primária. Portanto, conforme refere Mayer (1989a, p. 53), "[...] o desejo da histérica não se reduz a um objeto, mas (também) a um lugar desejado".

QUATRO SONHOS DE CONTEÚDO HOMOSSEXUAL

Sonho de Luíza

Luíza, 27 anos, está em atendimento há quatro anos, quatro vezes por semana, de segunda a quinta-feira. Por motivo de força maior, em uma quarta-feira, o analista comunicou que não poderia atendê-la no dia seguinte, e ofereceu – caso a paciente desejasse – o mesmo horário na sexta-feira. Ela aceitou, mas, na sexta-feira, referiu que não gostou da troca e que ficara muito desconfiada. Disse:

> Quase que eu não venho. Vim só para não perder o dinheiro. Mesmo em momentos difíceis que eu passei, tu nunca me falaste na possibilidade de eu ter mais uma sessão na sexta-feira. Eu pensava que tu não atendias às sextas-feiras. Certamente tinhas algum programa com uma mulher para ontem e transferiste os pacientes para hoje. Eu tinha de ti a imagem de um profissional sério, mas vejo que tu és igual a qualquer um. Estou decepcionada contigo. Essa foi horrível!

Depois, contou o sonho que tivera àquela noite:

> Era uma casa pobre, de madeira. Lembrava essas invasões. Em uma cama, tinha um casal. Eu sabia que eles iam quebrar a cama e cair. Senti um tesão forte dentro de mim. Eu queria trepar com aquele homem que estava ali deitado. Aí, eu já estava naquela cama com as pernas abertas, mas quem estava me chupando era a mulher.

Associações:

> Era uma mulher sem graça, suja. Eu queria trepar com um homem, mas na hora do tesão era uma mulher que estava comigo. Eu geralmente não sonho com homens. Quando era pequena, eu me masturbava imaginando que o pai e a mãe estavam trepando. Eu achava a mãe quente e ficava com raiva e com nojo dela. Era como se ela fosse suja e o pai limpo... A mulher do sonho tinha a minha idade. Idade lembra identidade. A mulher era eu mesma. Que confusão! Eu sempre espero que as pessoas retribuam o que eu faço do jeito que eu quero. Se não retribuem, eu piro. Se eu dou amor, quero receber amor. Quem sabe o meu problema é que eu amava a mãe e ela dava amor para o pai. Então, eu disse: eu não te amo, eu te odeio!

Excepcionalmente, sem nenhum aviso, Luíza não compareceu às duas sessões seguintes. Na quarta-feira, aparentemente muito disposta e alegre, em vez de se deitar, se sentou na poltrona para informar que resolvera interromper o tratamento. Uma razão para isso era a de que não iria mais dispor do dinheiro de um aluguel com o qual pagava a análise. "A outra razão é que cheguei à conclusão que tu não és perfeito e eu posso prescindir de ti. Deitada nesse divã me manténs dependente de ti, por isso não me deitei."

Disse o analista: "O problema é que a imagem que para ti represento é perfeita e, enquanto for assim, vais te sentir dependente de mim e pirar sempre que eu não puder te atender".

Luíza despendeu o final da sessão falando sobre o aluguel. Na verdade, com a desistência do inquilino antes do término do contrato, encontrava-se diante de uma situação vantajosa, pois poderia relocar o imóvel por um valor mais elevado. Quando o analista lhe comunicou que terminara o seu tempo, saiu sem dizer se voltaria, mas, no dia seguinte, retornou e, como de hábito, se deitou no divã.

Como foi possível posteriormente constatar, a "casa pobre" do sonho representava a depressão de Luíza pela "troca" e, ao mesmo tempo, o seu mundo interno, povoado por uma cena primária "invadida" pela sua inveja destrutiva: ela sabia que o casal "iria quebrar a cama e cair". O tesão pelo pai expressava sua competição agressiva com a mãe e o desejo de ocupar o lugar do pai ao lado da mãe – razão pela qual, na sequência do sonho, encontra-se sendo "chupada", fragmento que revela um anseio nostálgico de "chupar" os seios da mãe.

Transferencialmente, ficou evidente que Luíza sonhou com a fantasia que criou a partir do fato de o analista não a ter atendido na quinta-feira. Com a mudança do dia da sessão, sentiu-se "trocada" por um "programa com uma mulher", cuja participação lhe teria sido proibida. Essa fantasia despertou em Luíza os sentimentos que, na infância, provavelmente, tomavam conta de sua mente quando os pais se trancavam no quarto. E, assim como fazia com a mãe, ela também desvalorizou o analista. Os ataques violentos à pessoa do analista fizeram com que ela se sentisse esvaziada: "uma casa pobre".

Evidentemente, o analista também era o locatário que não cumprira o contrato. O desamparo, a frustração e a raiva que sentiu diante da situação a impediram de constatar que, na realidade, não havia sido prejudicada nem por ele nem pelo inquilino. No entanto, Luíza não tinha capacidade para esperar, não tinha uma noção interna de tempo. As sessões eram equivalentes às mamadas de hora certa e, quando "a mãe se atrasa", a criança que subsiste nela grita e espernea. Embora Luíza não tenha crises conversivas que reproduzam essa experiência infantil, ela costuma reviver tal situação se sentindo confusa e ameaçada de morte. Segundo suas palavras, sempre que se sente abandonada é invadida por fantasias em que se vê "pobre e com fome". Por isso, concluiu que não teria mais dinheiro para se analisar quando soube que o locatário (a mãe que lhe fornecia "dinheiro-alimento" todos os meses) havia decidido romper o contrato. O mesmo efeito teve a informação do analista de que iria lhe privar de uma "sessão-mamada". Ao devolver em dobro a falta do analista (duas sessões por uma), evidenciou um desejo frequentemente observado em algumas pacientes histéricas: não precisar do objeto e colocar, por identificação projetiva, o objeto na situação de necessidade. Como refere Abadi (1991, p. 143)

> [...] o histérico não tratará nunca de se individualizar, mas simplesmente de inverter a relação de dependência: transformar o outro em uma mãe dependente do filho. Essa estratégia consiste em transformar o outro em fonte inesgotável de reparação de um narcisismo insaciável.

Quando retornou, Luíza mais uma vez colocou o analista no lugar da mãe, de quem se sentia superior e da qual imaginava prescindir. Tal atitude evidenciou que se encontrava realizando sucessivos *acting-outs*, pois, além das faltas, ainda revelou a fantasia, que alimentara durante aqueles dois dias, de procurar outro analista que lhe tirasse daquele "tratamento-mãe horrível". Sendo assim, a interpretação visou dar-lhe conhecimento de que era vítima de suas próprias idealizações, e não das imperfeições do analista, na condição de representante da figura materna. Diante de situações de rompimento do vínculo com o objeto idealizado, Luíza sentia a necessidade de atuar, quer denegrindo e desprezando o objeto, quer substituindo-o por outro objeto idealizado. Na tentativa de conquistar o objeto idealizado é que suas técnicas de sedução – que se tornaram eficazes devido a um componente de identificação – atingiam seu ápice. De acordo com Brenman (1985), o histérico tem como objetivo persuadir o objeto a agir de acordo com os seus desejos.

Sonho de Paula

Paula, 26 anos e há cinco anos em análise, desprezava e rechaçava, de forma acintosa, a mãe e as demais mulheres. Dizia se entender melhor com os homens, a começar pelo pai, com quem procurava se identificar.

Com a evolução da análise, Paula se aproximou da mãe. Em uma noite em que foi visitá-la, encontrou-a na cama assistindo a um filme no videocassete. Deitou-se ao seu lado para também assistir ao filme, e acabou adormecendo. Teve o seguinte sonho:

> Eu estava com uma amiga no quarto em que dormia quando era pequena. O pai entrou e me presenteou com um estribo para criança.* Não gostei do presente, mas fiz de conta que ficara muito contente. Quando o pai me beijou, senti nojo e repulsa, ao mesmo tempo em que percebi em seu olhar algo que me assustou. O pai saiu do quarto e eu tranquei a porta. Mas ele voltou e, encontrando a porta trancada, pôs-se a forçar até arrebentá-la. Abriu um buraco em sua parte superior e por ele entrou. Completamente transtornado, dizia que queria manter uma relação comigo. Fugi para a sala e lá fiquei com a empregada que me cuidava quando eu era criança. Parecia que só nós duas estávamos em casa. Acordei-me tranquila, com a mãe passando a mão na minha cabeça.

Esse sonho sugere que o pai de Paula, de alguma maneira, se oferecera como "estribo" para que evoluísse a uma forma "superior" de relação. Em outras palavras, para que passasse de uma relação diádica (ela e a mãe) a uma relação triádica (ela, a mãe e o pai). Apesar disso, Paula manteve internamente uma relação exclusiva com a mãe, representada no sonho pela amiga e pela empregada.

Transferencialmente, pode-se ver que Paula experimentava as interpretações do analista como ataques violentos à sua estrutura defensiva, na qual mantinha "trancada" uma relação exclusiva com a mãe idealizada que, enquanto dormia, acariciava sua cabeça (parte superior da porta).

Após essa experiência agradável com a mãe, Paula, contrariando sua atitude habitual, em um curto espaço de tempo, voltou a visitá-la. Naquele dia, vira um espelho com a moldura muito bonita e levou-o de presente a sua mãe. Disse: "Dei para ela se olhar". O presente e sua justificativa revelam um aspecto muito esclarecedor da vida inconsciente de Paula, e das demais pacientes desse estudo, qual seja, a existência de um conflito com a figura materna precocemente estabelecido. Esse conflito impede essas pacientes de se aproximarem da mãe real, na qual se encontram projetados seus aspectos agressivos, vorazes e desvalorizados. A mãe funciona como um espelho que lhes obriga a uma retomada de suas projeções. Contraidentificadas projetivamente com a mãe, elas se deprimem, por isso, voltam a atacá-la e dela se afastam. As aproximações constituem, tomando a expressão de Meltzer (1971), o "limiar da posição depressiva". Para essas pacientes, aparentemente, a vivência catastrófica decorre tanto da perda do objeto quanto da culpa, que decorre do reconhecimento interno de que foi a sua agressão e a sua voracidade infantil que desfiguraram o objeto. Esse reconhecimento

---

* Quando criança, Paula havia frequentado, com o pai, um clube de equitação e se tornara exímia cavaleira.

corresponde à integração tanto do objeto quanto do *self* obtida na "posição depressiva", descrita por Klein (1975a).

Reich (1974) chama a atenção para a tendência à depressão e à melancolia em pacientes histéricas como decorrência de fixações orais precoces e muito intensas. Brenman (1985, p. 143) também estabelece essa relação e postula a existência de uma defesa histérica contra a depressão. Ele refere que a meta da defesa histérica é a negação da realidade psíquica. Como decorrência, essas pacientes, mesmo frustradas, seguem ligadas e idealizando a seus objetos, pois necessitam deles para eludirem a verdade. A melancolia seria, portanto, o momento da verdade, refere o autor, que acentua: "Existe o temor, no histérico, de que a integração lhe cause culpa e loucura".

Sonho de Alice

Na quinta-feira pela manhã, Alice, 29 anos, tomou conhecimento de que Augusto, seu ex-noivo, naquele fim de semana, casaria com uma jovem de nome Márcia. Ficou perturbada com a notícia e, à tarde, por estar com muita dor de cabeça, não compareceu à sessão, a quarta e última da semana. À noite teve o seguinte sonho, relatado no início da semana seguinte:

> Eu estava vestida de noiva no banco de trás de um carro conversível. Sentada atravessada, que nem uma vedete. Só que não tinha noivo. Eu havia casado com a Lúcia, uma prima do Augusto.

Associações: "Não entendo por que fiquei tão perturbada, afinal, não gosto nem nunca gostei do Augusto. Só se é porque ele é rico e vai dar tudo para a Márcia".

O analista apontou que a paciente estava com ciúme de Márcia e ela protestou: "A Márcia é um diabo de feia. Magra, alta, pele escura, parece uma negra". Interrogada, esclareceu a relação que havia entre Márcia e Lúcia: as duas são psicólogas. Depois, criticou Augusto, "que agora vai se aproveitar dos conhecimentos da mulher e dar uma de psicólogo".

O material revela evidentes sentimentos transferenciais de abandono desencadeados pelo fim de semana, os quais foram reforçados pelo casamento do ex-noivo. Para se defender da depressão, Alice competia tanto com Márcia, que se beneficiaria com o dinheiro de Augusto, quanto com este, que se aproveitaria dos conhecimentos daquela. Lúcia estabeleceu uma ponte entre o analista e Márcia, com a qual foi identificado. O sonho revelou o desejo de Alice de ser única em relação a Augusto, à Márcia e ao analista, todos, independentemente do sexo, figuras maternais e denegridas por imporem a ela alguma dose de frustração. Reconstrutivamente, toda essa trama atualiza a relação triangular edípica primitiva de Alice, vivida com a mãe e o pai, e com a mãe e uma irmã mais velha. Tanto em uma situação como em outra, o objeto perdido e desejado era a mãe – o outro que acompanha, cuida e gratifica oralmente o recém-nascido. O sonho de Alice corrobora uma metáfora que, provavelmente, possa definir algumas histéricas: "Um bebê com roupa de vedete". Um bebê, além disso, que, devido às fixações orais, é voraz e reclama uma relação de objeto exclusiva (Marmor, 1953; Brenman, 1985).

Sonho de Joana

Joana, 34 anos e há seis em tratamento, atualmente vem empenhando todos os esforços em sua análise para vencer os medos, a dependência e também "não precisar mais imaginar, durante as relações sexuais, a compensação de um prazer no outro dia, mas o prazer de ter a própria relação sexual".

Recentemente, referiu uma lembrança infantil em que o pai e a mãe impunham ao irmão um castigo muito humilhante. Identificada com o irmão, vivenciou essa lembrança durante a sessão com muita emoção. Na verdade, tratava-se de uma lembrança encobridora. O analista a interpretou dizendo que se identificara com o sentimento de humilhação do irmão, devido ao castigo que representava para ela a mãe e o pai se encontrarem juntos. Deu-se conta, então, a respeito do quanto procurava manter a mãe e o pai separados e discordantes em sua lembrança. No dia seguinte, contou este sonho:

> Sonhei com uma cena da novela da Globo de ontem *Que rei sou eu?*, em que o suposto rei se encontra trancado no porão do castelo. Depois dessa cena, eu estava na garagem de madeira, para dois carros, que havia na casa de campo que nós tínhamos quando eu era criança. Mas, em lugar de carros, no sonho havia uma cama de casal bem no meio. Entrou a N., que na novela é esposa do conselheiro. Ela é uma mulher sensual, que se entrega afetivamente. Vestia-se como na novela, à antiga. Disse-lhe "Vou te mostrar um jeito que se tem orgasmo". Disse isso, mas o que eu pensava era o seguinte: vou te mostrar um jeito que nunca mais vais me largar. Ela levantou o vestido comprido, sentou-se na cama com as pernas abertas, para fora, e eu fui por cima dela, e nos apertamos bem. Nem ela nem eu tínhamos pau. Ela me disse que não sentira nada. Entrou a D., outra artista lindíssima que trabalha na novela e que alguém me disse que é homossexual. Tirou a roupa e se deitou de costas na cama. Depois se virou de frente, abriu as pernas e eu chupei a xeca dela. Perguntei porque as duas não ficavam juntas. Tranquei a porta para não entrar mais ninguém. Elas começaram a se tocar e se beijar. Eu não fiquei nem excitada nem enciumada. A D. era ambidestra. É ambidestra que se diz? (*Joana é ambidestra.*) Não, não era ambidestra que eu queria dizer. Eu queria dizer hermafrodita, porque tinha um pau pequeninho, de uns três centímetros. Ela levantava o quadril para o pau ficar duro. Eu me sentia como se tivesse adquirido a posse daquelas duas.

Associações:

> Eu já sonhei que tinha um tiquinho. Eu ligo a N., com aquela disposição para o sexo, com a minha mãe. Eu tenho a impressão de ter visto a mãe trepando com o pai daquele jeito: ela sentada na cama com as pernas para fora e o pai por cima. Uma das poucas vezes em que eu gozei com o Marcos foi dessa maneira. Pude sentir o pau dele bem lá no fundo. Eu me acho parecida com a D. Quando eu vou ao clube, fico com a turma dos homens. Eu me identifico com eles. Para as mulheres, eu nem dou bola. Acho que elas sentem inveja do meu relacionamento com os homens. Fico pensando se as duas mulheres, a N. e a D., não são as minhas duas partes, os meus dois lados. Eu não queria ter orgasmo com o Marcos, sentia nojo. Eu só queria que ele ficasse comigo. Eu sentia uma frustração quando ele resolvia querer trepar comigo. Por isso eu exigia dele uma compensação. Estou pensando no pauzinho... Tanto pode ser menino quanto menina. Acho que, na infância, eu só via a parte sexual dos meus pais. Tudo era sexo. Agora eu não gosto de sexo, gosto de carinho. Eu quero que o homem goze e pronto. Às vezes, quando eu saio à noite, coloco uma aliança para evitar que os homens se aproximem de mim. Eu tenho medo de acabar trepando com todos que se aproximam de mim. Será que eu tenho medo de sentir uma coisa que eu nunca senti: atração por um homem?

Representada por uma porta trancada, a repressão de um vínculo homossexual com a mãe é evidente no sonho de Joana. De acordo com McDougall (1987b), o desejo homossexual na criança possui um duplo alvo. No caso da menina, o primeiro é possuir concretamente a mãe só para ela; o segundo, é ser o pai – ocupar o seu lugar – para obter todos os privilégios e prerrogativas que ele desfruta em relação à mãe.

Completado pelas associações, o sonho de Joana indica que o seu desejo infantil de ocupar o lugar do pai tem como finalidade possuir a mãe profunda e definitivamente ligada a ela. Na primeira parte do sonho, aparentemente, ela fracassa nesse objetivo, devido ao fato de não possuir um pênis, com o qual o pai mantinha a mãe ligada a ele, e conseguia tocar em seus sentimentos profundamente. Na segunda parte do sonho, Joana se faz representar por uma mulher dotada de um pequeno pênis ereto (um falo, símbolo da completude narcísica), com o qual fantasia obter, com exclusividade, o amor da mãe. O "hermafroditismo" de Joana encerra, aparentemente, três diferentes, mas relacionadas fantasias, de posse de um pênis que, segundo supõe, é o único atributo que liga profundamente a mãe ao pai: a fantasia de uma bissexualidade, a fantasia de ocupar o lugar do pai na relação com a mãe e a fantasia de possuir realmente um pênis.

As associações de Joana também indicam o quanto inveja o pênis – sente-se desvalorizada em relação aos homens e com eles compete. Mas tanto a inveja quanto a desvalorização e a competição são projetadas nas outras mulheres. Ela fica junto dos homens não porque os deseja, mas porque se identifica com eles. A inveja que ela imagina que as mulheres sentem dela não é porque fica com os homens – nesse caso, ela diria que sentiriam ciúme –, mas porque possui um pênis. Através da identificação com um homem, inicialmente o pai, Joana tem em vista a obtenção de uma imagem que lhe possibilita um falso sentimento de existência. A perda da imagem (rigidamente mantida) implica psicotizar, por isso, ela se submete aos homens e entra em pânico quando se vê na iminência de perdê-los. A simbiose e a hostilidade em relação à mãe impedem que Joana possua uma imagem própria, que implica certo grau de diferenciação da mãe e identificação com ela. Por isso, ela é sempre passiva – isto é, sujeito passivo – em relação aos objetos da realidade. Para se tornar sujeito ativo e também representante das pulsões (que ela reprime e nega possuir), necessita, antes, possuir um modelo. A impossibilidade de se identificar com a mãe impede que Joana eleja o pai como objeto de desejo. Em lugar disso, faz dele o seu objeto de identificação, mantendo a mãe na condição de objeto de desejo. Nesse caso, a identificação com o pai é, de acordo com Brenman (1985), "vicariante" – situação em que um objeto (o pai) supre a falta do outro (a mãe). O autor considera esse tipo de identificação característico da histeria.

Não obstante, conforme foi possível observar neste e nos demais casos estudados, o pai não constitui, para essas pacientes, uma figura real, mas uma imagem idealizada de acordo com suas necessidades, para que elas, não sendo a mãe, possam ser alguém. Refere Brenman (1985) que as histéricas se identificam com uma fantasia, e não com um objeto real. Segundo o autor, são pessoas que vivem vicariantemente através dos outros, de uma maneira em que a importância concedida ao *self* real do objeto é mínima. No entanto, a dependência dos objetos vicariantes é máxima, porque são a sua imagem. A perda do objeto vicariante, experimentada com muita angústia, representa para as histéricas a sua morte, uma vez que não possuem uma existência própria. Tudo se passa à semelhança do processo defensivo-identificatório de Fabian, personagem de Julien Green estudado por Klein (1975).

De acordo com Nasio (1989), na histeria, a identificação se faz com a "imagem local" do objeto e com o objeto enquanto emoção. No primeiro caso, a histérica se identifica com a imagem do objeto, tomado apenas como um ser sexuado ou, mais exatamente, com a imagem da parte sexual do objeto. De acordo com o autor, Karl Abraham (1959) empregou a expressão "imagem local da região genital" para indicar o lugar imaginário do sexo do objeto – ao que parece, intensamente investido pelas histéricas em detrimento do restante da imagem do outro. No segundo caso, a identificação se estabelece com a emoção do gozo (fantasiado) dos pais em coito, o que levou Freud a considerar o ataque histérico o equivalente de um orgasmo. No entanto, devido à inexistência de representação mental, a identificação com o gozo consiste, na verdade, em uma identificação com uma ausência de representação. Provavelmente, por isso, a histérica não consegue gozar, mas apenas copiar o gozo.

Outra forma de identificação encontrada em Freud (1976n) é a "identificação regressiva", que se estabelece com um traço do objeto amado, desejado e perdido e, na sequência, com esse mesmo traço em subsequentes objetos amados, desejados e perdidos. Esse tipo de identificação, na histeria, aparentemente, explica o fato de que, embora troque de objeto, a identificação se estabelece sempre com um traço do primeiro objeto amado, desejado e perdido: a mãe. Por essa razão, independente do sexo do objeto, sua relação permanece sendo homossexual. Aparentemente, a identificação "vicariante", que Brenman (1985) considera típica da histeria, constitui uma particularidade da identificação "regressiva", descrita por Freud. O que deve ser enfatizado no caso da histeria é a extrema dependência do objeto, com o qual a histérica, de acordo com o termo empregado por Brenman, estabelece uma relação em que o outro, por meio de seu próprio funcionamento, supre a sua insuficiência funcional.

Como diz McDougall (1987b, p. 108): "No mundo dos sonhos, somos todos mágicos, bissexuais e imortais" e, quem sabe, ao menos para Joana, seja possível "um corpo para dois, um sexo para dois" (McDougall, 1987b, p. 20). O sonho de Joana nos reporta ao Mito de Hermafrodito: dois corpos unidos, nem homem nem mulher, ser que parece não ter sexo algum e, ao mesmo tempo, parece possuir os dois. De acordo com Mayer (1989a, p. 29), representa "[...] a supressão de todas as faltas e o desaparecimento de todas as diferenças".

Transferencialmente, o sonho de Joana alude a um relacionamento com o analista marcado pela exclusão do pai. Conforme explicou, na novela não havia, naquele momento, um rei, mas apenas "uma rainha que mandava" e dúvidas sobre a existência de um legítimo herdeiro do trono. Portanto, o analista, na condição de pai (rei), estava morto, não existia na realidade ou, então, existia somente como um filho ilegítimo. Legitimamente, ela existia apenas como mãe (rainha). O conteúdo do sonho havia sido mobilizado pela interpretação do dia anterior, ou seja, que a aproximação do pai com a mãe lhe provocava sofrimento. No final da sessão em que relatou o sonho, Joana referiu que vira o analista de muito longe várias semanas antes em um restaurante com sua esposa, a qual ele acariciava o rosto enquanto conversavam com outro casal sentado à mesma mesa. Disse que "esquecera" essa experiência, provavelmente porque – como evidenciaram suas associações – havia sentido inveja do analista, que tinha alguém que lhe cuidava, e também de sua esposa, que era por ele cuidada.

COMENTÁRIO

Os sonhos de conteúdo homossexual observados em pacientes histéricas parecem se vincular a fixações na fase negativa (fálica) do complexo de Édipo.

O *Caso Dora*, de acordo com Krohn e Krohn (1982), ilustra a importância da fase negativa do complexo edípico na estrutura interna da histeria. Tivesse Freud decifrado esse enigma transferencial, conforme reconheceu na Nota n° 3 do pós-escrito, teria percebido no material do segundo sonho de Dora seus desejos de matar o pai e possuir *Frau K.* somente para ela, caracterizando uma fixação na fase negativa do complexo edípico.

Referem os autores acima citados que:

> Dora revela o que temos encontrado em outros casos de histeria, ou seja, que a fase fálico-edípica é extremamente significativa para a mulher histérica. Uma fixação nesse estágio inclui uma rivalidade inconsciente com os homens, frequentemente com impulsos de castração e morte contra eles, esforços de impressionar e possuir falicamente a mãe e seus substitutos e, sob isso, uma memória infantil depressiva enraizada na fase fálico-edípica de que não é capaz de dar à mãe ou a outra mulher um bebê ou prazer com um pênis. (Krohn e Krohn, p. 575-576).

Portanto, como Freud (1974k, p. 260) enfatizou em "Sexualidade feminina", "[...] a mulher só atinge a normal situação edipiana positiva depois de ter superado um período anterior que é governado pelo complexo negativo". Durante esse período, "o pai de uma menina não é para ela muito mais do que um rival causador de problemas".

As psicanalistas Helene Deutsch (1969a, 1969b), Jeanne Lampl-de-Groot (1933, 1967), Karen Horney (1967a, 1967b), Melanie Klein (1974) e Ruth Mack Brunswick (1980), por serem do sexo feminino, conforme acentuou Freud (1974k, p. 261), provavelmente "[...] foram capazes de perceber esse fato mais fácil e claramente porque contavam com a vantagem de representar substitutos maternos adequados". Foi Lampl-de-Groot (1967) que descreveu, em primeiro lugar, a etapa negativa do complexo de Édipo. Freud, em 1931, a referendou.

A passagem do primeiro para o segundo estágio do complexo de Édipo vai implicar uma troca do objeto de desejo: no caso da menina, inicialmente, a mãe deve ser substituída pelo pai (Nagera, 1983; Salas, 1967).

Não obstante, para que ocorra a troca de objeto de desejo no desenvolvimento da menina, é indispensável que, inicialmente, o amor predomine sobre o ódio, a fim de que possa projetar na mãe o seu ideal e com ela venha a se identificar. Mediante essa identificação, a menina adquire uma imagem de si própria e, a partir desse momento, passa a competir com a mãe para obter o amor do pai.

Frustrações precoces durante a fase pré-edípica preparam o terreno para um desenvolvimento edípico que pode permanecer estancado em sua fase inicial, não chegando a ocorrer a troca de objeto que capacitará a menina para o estabelecimento, mais tarde, de relacionamentos verdadeiramente heterossexuais.

O ódio que resulta das frustrações precoces faz com que a menina se sinta ameaçada pela mãe e dela se afaste, projetando o seu ideal em uma figura substituta e idealizada, com a qual se identifica. Não havendo a necessária troca de objeto, a mãe permanece como objeto de desejo da menina (origem dos sonhos de conteúdo homossexual observados nos casos relatados).

A figura substitutiva pode ser o pai, um irmão ou os homens de maneira geral, idealizados pela posse de um pênis (o pênis que a mãe admira e deseja), com o qual se identifica. Essa forma de identificação, que Brenman (1985) denominou de "vicariante", caracterizaria a configuração edípica patológica típica da histeria. Schoenenwolf (1990, p. 25) supõe que "[...] talvez Dora desfrutasse vicariantemente a relação entre o pai e *Frau* K., que teria se tornado uma substituta de sua mãe". Essa configuração favorece uma das explicações possíveis para a identificação de Dora com o seu pai.

A ausência de um pênis na mãe faz com que a menina desvalorize essa figura e as mulheres de maneira geral, que não possuem um pênis ou possuem um muito pequeno, o clitóris, incapaz de satisfazer a mãe. Como resultado, conforme foi ilustrado pelo material apresentado, a menina pode mais tarde apresentar um desejo exacerbado de possuir o órgão de que se sente privada. No entanto, cabe salientar que a inveja nesse caso é fálica, ou seja, da representação mental do pênis, sinônimo de poder e independência. Como destacaram Jones (1967) e Klein (1974), a "inveja do pênis" substitui, na evolução psicossexual da menina, a "inveja do seio", aspecto que Freud (1974k) já enunciara ao afirmar que uma ligação particularmente intensa com o pai costuma ser antecedida de uma ligação também intensa com a mãe.

Uma relevante decorrência teórico-clínica relevante da identificação substitutiva com o pai, ou mais apropriadamente com o pênis, é que tal identificação, e também a inveja, é estabelecida com um pênis idealizado. Esse tipo de aproximação com o pai gera uma relação competitiva com a mãe. No entanto, tal configuração, quando ocorre uma fixação na primeira etapa do complexo de Édipo, é secundária; o oposto, portanto, do que se estabelece na etapa genital da fase edípica do desenvolvimento. Somente após Dora ter abandonado a análise é que Freud se deu conta da realidade: de que sua jovem paciente, não tendo conseguido se tornar a herdeira da mãe e, portanto, pretensa mulher do pai, tenha se tornado a herdeira do pai e, como tal, pretensamente detentora de um pênis admirado e desejado pela mãe.

Os sonhos, conforme sugere o material clínico relatado nesse estudo, reforçam os conhecimentos sobre a estrutura interna da histeria proporcionados pela leitura do *Caso Dora*. Através deles é possível identificar a "corrente homossexual inconsciente" observada por Freud em sua paciente, conforme registrou no pós-escrito desse seu conhecido e permanentemente citado trabalho. A bissexualidade psicológica inata suportada na natureza dessa fantasia foi levantada por Freud (1976j) em "Fantasias histéricas e sua relação com a bissexualidade".

3

SEM FORÇA PARA VIVER
(Caso Aluísio)

Gley P. Costa

®ESUMO

Estudo sobre pacientes que, diferentemente dos neuróticos, psicóticos e perversos, carecem de uma vida simbólica, decorrente de uma fixação a uma etapa do desenvolvimento em que o aparelho mental da criança depende da intermediação de uma ambiente empático para responder aos estímulos internos e externos.

As descobertas de Freud sobre o conteúdo simbólico dos sonhos, dos atos falhos, dos chistes e dos sintomas histéricos, além da evidência da força anímica de uma sexualidade e de um desejo recalcados, ainda representam os fundamentos da teoria e da técnica psicanalíticas. Contudo, nos últimos anos, tem-se constatado que certas situações extrapolam os limites dessa clínica do simbólico, exigindo o aporte de novos interrogantes, visando evitar um desgaste epistemológico decorrente do emprego de um referencial conceptual insuficiente ou inadequado.

Atualmente, o mais comum é que os pacientes nos cheguem sem uma definição clara do seu sofrimento, não raro encaminhados por um clínico devido a sintomas físicos que podem ser confundidos com as somatizações dos histéricos; diferentemente desses, contudo, seus corpos são simbolicamente desabitados de emoções. Muitos deles demonstram uma capacidade muito precária para modular operativamente a angústia, recorrendo a meios auxiliares, como as drogas, as compulsões sexuais e o *acting out*, através dos quais tentam atenuar a vivência de vazio, terror ou confusão de que o ego se sente invadido.

Freud (1976k) denominou esse tipo de angústia de automática, em oposição à angústia sinal dos quadros neuróticos. Metapsicologicamente, a reação se deve ao fato de o pré-consciente desses pacientes não se encontrar em condições de antecipar, pelo pensamento, as ações específicas a serem executadas no mundo externo. A frustração que, muitas vezes, funciona como desencadeante dessas patologias não resulta da perda de um objeto, como nas neuroses e psicoses, mas de um contexto construído por um conjunto de excitações mundanas relativamente monótonas, equivalentes aos procedimentos autocalmantes, como são chamadas as autoestimulações sensoriais e motoras que não têm por meta alcançar uma satisfação, mas a calma, por meio da qual o indivíduo procura neutralizar um excesso de excitação ou sua drenagem desmesurada, ambos traumáticos. Esses procedimentos se estabelecem sob a égide do princípio de inércia e têm como meta o estancamento da vida pulsional, que aspira ao caminho da constância para promover uma maior complexidade do princípio do prazer (Maldavsky, 1995a).

Na introdução do referido artigo de Freud (1976k, p. 99), refere Strachey que "[...] o determinante fundamental da ansiedade automática é a ocorrência de uma situação traumática; e a essência disso é uma experiência de desamparo* por parte do ego em face de um acúmulo de excitações, seja de origem externa ou interna, que ele não consegue tramitar". Sob a rubrica do que podemos denominar de "clínica do desvalimento", incluem-se os pacientes com traços autistas, as neuroses tóxicas e traumáticas, as doenças psicossomáticas, as traumatofilias, as adições, os transtornos alimentares, as perturbações do dormir, a violência vincular, a promiscuidade e outras patologias que, do ponto de vista teórico, técnico e clínico, diferem das neuroses, psicoses e perversões. Na literatura psicanalítica, encontramos diferentes termos para designar esses estados anímicos: Sifneus (1973) denominou de "alexitimia", que quer dizer: não ter palavras para as emoções. Corresponde ao que Marty (1976), pouco depois, chamou de "depressão essencial", isto é, sem objeto; e Krystal (1982), mais recentemente, nomeou de "anedonia", significando incapacidade para experimentar sentimentos.**

---

* No original, em alemão, *Hilflosigkeit*, cujo significado é *desamparo*, como se encontra traduzido nas *Obras Completas* de Freud em português; *abandono, fraqueza* e, também, *desvalimento*, como foi traduzido para o espanhol pela Amorrortu (*desvalimiento*), correspondendo à nossa opção.

** Sob a denominação de *Problemas y Patologías del Desvalimiento*, esses estados anímicos têm sido exaustivamente investigados no Instituto de Altos Estudios en Psicología y Ciencias Sociales (UCES, Buenos Aires) pelo método desenvolvido por Maldavsky (Maldavsky, 2004; Maldavsky et al., 2005, 2007), denominado ADL (Algoritmo David Liberman), por meio do qual é possível detectar as erogeneidades e as defesas do discurso a partir da perspectiva psicanalítica, expressas em três níveis de análise da linguagem: palavra, frase e relato. Além das seis erogeneidades descritas por Freud (oral primária, oral secundária, anal primária, anal secundária, fálico-uretral e fálico-genital), também é levada em consideração a intrassomática, que ele mencionou de passagem em 1926 [1925], ao afirmar que, no primeiro momento da vida pós-natal, os órgãos internos, em particular o coração e o pulmão, recebem um forte sobreinvestimento libidinal. Quanto às defesas, são distinguidas algumas consideradas centrais, principalmente o recalcamento (*Verdrängung*, em alemão; *repression*, em inglês; *represión*, em espanhol), a recusa (*Verleugnen*, em alemão; *disavowal*, em inglês; *desmentida*, em espanhol) e o repúdio (*Verwerfung*, em alemão; *repudiation*, em inglês; *desestimación*, em espanhol) da realidade e da instância paterna e do afeto, além de outro grupo de defesas considerado complementar: identificação, projeção, anulação, isolamento, etc. Esse conjunto de erogeneidades e defesas constitui o sistema categorial do método, o qual é operacionalizado para poder investigar as manifestações discursivas.

Esses pacientes questionam as hipóteses estabelecidas a respeito da representação simbólica, da função da erogeneidade, incluindo o masoquismo erógeno originário e o valor dos mecanismos de defesa. Em sua vida pulsional, predomina uma tendência a se deixar morrer, identificada como apatia, e sua defesa mais consistente é o repúdio (*Verwerfung*, em alemão; *repudiation*, em inglês; *desestimación*, em espanhol) do afeto, o qual compromete os fundamentos da subjetividade, ou seja, a captação das qualidades psíquicas dos vínculos. No que diz respeito à estratificação tópica – inconsciente, pré-consciente e consciência –, também observamos uma diferença: enquanto nas neuroses o desinvestimento se relaciona com as marcas mnêmicas pré-conscientes e nas psicoses com as marcas mnêmicas inconscientes, nas patologias do desvalimento a instância desinvestida é a consciência, mais precisamente a consciência originária, anterior às marcas mnêmicas e às representações.

Cabe lembrar que Freud (1977a) ("Projeto para um psicologia científica", 1977b, "Carta 52"), distinguiu uma consciência oficial, a que chamou de secundária, implicada na formulação "fazer consciente o inconsciente", e uma consciência anterior, originária, a qual chamou de neuronal, que consiste na captação da vitalidade pulsional como fundamento da subjetividade. Os conteúdos iniciais da consciência são a percepção, da qual derivam as marcas mnêmicas, e os afetos, os primeiros a se desenvolverem como algo novo e diferente dos processos mentais puramente quantitativos. Isso quer dizer que, inicialmente, a percepção se encontra desinvestida e resulta indiferente, mas logo se translada para a captação da afetividade. A partir desse momento, o mundo sensível adquire uma organização mais sofisticada e se estabelecem as dimensões espaciais. Pode-se dizer, assim, que sentir um afeto é requisito indispensável para o surgimento da consciência ligada às percepções.

No entanto, somente ocorre o registro do afeto quando existe um sujeito capaz de senti-lo. Quando falta um outro empático, o estímulo não é processado e o afeto transborda ou se mantém diminuído, ficando assim sem o registro psíquico. A abulia aparece no lugar do sentir, tornando-se a expressão de uma dor carente de qualidade e de sujeito. Os quadros de desvalimento correspondem a um estado econômico no qual predomina uma dor sem qualificação afetiva. Como adverte Maldavsky (1998a), o ponto de partida parece ser o estabelecimento de estados afetivos como conteúdo inicial de consciência, de onde surge a possibilidade de dotar de significação o restante do desenvolvimento psíquico. Sendo assim, a não constituição desse primeiro conteúdo de consciência interfere no desenvolvimento ulterior e cria uma falha nas bases da subjetivação. Dentro dessa perspectiva, conclui-se que a origem da consciência é a mesma da subjetividade, o que equivale dizer, da circulação da libido.

Em determinadas manifestações psicopatológicas, como as doenças psicossomáticas, predomina uma vivência de dor correspondente ao erotismo intrassomático, resultado do investimento libidinal dos órgãos internos.* Nesses casos, a libido não se desloca para as zonas erógenas periféricas, como caminho para estabelecer uma circulação pulsional intersubjetiva, permanecendo aderida ao próprio corpo. Nas situações em que essa fixação é prevalente, observa-se uma tendência a processar os conflitos mediante a alteração interna, ou seja, através de uma mudança na economia pulsional, a qual permanece em um estado de estancamento. Diz Maldavsky e colaboradores (2007, p. 17-18) que:

> O afeto é uma forma de qualificar, de tornar conscientes os processos pulsionais e, ao mesmo tempo, na medida em que é consequência da empatia dos progenitores, também é uma forma de estabelecer um nexo com a vitalidade dos processos pulsionais desses, mas existem indivíduos nos quais essa conquista psíquica precoce não se desenvolveu ou se arruinou de maneira transitória ou duradoura: nessas situações, a subjetividade fica comprometida, ao menos parcialmente, e em seu lugar costumam aparecer alterações somáticas.

Psicanalistas da Escola Psicossomática de Paris cunharam o conceito "pensamento operatório" para definir pacientes com uma psicopatologia caracterizada pela carência de vida fantasmática, frequentemente associada a distúrbios somáticos (Marty; M'Uzan, 1963). Não só o pensamento, mas a vida operatória como um todo é a expressão clínica da depressão essencial, caracterizada, conforme acentua Kreisler (1995), pela redução ou perda da libido tanto narcisista quanto objetal, configurando uma das manifestações clínicas principais da presença do instinto de morte. De fato, experiências traumáticas precoces podem impedir o desenvolvimento pulsional erótico na direção da dramatização psíquica; desenvolvimento esse regido pelo princípio da constância, sendo substituído por uma organização mental que visa à baixa da tensão vital, característica do princípio de inércia, no qual se sustenta o funcionamento operatório. Consequentemente, no lugar do conflito psíquico das neuroses e das psicoses, temos o desligamento psíquico. Essa negatividade do funcionamento mental representa um esvaziamento da subjetividade, impondo, como resultado, uma dificuldade inequívoca ao trabalho analítico nos moldes como foi concebido classicamente.

---

* Freud (1976y) postulou que, no início da vida anímica, a ação específica ainda não se encontra conectada com as excitações pulsionais que tramitam com o critério de alteração interna.

Esses pacientes apresentam uma depressão cuja característica principal é a falta de matiz afetivo, conservando apenas o estado econômico correspondente, lembrando a descrição de Freud (1976c) das neuroses atuais. Essa depressão sem tristeza constitui uma das patologias que integra o que, no meio psicanalítico contemporâneo, está sendo chamado de "clínica do vazio". Fédida (1999) se referiu a um "teatro do vazio", característico da depressão sem culpabilidade e sem objeto que resulta de uma deficiência na função principal da vida psíquica, que consiste na simbolização da ausência. De acordo com esse autor, o vazio se relaciona com uma depressão arcaica, anterior à "posição depressiva" de Klein. Os sintomas predominantes são apatia, abulia, letargia, sopor, astenia e inapetência, indicando o marcado componente psicossomático desses quadros.

Maldavsky (1995b) deu a essas patologias o nome de "depressão sem consciência", ou seja, sem qualificação afetiva. A etapa evolutiva em que se cria o cenário que dá origem à depressão sem afeto é aquela que se considera do surgimento da vida psíquica a partir do encontro entre um substrato neuroquímico, o recém-nascido, e um mundo extracorporal, a mãe e sua capacidade de entender as necessidades do bebê. Quando não existe empatia, a figura materna se inscreve na mente da criança como um interlocutor arbitrário que contraria a realidade, sendo ela precisamente uma representação dessa realidade que o objeto procura destituir de vida. Maldavsky (1995b) denomina esse objeto interno de "déspota louco"*, a cujo domínio absoluto o paciente sucumbe, tornando-se um ser desvitalizado ou, como refere Fédida (1999), um "vivo inanimado". Deve-se ainda destacar que a apatia que resulta da carência de qualificação do afeto pode ser substituída pelo pânico e, em outros momentos, pela fúria, a qual se oferece como um caminho para retornar à inércia letárgica. Destaca Maldavsky (2007) que os estados de desvitalização parecem ser o efeito de uma defesa contra Eros pela ação da pulsão de morte, que consiste em extinguir toda a tensão vital, o que equivale a dizer impedir ou degradar a energia de reserva. Como se sabe, a partir de Freud (1976q, 1976y), a ausência de energia de reserva impede o indivíduo de realizar ações específicas para tramitar as exigências pulsionais amorosas ou hostis, próprias ou do outro, despertando no ego uma angústia automática, a qual surge como corolário da desvitalização.

Outro aporte teórico desses pacientes mais desvitalizados do que propriamente deprimidos, ou deprimidos sem matiz afetivo – portanto carentes de tristeza –, encontramos no trabalho de Green (1988) intitulado "A mãe

---

* Trata-se de uma forma singular do autor de se referir às falhas de *rêverie* materna (Bion, 1991) ou de *holding* (Winnicott, 1965), correspondendo a uma construção sobre os supostos vínculos originários dos pacientes que fazem parte da clínica do desvalimento.

morta". Note-se, como elucida o autor, que, ao contrário do que se poderia crer, a mãe morta é uma mãe que permanece viva, mas que está, por assim dizer, morta psiquicamente aos olhos da criança que ela cuida. Lembrando bem essa descrição, tivemos como paciente uma mulher jovem que, no exato dia em que nasceu, sua mãe recebeu a notícia de que a mãe dela (no caso a avó da paciente) morrera em um acidente de carro ao vir de outra cidade para acompanhá-la no parto e ajudá-la nos cuidados iniciais do bebê. A paciente não tinha sintomas depressivos; ela apresentava condutas que deixavam clara a representação de uma defesa contra o que hoje, usando as palavras de Green (1988), chamaríamos de um "núcleo frio que queimava como um gelo", fazendo com que, em seus relacionamentos, incluindo o transferencial, expressasse um "amor gelado", efeito da perda de calor vital resultante de uma hemorragia libidinal.

ILUSTRAÇÃO CLÍNICA

Tanto a "mãe morta" de Green (1988) quanto o "déspota louco" de Maldavasky (1995b) constituem um fragmento psíquico do próprio paciente, correspondendo, em sua origem, a uma experiência não empática que foi introjetada e logo projetada e reencontrada nos objetos do mundo externo. Esses pacientes, além da apatia e da reação a esse estado – por vezes confundidas, a primeira com depressão e a segunda com mania –, mobilizam um conjunto de defesas que costumam ser observadas na situação analítica, como ilustra o caso a seguir descrito.

Aluísio, 39 anos, trabalha como auditor de grandes empresas e leciona em duas universidades. É casado e tem dois filhos com 6 e 9 anos. Seus ganhos anuais são elevados. Ele passa metade da semana em uma cidade, onde reside a família, e metade em outra, onde possui um relacionamento extraconjugal de longa duração. Além disso, ele mantém relações sexuais com outras mulheres do seu círculo profissional e acadêmico, tanto nessas quanto em outras cidades para onde viaja com frequência. As mulheres bonitas, atraentes e cultas, segundo suas palavras, fazem com que se sinta imediatamente fascinado, não conseguindo evitar uma aproximação. Por outro lado, como também não consegue recusar os convites de trabalho e palestras que lhe são feitos – porque sempre tem de atender o desejo do outro –, quase não tem tempo para descansar e dorme poucas horas à noite. Apesar disso, não costuma faltar às sessões, evidenciando um bom vínculo com o tratamento. Contudo, esse vínculo não tem correspondência em sua relação com o analista, representando na transferência o desinvestimento do objeto materno e a subsequente identificação espelhada com ele. Esse modelo transferencial não difere do que ocorre em seus relacionamentos com as mulheres. Mais do que elas próprias, na verdade, está no "através delas" a sua busca de encontrar um lugar, um contexto que lhe proporcione a sensação de viver – que pode ser uma família, um hotel luxuoso ou uma praia paradisíaca. A atenção, portanto, resulta despertada mais por um estímulo excitante do que por um movimento libidinal dirigido ao mundo exterior.

Sob um manto de cordialidade e aparente submissão, Aluísio procura esconder um traço de caráter marcadamente narcisista, não levando em consideração nem o interesse nem o sofrimento das mulheres com as quais se relaciona. Tanto a esposa quanto a amante ou eventual caso amoroso mantido, simultaneamente, por algum tempo, são alvos de um rigoroso e massacrante controle por parte de Aluísio que, dessa forma, procura evitar a sua perda. A respeito desse aspecto observado em pacientes desvalidos, refere Maldavsky (1995b, p. 37):

> Às vezes, a solução que esses pacientes aspiram consiste em se ligar a um objeto mundano que restabeleça a sua falta de nexo com o universo sensorial. Nesse objeto, predominam certos traços, como a beleza ou a conexão com a realidade, e o paciente pretende escravizá-lo de modo a ter assegurado um caminho restitutivo no vínculo com a realidade sensível, como se pretendesse que o objeto aportasse essa coerência que o seu ego carece e que não pode desenvolver.

Na verdade, com o objetivo de resgatar o sentido da vida, Aluísio sobreinveste a sexualidade, resultando em uma constante excitação autoerótica. Ele também sobreinveste o trabalho e a atividade intelectual, os quais, por essa razão, carecem de espontaneidade. Contudo, o aspecto mais chamativo em Aluísio é a dependência que mantém com as mulheres. A eventual possibilidade de ser deixado por uma delas faz com que se sinta verdadeiramente arrasado. Aluísio necessita que tanto a esposa quanto a amante lhe telefonem diariamente e demonstrem não estarem brigadas com ele para que possa se sentir "ligado" para trabalhar, divertir-se e sair com outras mulheres. Diz ele: "Se elas não me ligam, eu fico sem força para viver". Em uma ocasião, comparou-se a um boneco que depende de que as mulheres lhe deem corda para se movimentar. Trata-se de um tipo de ligação ao objeto que lembra uma sanguessuga aderida firmemente ao corpo de uma pessoa, configurando, nas palavras de Maldavsky (1995b), um "apego desconectado".* Quando essa forma de apego se desestrutura, costuma aparecer um estado hemorrágico libidinal extremo que põe o anímico em uma situação de

---

* Por meio desse conceito, baseado nas ideias de Bowlby (1969), Maldavsky (1995b) procura caracterizar a forma adesiva com que esses pacientes se ligam aos ritmos pulsionais das pessoas, como a respiração e os batimentos cardíacos, captados pela sensorialidade, no afã de usufruir da vitalidade do outro.

dor não qualificável, sem fim, que pode se evidenciar como um estado de apatia, várias vezes experimentado por Aluísio. De fato, pacientes com as características de Aluísio dependem da vida orgânica do outro; encontram nesse outro sua fonte de vitalidade e, quando o analista procura marcar esse funcionamento, situação que é vivida como um golpe, costumam responder com um estalido de fúria, resultando no abandono do tratamento ou na sensação de uma queda no vazio.

Outra característica de Aluísio é que, após permanecer com uma mulher por algum tempo em uma situação de intimidade, em um ambiente tranquilo, sente-se compelido a fugir daquele cenário experimentado como frio e aterrador, repetindo a experiência do trauma inicial. Para esse paciente, torna-se excitante imaginar que a mulher se encontra em movimento, por exemplo, viajando, passeando em uma praia com amigos ou fazendo qualquer outra coisa interessante, em particular com outras pessoas. Em Aluísio, inferimos uma fixação na etapa anal primária, base de sua patologia narcísica, responsável por sua intensa voluptuosidade e cujo sentimento predominante é o de humilhação ao cair na passividade pela perda do duplo, no caso, um duplo cinético, ou seja, uma imagem visual em movimento. Essa perda, experimentada com grande sofrimento quando uma mulher lhe abandona, é traumática, gerando uma angústia automática. Portanto, Aluísio não se relaciona com as mulheres como objetos que devem ser considerados, mas como duplos dele que, ao se afastarem, roubam-lhe toda a energia e ele cai em uma humilhante passividade.

ORGANIZAÇÃO DO PRÉ-CONSCIENTE*

Um aspecto chamativo da denominada clínica do desvalimento é o modo como se organiza o pré-consciente desses pacientes, o qual podemos detectar através da linguagem, configurando três tipos bem característicos de discursos:

- O *discurso inconsistente*, também chamado sobreadaptado, que se caracteriza pela adequação do paciente aos supostos interesses do interlocutor, lembrando o *Homem dos lobos*, que Freud (1976w) referiu apresentar uma "dócil apatia", e o personagem do filme *Zelig*, de Woody Allen. Tustin (1992) empregou o termo *insincero*, em uma alusão à tentativa que esses pacientes fazem de compensar fic-

---

* Segundo Kreisler (1995, p. 59), "a base da vida operatória é um defeito de funcionamento do pré-consciente e um isolamento do inconsciente. A carga ligada aos afetos e às emoções, malveiculada, não elaborada, trancada, é mantida fora dos processos de mentalização".

ticiamente uma falta de significado em seu pensamento. Se o analista não estiver atento a esse tipo de defesa, poderá se equivocar quanto à evolução do processo analítico, tendo em vista que o discurso inconsistente pode se revestir de um caráter passional, com chamativo deslumbramento estético e intenso apego erótico. Esses pacientes compensam a falta de um respaldo identificatório em sua personalidade pela imitação, resultando na tendência a se infiltrar na intimidade do analista.

Essa modalidade de comunicação apresenta um sentido inverso do que se poderia chamar de um discurso autêntico que permite ascender, através de um conjunto de hipóteses mediadoras, aos núcleos inconscientes das manifestações clínicas revestidas de conteúdo simbólico, como as neuroses e psicoses. Diferente deste, o discurso inconsistente não nos permite inferir o conteúdo anímico de uma série de sintomas, como a insônia, as alergias e as dores lombares, entre outros, relatados minuciosamente pelos pacientes sem nenhum enlace com os processos psíquicos, como se fossem sofrimentos inevitáveis. Em outras palavras, podemos dizer que falta a esses pacientes uma consistência identificatória sustentada pelo mundo inconsciente, caracterizando a desconexão simbólica das manifestações somáticas de que se queixam. (Maldavsky, 1995b).

- O *discurso catártico* é aquele por meio do qual o paciente procura se livrar das situações que relata sem deixar um espaço para a intervenção do analista. Ele não se questiona sobre o que este último pode estar pensando ou sentindo, pois sua meta não é compartilhar o seu problema, mas arrasar a parte da mente que aloja o problema, como se procurasse, pelo discurso, dessubjetivar-se, deixar de ser sujeito. O comum é que o paciente retorne repetidas vezes ao mesmo fato ou relate uma sucessão de situações muito parecidas, em uma tentativa, de um lado, de investir o problema com a atenção do ouvinte e, de outro, de impedir que este realize um processamento psíquico complexizante do material exposto.

Com alguma frequência, o discurso catártico se inclui em um clima passional, predominando estados ansiosos e reações de cólera decorrentes do sentimento de ansiedade. Ele também pode se complementar com uma atitude queixosa ou de autocompaixão, que visa provocar o sentimento de pena no interlocutor. Essas atitudes se devem ao fato de ser muito penoso para o paciente sair de um estado crepuscular e investir em um mundo sensível ou perder um vínculo fundamental de apego presumidamente amoroso. Contudo, como adverte Maldavsky (1995b), as reações coléricas também podem resultar de alguma forma de separação ou individuação de um vínculo fusional, do qual o indivíduo se sente expulso.

- O *discurso numérico*, por último, também chamado de especulador, é aquele que traz de volta a relação do mundo psíquico com as frequências. Através dos cálculos, o paciente procura se arrogar uma identificação com o poder econômico, tornar-se um indivíduo valioso e, dessa forma, defender-se de um estado de inermidade anímica. Mediante a especulação e o acúmulo de dinheiro, o indivíduo procura se tornar alvo da ganância do outro com o fim de eludir o sentimento de não possuir nenhum valor. Por essa razão, esses pacientes apresentam a tendência de se identificar com pessoas carentes, nas quais podem projetar seu desvalimento. Nesse tipo de discurso, os números substituem o conteúdo simbólico das palavras e servem para o desenvolvimento de uma atividade auto-hipnótica ou de uma sensorialidade autoengendrada, até certo ponto consoladora.

A atividade numérica, o envolvimento com as contas e todas as formas de especulação financeira tipificam os pacientes com manifestações psicossomáticas, os quais, alijados da riqueza proporcionada pelos símbolos, procuram encontrar valor na captação das diferenças. Contudo, alerta Maldavsky (1995b) que, em momentos críticos, a atividade numérica como forma de manter um apego desconectado pode fracassar, e o paciente sentir que não representa nada mais do que um número para as pessoas, até se tornar um zero à esquerda como expressão máxima do princípio de inércia.

Esse universo sensorial, caracterizado pela falta de qualificação observada nos estados de desvalimento, além dos quadros psicopatológicos que configuram essa clínica, inclui traços de caráter que podemos encontrar em qualquer outro paciente, resultantes de uma vulnerabilidade tóxica, fruto da relação com uma mãe que não atende de maneira adequada às necessidades do recém-nascido, deixando uma falha na constituição da consciência original. Maldavsky (1995b, p. 52), ao abordar as relações entre os traços de caráter e a fixação ao trauma, refere:

> Esses traços caracteriopáticos (próprios da formação substitutiva) correspondem a uma alternância que põe em evidência três aspectos da fixação ao trauma: a decepção da aspiração de ligação libidinal como caminho para a complexização vital; a consequência disso, quer dizer, a tendência a deixar-se morrer, obtendo um gozo na autoimolação raivosa; e, por fim, o esvaziamento de toda a energia inerente às pulsões de vida.

Entre os traços de caráter mais comuns na clínica do desvalimento encontra-se a *viscosidade* (Bick, 1968), resultante da necessidade de se apegar a um mundo imediato e sensível. Geralmente, esse apego se apresenta sob a forma de uma docilidade lamuriosa, mediante a qual o indivíduo procura despertar a compaixão do interlocutor. Os pacientes com essa característica não só precisam ver e ouvir o analista, como, em muitos casos, necessitam também tocá-lo, procurando introduzir novos assuntos no final da sessão para prolongar o seu término. Entretanto, essa conduta não apresenta uma correspondência simbólica de inscrições psíquicas, à medida que as lembranças se encontram desinvestidas. Em outras palavras, não se trata, como nos neuróticos, da revivescência de um luto, mas de uma tentativa de conduzir o analista para um universo relacional esterilizante e suficientemente frustrante para gerar impulsos raivosos contra o paciente e o desejo de se ver livre dele. É quando se instala esse quadro que se evidencia a eficácia da defesa e se torna exposto o mundo interno do paciente, dominado por um "déspota louco" que aspira se livrar dele, refletindo a ausência de uma mãe capaz de receber, conter e atenuar a angústia de morte do bebê. A adesividade desses pacientes se encontra relacionada com a libido intrassomática, correspondendo a uma lógica respiratória, que visa a criação de um vazio por aspiração, tipo ventosa, bem diferente da lógica implicada na sucção oral. Eventualmente, a lógica respiratória se combina com a lógica circulatória, quando então o nexo da adesividade é o da sanguessuga. Esse traço de caráter pode ser observado em um grupo mais amplo de pacientes os quais apresentam a tendência a se apegar ao analista, a elogiar o seu trabalho, sem realizar, no entanto, qualquer mudança importante.

Outro traço é o *cinismo* (Meltzer; Williams, 1990), que ataca a possibilidade de gerar ilusões, condenando todo o projeto vital à aniquilação, com vista a um gozo por se deixar morrer como resultado da identificação com um objeto ominoso que destitui a relação de subjetividade. Os pacientes com esse traço de caráter costumam se apresentar com uma fachada sarcástica, de falsa felicidade, com a qual procuram encobrir a própria desgraça, que consiste em viver sem projetos e sem esperança.

Por fim, o traço de caráter *abúlico* (Maldavsky, 1996), que aparece nos pacientes como um estado final, quando a pulsão de morte impõe a monotonia e sua tendência à inércia. Esses pacientes, descritos como apáticos, letárgicos, astênicos ou desvitalizados, verdadeiros mortos-vivos, paradoxalmente, podem apresentar, ao longo da análise, reações exacerbadas de fúria, quando o analista consegue tirá-los dessa condição anímica, revelando que, por meio desse traço patológico de caráter, aspiram impor ao mundo a mais absoluta ausência de tensão vital. Assim como os anteriores, esse traço de caráter expressa uma vicissitude da pulsão diante de um trauma, que se estabelece quando o ego se confronta com o perigo proveniente de forças que o suplantam e das quais não consegue fugir: situação em que se deixa morrer. Como salientou Freud (1976q), no caso do adulto, viver tem o significado de ser amado pelo superego, correspondendo, na infância e em certos momentos ao longo da existência, a merecer o amor da realidade, a qual representa o id e se encontra representada pelos poderes protetores objetivos. Quando falta essa proteção, o ego não encontra outra saída que não seja abrir mão da vida. Do ponto de vista econômico, esse "deixar-se morrer", causado por um trauma, corresponde a um desinvestimento do ego pelo narcisismo e pela autoconservação, revelando a eficácia do impulso de morte. Maldavsky (1996) destaca que esse rasgo caracteriológico pode se transmitir ao longo de gerações, configurando uma "linhagem abúlica", como resultado de processos tóxicos e traumáticos vinculares.

COMENTÁRIO

Para dar conta das psicopatologias do desvalimento, as quais se encontram relacionadas com um universo sensorial caracterizado por uma falta de qualificação, impõe-se a necessidade de um novo paradigma capaz de ampliar a psicanálise para uma mente cuja lógica não é a do prazer-desprazer de uma erogeneidade representada, mas a da tensão-alívio de descargas, muito mais primitiva, carente de inscrições psíquicas, portanto, de subjetividade. Dessa forma, no lugar do tradicional "tornar consciente o inconsciente", visaríamos "tornar consciente uma percepção", considerando o que Lacan (1974) destacou nas enfermidades psicossomáticas: um funcionamento mental essencialmente numérico, no qual se constata uma sensorialidade que não registra diferenças qualitativas dos estímulos mundanos, mas apenas frequências e períodos, a partir dos quais são estabelecidas equivalências não simbólicas. Assim como a primeira tópica deu conta das neuroses e a segunda tópica das psicoses, uma terceira tópica, da consciência, poderia dar conta da clínica do desvalimento, modificando o significado de cura em psicanálise e impondo transformações e construções no processo analítico.

A rigor, todas as pessoas apresentam pontos de vulnerabilidade em seu desenvolvimento arcaico e, em momentos de maior exigência, como uma perda importante, podem regredir e apresentar uma patologia do desvalimento. Essa constatação amplia a importância e a aplicabilidade desse novo paradigma. As teorias psicanalíticas que melhor dão conta dessa psicopatologia são as correspondentes às neuroses atuais e às neuroses traumáticas, entendendo-se como trauma um estímulo externo suficientemente forte para romper a barreira de proteção antiestímulos. Destacou Freud (1976k, 1974h) que, se a angústia é a reação do ego ao perigo, a neurose traumática deve ser concebida como uma consequência direta da angústia de sobrevivência ou de morte, lamentando que esse aspecto tóxico dos processos mentais tenha escapado à investigação científica. Diferentemente das psiconeuroses, os sintomas das neuroses atuais não permitem a redução histórica ou simbólica das vivências afetivas e não podem ser concebidos como satisfações sexuais substitutivas ou como transações entre moções pulsionais opostas, não respondendo, devido a isso, à técnica psicanalítica tradicional, baseada na associação livre e na interpretação.

Recentemente, Giovannetti (2005) empregou os conceitos de hospitalidade e desconstrução, tomados de Borradoni (2003), para caracterizar a abordagem dos pacientes que nos procuram na atualidade. Através da descrição de três casos de análise, o autor procura enfatizar a necessidade da modificação do *setting* analítico para acolher essa nova subjetividade que emerge nestes tempos de não lugares e não fronteiras, em uma alusão ao pensamento de Marc Augé (1992, 1997). Destaca Giovannetti (2005, p. 28-29):

> É função central do analista hoje ir construindo com cada um deles um *setting* possível para que a análise possa se constituir. E não mais no sentido clássico, isto é, visando a trabalhar as resistências para que ele venha, um dia, a ser igual ao clássico, mas, sim, trabalhando para que o espaço virtual e sem fronteiras possa ser transformado em um lugar. Lugar de intimidade, lugar de trocas, lugar de narrativa. Lugar de existência real, não virtual.

Contudo, o mais comum é que os casos apresentem, simultaneamente, mais de uma corrente psíquica[*] de conflitos e defesas, ou seja, que ao lado de um discurso que não representa a intimidade de seus processos anímicos, a par de sua percepção aspirar mais ao apego do que à captação de elementos diferenciais, o paciente também discorra sobre manifestações neuróticas, perversas ou psicóticas. Sendo assim, podemos observar em um paciente, por exemplo, uma corrente neurótica representada por um fragmento psíquico em que aparece uma formação egoica com um grau de complexização que lhe permite operar eficazmente com a realidade e se defender de seus desejos, apelando ao recalcamento, configurando uma situação em que a angústia cumpre a função de alerta e, ao mesmo tempo, uma corrente tóxica[**] representada por um fragmento psíquico em que aparece uma estrutura egoica mais primária, a qual opera com defesas mais arcaicas na reso-

---

[*] O conceito de correntes psíquicas será detidamente estudado no Capítulo 4.
[**] Situamos os quadros tóxicos na linha conceitual freudiana das neuroses atuais, entendendo que suas manifestações não possibilitam nenhum enlace com formações simbólicas como representantes de desejos inconscientes, mas, em vez disso, remetem diretamente a um estado de estancamento libidinal. A libido estancada se torna tóxica porque não pode ser descarregada nem ligada psiquicamente, ou seja, não existem representantes psíquicos para o seu processamento, quer dizer, não há acesso à representação de objetos e metas e, tampouco, acesso ao outro representante pulsional que é o matiz afetivo.

lução de seus conflitos. Nessa situação, a angústia deixa de funcionar como sinal de alarme e se apresenta como angústia automática, a qual se transforma em apatia.

Um grupo considerável desses pacientes, como no caso clínico descrito, costuma apresentar uma patologia vincular bastante complexa, na qual são frequentes as cenas de violência, com tendência a se repetirem, em que pese gerarem, posteriormente, sentimentos de culpa e vergonha. Maldavsky (2007) adverte que essas cenas são antecedidas por dois momentos que ocorrem em sequência. O primeiro é caracterizado pela captação do desvalimento do outro e, o segundo, por uma crise de angústia que surge como uma forma de reagir frente à identificação com o outro desvitalizado. O ataque de fúria corresponde a uma tentativa, sem sucesso, de revitalização restitutiva, tanto do indivíduo quanto do outro. O autor considera que a incapacidade para processar as exigências pulsionais próprias ou do outro desperta no ego uma angústia automática, a qual surge como corolário da desvitalização observada nas patologias do desvalimento.

Como foi acentuado, os pacientes abarcados por esse estudo apresentam uma forte tendência a desenvolverem sintomas somáticos, os quais costumam ser subestimados, podendo levá-los à morte. Assim como os estados de desvalimento, as manifestações psicossomáticas fazem parte de uma economia pulsional vincular, ocorrendo situações em que o corpo de um funciona como sede do sofrimento orgânico do outro. Esse é o caso de Antônio, um paciente de 45 anos, executivo de uma multinacional, com um quadro clínico típico de desvalimento e um funcionamento operatório bem característico, mas que, apesar disso, seus órgãos não apresentam qualquer disfunção. No entanto, a mulher com a qual se encontra casado há 19 anos, e mais moça do que ele três anos, além de obesidade e tabagismo, desenvolveu um quadro de artrite reumatoide bastante grave.

Trata-se de uma clínica do possível, formada por pacientes que, em sua maioria, se encontram em constante movimento em um processo de aceleração progressiva (Virilio, 1999) e que nos chegam de lugares distantes, às vezes indefinidos, não raro encaminhados por colegas de outras cidades ou países, diretamente ou a partir de informações obtidas pela internet ou de terceiros. Com esses pacientes não é possível manter um padrão de frequência das sessões, que são marcadas uma a uma ou em pequenas sequências, eventualmente intercaladas por longos períodos.

O trabalho a ser desenvolvido deve ter como meta a construção das experiências não sentidas para que possam obter significação na relação analítica. Em outras palavras, ajudar o paciente a transitar da calma da pulsão de morte para a vitalidade da pulsão de vida para sentir, perceber e pensar. Em muitos casos, particularmente nas caracteriopatias sobreadaptadas, com tendência a apresentar manifestações psicossomáticas, é fundamental ajudá-los a progredir no desenvolvimento de uma função auto-observadora que lhes permita começar a manter uma atitude cuidadosa com respeito a eles mesmos e ao próprio corpo. Esse déficit se encontra relacionado ao fracasso dos alarmes psíquicos que sustentam as pulsões de autoconservação como resultado da desmentida do juízo de atribuição a respeito daquilo que beneficia e daquilo que prejudica o indivíduo. Tendo em vista esse fim, a atitude do analista deve ser predominantemente facilitadora, reanimadora, explicativa, discriminativa e inter-relacionadora, tendo sempre presente na relação transferencial a diferença entre intersubjetividade e transubjetividade, como forma de evitar um atravessamento narcisista que implica investimentos fusionais e adesivos, os quais dão lugar à formação de uma dupla que funciona como continente de conteúdos indiferenciados.

No campo da contratransferência, o maior risco que o analista corre é o de se identificar com o objeto traumatizante do paciente, podendo, também, deixar-se contaminar por seu desânimo e apatia ou, opostamente, entrar em um estado de impaciência ou raiva crescente no afã de tirá-lo da passividade. Essa conduta faz com que o paciente se mostre cada vez mais retraído porque não consegue sentir nada do que é dito pelo analista, experimentando suas palavras como intrusões violentas. Portanto, como ponto final, não será demais dizer que o difícil sucesso do tratamento desses pacientes depende de uma permanente e ativa vitalidade do analista, sem perder a indispensável neutralidade exigida a todo e qualquer tratamento analítico, evitando ocupar, contratransferencialmente, o lugar da "mãe morta" de Green (1988) ou do "déspota louco" de Maldavsky (1995b).

4

INTOXICADO PELA VIDA
(Caso Jacques)

Gley P. Costa, Liliana Haydee Alvarez e Nilda E. Neves

®ESUMO

Estudo do conceito de correntes psíquicas e sua importância na clínica por meio do material de sessões de um paciente que ilustra, clinicamente, a dupla face da angústia: automática e sinal, correspondendo, no caso, a uma sintomatologia tóxica e a uma sintomatologia fóbica, respectivamente.

A primeira referência de Freud sobre a existência de correntes psíquicas no funcionamento inconsciente foi em uma nota de rodapé acrescentada no pós-escrito do artigo "Fragmentos da análise de um caso de histeria", ao afirmar:

> Quanto maior o intervalo de tempo que me separa do fim dessa análise, mais provável me parece que a falha em minha técnica esteja nesta omissão: não consegui descobrir a tempo nem informar a paciente que seu amor homossexual era a corrente inconsciente mais poderosa de sua vida mental. (Freud, 1972c, p. 116).

No artigo "História de uma neurose infantil", Freud (1976w) retoma esse tema ao comentar que, na organização psíquica infantil do *Homem dos lobos*, ao final, subsistiram nele, lado a lado, duas correntes opostas, uma das quais abominava a castração, enquanto a outra estava disposta a aceitá-la e a se consolar, de modo substitutivo, com a feminilidade. Não obstante, ainda existia uma terceira corrente, mais antiga e profunda, conforme a qual ele havia repudiado a castração, e o fracasso dessa defesa, sob a forma de um "retorno do repudiado", era responsável pela alucinação infantil do paciente.

Maldavsky e colaboradores (2008) chama a atenção para o enlace que Freud estabelece, nesse artigo, entre correntes psíquicas e defesas patológicas do ego, ao sustentar que, no *Homem dos lobos*, se observa uma combinação de três tipos de defesa contra a ameaça da castração relacionados com as três mencionadas correntes psíquicas:

1. recalcamento (*Verdrängung*, em alemão; *repression*, em inglês; *represión*, em espanhol);
2. recusa (*Verleugnen*, em alemão; *disavowal*, em inglês; *desmentida*, em espanhol) e
3. repúdio (*Verwerfung*, em alemão; *repudiation*, em inglês; *desestimación*, em espanhol).

A terceira referência de Freud ao conceito de correntes psíquicas encontramos em seu artigo "Fetichismo" a propósito de dois pacientes que haviam perdido o pai na infância:

> Tornou-se evidente que os dois jovens não haviam "escotomizado" a morte do pai mais do que um fetichista escotomiza a castração. Fora apenas uma determinada corrente em sua vida mental que não reconhecera a morte daquele; havia outra corrente que se dava plena conta desse fato. A atitude que se ajustava ao desejo e a atitude que se ajustava à realidade existiam lado a lado. (Freud, 1974d, p. 183).

De acordo com Maldavsky (2008), Freud foi levado a conceber o modelo das correntes psíquicas ao reconhecer o fracasso de formulações teóricas mais simples para enfrentar situações clínicas de maior complexidade. De tal forma que, no texto de 1927 publicado em 1974, articulam-se, em várias opções, o conceito de correntes psíquicas com o novo ordenamento proposto para as situações clínicas, a saber: nas neuroses, o ego se opõe às pulsões e aos desejos; nas psicoses, à realidade; e nas neuroses narcisistas e nas melancolias, ao superego.

Nessa linha se encontram Jacobson (1957), ao ilustrar o conflito entre duas grandes defesas – uma oposta ao desejo e outra à realidade –, refletindo a tríplice servidão do ego, e também Bion (1962), ao enfatizar a coexistência das correntes psíquicas – aspecto de especial importância no tratamento das psicoses, nas quais persiste um residual neurótico.

Maldavsky (2008) acentua que, além da tríplice servidão do ego, o conceito de correntes psíquicas também se articula com as três instâncias egoicas (ego-realidade inicial, ego-prazer purificado e ego-realidade definitivo), apresentando um triplo valor: nas investigações clínicas, abre a possibilidade de pensar os vários mecanismos de defesa coexistentes em um mesmo ego; na teoria, permite refinar o enfoque das estruturas egoicas; e na pesquisa sistemática, possibilita ordenar os resultados da aplicação de instrumentos específicos, como o Algoritmo David Liberman (ADL).*

O autor estabelece ainda uma relação das correntes psíquicas com as defesas não patológicas: a sublimação, a criatividade e uma defesa funcional que denomina "acorde aos fins" (aliança da libido com a pulsão de autoconservação contra a pulsão de morte em consonância com as exigências de realidade e do superego), as quais permitem ao ego dispor do amparo de um superego superinvestido e protetor. A respeito das combinações entre correntes psíquicas, patológicas e não patológicas coexistentes em um mesmo paciente, é possível diferenciar quatro tipos de relações: a coexistência sem conflitos, a pugna entre elas, a subordinação de uma à outra e o reforçamento recíproco.

ILUSTRAÇÃO CLÍNICA

Jacques,** 38 anos, solteiro, operador de bolsa de valores, configura um caso típico da clínica psicanalítica contemporânea, afora apresentar, em seu funcionamento mental, duas bem-definidas correntes psíquicas que ilustram, clinicamente, a dupla face da angústia: automática e sinal, correspondendo, no caso, a uma sintomatologia tóxica e a uma sintomatologia fóbica, respectivamente.

A analista de Jacques lhe foi indicada por uma colega a quem recorrera inicialmente, mas que, conforme disse, não tinha horário para atendê-lo. Ela passou o início do primeiro encontro com o paciente muito tensa por perceber que estava sendo avaliada o tempo todo e por se sentir "bombardeada" com perguntas, entre as quais, sobre a diferença entre uma análise e uma psicoterapia, quantas sessões precisaria comparecer por semana, custo e duração do tratamento, forma de pagamento e, principalmente, "de que maneira" ela iria ajudá-lo.

Ela pôde perceber que, com esse questionário, Jacques desejava que lhe fosse oferecida uma garantia de resultado, tendo em vista que iria investir tanto tempo e dinheiro nesse tratamento. A impressão inicial deixada por Jacques foi de que se tratava de alguém extremamente desconfiado, descrente das relações e, ao mesmo tempo, que exigia da analista excepcional competência, fazendo com que ela se sentisse, literalmente, em um "paredão".

---

* Método de pesquisa sistemática de conceitos psicanalíticos e da prática clínica criado e desenvolvido por Maldavsky (2004) que leva em consideração a teoria freudiana da libido (pontos de fixação e defesas).
** Referência ao mergulhador Jacques Mayol, cuja vida é retratada no filme *Imensidão azul* (*The big blue*, EUA, 1988), dirigido por Luc Besson.

Contudo, apaziguados os questionamentos iniciais, teve início um segundo momento da sessão, no qual o paciente comunicou que estava vivendo um grande impasse em sua vida. Havia construído uma bela casa, em um bairro nobre e valorizado da cidade, mas não se sentia em condições de ir morar nela. Trabalhou muito para conquistar uma boa condição financeira e ter tudo o que sempre sonhou, ou seja, sucesso profissional, casa própria, carro de luxo, mas, apesar disso, sentia-se fracassado e não conseguia encontrar prazer em nada. Ao revelar suas dificuldades sexuais, diferentemente do que ocorrera na primeira parte da sessão, a analista se sentiu diante de uma pessoa solitária e muito angustiada com a sua precariedade, necessitando de alguém capaz de lhe proporcionar ajuda e segurança.

No final desse primeiro encontro, a analista comunicou ao paciente que a sua história lhe fizera lembrar do personagem do filme *Duas vidas**, o qual assistira recentemente. Refere a analista:

> Quando Jacques retornou na sessão seguinte, informou que também assistira ao filme e que se sentira muito tocado por ele, identificando-se profundamente com o personagem. Nesse momento, ele pôde revelar um outro aspecto de sua personalidade e, também, ao contrário do que imaginara inicialmente, uma boa disponibilidade para iniciar a análise.

Por dificuldade de horário da analista, Jacques iniciou a análise com uma sessão por semana.

> Contudo – refere a analista –, antes do final do terceiro mês, já estávamos com quatro sessões semanais, o que me causou certa surpresa. Com o tempo, conhecendo melhor o paciente, pude supor que essa atitude (de imediata adesão ao tratamento, representada pela aceitação do número de sessões, dos horários, do valor proposto e do uso do divã) poderia corresponder a uma forma de funcionamento de Jacques: a de se adaptar à suposta vontade do outro.

---

* *The kid*, EUA, 2000, dirigido por Jon Turteltaub. Relata a história de um homem solteiro, bem-sucedido profissionalmente, arrogante e dominador no relacionamento com as pessoas, mas que, ao ser confrontado com suas vivências infantis, teve suas defesas abaladas.

Na juventude, Jacques tinha o sonho de cursar a universidade, mas seu pai não tinha recursos financeiros para custeá-lo, o que o levou a trabalhar desde muito cedo. Dedicado, alcançou grande sucesso na área em que até hoje trabalha e, em pouco tempo, passou a ocupar o papel de provedor da família. Assim, não só arcou com os custos financeiros das doenças que seus dois irmãos tiveram – e que por decorrência delas vieram a falecer –, como também se encarregou de todas as providências médicas e hospitalares que as duas situações exigiram por um longo período. Sua atenção com os pais não era diferente, providenciando das compras de supermercado ao conserto dos eletrodomésticos, além dos cuidados com a saúde de ambos.

Como foi referido inicialmente, ele se encontrava muito angustiado com a conclusão de uma moradia sofisticada que mandara construir em uma região habitada por pessoas ricas, a qual contrastava muitíssimo com a casa simples localizada em um bairro humilde e afastado das áreas mais nobres da cidade em que residia com seus pais. Tinha dúvida entre se mudar sozinho para a nova residência ou levar a família junto, embora essa medida não lhe parecesse justa, tendo em vista que a construção era resultado do seu exclusivo esforço. Seja de uma forma ou de outra, na verdade, o que ocorria é que ele não conseguia se imaginar morando em uma casa luxuosa e, diante de uma oferta, segundo as suas palavras, "vantajosa", fez o que fizera com outra anteriormente: vendeu-a.

Jacques tinha como principal atividade esportiva e de lazer o mergulho em apneia, ao qual se dedicava com grande satisfação na companhia de amigos. Ficou claro para a analista de que se tratava de um esporte de muito risco, em particular da forma como ele praticava: em locais proibidos e sem vigilância que, sabidamente, oferecem grande perigo. Contudo, era o desafio que o excitava, por isso, estava sempre em busca de lugares cada vez mais perigosos para mergulhar.

Sessão 1

Essa sessão ocorreu em um período da análise em que o paciente vinha faltando em uma frequência cada vez maior, correspondendo ao agravamento da doença da irmã. Após se ausentar por uma semana inteira, voltou na seguinte, numa quarta-feira em que a analista, diante da falta das sessões de segunda e terça-feira, referiu: "Tive a sensação de que ele fosse se ausentar de novo. Cheguei a duvidar que ele voltasse". Contudo, o paciente, além de retornar, surpreendeu-a ao cumprimentá-la com um caloroso aperto de mão, o que nunca fizera até então, e ela se aliviou por sentir que ele estava de volta ao tratamento.

Tão logo se deitou no divã, contou que, para não esquecer, anotara na mão o horário da sessão, mas que estava visitando um cliente quando se lembrou do compromisso e saiu correndo. Depois de um breve silêncio, disse:

> Está ficando difícil para eu viver dessa forma. Não sei mais que atitude tomar. Minha vontade é de pular do trem. Deixar de lutar. Só que também não quero me tornar vítima, nem quero que as pessoas tenham dó de mim. Acho que estou de um jeito que ninguém me suporta. Por qualquer coisa eu me irrito. Tu vês, na semana passada, nem deu para eu vir. Passei batido!

Na sequência, Jacques respirou fundo e estendeu os braços para trás da cabeça de uma forma que ocorreu para a analista que pudesse desejar tocá-la, ao mesmo tempo em que lhe passava a ideia de que nada em sua vida estava valendo a pena. Diante disso, a analista ficou um tempo sem saber o que dizer, mas logo se lembrou de que, em uma das últimas sessões, Jacques referira estar aflito com o prognóstico da irmã. Então perguntou:

Analista: Jacques, como está a tua irmã?
Paciente: Ela melhorou um pouco e o prognóstico inicial do médico, de três meses, aumentou para seis meses de vida, o que eu não sei se é bom ou ruim para ela, pois de que valerá ela viver mais esse tempo com tantas perdas: dos movimentos, da fala, da consciência...? Essa situação me deixa de um jeito que eu não sei o que fazer. Tudo o que eu faço parece pouco, parece que deveria ter feito mais. Sinto-me culpado por não poder ajudá-la mais.
Analista: Será que tu não fica com a ideia ou o desejo de resolver a vida dela? Talvez te ponhas a pensar: o que eu poderia fazer para tirá-la dessa situação para que assim ela não sofra...?
Paciente: Eu sei... eu sei que não tem outra saída, mas continuo me sentindo mal, como se eu ficasse em dívida com ela. Acho injusto o que está acontecendo com ela. As circunstâncias me irritam, me deixam mal...

Na sessão seguinte, na quinta-feira, a última da semana, comentou que se mudara de uma casa em que estava vivendo desde que deixara de morar com os pais, um ano antes. Ele havia encontrado um apartamento em um prédio antigo para diminuir suas despesas de moradia. Seus pertences estavam amontoados e jogados no apartamento, pois encarregou a empregada de fazer a mudança. O maior problema de Jacques foi acabar com as baratas, que surgiam de todas as partes do imóvel. Referiu que se sentia muito desanimado e sem energia. A saída da casa em que estava residindo, confortável e localizada em um bairro de classe média alta, levou a analista a pensar que ele estaria recuando em suas pequenas conquistas. O apartamento para o qual se mudara se situa exatamente no meio dos dois extremos da cidade, tendo, de um lado, o bairro pobre em que moravam os seus pais e, de outro, o bairro rico no qual se encontrava a casa que antes estava vivendo. Para a analista, Jacques convive com esse contraste dentro dele, o que incrementa a culpa e a impossibilidade de usufruir o que conquistou com o seu trabalho.

Sessão 2

Na semana anterior, a analista havia cancelado as sessões de quarta e quinta-feira. Na segunda-feira, sem qualquer aviso, o paciente não compareceu. Veio na terça, mas, quando bateu na porta, já se encontrava com um atraso de 15 minutos. Ao ser recebido pela analista, interrompeu uma conversa que mantinha com alguém pelo celular para cumprimentá-la e, sem desligá-lo, comentou: "Achei que tu já tivesse ido embora". A analista, com um sinal de que poderia passar, lembrou: "O teu horário termina às 12h30, portanto ainda temos 35 minutos da nossa sessão". Jacques se encaminhou para o divã e se deitou, enquanto finalizava pelo celular um acerto para mergulhar à tarde com alguém. Dirigindo-se à analista, disse:

Paciente: Ontem, eu até queria ter ido mergulhar, mas não consegui. Foi um atropelo lá no escritório... Porém, ainda bem que tenho tido bastante serviço. Mas hoje eu não vou esperar uma brecha: já me programei para mergulhar após o meu horário aqui!

Depois, o paciente fez uma pausa e a analista se manteve em silêncio, refletindo sobre o que ele havia pretendido lhe comunicar. Então, Jacques retoma a sua fala:

Paciente: Ontem, te deixei plantada me esperando... Não sei o que houve: passei batido. Só fui me lembrar do nosso horário bem mais tarde.

Segue outra pausa. A analista pensa que, em função do cancelamento das duas últimas sessões na semana anterior, ele talvez possa ter se sentido dispensado por ela. Então, comenta:

Analista: A semana passada foi truncada para nós... Nossa última sessão foi na terça-feira passada, portanto, passou uma semana sem nos encontrarmos aqui.
Paciente: De fato, tivemos um horário na segunda, outro na terça, e tu não me atendeste nem na quarta nem na quinta...

Em seguida, Jacques refere que está se sentindo muito sobrecarregado com seu trabalho e que, por mais que procure se organizar, tem sempre um "calhamaço" de coisas para fazer e para cuidar. Diz: "No entanto, sinto-me muito desanimado e sem energia... e não tem como saltar do trem". Na sequência, comenta que leu um artigo no jornal sobre a morte de um adolescente provocada por um acidente de carro no fim de semana anterior. Ele enfatiza o que pensou sobre o artigo:

Paciente: Vivemos num ritmo de muita velocidade! Tudo é para agora mesmo! O que acaba afetando também os jovens, como o adolescente que morreu. Criticaram muito o menino que estava dirigindo o carro, pois ele estava em alta velocidade, mas ninguém pensou em como era a sua vida, como eram os seus pais...?

A analista percebe que, quando o paciente finaliza o seu comentário, sua voz está bem mais baixa. Há um silencio e ele diz: "A minha irmã morreu...". A analista teve um susto, quase salta da cadeira, e pergunta: "Quando Jacques?". Ele responde:

Paciente: Foi na quinta-feira pela manhã. Eu não te avisei porque pensei que não estarias aqui. Na verdade, eu não sei como fazer ou como funcionam essas coisas.

A analista destaca que ficou assombrada com a notícia, com o desejo de consolá-lo em sua dor e, sem pensar, disse: "Jacques, se eu estivesse aqui, se fosse possível, eu teria ido até lá!".
Comenta o paciente: "Sim, mas de qualquer forma tu não poderias ir".
Ambos permanecem em silêncio por alguns minutos e a analista percebe que o paciente se encontra bastante emocionado. Ela pergunta:

Analista: Como tudo aconteceu? Foi tudo rápido? O médico não havia aumentado a sobrevida dela? Como estão os teus pais? E tu, como estás te sentindo?

Paciente A sensação que eu tenho é de que estou sonhando. Acho que ainda não caiu a ficha. Foi tudo muito rápido, nós a enterramos no mesmo dia...

A analista estava estupefata com o que estava vivendo com o paciente naqueles primeiros momentos da sessão. Quando ele comentou que ainda não havia caído a ficha, ela se perguntou se não era assim que ele levava a sua vida: passando por cima das experiências, não conseguindo viver a dor das perdas? Disse-lhe:

Analista: Agora faz sentido a tua falta ontem. O que tu viveste no dia que eu cancelei o nosso horário foi muito intenso e doloroso. Devi-

	do à intensidade do que estás vivendo, tu precisastes reagir em oposição, ficando sozinho. Até para se dar conta...
Paciente:	É... penso que agora a minha carga aumentou. Agora terei o meu cunhado, que já trabalha comigo, e a minha sobrinha, de 4 anos.
Analista:	Precisamos ver qual o lugar que ambos ocupam dentro de ti. Se o cunhado continuar ocupando o lugar de cunhado, e a sobrinha o de sobrinha, tu continuarás cuidando deles como vens fazendo até agora...
Paciente:	É... mas essas coisas, na prática, não são bem assim.
Analista:	A tua tendência em adotar e cuidar de todos, como se fossem teus filhos...
Paciente:	Daí a minha pressa em passar a tarde, hoje, no rio aqui perto. Preciso de um escape. Também estou planejando com os amigos para o próximo fim de semana um mergulho naquele local onde sempre vamos. A minha ideia é voltar só na terça-feira, mas, ao mesmo tempo que sinto vontade de ir, penso que devo ficar aqui para cuidar do escritório, agilizar as coisas... No entanto, não tenho energia, preciso de algo que vá além, uma força a mais para que eu possa dar conta de tudo em que estou envolvido.
Analista:	Sentes como se tivesses um peso morto!
Paciente:	É... talvez.

Na sessão do dia seguinte, Jacques relata que ficou cerca de três horas mergulhando no rio e, de volta, se reuniu com um grupo de amigos para comer um churrasco que ele mesmo preparou. Reclama que, além de arcar com todas as despesas, acabou fazendo tudo sozinho. Todos se divertiram e sequer perguntaram o quanto ele gastara. Depois, foi com um deles a um local em que costumam ir para se encontrar com prostitutas. Embora não estivesse se sentindo bem, acabou indo para a cama com uma mulher que lhe contou que estava fazendo um determinado curso universitário. Ele ficou surpreso de encontrar alguém naquele ambiente cursando uma faculdade e descreve como "terrível" o clima, pois, a partir daquele momento, sentiu-se profundamente envolvido. Não conseguiu mais relaxar, passando a se preocupar com as "benditas ereções". Com a alegação de que estava tarde, resolveu ir embora, pagando a sua conta e a do amigo, que estava sem dinheiro.

COMENTÁRIO

Como é habitual na análise de um material clínico, começaremos considerando as manifestações do paciente e, a partir delas, inferir a combinação dos elementos estruturais a partir das formas e dos conteúdos correspondentes aos complexos nucleares, incluindo as fixações pulsionais e egoicas precoces. Na sequência, levantaremos hipóteses sobre os destinos que esses componentes alcançaram no psiquismo do paciente, em relação ao arcabouço de defesas normais e patológicas, tendo presente o conceito freudiano de correntes psíquicas. Finalmente, tomaremos alguns elementos vinculados com o espaço transferencial como possibilitador de processos de ressubjetivação.

Ao se apresentar à analista, Jacques revela uma atitude de hostilidade pouco consistente, a qual é substituída, rapidamente, por verbalizações que dão conta de seu estado de angústia e solidão. O questionamento e a desconfiança iniciais são seguidos pela descrição de sua situação atual como de "impasse", vinculada a problemas sexuais e a dificuldades para desfrutar de seus ganhos materiais. Segundo o relato da analista, ele se sentia "fracassado e não conseguia encontrar prazer em nada". A partir desse momento, ainda de acordo com a analista, "predominou uma boa disponibilidade do paciente".

Esse conjunto inicial de manifestações nos permite inferir dois fragmentos principais na organização psíquica do paciente: um deles vinculado com uma corrente defensiva neurótica e outro correspondente a uma corrente tóxica que embasa a sobreadaptação (entendida como um esforço extremo por se adequar ao desejo do outro em detrimento do próprio). Como diz a analista: "Com o tempo, conhecendo melhor o paciente, pude supor que essa atitude podia corresponder a uma forma de funcionamento de Jacques: a de se adaptar à suposta vontade do outro".

É destacável essa observação da analista, tendo em vista que relembra a descrição que Freud (1976w) fez de O homem dos lobos, chamando a atenção para "a dócil apatia" que o caracterizava. Na base dessa acomodação, podemos inferir os estados de abulia, os quais foram considerados por Freud como a resistência mais grave no tratamento do paciente, o que relacionou com a ação da pulsão de morte contra Eros, dando como efeito o sadomasoquismo derivado dos traumas precoces. Diversos autores (Marty; M. Uzan, 1963; Sifneus, 1973; Marty, 1976; Kreisler 1995; McDougall, 1987a) associaram o caráter sobreadaptado com a dificuldade de expressão dos afetos apresentada por certos pacientes.

Uma característica de Jacques é se colocar no lugar de provedor de bens materiais e cuidados em seu círculo familiar e social. A partir dessa posição, conseguiu construir uma fachada de poder que lhe permite aplacar seu sentimento de impotência, mas cujo correlato é se sentir sobrecarregado de responsabilidades e, ao mesmo tempo, vítima daqueles que desfrutam de sua generosidade sem limites. Diz: "Penso que agora a minha carga aumentou. Agora terei o meu cunhado, que já trabalha comigo, e a minha sobrinha, de 4 anos". A construção desse falso *self* possibilitou ao ego manter certo sentimento de si, correspondendo a uma identificação restitutiva a qual denuncia uma falha nas identificações primárias, que é própria dos transtornos relacionados à constituição do psiquismo precoce.

Ao mesmo tempo, devemos considerar outro fragmento da estrutura do paciente relacionado com a realização de projetos pessoais e laborativos que dão conta da vigência de um funcionamento psíquico de tipo neurótico, muito diferente do abordado na primeira parte desse comentário. Esse aspecto da personalidade de Jacques nos coloca no campo dos conflitos que, por sua vez, resultam da articulação de duas correntes psíquicas provenientes da hegemonia ou predomínio de duas defesas principais: o recalcamento e o repúdio do afeto.

Corrente neurótica

O conflito neurótico, no caso de Jacques, parece corresponder ao processamento do erotismo fálico-uretral relacionado com o surgimento de desejos ambiciosos vinculados à conquista de novos espaços. A tensão entre assumir compromissos ou evitá-los e a problemática da competição se revelam nos terrenos sexual, do poder econômico e da capacidade intelectual, sendo que, em qualquer um deles, o despertar do desejo é acompanhado pela angústia. A articulação dos componentes vinculados a esse erotismo pode dar lugar a diferentes desenlaces, no caso: caráter fóbico, fobia e contrafobia.

Quando a repressão atua eficazmente sobre os componentes edípicos, seus substitutos permitem a chegada à consciência dos desejos ambiciosos, os quais conseguem se sustentar apesar da angústia. Contudo, em um segundo momento, a angústia impõe novos e mais intensos processos de recalcamento, que dão lugar ao surgimento de sentimentos pessimistas ou mesmo de crises de angústia diante do anseio de habitar esse novo espaço. Refere a analista: "Trabalhou muito para conquistar uma boa condição financeira e para ter tudo o que sempre sonhou, ou seja, sucesso profissional, casa própria, carro de luxo, mas, apesar disso, sentia-se fracassado e não conseguia encontrar prazer em nada".

A analista destaca que, no primeiro encontro com Jacques, se sentiu "bombardeada" pelas suas perguntas (a respeito do tratamento que se iniciava), as quais tinham a função de abrir o espaço e o tempo em correspondência com o desejo de penetrar, expressando a eficácia do complexo de castração. No entanto, essa apresentação arrogante não é mais do que uma fachada, uma vez que a hostilidade que a sustenta não consegue se manter e sucumbe à angústia. Isso ocorre porque a capacidade de tolerar a angústia inerente à formulação de questionamentos requer um nexo com a função paterna, o qual pode sofrer interferências das particularidades do vínculo, que incluem tanto a hostilidade invejosa do filho quanto a do pai, sujeitos às vicissitudes das respectivas histórias libidinais. Por outra parte, quanto mais se avança na conquista de desejos, mais interferências podem aparecer; algumas são derivadas de situações atribuladas, e outras, vinculadas com o destino ou a fatalidade, as quais funcionam como substitutos de um pai hiperpoderoso. Na história do paciente, a morte da irmã, antecedida pelo falecimento do irmão, parece ter assumido o valor de um golpe do destino trágico e inevitável, no qual naufraga toda a possibilidade de um projeto vital próprio.

No caso, o tributo aos mandatos do superego impõe a renúncia à satisfação do desejo ambicioso e do desejo de penetração, os quais atuam no campo da competição com a figura paterna, marcada pela contradição imposta pela concomitância da hostilidade e do amor. Por meio do discurso de Jacques, é possível inferir o correspondente sentimento de culpa gerado no ego pelo superego ao se enfrentar com a possibilidade de superar a humilde origem familiar, como destaca a analista:

> Ele se encontrava muito angustiado com a conclusão de uma moradia sofisticada que mandara construir em uma região habitada por pessoas ricas, a qual contrastava muitíssimo com a casa simples localizada em um bairro humilde e afastado das áreas mais nobres da cidade onde residia com os seus pais. Na verdade, o que ocorria é que ele não conseguia se imaginar morando em uma casa luxuosa.

Ainda correspondendo ao mesmo ponto de fixação, mas com a intervenção de outra defesa, dá como resultado uma conduta de risco marcada pela hipertrofia de um desejo aventureiro: o mergulho em apneia, ou seja, sem o tubo de oxigênio. Observa-se, então, como o fracasso do recalcamento leva o paciente a recorrer à recusa secundária de certos juízos provenientes do superego: aqueles que atribuem uma qualidade útil ou prejudicial aos objetos do mundo e, fundamentalmente, aqueles que outorgam um valor à própria vida. Consta no relato do caso: "Ficou claro para a analista de que se tratava de um esporte de muito risco, em particular da forma como ele o praticava: em locais proibidos e sem vigilância que, sabidamente, oferecem grande perigo". A inclusão da recusa na estrutura defensiva vinculada ao recalcamento e às manifestações fóbicas, antes descritas, cede lugar, no caso, à caracteriopatia contrafóbica.

A estruturação caracteriopática configura uma defesa mais arcaica que deixa aberta a possibilidade de um movimento regressivo pulsional em direção ao erotismo intrassomático, adquirindo a introversão libidinal o caráter de uma retração narcísica. Nesse ponto, devemos considerar que os determinantes ligados à atividade do mergulho em apneia, que entendemos como uma manifestação contrafóbica, não se esgotam na análise da fixação fálico-

-uretral, mas que exigem considerar o segundo conflito, inicialmente referido, o qual se encontra subordinado a uma fixação tóxica.

Corrente tóxica

Situamos os quadros tóxicos na linha da conceitualização freudiana das neuroses atuais, entendendo que suas manifestações não possibilitam nenhum enlace com formações simbólicas como representantes de desejos inconscientes, mas remetem diretamente a um estado de estancamento libidinal. Nessas patologias, a libido estancada torna-se tóxica, uma vez que não pode ser descarregada nem ligada psiquicamente devido à falta de representantes psíquicos para o seu processamento – ou seja, não existe acesso à representação de objetos e metas, tampouco ao outro representante pulsional, que é o matiz afetivo. As descargas de afeto que não encontram sua qualidade na consciência, pela falta de matiz, apresentam-se sob a forma de um quadro caracterizado pela contensão do afeto.

Destaca a analista: "Tão logo se deitou no divã, contou que, para não esquecer, anotara na mão o horário comigo". Por que Jacques temia esquecer o horário com a sua analista? A resposta é simples: quando a atenção psíquica não consegue investir em uma realidade externa diferenciada, o registro necessário para constituir as marcas mnêmicas que dão origem à memória se debilita. Se esse farol orientador da subjetividade, que é o registro dos próprios estados afetivos, desaparece, a consciência subjetiva é arrasada e o contato com a realidade configura um universo sensorial indiferenciado.

Quando os afetos retornam, ao fracassar a defesa, desprendem-se de forma automática, sem constituir ameaça. O aparecimento do sofrimento psíquico é registrado como apatia e os lutos são substituídos pela autocompaixão. Ao mesmo tempo, os recursos mais ricos da estrutura do paciente tornam-se debilitados, limitando as possibilidades de produzir enlaces libidinais, e o horizonte de projetos vitais se reduz progressivamente. Queixa-se o paciente: "Está ficando difícil para eu viver dessa forma. Não sei mais que atitude tomar. Minha vontade é de saltar do trem. Deixar de lutar".

A falta de registro na consciência dos estados pulsionais deixa o ego em um estado de total inermidade, carente de recursos e o único mecanismo a que pode recorrer para se aliviar das tensões é a alteração orgânica. À fixação da erogeneidade intrassomática corresponde um tipo de dor que é próprio das patologias tóxicas, denominado por Marty (1976) de depressão essencial. Esse tipo de dor anímica é correlativa dos processos econômicos ligados à fixação a uma dor orgânica. Essa situação constitui, ainda, uma fixação a um tipo de trauma precoce, produzido por uma falha nos processos de contrainvestimento. Para esse fragmento do psiquismo do paciente relacionado à fixação intrassomática, a atividade subaquática teria como objetivo a obtenção de um equilíbrio no nível das tensões orgânicas a partir das mudanças químicas e físicas ligadas a sensações proprioceptivas vinculadas com as pressões e mudanças de peso e massa muscular. Ter os órgãos dos sentidos imersos em um meio líquido atenua o seu contato com o mundo, e as percepções adquirem uma qualidade difusa.

Por outro lado, o estancamento libidinal pode originar, em seu caminho regressivo por ação da pulsão de morte, uma alteração das pulsões de autoconservação, levando a um quadro de desvitalização crescente. O quadro tóxico resultante pode se expressar tanto em estados de inércia como de aceleração, tal como observamos no discurso do paciente, por exemplo, ao referir: "...sinto-me muito desanimado e sem energia / não tenho energia, necessito de algo que vá mais além, de uma força a mais / vivemos num ritmo de muita velocidade / tudo é para agora mesmo / não tem como saltar do trem".

Nesse cenário em que os estados afetivos não têm a possibilidade de ser despreendidos para a sua qualificação, as perdas mencionadas no material clínico, relacionadas com a morte dos irmãos, tampouco podem ser processadas ao modo de um luto normal. O repúdio do afeto que inferimos das verbalizações do paciente supõe um estado de dor psíquica sem registro consciente, o qual remete à existência de traumas precoces que estariam na base de sua estrutura psíquica. A ameaça proveniente da compulsão à repetição do trauma impulsiona essa construção defensiva que constitui a fachada sobreadaptada ou o falso *self* de Jacques.

Até esse ponto, procuramos analisar a coexistência no paciente de dois fragmentos psíquicos. Em um deles, aparece uma formação egoica com um grau de complexificação que lhe permite operar eficazmente a realidade e se defender de seus desejos, apelando ao recalcamento, cumprindo a angústia uma função de sinal de alerta. No outro fragmento, encontramos uma estrutura egoica mais primária, que opera com defesas mais arcaicas na resolução de seus conflitos e na qual a angústia deixa de funcionar como sinal de alerta para colocar em marcha mecanismos de defesa. Essa estrutura aparece como angústia automática que, finalmente, se transforma em apatia.

Na *sessão 2*, especialmente em seu final, encontramos duas cenas que permitem descrever o que consideramos uma sequência representativa do modo de funcionamento do paciente:

- Na primeira cena, Jacques nos mostra sua intenção de recuperar um estado de equilíbrio energético depois do desfalecimento inicial ocasionado pela morte da irmã.
- O repúdio de um afeto insuportável provocado pela repetição do trauma o empurra para a transformação da tristeza em perda de energia, ou seja, o registro afetivo é substituído pela alteração orgânica.

- Produz-se um primeiro movimento que o leva a uma busca de recomposição de seus ritmos vitais, apelando ao seu recurso habitual: a imersão prolongada em um meio aquático.
- A isso se soma a tentativa de recuperação narcísica obtida pelo seu papel de provedor nos vínculos interpessoais, com o que obtém um certo reconhecimento ao preço de se tornar alvo da ganância, passando a ocupar a posição de vítima da especulação dos amigos. Registra a analista: "Reclama que, além de arcar com todas as despesas, acabou fazendo tudo sozinho. Todos se divertiram e sequer perguntaram o quanto ele gastou".
- Na segunda cena, a que se passa com a prostituta, observa-se a precariedade da fachada e o fracasso defensivo. A figura da prostituta se equipara aos irmãos no vínculo que mantém com eles, ou seja, de duplos desvalorizados nos quais projetava sua impotência a serviço da recusa.
- Contudo, a situação que estava armada para recusar o sentimento de inferioridade e o desvalimento egoico fracassa ao se encontrar com alguém que pode atingir um ideal ambicioso que antes foi seu. Relata a analista: "Ele ficou surpreso por encontrar alguém naquele ambiente cursando uma faculdade".
- Como consequência, reaparece a problemática associada ao conflito neurótico (impotência) que se ocultou com a aventura e com a imagem de falso poderio colocada em jogo a partir da transformação da potência sexual em potência econômica. A angústia é transformada em tensão orgânica (não consegue relaxar), com o que aumenta a limitação sexual, fazendo-se necessária uma nova entrega em dinheiro para recuperar a precária sensação de equilíbrio.
- Na utilização desse recurso, encontramos o valor que tem o número nos quadros tóxicos. Assim como na histeria as representações recalcadas se transformam em sintomas e se tornam letra que pode ser lida em seu valor simbólico, na manifestação tóxica o valor é conferido ao número. Trata-se do território do quantitativo da vida pulsional, que se impõe sobre a historicidade e a qualidade. Dessa forma, Jacques consegue obter alguma recuperação narcísica mediante uma precária identificação representada por uma quantidade em dinheiro. Podemos dizer que, nesse momento, a recusa se mostra uma defesa bem-sucedida dentro da corrente tóxica, em contraste com o recalcamento, correspondente à corrente neurótica.

Transferência e contratransferência

Tomando os argumentos dos filmes surgidos como associação na mente da analista, inferimos duas alternativas possíveis de evolução clínica, ambas representadas no pré-consciente da analista, colocado à disposição da intersubjetividade do espaço transferencial. A saber:

1. A elaboração de vivências infantis ligadas a traumas primários consegue abrir o caminho da recuperação egoica, possibilitando uma saída neurótica ligada à normalidade (filme *Duas vidas*).
2. A permanência dos derivados de fixações precoces estabelecem a manutenção ou o agravamento de um quadro de desvalimento* caracterizado pela desvitalização. Por esse caminho, o processo desconstrutivo da subjetividade pode levar ao desenvolvimento de uma patologia psicossomática severa e/ou, consequência da aceleração tóxica, à ocorrência de um acidente em que o paciente se torna vítima (filme *Imensidão azul*).

Em termos gerais, o vínculo está marcado pela fragilidade dos investimentos do paciente, os quais são acompanhados da convicção acerca da impossibilidade de dispor de um interlocutor com o qual contar. Nesse sentido, recordemos a sua alusão à analista de que não dispunha de horário para atendê-lo. A previsão é de que, na transferência, o paciente projete na analista um personagem carente de registro empático, dando margem à construção de hipóteses a respeito da qualidade de seus vínculos primários – em especial em relação a possíveis falhas no estabelecimento desse momento de simbiose normal que, a partir da empatia, deveria ser gerador de sensações associadas à confiança básica, ou seja, à segurança no amor do outro (trauma primário). Frases do paciente: "...achei que tu já tivesses ido embora/ não te avisei porque pensei que não estavas aqui/sim, mas de qualquer forma tu não poderias ir".

Essa situação gera na analista sentimentos de abandono, próprios e do paciente, além de certa insegurança com respeito à solidez do vínculo (desesperança). Refere a analista: "Antes do final do terceiro mês, já estávamos com quatro sessões semanais, o que me causou certa surpresa". Diz o paciente: "Ontem te deixei plantada me esperando". Confessa a analista: "Tive a sensação de que ele fosse se ausentar de novo. Cheguei a duvidar de que ele voltasse".

---

* Na introdução de "Inibições, sintomas e angústia" (Freud, 1976k, p. 99), refere Strachey que o determinante fundamental da ansiedade automática é a ocorrência de uma situação traumática; e a essência disso é uma experiência de desamparo (*Hilflosigkeit*) por parte do ego em face de um acúmulo de excitações, sejam de origem externa ou interna, que ele não consegue tramitar". Nós optamos por usar a palavra "desvalimento" no lugar de "desamparo".

O surgimento inesperado da notícia da morte da irmã do paciente, quando a sessão já se encontrava avançada, provoca na analista um estado de comoção e surpresa que remete ao registro dos afetos repudiados do paciente, enquanto ele parece se encontrar desconcertado e sufocado em consequência do trauma que reedita situações do passado. Diz: "A sensação que eu tenho é de que estou sonhando. Acho que ainda não caiu a ficha".

Apesar dos fatores contratransferenciais e de contágio afetivo (impotência e abandono) promovidos pelo paciente, observa-se que a analista se coloca de um modo tal que consegue sustentar a empatia no vínculo e a eficácia do seu pensamento simbólico – recursos que lhe permitem utilizar seu pré-consciente visual em associações com filmes, a partir dos quais logra o resgate de um paciente que se encontra esfumado em sua expressão verbal. Dessa forma, põe-se em evidência que, assim como empresta a Jacques seu aparelho psíquico para lhe proporcionar representações que compensam sua carência simbólica, a analista também aporta a sua mente para sentir os seus sentimentos. Por isso, a analista destaca que ficou assombrada com a notícia (da morte da irmã), com o desejo de consolá-lo em sua dor, dizendo-lhe: "O que tu viveste no dia em que cancelei o nosso horário foi muito intenso e doloroso".

O descobrimento de que existe um outro capaz de registrá-lo em sua subjetividade, e a resposta que se gera em Jacques, que se reconhece no filme, e, sobretudo, pelo fato de se mostrarem, a partir daí, outros aspectos de sua personalidade, parece ser um indicador de um prognóstico favorável, que se assenta no estabelecimento do vínculo terapêutico. Comenta a analista:

> Quando Jacques retornou, na sessão seguinte, informou que também assistira ao filme e que se sentira muito tocado por ele, identificando-se profundamente com o personagem. Nesse momento, ele pode revelar um outro aspecto de sua personalidade e, também, ao contrário do que imaginara inicialmente, uma boa disponibilidade para iniciar a análise.

5

INFÂNCIA INTERROMPIDA
(Caso Lara)

Gley P. Costa

®ESUMO

Estudo sobre experiência traumática precoce e sobreadaptação, ilustrado com a descrição de um caso típico da clínica psicanalítica contemporânea, formada por pacientes narcisistas empobrecidos em suas atividades mentais fantasmáticas, carentes de subjetividade e com tendência a somatizações.

Até alguns anos atrás, a hipótese dos neurobiólogos era de que o desenvolvimento e o funcionamento do cérebro eram estabelecidos geneticamente. Contudo, estudos mais recentes têm mostrado que a variedade dos estímulos ambientais é determinante no modo de formação das redes neuronais, cujas conexões são afetadas pelas experiências traumáticas, capazes de interferir no equilíbrio dos neurotransmissores, causando mudanças que podem aumentar a vulnerabilidade a transtornos psíquicos em etapas posteriores da vida (Bock; Braun, 1999).

A concepção de experiência traumática de Ferenczi (1988) se apoia em dois pilares freudianos: a teoria da sedução, ampliada para incluir a hostilidade e, também, o desvalimento (*Hilflosigkeit*)* infantil, que faz da criança um ser necessitado do amor e do cuidado de um adulto. O trauma se instala quando o adulto não cumpre com a função protetora e a situação pega a criança desprevenida, destruindo um sentimento prévio de confiança em si mesma e no ambiente. Como consequência, ela desenvolve um sentimento de insegurança que a leva a se submeter ao agressor e com ele se identificar, tendo em vista resgatar a ternura perdida. Contudo, embora o ataque ex-

---

* O mesmo que "desamparo", conforme tradução para o português das *Obras completas* de Freud. Na tradução para o espanhol (Ed. Amorrortu): *desvalimiento*.

terno constitua uma condição necessária, a instalação do trauma ainda depende da conduta do adulto: assistindo a criança ou agindo como se nada tivesse ocorrido.

A reação psíquica frente ao trauma consiste em uma ruptura com a realidade na forma de uma alucinação negativa, acompanhada de uma compensação alucinatória positiva que confere ao indivíduo a falsa ilusão de prazer. A atitude do adulto, silenciando o trauma, reforça essa reação, dificultando a sua elaboração e coadjuvando o estabelecimento da recusa (em alemão: *Verleugnen*; em inglês, *disavowal*; em espanhol, *desmentida*). Em casos extremos, a angústia mobilizada pela situação traumática determina a autodestruição da consciência original e o estancamento libidinal, configurando uma patologia tóxica na qual a ausência de registro faz com que a experiência se torne inacessível à memória. Nas palavras de Maldavsky (1992), como resultado do estancamento libidinal, a pulsão não chega a atingir a periferia orgânica e, a partir dela, investir no objeto exterior, requisito indispensável para a constituição da representação. Nessa linha, diz Ferenczi (1992a, p. 268) que "[...] o mundo dos objetos desaparece parcial ou inteiramente: tudo é sensação sem objeto". Nessa condição, cria-se o vazio que vai impulsionar a sobreadptação.

Liberman (1982a) desenvolveu sua teoria da sobreadaptação a propósito dos psicossomáticos, incluindo nesse diagnóstico uma vasta gama de pacientes, desde aqueles que não apresentam patologias orgânicas prévias, mas que são candidatos a uma interrupção brusca de sua vida, até os que apresentam patologias psicossomáticas mais ou menos graves. Segundo o autor, são pessoas que procuram se ajustar o melhor possível às demandas da realidade externa sem levar em consideração suas necessidades e capacidades, tanto emocionais quanto corporais. Os sintomas psicossomáticos, quando surgem, devem ser interpretados como um fracasso da sobreadaptação e, ao mesmo tempo, o grito desesperado de um corpo abandonado que apela por uma inscrição psíquica. Resultantes de uma carência de trabalho psíquico no processamento da pulsão, os sintomas psicossomáticos não respondem a um conteúdo inconsciente reprimido sustentado simbolicamente.

Geralmente, esses pacientes confundem a assunção de uma responsabilidade com a obtenção de êxito e prestígio, assim como ser aceito e amado pelos demais. Além disso, procuram se adaptar rigidamente ao princípio da realidade em oposição ao princípio do prazer e interpretam o desejo do outro, em detrimento próprio, como uma ordem que não conseguem descumprir. Na verdade, o sobreadaptado experimenta com a sua eficiência exagerada uma sensação de bem-estar e orgulho que tem por base sentimentos de autoidealização e onipotência, os quais resultam da identificação com um ideal de ego tirânico que, por uma precoce idealização, se converte em valorizado e protetor. Esse modelo vincular de subserviência em troca de proteção atinge os mais variados relacionamentos afetivos dos pacientes sobreadaptados, os quais evidenciam uma carência de simbolização e fantasia, típica do "funcionamento mental operatório", descrito por Marty e M'Uzan (1963).

MATERIAL CLÍNICO

Cronologicamente, Lara se encontra no final da adolescência, mas apresenta muitos aspectos típicos das fases iniciais, cabendo muito bem considerá-la simplesmente uma adolescente. Na verdade, uma adolescente culta, inteligente, muito bonita, que pertence a uma família de classe média alta e que ocupa um lugar destacado na sociedade. Viveu durante um período de sua vida no exterior, oportunidade em que aprendeu a falar fluentemente três idiomas. Veio encaminhada por um clínico, ao qual procurou por episódios de tontura e supostas crises de perda da consciência, além de cefaleia e frequentes manifestações gastrintestinais.

Lara obteve o primeiro lugar no exame vestibular de uma universidade federal e é sempre elogiada pelos professores nos estágios que realiza. Ela procura se mostrar muito capacitada, responsável e como alguém que trabalha, inclusive, nos períodos em que a família e os colegas se encontram de férias. Não tem planos para o futuro em relação a casamento e filhos, mas se preocupa com a questão profissional, área em que procura ser a mais destacada. Como costuma dizer, "está sempre um passo adiante", representando, esse suposto autoelogio, sua habitual tendência de queimar etapas, origem de sua pseudomaturidade e também de sua pseudossexualidade, que se expressam na antecipação e no exagero da conduta profissional, de um lado, e na intelectualização do relacionamento amoroso, de outro.

Mobilizada pela leitura de um artigo sobre dislexia, submeteu-se a uma avaliação nessa área, revelando se tratar realmente de uma disléxica, mas que, na opinião do especialista, surpreendentemente, havia compensado a deficiência por um esforço espontâneo bem-sucedido. De fato, Lara não mede esforços, em particular para agradar aos demais e, nas mais variadas situações, procura manter uma atitude sedutora, captando e dizendo exatamente o que o outro pensa como forma de ser admirada, elogiada e merecer uma posição privilegiada em relação aos reais ou imaginários concorrentes, com os quais não compete exatamente por uma pessoa, mas por um lugar junto a uma pessoa. Ela se encontra firmemente convencida de que somente vão gostar dela se for uma pessoa bem-sucedida, mas não consegue manter esse sentimento de uma forma continuada: encontra-se sempre temerosa de que deixem de gostar dela. Na verdade, ela é descrente em relação ao seu futuro e não confia em suas capacidades.

Chama a atenção o relacionamento de Lara com o namorado, o qual despreza, a começar pelo fato de ser mais baixo que ela, mas que lhe serve porque, com ele, segundo diz, sente-se "fortona". A todo o momento identifica situações em que o considera uma pessoa fraca e dependente, o que lhe permite fazer o que bem entende sem enfrentar o medo de perdê-lo. Ela destaca que gosta quando os homens se atiram aos seus pés e pedem chorando que não os abandone. Ao reencenar seu trauma precoce, como veremos adiante, ela se identifica com o agressor.

Contudo, com o namorado anterior, acontecia o oposto: sentia-se fraca, desvalorizada, dependente e submissa, razão pela qual pôs fim à relação, mas reage desesperadamente sempre que toma conhecimento de que o seu lugar foi ocupado por outra pessoa. Nessas ocasiões, telefona irada ao ex-namorado, desprezando seu novo relacionamento e procurando desfazê-lo a qualquer custo. Outras vezes, é ele quem telefona, convidando-a para sair à noite, o que inclui, eventualmente, manterem relações sexuais. Inicialmente, Lara recusa, alegando, entre outras razões, o fato de ela ou de ambos estarem namorando outra pessoa. Tudo muito lógico. Contudo, em um segundo momento, acaba aceitando o convite quando ele a ameaça de perdê-lo para sempre, dizendo-lhe: "Então, não quero nunca mais falar contigo". Refere que, nesse momento, tudo se passa como se o ex-namorado fosse a única pessoa no mundo que ela tivesse para ficar.

Lara despreza as mulheres e possui poucas amigas. Em contrapartida, valoriza e se identifica com os homens, os quais muitas vezes lhe dizem que gostariam que suas namoradas ou esposas conversassem com ela para aprenderem mais sobre o sexo masculino. Embora essa atitude bastante sedutora, por vezes, inclua uma intencional provocação sexual, ela se sente decepcionada quando os homens manifestam algum desejo nesse sentido, tendo em vista que seu objetivo é apenas mostrar-se superior às suas namoradas ou esposas.

Lara possui uma única irmã, dois anos mais moça, com a qual mantém uma acirrada e declarada rivalidade, procurando destituí-la de qualquer qualidade. Está convicta de que os pais protegem a irmã e se relaciona o mínimo possível com ela. Segundo suas palavras, age como se esta não existisse, mas se irrita profundamente quando ela se destaca em algum aspecto ou merece um elogio dos pais. Por ocasião do nascimento da irmã, consta que Lara perdeu sua habitual alegria e seguidamente era vista chorando, atirada no chão, junto à porta do quarto em que a mãe cuidava da irmã recém-nascida. Contudo, passado um tempo, tornou-se agressiva com a irmã, não escondendo seus ciúmes por ela. Refere que, ainda muito pequena, achava que a irmã a superaria em tudo e deu início a uma luta em todas as frentes para reverter essa situação. Uma de suas primeiras preocupações foi em relação à estatura, tendo em vista o comentário de um médico de que a irmã poderia vir a ser mais alta que ela. Por conta disso, chegou a persuadir seus pais a procurarem um profissional da área que, por algum tempo, prescreveu-lhe medicamentos e acompanhou o seu desenvolvimento. Ela também se empenhou para se tornar uma pessoa mais culta, mais simpática e mais comunicativa que a irmã.

Até completar 2 anos, quando nasceu a irmã, Lara recebia os cuidados da mãe, da avó materna, de uma tia solteira e da babá, com as quais revelava forte ligação afetiva, mostrando-se uma criança muito feliz. No entanto, uma sucessão extremamente rápida de perdas pode ter reforçado o sentimento de abandono propiciado pelo nascimento da irmã e, além disso, criado uma situação denominada de "trauma cumulativo" (Khan, 1980), a saber:

1. a mãe desenvolveu um quadro depressivo severo após o parto da irmã de Lara;
2. a avó se desentendeu com o pai de Lara e se afastou por um longo período de sua casa;
3. a tia viajou em função de uma bolsa de estudos no exterior;
4. a babá se casou e foi morar em outra cidade.

É possível que a reação da mãe de Lara ao nascimento de sua irmã também tenha ocorrido por ocasião do seu nascimento, lembrando o conceito de "mãe morta" de Green (1988), segundo o qual esse processo resulta de um quadro depressivo agudo da mãe que retira do bebê o suprimento afetivo de que ele necessita para desenvolver um sentimento de existência. Em situações dessa natureza é que se instala a "depressão essencial" (Marty, 1976), equivalente da "depressão sem consciência" (Maldavsky, 1995b), configurando o que poderia se chamar de depressão sem matiz afetivo, portanto, sem tristeza, caracterizada pelo quadro de apatia e desesperança que tomou conta de Lara na infância, persistindo na adolescência e no início da vida adulta encoberta, defensivamente, pelo manto da sobreadaptação.

Como resultado dessa inusitada situação, Lara passou a receber os cuidados exclusivos do pai, justificando o apego que, até hoje, mantém com ele, em que pese acusá-lo de ser um homem muito fraco e se encontrar submetido à mulher, revelando com essa acusação seu anseio de ter o pai só para ela.

Na verdade, Lara sempre esteve mais próxima do pai do que da mãe, acompanhando-o nos fins de semana a jogos de futebol, escolhendo a mesma profissão e se relacionando com seus amigos. Ela se encontra claramente identificada com o pai de uma maneira muito particular, lembrando mais um acompanhante, um irmão mais velho ou mesmo um amigo. Por outro lado, refere que a mãe é uma mulher exigente, controladora e deprimida, que passa a maior parte do tempo fechada em seu quarto e que se comporta como uma menininha mimada, procurando chamar a atenção da família.

O pai não concorda com a necessidade de Lara se analisar porque acredita que ela pode resolver sozinha os seus problemas, preferindo proporcionar-lhe cursos no exterior no lugar da análise. Contudo, diante de sua insistência, dispôs-se a pagar o tratamento sob a forma de um empréstimo, o qual ela deverá quitar depois de se formar. Lara entende que o pai é contra o seu tratamento porque representa para ele um fracasso, tendo em vista que pertence a uma família que ambiciona ocupar o primeiro lugar em tudo. Mas existe um outro fator que é um traço ganancioso do pai, o que faz com que, embora ganhe muito dinheiro em sua profissão, tenha uma exagerada dificuldade de gastá-lo, mantendo com as filhas um rigoroso sistema de controle de despesas.

COMENTÁRIO

Pacientes como Lara, frequentes na clínica psicanalítica contemporânea, muitas vezes têm sua construção narcisista de personalidade relacionada com traumas sofridos na infância como decorrência da retirada do suporte afetivo proporcionado pelo ambiente. A situação traumática, segundo Freud (1976k), relaciona-se com experiências de perda da mãe, do amor da mãe ou do amor do superego, correspondendo a um retorno da vivência de desvalimento frente aos estímulos internos e externos que inundam o aparelho psíquico. Essa experiência configura o que Winnicott (1974) chamou de desmoronamento (*breakdown*), sobre o qual não permanece registro mnêmico pela incapacidade da criança de processar psiquicamente essa experiência. A atitude do adulto, silenciando o fato, dificulta a elaboração desses traumas e colabora para a instalação definitiva da recusa, a qual se revela na sobreadaptação. A consideração desses dois aspectos é de fundamental importância no processo analítico dessa clínica cujos sintomas, em muitos casos, carecem de representação simbólica.

Parece constituir uma situação frequente que os pacientes sobreadaptados procurem tratamento na adolescência, como foi o caso de Lara, ou referirem, mais tarde, o surgimento das primeiras manifestações psicossomáticas nessa etapa da vida. Maldavsky (1988,1992) estabelece uma correlação dessa constatação clínica com a diminuição da autoridade dos pais, a qual combina com o impulso do erotismo genital, até então tramitado, em boa medida, como gozo orgânico, sobretudo pelo crescimento. Esse desenlace implica a renúncia de um pai provedor, revelado por outro (ou por substitutos) que só pode sustentar frases, outorgar palavras. Ao mesmo tempo, esse processo implica abrir-se para um mundo exogâmico, extrafamiliar, marcado por uma significação diferencial a partir do estabelecimento de metas ligadas a atividades laborais e ao amor. Na verdade, trata-se do término de um processo em andamento desde o momento em que a criança se decepciona a respeito da onipotência paterna e antecipa a sua morte, correspondendo ao surgimento do erotismo genital.

Nas psicoses, a tarefa psíquica de substituir o pai provedor por outro que seja apenas uma representação, um nome, não chega a se realizar. Nas perversões, o indivíduo recusa aceitar a realidade de que esse pai fornecedor de bens foi perdido. Nos pacientes sobreadaptados, o que se observa é que eles refutam a perda do pai provedor, tornando-se eles esse pai para eles mesmos, assumindo a identidade de um *self-made man*. Procuram se tornar um nome, um adulto, um profissional destacado e conquistar uma posição de prestígio, conforme descrevemos em Lara, correspondendo essa defesa a um tipo particular de recusa. Contudo, a recusa de um pai provedor implica, para ambos os sexos, um esforço por conservar uma posição homossexual. Na mulher, a ilusão do pai provedor inclui o desejo de feminizá-lo. No caso específico da caracteriopatia sobreadaptada, esse anseio passivo é revelado e mantido mediante uma identificação: ser o próprio pai. O fracasso da recusa pode determinar a eclosão de manifestações psicossomáticas, frequentes em Lara sempre que se sente fracassada e perde a identificação com o pai onipotente/provedor. Em contrapartida, o sucesso da recusa nesses quadros é acompanhado de um processo de identificação, no qual se condensam a posição-pai com a posição-ego, como uma formação restituitória de uma falha inicial na obtenção de um sentimento de si (Maldavsky, 1991, 1992).

A relação com os números e com os cálculos nos pacientes psicossomáticos, salientada por Lacan (1978), representando um meio de se atribuir um valor, também aparece nos pacientes sobreadaptados, podendo se encontrar substituída ou alternar com o prestígio. No caso de Lara, observa-se um fato curioso que se relaciona com a identificação com o pai, inclusive na profissão: o fato de lidar com valores elevados. Contudo, esse fragmento aparece nela na forma especular de uma necessidade de obter cada vez mais prestígio, enquanto a irmã, resultado de uma identificação mais direta com o traço de personalidade especulador do pai, empenha-se em acumular dinheiro. Relacionado com esse fragmento ganancioso, podemos encontrar nesses pacientes uma postura desafiante, em que aparece um componente ofensivo ou mesmo transgressor. Essas duas posturas, em particular a primeira, correspondem a um traço marcante de Lara em vários aspectos de sua vida. Refere Maldavsky (1992) que, na verdade, a identificação com os números e com os cálculos revela uma regressão a uma lógica mais elementar, que decorre do fracasso da possibilidade de se sustentar na postura injuriosa, mediante o apego à imagem especular.

Embora acuse a mãe de egoísta, desde muito pequena, Lara mantém com ela uma atitude de total submissão, disponibilizando a ela o seu tempo e a sua atenção. Lara não consegue tomar qualquer decisão, mesmo as mais simples, como escolher o vestido que usará em uma festividade, sem consultar a mãe. Por vezes, ela discorda da opinião da mãe, mas na última hora volta atrás porque não tolera imaginar que esta possa se sentir insatisfeita com ela. Isso ocorre porque o único desejo que o sobreadaptado reconhece é o do outro, ao qual precisa atender para evitar o risco de ser expulso de sua vida mental. Como resultado dessa conduta, Lara se sente incômoda, saturada, impotente e sem saída, apresentando-se como objeto de um desinvestimento afetivo. Esse sentimento se relaciona com uma figura materna idealizada e dotada de características tirânicas e irracionais, colocada no lugar de modelo, e à qual Lara se encontra aderida na esperança de alcançar uma identificação que lhe restitua uma imagem ilusória de onipotência. Essa ilusão pode levar o indivíduo a pensar que tudo pode, colocando em risco as pulsões de autoconservação. Trata-se de uma posição passiva, em que o ego se oferece vulnerável às descargas pulsionais de um outro, aferradas a uma dor não sentida. A verdade é que o outro não pode se constituir um outro diferente, pois o ego do sobreadaptado não chega a se constituir sujeito para usufruir da sua própria vida pulsional.

Opostamente, o pai de Lara é descrito como frágil, não se apresentando como uma figura de sustentação que ajude os filhos na constituição de sua subjetividade. Funciona como se fosse um irmão mais velho, ocupando dentro da família o papel de ajudante da mulher, para que ela mantenha o seu papel de dominadora e ocupe uma posição central no relacionamento familiar, regulamentando as interações entre os seus integrantes. Uma mãe despótica, como parece ser o caso, ou desvalida, portanto sem vitalidade, desanimada, encontra-se limitada em sua capacidade de estabelecer uma relação empática com os filhos, os quais se tornam privados do continente terno necessário para que possam decodificar suas necessidades e qualificar sua vida afetiva. Essas mães também se encontram incapacitadas para se constituírem para os filhos a primeira barreira de proteção contra os estímulos que chegam de fora. Ao contrário, podem invadir a mente da criança com seus próprios processos afetivos desbordados, impondo-se um estímulo violento do qual a criança não consegue fugir. Liberman (1982a) referiu que, no primeiro tipo de relacionamento, temos uma *madre metebombas* e, no segundo, *una madre que rebota*, procurando caracterizar aquela mãe que é incapaz de receber, conter e decodificar os impulsos da criança e, ao contrário, invade a mente infantil com a sua própria voluptuosidade, e a mãe deprimida, desconectada afetivamente, resultado de uma retração narcísica. Esses dois estados podem se alternar em uma mesma pessoa, como parece ocorrer com a mãe de Lara que, a partir desse modelo de vínculo, estabeleceu uma inversão da relação mãe-filha, esta se encarregando de acalmar a angústia materna e, através do seu continuado e crescente sucesso, proporcionar à mãe um estado de permanente satisfação. Observa-se que esse comportamento tende a se repetir no relacionamento de Lara com outras pessoas, deixando claro em sua manifesta aptidão para proteger os demais – entre os quais o pai, visto como vítima do despotismo materno – nos quais projeta seus próprios aspectos vulneráveis e necessitados.

Segundo Alvarez (2008), nesses casos, os vínculos familiares se encontram marcados por um "apego desconectado" (Maldavsky, 1994) que desconhece a individualidade de cada um dos seus integrantes, à semelhança de uma simbiose coletiva em que os indivíduos funcionam como partes que não se diferenciam, mantendo uma forma primitiva de relacionamento através de nexos intercorporais. Esse tipo de vínculo familiar assume uma conotação viscosa expressa em atitudes que se sujeitam a uma ordem que não leva em consideração as vontades individuais. Qualquer acontecimento que possa significar o resgate da individualidade de um dos membros do grupo familiar é vivido como uma ameaça a esse apego, e a tendência é procurar restabelecer o equilíbrio patológico inicial. A resistência em aceitar o tratamento analítico de Lara por parte do pai, em relação ao gasto mensal que ele representa, mas também por parte da mãe, em relação ao que denomina "submissão da filha às ideias do analista", configura uma situação dessa ordem.

6

A VIDA MUITO PRÓXIMA DA MORTE
(Casos Ernesto e Ana)

**Gley P. Costa, David Maldavsky,
Gildo Katz e José Facundo Oliveira**

RESUMO

Estudo sobre a evidência do valor do Algoritmo David Liberman (ADL), um método de investigação psicanalítica da linguagem como expressão das erogeneidades e das defesas, ilustrado com o material clínico de um paciente adepto da internet e de uma paciente cocainômona com prática homossexual.

O Algoritmo David Liberman (ADL) é um método de investigação da erogeneidade e das defesas e seus estados, testemunhadas na linguagem baseada nos conceitos psicanalíticos, em particular na teoria das pulsões de Freud. O ADL foi desenhado, desenvolvido e aplicado sistematicamente por David Maldavsky nos últimos 10 anos, que assim o denominou em homenagem ao seu professor e amigo David Liberman, pioneiro na investigação do discurso com enfoque psicanalítico, como demonstração de reconhecimento ao seu talento e generosidade.

Diferentemente de outros métodos, que têm como ponto de partida a linguística ou os modelos cognitivos e como ponto de chegada a sessão psicanalítica, o ADL tem como ponto de partida a teoria freudiana. Dentro dessa teoria são investigadas as erogeneidades e as defesas expressas por meio da linguagem. Tanto o conjunto quanto os detalhes desse método encontram-se expostos em vários trabalhos (entre eles Maldavsky, 1998, 2000; Maldavsky et al., 2001; Maldavsky, 2004; Maldavsky et al. 2005). Neste capítulo, vamos sintetizá-lo em seus aspectos mais gerais.

As erogeneidades são sete: libido intrassomática (LI), oral primária (O1), sádico-oral secundária (O2), sádico-anal primária (A1), sádico-anal secundária (A2), fálico-uretral (FU) e fálico-genital (FG). As defesas, por sua vez, configuram cinco grupos, quatro deles correspondentes a estruturas clínicas e um a condições normais. Entre as configurações clínicas, em um grupo (neuroses de transferência) predomina o recalcamento (*Verdrängung*, em alemão; *repression*, em inglês; *represión*, em espanhol), em outro (estruturas narcisistas não psicóticas) a recusa (*Verleugnen*, em alemão; *disavowal*, em inglês; *desmentida*, em espanhol), e em outro, ainda (psicoses), o repúdio (*Verwerfung*, em alemão; *repudiation*, em inglês; *desestimación*, em espanhol) da realidade e da instância paterna e, por fim, em outro (neuroses tóxicas e traumáticas), o repúdio do afeto.

Os níveis da linguagem – entenda-se do discurso – em que são estudadas as erogeneidades e as defesas são três: palavra, frase, relato. Com o intuito de tornar mais claras e sistemáticas essas propostas, foram elaborados três instrumentos para o estudo das erogeneidades, um para cada nível acima mencionado. Para o estudo das palavras foi criado um dicionário, em um programa de computador, que analisa o discurso que lhe for apresentado. Esse programa possui um arquivo com aproximadamente 600.000 palavras. Para o estudo das frases, foi desenvolvida uma grade, assim como para o estudo dos relatos (veja as Grades 6.1 e 6.2, no final do capítulo).

No ADL, a defesa também é investigada, tanto no âmbito das palavras e das frases quanto no do relato. O ponto de partida é a hipótese de que a defesa é um destino e, também, uma linguagem da pulsão. Como consequência, infere-se que a cada erogeneidade acoplam-se certas defesas, normais ou patológicas. Contudo, as defesas patológicas também se expressam no nível das palavras e das frases como perturbações retóricas e, no nível do relato, como certas posições do narrador nas cenas que este expõe ou que se desdobram durante a sessão. Por meio desse método, ainda é possível investigar a questão da mudança clínica em termos da substituição de uma defesa por outra, ao longo de uma sessão ou de um período do tratamento.

LINGUAGEM DO EROTISMO ORAL PRIMÁRIO

Considerando que o estudo da totalidade das linguagens da erogeneidade é exaustivo e que, no caso das defesas, inclui ainda uma organização com hierarquias internas, enfocaremos uma delas, a do erotismo oral primário, que servirá como uma demonstração do método aplicado ao material analítico de dois pacientes: Ernesto e Ana. Como se sabe, o gozo oral primário se dá, inicialmente, em uma cavidade, a boca (Spitz, 1955), através da projeção da tensão da necessidade na periferia erógena. Essa projeção segue o caminho inverso ao do alimento, no trato digestório. O gozo oral primário culmina na voluptuosidade descrita por Freud (1972e), como a dos "lábios beijando-se a si mesmos", e que se combina com certos desempenhos motrizes por onde tramita essa erogeneidade: da atividade da língua na boca, da musculatura da mandíbula inferior (ao esfregar as gengivas, por exemplo), da motilidade implicada na sucção, da percepção (por exemplo, coordenação ou divergência dos olhos), da movimentação das mãos e dos dedos, da atividade fonatória, etc. Essa motricidade não só é uma forma de processar a exigência pulsional oral primária senão também de neutralizar a pulsão de morte, mediante uma forma precária de sadismo, que exporemos mais adiante. Por ora, digamos somente que esse sadismo coordena-se com a passagem do sugar passivo ao sugar ativo, conforme foi mencionado por Freud (1974k).

Com respeito à percepção, o erotismo oral primário se caracteriza por apresentar um canal único, no sentido de que a visão ainda não se combina com o tato, a apreensão ou o olfato. Além disso, pode ocorrer que, em princípio, um olho não se coordene com o outro, ou as sensações táteis obtidas com uma mão não se articulem com as da outra. E, mais ainda, a realidade percebida está composta do mesmo modo que o ego, ou seja, por partículas equiparáveis. Na verdade, o mundo sensorial adquire uma formalização derivada da projeção da própria espacialização psíquica (Maldavsky, 1991). Freud (1974g), ao descrever o caso de um esquizofrênico, referiu que o paciente via na superfície de seu corpo somente poros, todos idênticos, cuja única diferença era posicional. De fato, a perda da garantia posicional gera um estado anímico de caos, correspondente ao pânico.

Outro aspecto central é que a atividade perceptiva própria de um ego, que dá sustentação psíquica ao erotismo oral primário como a linguagem, pode ser entendida a partir de um processo prévio. Com efeito, como destacaram Freud (1977b) e Lacan (1974), o mundo sensorial vale, inicialmente, como período, como frequência, e então é ordenado em semelhanças e diferenças que se expressam numericamente: um estímulo visual e um auditivo valem o mesmo se têm a mesma distribuição temporal (Maldavsky, 1992, 1995b). O mesmo ocorre para o ego real primitivo, que se vê cominado a dar cabimento anímico à libido intrassomática. Contudo, com o desenvolvimento da linguagem do erotismo oral primário, o mundo sensorial adquire um caráter qualitativo, diferencial: no plano visual: vermelho, verde, azul, amarelo; no plano gustativo: doce, amargo, salobra, ácido; no plano auditivo: um som agudo e um mais grave já terão um valor próprio. Freud (1974i) afirmou que, para o ego real primitivo, o mundo exterior (perceptivo) é indiferente. "Indiferente" nesse caso pode ser entendido de dois modos: não diferenciado e não investido. Consideramos que o requisito para que um mundo sensorial receba a investidura pulsional por parte do ego é que, em primeiro lugar, ele seja diferenciado. O processo que vai da diferenciação à investidura egoica faz com que o mundo sensorial se torne significativo. Essa significância é uma consequência da migração da investidura pulsional dos órgãos internos (por projeção intracorporal) na direção da cavidade oral, com a qual a erogeneidade pode abrir caminho no ego para o nexo com um universo perceptivo. Esse caminho, que vai da erogeneidade ao sensorial, implica um processo projetivo, porém já não intracorporal, mas direcionado para o mundo.

Bion (1991) considerou, com razão, que a convergência binocular se faz acompanhar de uma investidura de atenção. Quando prevalece a inveja, os olhos podem captar um mundo qualificado e significativo, ou um mundo só qualificado, ou, então, um mundo que é somente frequência. No último caso, os olhos captam os estados orgânicos próprios e alheios, ou seja, têm um funcionamento radiográfico, introduzem-se sob a pele do outro, e aquilo que captam no outro é a sua caveira, a sua decomposição corporal. Esse olhar é, pois, mortífero. Também os olhos podem captar um mundo qualificado, porém não significativo, lembrando as supostas marcas deixadas na Terra por seres extraterrestres, que resultam indecifráveis. Quando não se conseguiu (ou se perdeu) a convergência binocular, a realidade adquire um caráter plano. Por último, os olhos podem captar um mundo sensorial diferenciado e significativo (investido), a partir do qual estão dadas as condições para a inscrição psíquica de um universo simbólico, disponível como linguagem para o ego.

Com isso, aludimos a um desinvestimento ou não investimento do mundo, que sofre, em consequência, os efeitos de uma alucinação negativa, de uma rejeição ativa que se expressa no plano da motricidade perceptiva, no olho desviado do centro da atenção. Nesse caso, triunfa uma defesa: o repúdio da realidade, que pode ou não ter um caráter funcional. Esse emprego da motricidade sensorial de forma hostil é um modo elementar e precário de ligar a pulsão de morte a Eros. Outra maneira, menos custosa, mas que tem numerosos requisitos, consiste no sugar ativo, cujo complemento é a conquista da investidura de atenção, que é uma condição para a introjeção simbólica.

Quando se dá esse passo, a situação psíquica se torna mais complexa: a partir de então, a projeção adquire outro valor. Com efeito, já não só dirige a investidura em direção ao mundo para torná-lo significativo, como, além disso, culmina no desenvolvimento de alucinações como forma de fazer consciente o inconsciente. Então, o mundo da percepção fica composto por elementos de diversas origens: os aportados pelos influxos mundanos atuais, pela captação do próprio corpo e por via alucinatória. Com relação a isso, consideramos interessante estudar o valor dos aportes do segundo tipo ao mundo perceptivo, especialmente as palmas das mãos e o movimento dos dedos. Esse tipo de percepção faz parte de outra forma de conexão com os processos endopsíquicos, que é ora o complemento, ora a alternativa para a alucinação. De fato, às vezes, o movimento dos dedos aporta ao olhar uma percepção diferenciada, como quando alguém comprime as teclas de um piano e obtém uma melodia; em outras ocasiões, a mão e, sobretudo, a palma da mão serve de pantalha de projeção para uma alucinação. Em ambas as possibilidades, as mãos e os dedos constituem recursos para tornar conscientes os processos endopsíquicos. Seja como for, a coexistência entre percepções e alucinações na consciência cria um mundo complexo, no qual as últimas passam a ter crescente hegemonia, derivada do incremento da ligação, do refinamento psíquico, do poder do desejo e da necessidade de tramitar a vida pulsional. Isso conduz a que se desenvolva no ego a questão de como reinstalar a percepção em sua vigência como orientadora no mundo, quando, como afirma Freud (1976d), a percepção conquista o espaço das marcas mnêmicas.

Para a lógica anímica, inerente ao erotismo oral primário, a percepção é que gera o objeto, correspondendo ao sentimento oceânico (Freud, 1974h). Somente depois, quando se relacionam entre si vários canais sensoriais, a percepção passa a captar unicamente um objeto mundano que causa a impressão sensorial.

Quando, ao conjunto, se acrescenta a atividade alucinatória, o órgão sensorial conserva o valor de gerador de uma realidade que, no fundo, é produzida pelo espírito. Para esclarecer esse ponto é conveniente levar em conta que a alucinação permite o reencontro com a marca mnêmica, sendo, nesse sentido, uma forma de recordar. O que ocorre é que, com a memória, adquire vigência outra atividade anímica, o pensar, o qual Freud (1976q) definiu como um deslocamento de energia da pulsão para a ação, para a descarga. Por outro lado, o pensar inconsciente também interfere na produção alucinatória, de modo que, no fundo, o sentimento oceânico constitui a matriz de uma cosmovisão idealista, que pressupõe ser a realidade material um efeito da atividade intelectual, espiritual, enquanto os órgãos dos sentidos correspondem aos instrumentos empregados para gerar o suposto mundo objetivo.

Na prática, pode ocorrer uma coexistência de alucinação e percepção. A primeira, como forma de tornar conscientes os processos endopsíquicos, até que a tensão de necessidade conduza à investidura desiderativa de lembranças e pensamentos inconscientes, com o que a alucinação fica sobreinvestida em detrimento da percepção, embora continue funcionando, sobretudo como um meio de tornar consciente o inconsciente. Se a insatisfação persiste, começam a predominar certas defesas, como o repúdio da realidade, expressa como alucinação negativa. Por sua vez, pode ocorrer uma crescente substituição desta por uma alucinação positiva, a serviço da defesa. A alucinação tem um caráter prazeroso e pode se fazer acompanhar das motricidades anteriormente descritas: a descoordenação perceptiva, a movimentação da língua, a atividade de sugar e deglutir no vazio, a autoestimulação das gengivas, a fonação, etc. À medida que a insatisfação pulsional persiste, a alucinação vai adquirindo um caráter desprazeroso, colérico e invejoso, até que o terror e o pânico se tornam hegemônicos. Então, a alucinação muda de sinal, transforma-se no correlato figurativo de uma angústia que fica cada vez mais insuportável. Finalmente, em um estado de extenuação sedenta, a alucinação claudica em sua função defensiva, e o mundo perceptivo se apresenta como um conjunto puntiforme desqualificado (como o "chuvisco" na tela de TV), projeção da sensação de estar com areia na língua, que atormenta a economia pulsional como um abrasamento inextinguível. Assim, só será possível abandonar o mundo alucinatório defensivo de duas maneiras: ou pela satisfação pulsional, quando a mãe aparece ali onde a criança a espera, e a criança supõe que foi ela (criança) que engendrou a mãe (Winnicott, 1972), ou pelo arruinamento do mundo simbólico e a claudicação da defesa, que conduz à vivência de estar imerso em um mundo carente de significado.

Se os processos acima descritos tiveram uma relevância relativa, desenvolve-se uma fixação. Em consequência, tais processos se mantêm na atividade psíquica ulterior, interferindo nos conflitos da situação edípica. Nesse momento, pode aportar ao conjunto uma orientação para a recusa ou o repúdio da realidade, enfatizando o pensamento abstrato como forma de acentuar que a realidade material é somente um produto do espírito. Também pode ocorrer o desenvolvimento de uma atividade sublimatória que, em certas ocasiões, proporciona notáveis rendimentos à cultura. Seja como for, esse tipo de erogeneidade se expressa de um modo diferenciado no plano da motricidade, da mímica facial, como recurso para a inexpressividade; no plano de certas linhas melódicas e de certas palavras (extraterrestre, telescópio, dedo, língua, solução, areia e muitas outras); no plano de frases e relatos e, também, de certos processos retóricos, em especial os metalogismos (Grupo μ, 1970), entre eles as contradições lógicas. (As Grades 6.1 e 6.2, no final do capítulo, dão uma visão panorâmica das cenas nos relatos e das estruturas-frase próprias do erotismo oral primário que podem ser contrastadas com as demais.)

As defesas prevalentes relacionadas ao erotismo oral primário são a recusa e o repúdio da realidade, que podem ou não ter um caráter patológico. É possível avaliar a eficácia das defesas no terreno do relato. A cena é inerente à linguagem do erotismo, porém, a posição do relator nessas cenas testemunha a defesa. A título de esclarecimento, consideremos uma cena característica da linguagem do erotismo oral primário, a do acesso cognitivo a uma fórmula abstrata. Esse recurso tem o caráter de uma revelação realizada por um processo de ascese, de despojamento prévio das limitações decorrentes do pensar, derivadas da tradição ou da falência dos recursos disponíveis para alcançar o núcleo da verdade. Nesse acesso à revelação, um personagem opera como instrumento ou como objeto de extração de uma essência, outro opera como o protagonista dessa aventura cognitiva abstrata, enquanto um terceiro pretende plagiar aquele que dispõe da chave. Outro, por fim, pode operar como mestre, como referente ou ideal, reconhecendo aquele que teve acesso à revelação. Também importam o valor e a eficácia de um personagem violento, que dispõe do poder material, que se volta contra o sujeito da epopeia cognitiva.

Em determinadas ocasiões, pode-se despregar um discurso somente inteligível no marco de uma luta entre dois que pretendem, reciprocamente, detectar a chave da lógica que rege o pensamento do outro. Ambos os contendores desenvolvem apresentações fictícias, na tentativa de que o outro exponha a sua lógica e fique preso cognitivamente pelo poder do intelecto do seu contendor. Igualmente, é necessário se interrogar sobre o lugar dado a outros personagens, cujas ações se regem pela aspiração à realização estética, à dignidade, ao respeito pela ordem. O personagem violento e injusto representa a linguagem do erotismo sádico-anal primário, da qual a linguagem que estamos descrevendo é uma transformação regressiva. Os personagens com aspirações de outro tipo são representantes das linguagens do erotismo fálico-genital, fálico-uretral ou sádico-anal secundário, que podem se colocar ao lado do reconhecimento da realidade e da lei, embora também possam ficar subordinados às outras duas linguagens do erotismo (oral primária e sádico-anal primária). A posição nuclear do narrador, entretanto, é desempenhada de algum dos outros lugares, e pode-se colocar como instrumento para que outro aquiesça uma revelação que logo depois perde o valor, ou um objeto do qual se possa obter a chave abstrata para, em seguida, ser descartado como um despojo inservível. Essa é a posição em que se acha um paciente esquizofrênico, no qual se desenvolve o repúdio da realidade. Também pode ocorrer que o relator se coloque como sujeito dessa epopeia cognitiva, na qual alcança um descobrimento renovador. Nesse caso, encontramo-nos diante dos efeitos de defesas não patogênicas. Algo similar ocorre se o relator se coloca no lugar do modelo que reconhece o valor do achado alheio. Em troca, se o narrador se posiciona como o plagiador invejoso do saber alheio, prevalece a recusa da realidade como defesa patológica, situação inerente às caracteropatias esquizoides. Em todas essas ocasiões podem aparecer os aparelhos. O paciente pode:

1. empregar o aparelho;
2. ser objeto gerado ou estudado pelo aparelho;
3. ser o aparelho;
4. plagiar aquele que emprega o aparelho;
5. consagrar aquele que emprega o aparelho no marco de um êxtase cognitivo.

Nessas situações, muda o lugar dado aos personagens que aspiram à realização estética, à dignidade e à ordem. Eles podem ser empregados como instrumentos, de cuja ingenuidade abusam quando prevalece a recusa, ou empregados como fragmentos atacados sem empatia, para colocar seus despojos a serviço de uma simulação vazia, no caso da psicose. Os personagens também podem ter o valor de ponto de partida, de argumento central para o desenvolvimento da aventura cognitiva, ocorrendo quando predominam as defesas não patológicas. Interessam ao estudo as transações possíveis de serem realizadas, conforme prevaleça uma ou outra defesa, com os personagens que operam como donos do poder político: o narrador pode se descrever como submetido e emudecido quando prevalece o repúdio da realidade; como quem simula e maltrata terceiros quando predomina a recusa; ou como aquele que lhe faz oposição, mediante um deslocamento do centro da luta para o terreno intelectual – situação em que passa a ter hegemonia uma defesa funcional.

Caso Ernesto

Um exemplo clínico das manifestações verbais e não verbais da erogeneidade oral primária e das suas defesas correspondentes encontramos em Ernesto, um paciente adepto da internet, cujo material foi analisado pelo método ADL (Almasia, 2001). Tratava-se de um homem que tinha deixado o consumo de drogas e que possuía, no entanto, um discurso resistencial que, na sessão estudada (e em muitas outras), oscilava entre dois tipos de relato. Um se referia aos movimentos que fazia com os olhos (estrabismo), com a boca (deslocava a mandíbula do lugar), com a língua dentro da boca, com os dedos, assim como ao fato de que o cérebro enviava uma ordem ao braço para que este se mexesse, realizando a ação correspondente. O outro tipo de discurso aludia à sua relação com as outras pessoas – o que, para o paciente, parecia inútil, já que todos vivíamos entre sonhos, éramos sonhos e logo estaríamos mortos, se é que já não estávamos. A análise no âmbito das palavras, das frases e do relato reuniu informações que possibilitaram diferenciar ambos os discursos. No primeiro, a linguagem do erotismo oral primário (dominante) era complementada com a do erotismo oral secundário e com a do fálico-uretral. No segundo discurso, predominou a mesma linguagem do erotismo, como no primeiro: a oral primária, porém combinada com a sádico-anal secundária e com a fálico-genital. O comum nos dois discursos foi a prevalência da linguagem do erotismo oral primário; a diferença foi que, no primeiro, predominou a retirada narcisista (êxito da recusa) e, no segundo, prevalesceu o restabelecimento da conexão com o mundo (retorno da recusa). Essa reconexão com o mundo, embora penosa, era o correlato do abandono do consumo de drogas. Temos constatado que essas combinações de linguagens são mais estáveis do que parecem, tanto como expressão da retirada narcisista quanto da passagem à restituição.

Esse achado se articula com as hipóteses expostas por Freud (1974l, p. 103):

> Posto que a parafrenia amiúde (se não na maioria das vezes) traz consigo um desligamento parcial da libido com relação aos objetos, dentro do seu quadro podem-se distinguir três grupos de manifestações: (1) as da normalidade conservada ou da neurose (manifestações residuais); (2) as do processo patológico (desligamento da libido com relação aos objetos e, a partir daí, o delírio de grandeza, a hipocondria, a perturba-

ção afetiva, todas as regressões); e (3) as da restituição, que deposita de novo a libido nos objetos ao modo de uma histeria (*dementia praecox*, parafrenia propriamente dita) ou ao modo de uma neurose obsessiva (paranoia). Essa nova investidura libidinal se produz desde um nível diverso e sob outras condições do que a investidura primária. A diferença entre as neuroses de transferência geradas por ela e as formações correspondentes ao ego normal deveriam poder nos proporcionar o sentido mais profundo da estrutura do nosso aparelho anímico.

Destaquemos que Freud descreve "o modo" da restituição psicótica, o qual se assemelha ao da histeria e ao da neurose obsessiva, nas quais prevalecem, respectivamente, as linguagens do erotismo fálico-genital e sádico-anal secundário. Não descreve, em troca, "o modo" pelo qual se desenvolve o processo patológico, quer dizer, a retirada narcisista, o desligamento da libido com relação aos objetos. Em nossa pesquisa foi possível verificar que, em tais momentos, prevalecem outras duas linguagens do erotismo que acompanham a do oral primário: a do sádico oral-secundário e a do fálico-uretral.

Está claro que Freud alude às psicoses, nas quais a retirada narcisista é mais radical, ao passo que o caso acima descrito corresponde muito mais a uma caracteropatia esquizoide, na qual predomina a recusa, e não o repúdio da realidade, resultando em um desligamento libidinal do mundo menos catastrófico. Porém, muito além dessas diferenças, os movimentos libidinais de desligamento e reconexão com o mundo são comuns, e talvez o sejam também as linguagens do erotismo implicadas em cada momento.

Cabe destacar que, nesse caso, foi possível investigar os dois momentos: o do desligamento e o da restituição. Entre ambos, aquele que tem o acesso mais difícil à investigação é o que corresponde ao desligamento da libido, ou seja, o do êxito da defesa patológica (recusa, repúdio). Conjecturamos que o consumo de drogas, em um período prévio, ocorreu no lugar da restituição. Então, a retirada narcisista se torna tóxica, ao fracassar o delírio magalomaníaco próprio da retração libidinal com relação ao ego. Enfatizou Freud (1974l, p. 102):

> Nas parafrenias, o delírio de grandeza permite esse tipo de processamento da libido de volta ao ego: quiçá somente depois de frustrado esse delírio de grandeza, a estase libidinal no interior do ego se torne patológica e provoque o processo de cura que nos aparece como doença.

No caso de Ernesto, a estase libidinal, a erogeneidade que se torna tóxica, tinha cedido seu lugar ao processo restitutivo.

Caso Ana

Ana ligou do seu celular para o analista, a fim de combinar sua primeira consulta, logo após seu carro ter sido abalroado, na traseira, por um Mercedes-

-Benz, quando se encontrava parado em uma barreira policial. O motivo explícito da consulta era o fato de estar se separando de Jonas, seu parceiro por seis anos, porque havia chegado à conclusão de que não o amava, que só tinha uma relação de amizade com ele. Outro motivo era sua preocupação com o fato de estar consumindo cocaína todos os dias, o que poderia lhe causar danos irreparáveis.

Iniciara seu primeiro tratamento psicoterápico aos 15 anos, o qual fora seguido por uma análise (quatro sessões por semana) que durou nove anos. Devido ao fato de continuar consumindo drogas, inicialmente maconha e, mais recentemente, cocaína, a analista havia combinado com ela a interrupção da análise e o encaminhamento a uma psiquiatra que se dedicava ao atendimento de pacientes aditos. Ficou um tempo com ela, mas, como não se submeteu ao programa de abandono da droga, esse tratamento também foi interrompido. Nesse momento, desejou, pela primeira vez, ter uma experiência de terapia com um homem, procurando-o no momento descrito acima. As referências que tinha do novo terapeuta levaram-na a colocá-lo em uma posição profissional muito idealizada. Na entrevista inicial, ela disse que, enquanto estava na sala de espera, se sentira muito assustada, pensando no quanto ele lhe cobraria para poder pagar as maçanetas douradas das portas do consultório, que ela notara ser novo. Ficou tranquila quando o analista informou que elas já haviam sido pagas. Também a preocupou o fato de que ele não quisesse atendê-la devido à gravidade do seu caso e assegurou-lhe que faria um esforço para frear o uso de cocaína. Ela pretendia realizar, inicialmente, apenas duas sessões por semana, o que era possível pagar com seus próprios recursos. Durante o tratamento analítico anterior, ela havia sido ajudada pela mãe.

Ana tinha 27 anos e era uma mulher alta, bonita e de aparência jovem, apesar de se encontrar com um sobrepeso de 12 a 14 quilos. Nascera e passara a infância e parte da juventude em uma cidade de fronteira, onde a família possuía extensa propriedade rural. Ao longo do período escolar e durante a universidade, sempre demonstrou grande facilidade para matemática e uma clara dificuldade para o desenho: não conseguia manejar noções básicas de perspectiva, tridimensionalidade e sombra. Havia jogado tênis desde pequena. Custou-lhe aprender porque, embora fosse canhota, ensinaram-lhe a jogar com o braço direito. Na adolescência, chegou a participar, com êxito, de torneios. Sua mãe, que a estimulou na carreira esportiva, acompanhava-a nessas disputas e se exibia com seus triunfos. Naquela época, os irmãos de Ana se queixavam de que a mãe só tinha olhos para a paciente. Ela teve alguns acidentes derivados da prática esportiva e necessitou ser operada em um ombro e um tornozelo, o que a obrigou a se afastar das quadras por um longo período. Coincidentemente, nessa época a mãe começou uma relação com um namorado. Ana engordou e não voltou a jogar tênis.

Atualmente, além do trabalho, participa da diretoria de uma associação de empresários. Não gosta de sair à noite e prefere ficar em casa sozinha, onde dispõe de cocaína, *pizzas* e cerveja, além do computador e dos aparelhos de TV e de som, todos funcionando ao mesmo tempo. Costuma navegar pela internet até 3 ou 4h da madrugada, em busca de informações na sua área de trabalho e sobre esoterismo. Ela também participa de *cibersex* e mantém prolongadas conversas em português, espanhol, inglês e alemão, geralmente com mulheres, em busca de possíveis intercâmbios homossexuais.

Ana nasceu prematuramente no oitavo mês de gestação. Referindo-se a esse fato, estabeleceu uma relação com um traço de seu caráter: realizar tudo apressadamente. Iniciou sua vida sexual aos 16 anos e teve experiências nessa área com vários homens. Aos 21 anos, um pouco depois de sua mãe ter começado um namoro, passou a ter relações homossexuais. Quando a mãe descobriu, Ana deu início ao relacionamento com Jonas, que já conhecia e era muito atencioso com ela.

A paciente teve inúmeros acidentes, tanto a pé quanto de carro, alguns graves. É muito angustiada e não tolera esperar. Minutos antes da sessão, costuma avisar pelo celular que está a caminho. Quando viaja para o exterior, preenche previamente os documentos exigidos pelo país na chegada, assim como a ficha de hóspede do hotel em que vai ficar, obtida por fax, solicitando que lhe informem, com antecedência, o número do quarto para não perder tempo. Quando o analista abre a porta da sala de espera, geralmente encontra Ana em plena conversa pelo telefone celular. A paciente entra na sala falando ao telefone celular até se sentar. Um dia em que o terapeuta se atrasou por cinco minutos, golpeou a porta do consultório com desespero, e quando ele a abriu, ela o olhou com uma expressão de pânico e raiva.

Até aqui foi a nossa apresentação, que preferimos não a tornar mais extensa, posto que já contamos com elementos suficientes para avançar na pesquisa. Comecemos considerando algumas cenas ligadas a temas como as barreiras, as portas e os trâmites, em torno dos quais reuniremos algumas situações caracterizadas pela espera e pela acometida de violência impaciente. O acidente (choque) teve um valor determinante na decisão de Ana de solicitar tratamento. Com efeito, a sequência inicial, ligada ao momento da consulta, inclui um acidente automobilístico, no qual uma detenção, diante de uma barreira policial, fez-se acompanhar de um abalroamento de outro carro que não freou. A cena do choque tem uma continuidade:

1. deslocamento espacial com o carro;
2. uma barreira policial obriga a paciente a deter o seu carro;
3. ela é abalroada por trás por um Mercedes-Benz em alta velocidade;
4. liga por telefone para solicitar uma primeira consulta.

O deslocamento espacial (primeira cena) parece expressar, sobretudo, a linguagem do erotismo sádico-anal primário, embora possua algo do procedimento autocalmante (linguagem do erotismo intrassomático) e algo do avanço ambicioso (linguagem do erotismo fálico-uretral). Todas essas linguagens se combinam (segunda cena) com a sádico-anal secundária, que se expressa como o respeito à lei e à ordem (detenção da marcha do veículo diante de uma barreira). No fato da batida por trás, na cena seguinte, participam as mesmas linguagens do erotismo, porém, a prevalência fica por conta da linguagem do erotismo intrassomático (intrusão corporal). Quanto à quarta cena, a da ligação telefônica, parece uma tentativa de resgatar o impacto da cena prévia, na qual a paciente poderia ter-se sentido multiplamente envolvida: não somente na posição de quem sofre uma batida, mas também na de quem investe desenfreadamente contra o outro. A ligação para o terapeuta parece expressar, novamente, a linguagem do erotismo sádico--anal secundário.

A segunda cena põe em evidência a tentativa da paciente de se frear, de respeitar as normas, enquanto a terceira manifesta a situação inversa, o desenfreio atropelador que leva pela frente as barreiras. Tal cena evidencia uma defesa, o repúdio da realidade e da instância paterna (localizada em quem atropela) e outra defesa (o repúdio do afeto) em quem sofre o atropelamento e padece uma intrusão orgânica. Essa aproximação inicial à referida sequência admite um maior aprofundamento ulterior. Sugerimos aquilo que está mais evidente do sistema defensivo da terceira cena, porém não o das restantes. Também não fica claro o processo que vai da parada na barreira (segunda cena) até o abalroamento (terceira cena). Várias dessas questões podem se esclarecer depois.

Outra sequência, bastante similar à recém-estudada, corresponde ao momento no qual a paciente, na primeira entrevista, faz alusão ao que pensou enquanto esperava para ser atendida:

1. Ana se reconhece necessitada e espera do outro lado da porta;
2. fica impactada pelo brilho e pelo custo (suposto) das maçanetas douradas;
3. acredita-se dependente de um personagem especulador e endividado, que terá de abusar da necessidade que ela tem de tratamento.

A sequência tem duas partes:

1. a espera do outro lado da porta e o impacto diante do brilho e do custo das maçanetas das portas;
2. seus pensamentos acerca da inermidade em que fica ante um analista abusivo e especulador.

A parte inicial pode, por sua vez, se decompor em:

1. detenção diante de uma porta fechada;
2. impaciência na espera e deslumbramento diante do brilho das maçanetas douradas.

Enquanto o momento inicial (detenção) expressa a linguagem do erotismo sádico-anal secundário (com respeito aos limites), o segundo põe em evidência o desenvolvimento de uma gama complexa de desejos. Por um lado, aparece uma urgência quase orgânica (reunindo as linguagens do erotismo intrassomático e sádico-oral secundário), junto à fascinação diante daquilo que brilha (linguagem do erotismo fálico-genital). A situação culmina com a vivência de ser objeto de especulação (linguagem do erotismo intrassomático) e abuso (linguagem do erotismo sádico-anal primário). Também participa nessa cena a angústia diante da aproximação e do contato (linguagem do erotismo fálico-uretral).

Na sequência, advertimos uma série de transformações similares àquela que precedeu a consulta ao terapeuta. A diferença é que a consulta já havia sido realizada. Contudo, observamos outras diferenças, entre as quais destacamos a questão da impaciência, própria da linguagem do erotismo sádico-oral secundário. Nesse caso, em lugar de ser abalroada por outro, surge nela uma tendência à irrupção. O analista figura, então, incluído na própria sequência narrativa. A paciente fica, finalmente, localizada em uma posição disfórica no marco de duas linguagens do erotismo: a intrassomática (outro terá que tirar proveito econômico a custa dela) e a sádico-anal primária (outro abusará injustamente do poder que tem).

Nessa mesma linha, acha-se a descrição do modo como Ana ingressa na sessão ou em um hotel. Essas cenas, unidas à obrigação de se deter para realizar os trâmites necessários, põem em evidência uma solução encontrada pela paciente. Vejamos a sequência:

1. Ana antecipa um momento de detenção em seu avanço;
2. recorre a um aparelho (telefone, fax, etc.) para evitar a espera.

Uma situação similar ocorre enquanto aguarda para ser atendida. Nesse caso, a solução consiste no uso do celular, de modo que não haja espera da sua parte. Os afetos em jogo vão da impaciência ao desespero insustentável, que a paciente tem de achar modos de eludir. Tais afetos correspondem à linguagem do erotismo sádico-oral secundário. Os instrumentos (o celular ou o fax) aportam uma solução para atenuar o problema, ao lhe permitirem irromper sem demora em um espaço e transformar seu sentimento insuportável em algo diferente. Nas cenas nas quais tem de esperar antes de ser atendida pelo analista, observa-se a mesma situação:

1. antecipação de um freio;
2. recurso de um aparelho.

Porém, além disso, evidencia-se outro matiz, já que ingressa na sessão conectada com outro/a. Dessa forma, inverte o seu sentimento de exclusão e faz com que o analista sinta isso, como se fosse uma forma de vingança pela afronta que, ela supõe, ele lhe infligiu ao fazê-la esperar.

Essa última sequência (sala de espera) evidencia a articulação entre três linguagens do erotismo que potencializam sua eficácia para conduzi-la a uma situação de atropelo, assim como um recurso, apelando para outra linguagem do erotismo. As três linguagens do erotismo articuladas são a fálico-genital (dependência erótica de um homem), a sádico-anal primária (vivência de ser vítima do abuso de poder por parte de um homem) e a sádico-oral secundária (incremento da impaciência). Para frear o processo de recíproca potencialização entre essas três orientações erógenas, a paciente recorria aos aparelhos que lhe permitiam se comunicar à distância (linguagem do erotismo oral primário), como um meio que lhe possibilitasse se tornar ativa e se vingar do seu interlocutor imediato.

Assim, contamos com quatro sequências narrativas, centralizadas na questão da espera:

1. a que antecedeu à consulta (acidente);
2. a que antecedeu o ingresso na primeira consulta;
3. as ligadas aos trâmites aduaneiros e hoteleiros;
4. as da sala de espera (enquanto aguardava pelo atendimento do analista).

A primeira e a segunda narrativas deixavam a paciente em uma condição similar: vítima de abusos (linguagem do erotismo sádico-anal primário) e de intrusões orgânico-econômicas (linguagem do erotismo intrassomático). Nesses relatos, o momento inicial também era o mesmo: aceitação de uma lei, de um compromisso social que exige espera, respeito a certos mandamentos. Entre o estado inicial (espera) e o final (disfórico), observamos um segundo momento, no qual se desperta um fascínio diante de algo brilhante (maçaneta) que vai se transformando em impaciência para culminar em uma condição orgânico-econômica (choque, taxação). A sequência implica uma passagem da linguagem do erotismo fálico-genital ao sádico-anal primário (abuso), e dali ao sádico-oral secundário (impaciência), para terminar com um predomínio da linguagem do erotismo intrassomático. Para evitar o desenlace disfórico correspondente ao momento final, é necessário interferir no desenvolvimento dos processos prévios, começando pela espera inicial, da qual deriva a captação de um brilho fascinante, seguido pela vivência do abuso, da impaciência e da intrusão ou taxação. Consequentemente, nas situações nas quais Ana não conseguia antecipar a espera, recorria a aparelhos para se esgueirar ou para não ficar na posição de quem aguarda. O recurso desses aparelhos, quando procurava prevenir os estados disfóricos, expressava a eficácia da linguagem do erotismo oral primário. No conjunto, parecia ter peso o incremento da impaciência, potencializada pela mescla entre as linguagens do erotismo fálico-genital e sádico-anal primário. O problema central, no entanto, consistia nessa passagem da ênfase para uma impaciência insuportável e, para resolver o problema, o paciente recorria à linguagem do erotismo oral primário.

Seus costumes noturnos colocavam em evidência uma volta a si mesma, como se dá na retirada narcisista. Quando a paciente se achava nessa condição, sofria um estado tóxico no qual se autoestimulava, apelando a diferentes recursos. A concomitância de cerveja, *pizza*, cocaína, TV, música e computação constituía um conjunto de incitações desmesuradas, não processáveis, correspondendo às contradições orgânicas, quer dizer, àquelas nas quais o central consiste em que o estímulo para o sistema nervoso atenta contra as limitações que este tem para processar a informação (Maldavsky, 1992, 1995b, 1999, 2000). Uma forma de expressar a legalidade em jogo nas contradições orgânicas poderia ser "quanto mais farto me sinto, mais quero ingerir" – termo esse que abarca várias alternativas: devorar, consumir drogas, beber álcool, perceber simultaneamente informações complexas de fontes diversas (TV, computador, aparelho de som). Essa contradição orgânica é testemunho de uma fixação no erotismo intrassomático e do emprego patológico do repúdio do afeto.

Também se releva nesse marco a navegação insone pela internet, que parece ter três metas: busca de informação, esoterismo e conexão com possíveis parceiros homossexuais, utilizando pseudônimos. O apego à internet costuma evidenciar uma retirada narcisista de caráter tóxico, com uma aparência de conexão com o mundo, mediante identificações inconsistentes (os pseudônimos). Além disso, a relação com o outro está mediada por um aparelho, como é inerente à linguagem do erotismo oral primário. Cabe perguntar se essa linguagem do erotismo oral primário não é mais um meio para conservar uma incitação duradoura que, como o uso de outros aparelhos (TV, equipamento de som), conduz a (ou mascara) uma alteração somática, como é o caso da insônia.

Os aparelhos apareciam como um meio para se conectar com pessoas cujo nome e origem a paciente desconhecia, do mesmo modo que ela ocultava o próprio nome mediante a utilização de pseudônimos. Tudo ficava anônimo. Ao mesmo tempo, via internet, desempenhava uma conduta desafiante, secreta e rebelde diante do poder materno, no sentido de que buscava as mulheres para estabelecer nexos eróticos. Tal prática homossexual oculta parecia ser a resposta dada às críticas maternas que a conduziram a estabelecer parceria com Jonas, de modo que, no fundo, a paciente, em segredo, estava animada por um afã revanchista e justiceiro. Combinavam-se, portanto, a linguagem do erotismo intrassomático (insônia), do oral primário (aparelhos) e do sádico-anal primário (afã justiceiro). A substituição da rotina apaziguadora (com Jonas) pelo descontrole quanto ao consumo de drogas e pelo estabelecimento de contatos homossexuais constituíam uma cena que se assemelha à de falta de freios, já analisada anteriormente. Talvez fosse um indício da transformação transitória na defesa da recusa ao repúdio.

Com relação ao uso de aparelhos, essa história poderia se engajar com a da sala de espera, quando Ana falava ao telefone enquanto aguardava o momento de começar a sessão. Pode-se relacioná-la também à cena da consulta depois de seu carro ter sido abalroado. O aparelho (linguagem do erotismo oral primário) funciona tanto a serviço da consumação do afã vingativo (linguagem do erotismo sádico-anal primário) quanto da tramitação da impaciência (linguagem do erotismo sádico-oral secundário) e do freio à tendência à irrupção orgânica (linguagem do erotismo intrassomático). O comum a todas as cenas em que aparecia um aparelho de conexão à distância reside no fato de que isso permitia a Ana se resgatar do desamparo nas situações em que ela se sentia objeto de injustiça, devorada pela impaciência e arrasada por uma intrusão orgânica. Nesse último sentido, recordemos que, logo depois do acidente, ela recorreu ao celular para marcar uma consulta com o analista. Assim, pois, nesse caso, o aparelho também servia para se sobrepor a uma vivência de atropelamento. O aparelho permitia-lhe sair da passividade e recuperar uma posição ativa, até o contato com o aparelho em si mudar de sinal, tornar-se tóxico, como ocorria quando juntava incitações que chegavam pelo equipamento de som, pela TV e pelo computador, de um modo simultâneo. A mudança de sinal do aparelho, que deixa de estar a serviço do freio às irrupções pulsionais insuportáveis para se converter no caminho para que se consuma a referida irrupção, parece evidenciar a substituição de uma defesa (recusa) por outra (repúdio).

Até aqui reunimos relatos da paciente concernentes às barreiras, às portas e aos trâmites. Faremos referência, agora, a outros relatos, centrados no seu mancinismo contrariado e no fracasso dos procedimentos autocalmantes. Com relação aos antecedentes de sua história, vários aspectos merecem um comentário. Um deles é a preferência da paciente pela matemática, como o *Homem dos lobos* (Freud, 1976w) e muitos outros pacientes para os quais os números, as percentagens e as operações contábeis adquirem realce, como expressão de um discurso especulador (linguagem do erotismo intrassomático). A anedota com respeito às maçanetas douradas da porta do analista resulta esclarecedora: uma imagem atrativa, brilhante, foi transformada em número, em especulação monetária. Nesse episódio curioso, observa-se que a imagem visual (a maçaneta) se entrelaça com o ato de apreender, implicando um desempenho motriz que leva em conta a questão da cisão esquerdo-direita do corpo. Precisamente, no caso de Ana, adquire importância seu mancinismo contrariado, que abrangeu, ao menos, a atividade do tênis. O mancinismo contrariado conduz a uma perturbação dos processos projetivos que tomam como base o corpo em movimento, centrado no critério da imagem especular, própria da linguagem do erotismo sádico-anal primário. A violência exercida sobre o próprio corpo em movimento, a partir da imposição de uma condição especular que não parte das disposições motoras próprias, costuma promover acidentes e problemas que afetam a musculatura esquelética, e que, nesse caso, conduziu às intervenções cirúrgicas.

Assim, encontramos uma sequência:

1. mancinismo;
2. violação de sua disposição corporal;
3. acidentes, problemas corporais.

Nessa sequência, reúnem-se as linguagens do erotismo intrassomático e do sádico-anal primário, ambas com desenlaces disfóricos. A atividade motora aloplástica, desenvolvida durante a adolescência, tinha um grande valor como tentativa de ligar a tensão voluptuosa do erotismo fálico-genital através do processamento de um erotismo a ele associado, o sádico-anal primário. Tal desdobramento motor constituía, ademais, um procedimento autocalmante (linguagem do erotismo intrassomático). A impossibilidade de continuar apelando para essa solução motora levou a paciente a um incremento de sua voracidade, da qual derivou seu sobrepeso. Nesse ponto, podemos construir outra sequência narrativa:

1. equilíbrio de tensões, apelando a procedimentos autocalmantes;
2. operações cirúrgicas invalidantes;
3. comer excessivo.

Na realidade, o primeiro momento pode, por sua vez, ser decomposto em:

1. busca de equilíbrio de tensões corporais;
2. apelação a recurso autocalmante;
3. fracasso do recurso e dano orgânico (doenças que exigiram intervenções cirúrgicas).

Trata-se de uma história inerente à linguagem do erotismo intrassomático com um desenlace disfórico. Como complemento, advertimos a participação da linguagem do erotismo sádico-anal primário também em uma versão disfórica.

O que fez fracassar o procedimento autocalmante talvez tenha sido a impossibilidade de desenvolver a motricidade aloplástica, a partir da projeção da própria disposição corporal e, em seu lugar, instalou-se na paciente um condicionamento motor devido a uma projeção alheia. Assim que, entre os momentos 1 e 2, anteriormente descritos (tentativa de conseguir um equilíbrio seguida de fracasso), podemos interpolar o fato de que a tentativa em si estava viciada em sua base, já que o procedimento autocalmante (acompanhado do erotismo sádico-anal primário) continha um critério interno quanto ao desempenho motor, alheio à disposição da paciente.

Consequentemente, a paciente realizou uma troca quanto à motilidade implicada no procedimento autocalmante: da motricidade aloplástica (linguagem do erotismo sádico-anal primário) passou à incorporativa (que expressa o erotismo sádico-oral secundário). O seu comer em excesso corresponde a esse emprego da linguagem do erotismo sádico-oral secundário a serviço dos procedimentos autocalmantes. Também esse recurso fracassou, talvez pelo mesmo motivo: o mecanismo projetivo foi substituído por uma adequação incorporativa à projeção alheia.

Nessa paciente, evidenciou-se uma transformação regressiva do sentimento de injustiça e do emprego da musculatura aloplástica em uma luta reivindicante. Em seu lugar, aparecia um estado de urgência, de impaciência que culminava em desespero. Porém, ao mesmo tempo, e isso era gritante, adquiria importância o recurso a aparelhos que punham em evidência o privilégio do nexo cognitivo com a realidade. Esse recurso tinha como meta mitigar sua impaciência e tolerar a espera sem se lançar vorazmente ao mundo através da comilança e do consumo de cocaína. A passagem à incorporação (comida, cocaína) colocava em evidência uma degradação do processamento simbólico do erotismo sádico-oral secundário, pelo qual a introjeção de representações ficava relevada pela alteração somática mediante o consumo de algo. Assim, pois, no processo regressivo, podemos observar que a linguagem do erotismo sádico-anal primário era substituída pela linguagem do erotismo sádico-oral secundário, o qual, por sua vez, se degradava, perdia uma dimensão simbólica. O intrigante, no conjunto, era o lugar que ocupava a linguagem do erotismo oral primário. Parecia ter valor tal no sentido de frear a passagem da impaciência ao desespero, porém, talvez indicasse algo mais, como se disséssemos que desse conta do tipo de interlocutor que a paciente possuía cada vez que tinha que processar as exigências derivadas de sua erogeneidade sádico-oral secundária. Pensamos que, nessa paciente, o interlocutor, ativado cada vez que devia processar essa exigência pulsional, tinha o caráter de um aparelho, como ocorre com os objetos que povoam o mundo próprio da linguagem do erotismo oral primário. E também nele acontecia um desenlace disfórico, como os que anteriormente foram consignados. Ou, para explicá-lo melhor, ocorreu uma passagem desde os desenlaces eufóricos (quando conseguia refrear sua própria irrupção pulsional) até os desenlaces disfóricos (quando, inclusive, os aparelhos fracassavam em sua função e se tornavam o caminho pelo qual se estabelecia uma intrusão somática).

COMENTÁRIO

Reunimos, até aqui, diferentes investigações, nas quais se combinam condições tóxicas (pela retirada narcisista que persiste sem passagem à restituição) e a linguagem do erotismo oral primário em um desenlace disfórico quanto aos relatos, quer dizer, com uma claudicação da postura megalomaníaca.

Cabe questionar o valor de nossas hipóteses precedentes (teoria *standard*), que privilegiavam as linguagens do erotismo sádico-anal primário e intrassomático em consonância com as propostas de outros autores, como Sami-Ali (1993), que relacionaram psicossomática e delírio. Podemos responder que essas hipóteses referiam-se bem mais à estrutura subjacente e não tanto às manifestações. Em outras oportunidades, procuramos esclarecer (Maldavsky, 1992, 1995b) que, nas patologias tóxicas, o componente paranoico delirante não se desenvolve, já que o mencionado processo corresponde à restituição, e não à retirada narcisista, na qual triunfa a defesa. No lugar da restituição, mantém-se a retirada narcisista, que se torna tóxica. Emergem então os processos regressivos que mencionamos: torna-se vigente a linguagem do erotismo sádico-oral secundário, que se degrada para um processamento orgânico pela mediação da linguagem do erotismo oral primário – todas elas no marco do fracasso da tramitação psíquica da pulsão. Esses são alguns dos achados derivados do emprego do ADL que aportam maior precisão a uma investigação dessa natureza.

Podemos afirmar que o erotismo sádico-anal primário carece de representação, que não se desenvolveu a linguagem egoica capaz de expressá-lo, pelo menos naqueles momentos em que sobressai a somatização ou a ingesta. Algo disso é evidenciado no caso de Ana. Nele, as referências ao sentimento de injustiça eram pouco frequentes, e somente despontavam por momentos, prevalecendo com estridência as anedotas, como a que foi descrita em detalhes. Recordemos, nesse sentido, que as somatizações são frequentes na infância, até que se desenvolva uma linguagem aloplástica hostil como expressão da ligadura egoica da erogeneidade sádico-anal primária, como Freud (1976d) exemplificou ao aludir o jogo da criança com o carretel. De fato, nos casos de pacientes que padecem de patologias tóxicas, pode não haver um relato daquelas cenas ligadas à expressão da referida linguagem do erotismo, como os relatos nos quais se põe em jogo o sentimento de injustiça, a vivência de ser vítima de abusos de poder. Às vezes, essas cenas são narradas efetivamente, porém, possuem o valor de relatos laterais, carentes de importância, como Freud (1976g) afirmou acerca dos delírios pobremente investidos por certos pacientes com estrutura paranoica não evidente. Em outras ocasiões, são os familiares do paciente que evidenciam as situações de maus-tratos em que esse se coloca. Tais realidades não são respondidas, no entanto, com a linguagem do erotismo que lhe é inerente, de modo que uma possível tarefa no tratamento consiste em favorecer o seu aparecimento. Por outra parte, podemos inferir um dos motivos pelos quais as outras duas linguagens do erotismo em jogo, mais claramente no discurso manifesto (oral primária e sádico-oral secundária), têm desenlaces disfóricos. Com efeito, esses desenlaces ocorrem, em boa medida, pelo fato de o ego pretender tramitar regressivamente com essas linguagens uma exigência pulsional correspondente ao erotismo sádico-anal primário, não processado.

Essas observações, por sua vez, nos conduzem a uma interrogação sobre as limitações dos métodos (tanto o ADL quanto qualquer outro) para investigar as manifestações discursivas de alguns pacientes. Sugerimos que pode haver uma falha ao ligar a pulsão sádico-anal primária à linguagem, e que esse fato cria dificuldade para detectar a eficácia dessa mobilização libidinal para processar a pulsão de morte pelo caminho da agressividade. Em situações desse tipo, nas quais falha a ligadura da pulsão, o método de investigação, centrado no discurso do paciente, tem suas limitações, a menos que contemos com certas hipóteses adicionais que nos coloquem em alerta. Por exemplo, alguma suposição que diga o seguinte: quando as sequências narrativas combinam desenlaces disfóricos das linguagens do erotismo oral primário e sádico-oral secundário (sobretudo se, ao conjunto, acrescentam-se manifestações da linguagem do erotismo intrassomático também em uma versão disfórica), podemos inferir a vigência de uma condição tóxica, pela qual uma retirada narcisista substitui uma restituição inerente à linguagem do erotismo sádico-anal primário.

Possui maior interesse ainda outro problema: o valor da linguagem do erotismo oral primário nas manifestações dos pacientes com processos tóxicos. Considerar esse problema põe em evidência o valor do ADL, já que é um método surgido das próprias entranhas da reflexão freudiana e, portanto, não requer a resolução de questões de extrapolação nem a realização de trabalhosos enlaces entre hipóteses de campos diversos. O método põe em evidência não somente erogeneidades e defesas específicas em cada ocasião como também certas constelações psíquicas e certos processos internos, tal como foi exposto cada vez que nos referimos aos caminhos pelos quais uma erogeneidade se transforma em linguagem no ego.

Comecemos com uma breve revisão bibliográfica sobre os pontos afins com a questão que estamos considerando. Freud (1974c) aludiu, com relação à convicção, a um indivíduo que havia tido uma alucinação infantil: um dedo de uma mão caía ao ser castigado depois de uma travessura, e ele supôs, depois, que um dedo estava faltando – convicção que só retificou quando aprendeu a contar. A sua mãe faleceu prematuramente, e essa lembrança de ter sido castigado era uma das poucas que conservava dela. Podemos situar esse episódio no marco de um luto patológico duradouro, no qual uma alucinação fica relevada, de um modo regressivo, pelo emprego dos números, das contas. Para dizê-lo de outro modo, um processo alucinatório, inerente à linguagem do erotismo oral primário, foi substituído pelos números, que expressam a captação de frequências, próprias da linguagem do erotismo intrassomático.

Quase 60 anos depois, Liberman (1976) referiu-se a um paciente traumatofílico que não empregava as mãos, em coordenação com o sentido de equilíbrio, para proteger o rosto quando caía no período do começo da bipedestação e do caminhar. Sustentou, a partir das narrativas do paciente, que nele o emprego das mãos ficara fixado a um processamento psíquico mais primitivo, que consistia na busca, nas palmas das mãos, de uma alucinação precocemente perdida, arruinada. A cena parece similar à descrita por Freud igualmente em um marco de luto patológico. Cerca de 20 anos depois, Maldavsky (1993) analisou alguns contos de Kafka para pôr em evidência que a anorexia que o autor descrevia tinha como meta o acesso a uma alucinação que não se fazia presente. Nesse estudo, destacou a combinação entre as linguagens do erotismo oral primário e do intrassomático (evidente na tendência à alteração somática ao se negar a comer).

Na vigência de um luto patológico, parece pertinente mencionar as hipóteses de Green (1990) referentes ao desinvestimento pela mãe, para quem o filho passa a ser sua alucinação negativa. Por sua vez, esse desinvestimento materno parece corresponder a uma retirada narcisista no marco de um luto patológico. Diante da retirada narcisista materna, a criança responde em simetria, com o que se abre o caminho para um estancamento pulsional.

Se reunirmos todas essas hipóteses, podemos inferir que Ana se achava imersa em um mundo de objetos aos quais recorria, infrutiferamente, na tentativa de ligar sua pulsão oral primária, como modo de neutralizar, por sua vez, a pulsão de morte. O fracasso do seu intento se fazia evidente em sua busca de objetos inanimados que a deixavam encerrada em um mundo carente de significado.

Podemos, inclusive, estabelecer nexos entre esses desenlaces e a utilização de certas defesas da gama do repúdio da realidade e da função paterna. Na verdade, essa defesa tem um caráter normal no seio da linguagem do erotismo oral primário e se torna patológica quando nela interfere uma maior complexidade psíquica, como ocorre nesse caso. Um fracasso na tramitação em uma linguagem do erotismo antecipa uma maior exigência de processamento pulsional transladada a momentos posteriores, quando promove desenlaces similares e gera efeitos retroativos. Antecipação e retroação são potencializadas reciprocamente de um modo patológico, como se observa no caso de Ana.

Pontualizemos, ademais, que, nos casos que consideramos, dá-se uma combinação entre os processos alucinatórios e outro tipo de atividade anímica e vincular, centrada na tramitação do erotismo sádico-oral secundário. Parece ter importância nesse marco a passagem da impaciência ao desespero, na qual estão combinadas angústia e dor (esta última derivada da decepção de um anseio, de uma investidura narcisista de objeto). Esse parece ser o caminho para o retorno de uma alteração somática. O devoramento substitui a introjeção simbólica.

Claro está que, com essas considerações, somente pretendemos dar conta da complexidade do processo no qual a alteração somática substitui a tramitação simbólica. Por um e outro caminho (os fracassos no processamento psíquico inerentes às linguagens do erotismo oral primário e sádico-oral secundário), vemo-nos conduzidos ao estudo de um momento logicamente mais originário no desenvolvimento psíquico e de um critério para a tramitação pulsional mais elementar, centrado na alteração interna (Freud, 1977b) responsável pela tendência à incorporação ou à somatização, ou seja, à modificação na fonte pulsional, prescindindo da ação específica.

Maldavsky mencionou em vários livros (1988, 1992, 1993, 1995b, 1997, 1999) que o mundo sensorial adquire significado a partir de um momento anterior, no qual predomina o ego real primitivo, para o qual os estímulos mundanos são indiferentes, a menos que surjam a tensão de necessidade e a consequente perturbação narcisista. Para esse ego, enfatizamos, o mundo exterior vale como conjunto de frequências (Freud, 1977b; Lacan, 1974) que, para a vida anímica ulterior, ficam transcritas como números, como contas. Uma defesa própria desse momento do desenvolvimento egoico é a habituação, consistente no dormir defensivo diante de incitações excessivas, que falta nas crianças prematuras (como em Ana) e que também parece se evidenciar em insônias ulteriores. Esse dormir como refúgio diante dos estímulos mundanos é tenso, não tem a ver com a recuperação energética e conduz a que nos perguntemos pelos meios aos quais recorre Eros, inicialmente, para neutralizar a pulsão de morte, quando não estão disponíveis ainda os desempenhos motores (inclusive a motricidade implicada na percepção) que comportam algum tipo de sadismo. Aqueles que não apelam cedo para esse recurso podem ter uma patologia da atenção refletiva, aquela que, segundo Freud (1977b), é comandada desde o objeto que, nesse caso, continua sem receber investidura desde a vida pulsional. Portanto, o mundo perceptivo não tem significação diferencial, não vale como qualidade senão como frequência. A passagem desde a formalização do mundo sensorial, em termos de frequências, até a sua organização como um universo de qualidades requer uma investidura desde a vida erógena, o que exige um passo intermediário. Esse passo consiste na abertura das zonas erógenas – processo que corresponde ao tempo em que se desenvolve a linguagem do erotismo oral primário.

Ao se referir ao apego, Widlöcher (2000) afirma que ele acompanha as diferentes fases da libido. De nossa parte, consideramos que o apego é inerente, sobretudo, ao momento em que prevalece a frequência sobre a qualificação, e que depois, ao se desenvolver a vida pulsional, sexual, podem acontecer duas alternativas: o apego fica crescentemente disperso no entrelaçamento do erotismo com o mundo objetal ou ele impõe à sexualidade o seu selo, centrado em uma falha na qualificação do mundo sensorial, na falta de desenvolvimento da consciência ligada à percepção e na tendência à alteração interna. Algo disso afirmamos no que diz respeito ao erotismo sádico-oral secundário no caso de Ana. Em outros pacientes, pode se dar um processamento similar para o erotismo sádico-anal; por exemplo, defecar por açodamento.

Voltemos, por fim, aos relatos anteriormente estudados. Neles, adverte-se sobre o fracasso da aspiração para ter acesso a um conhecimento abstrato, a uma chave ou a uma revelação. Em outras ocasiões, como nos contos de Borges ou nos discursos de pacientes esquizoides, observamos que, por momentos, aparecem essas manifestações de uma condição de triunfo (como Ana, quando tinha êxito ao empregar o telefone celular para neutralizar sua impaciência). Por outro lado, na esquizofrenia, outra pessoa goza cognitivamente, tomando o paciente como objeto do qual extrai um saber essencial ou como instrumento para ter acesso à referida chave abstrata. Em troca, nos casos aqui descritos, o paciente não sedia essa ilusão de êxito, de consumação do desejo cognitivo, nem coloca essa condição de triunfo no outro. Ninguém é o sujeito do gozo cognitivo, e essa característica do relato nos parece uma evidência da retirada narcisista tóxica da linguagem do erotismo oral primário. Fracassou a tramitação megalomaníaca da apreensão do mundo e da sobreinvestidura egoica inerente à defesa patológica (recusa, repúdio), e, em seu lugar, abre-se o caminho para o acesso à alteração na própria fonte pulsional.

CONCLUSÃO

Realizamos um extenso e fatigante percurso na tentativa de evidenciar os aportes de um método investigativo, o ADL (surgido do âmago dos desenvolvimentos freudianos), para o refinamento e a complexidade da teoria psicanalítica. Com isso, pretendemos destacar que é possível realizar uma investigação sistemática inerente a uma ciência de base empírica. Inclusive, com nosso método, temos realizado investigações sobre escritos clínicos de outros autores, como os de Freud (Maldavsky, 1976, 1996), Klein (Maldavsky, 1991), Lacan (Maldavsky, 1988) e Green (Maldavsky, 1999). Em muitas ocasiões, concordamos com as afirmações de tais autores, para as quais só aportamos comentários complementares; porém, também pretendemos por em evidência que, se aproveitarmos tais investigações, poderemos enriquecer nosso acervo com um tesouro de experiências compartilhadas e formalizadas em um método que, como o nosso, pretende se constituir no instrumento para o qual possam confluir as práticas clínicas da comunidade psicanalítica, em um marco sistemático.

GRADE 6.1
As estruturas-frase e as linguagens do erotismo

LI	O1	O2	A1	A2	FU	FG
Contas	Dedução abstrata	Lamento	Injúrias	Sentenças	Refrões	Elogios
Catarse	Inferência abstrata	Queixa	Denúncias	Informações de fatos concretos	Ditos populares	Dramatizações
Banalidades	Orações cifradas	Resmungo	Delações	Imperativos condicionais	Frases interrompidas	Promessas
Adulação	Pensamento metafísico	Imploração	Confissões renhidas com a lei ou a moral	Juramentos	Fofocas	Comparação: "tanto... quanto..."
Inconsistência	"Se..., então" (inferência abstrata)	Censura	Provocações	Máximas e provérbios	Perguntas tipo "onde"	Convite
		"Eu poderia ter sido..., porém"	Tergiversações	Apresentação de alternativas	Presságios	Pergunta: "como?"
		"Se eu pudesse ter conseguido..., teria sido..., porém..."	Acusações	Dedução ou inferência concreta	Atenuação do volume da voz	Exclamação
		Referências a estados afetivos	Calúnias	Comparação entre traços	Localização espacial	Relação causal: "tão... que" "tal... que" "tanto... que"

(Continua)

GRADE 6.1
As estruturas-frase e as linguagens do erotismo (continuação)

LI	O1	O2	A1	A2	FU	FG
		Referências a estados de coisas	Ordens	Enlace causal	Cumprimentos (forma de estabelecer o contato)	Exagerações
		Referências de estar realizando uma ação	Ameaças	Objeções	Clichês	Devaneios
		Compaixão	"Se..., então" (ameaça)	Frases adversativas		Embelezamento
				Juízos críticos		Redundância sintática
				Rezas		
				Descrição da posição no marco de uma ordem ou hierarquia social		
				Citações		
				"Não..., porque..." (imperativos condicionais, relações causais concretas)		
				"Se..., então..." (mandatos concretos, relações causais concretas)		

(Continua)

GRADE 6.1
As estruturas-frase e as linguagens do erotismo (*continuação*)

LI	O1	O2	A1	A2	FU	FG
				"Ou seja"		
				"Quer dizer"		
				Frases denegridoras		
				"Ou...ou"		
				"Seja..., seja"		
				"Não... tanto"		
				"Não... pouco"		
				"Por um lado..."		
				"Por outro lado..."		
				"Por uma parte..."		
				"Por outra parte..."		
				Negação de uma afirmação		
				Argumentos distributivos: cada, nem... nem...		

GRADE 6.2
Esquema das cenas inerentes às sequências narrativas de cada linguagem do erotismo

Erotismo Cena	Fálico-genital	Fálico-uretral	Sádico-anal secundário	Sádico-anal primário	Sádico-oral secundário	Oral primário	Libido intrassomática
Estado inicial	Harmonia estética	Rotina	Ordem hierárquica	Equilíbrio jurídico natural	Paraíso	Paz cognitiva	Equilíbrio de tensões
Primeira transformação: despertar do desejo	Desejo de completude estética	Desejo ambicioso	Desejo de dominar um objeto no marco de um juramento público	Desejo justiceiro	Tentação Expiação	Desejo cognitivo abstrato	Desejo especulatório
Segunda transformação: tentativa de consumar o desejo	Recepção de um dom, presente	Encontro com uma marca paterna no fundo do objeto	Discernimento de que o objeto é fiel a sujeitos corruptos	Vingança	Pecado Reparação	Acesso a uma verdade	Ganância de gozo pela intrusão orgânica
Terceira transformação: consequências da tentativa de consumar o desejo	Embaraço Desorganização estética	Desafio aventureiro Desafio rotineiro	Reconhecimento por sua virtude Condenação social e expulsão moral	Consagração e reconhecimento da liderança Impotência motora, aprisionamento e humilhação	Expulsão do paraíso Perdão e reconhecimento amoroso	Reconhecimento da genialidade Perda de lucidez para gozo cognitivo alheio	Euforia orgânica Astenia
Estado final	Harmonia compartilhada Sentimento duradouro de asco	Aventura Rotina pessimista	Paz moral Tormento moral	Evocação do passado heroico Retorno à paz natural Ressentimento duradouro	Vale de lágrimas Recuperação do paraíso	Gozo na revelação Perda da essência	Equilíbrio de tensões sem perda de energia Tensão ou astenia duradoura

7

O SILÊNCIO DA ALMA
(Caso Alana)

Gley P. Costa e Liliana Haydee Alvarez

®ESUMO

Estudo sobre a teoria psicanalítica das manifestações psicossomáticas e sobre as características dos vínculos dos indivíduos acometidos por essa patologia, ilustrado com o material clínico de uma paciente com dermatite.

O termo "psicossomático" foi cunhado por Johan C. Heinroth (1773-1843), professor de psiquiatria em Leipzig, Alemanha (Montagna, 2003). Contudo, no campo da medicina, a mútua influência dos fenômenos fisiológicos e psicológicos é reconhecida desde os primórdios. Como resultado, as enfermidades foram classicamente divididas em orgânicas e funcionais, entendendo-se por funcionais aquelas que resultavam de uma ação psíquica sobre o organismo (organoneuroses). Os primeiros estudos psicanalíticos atribuíram às manifestações somáticas uma conotação simbólica, à semelhança dos sintomas neuróticos, como se pode observar nos trabalhos de Garma (1954, 1958, 1962, 1969). Na mesma época, entretanto, a investigação realizada pelo *Chicago Institute for Psychoanalysis* destacou que, embora os sintomas histéricos e os transtornos vegetativos, como o aumento da pressão sanguínea ou da secreção gástrica, reflitam uma tensão emocional crônica não aliviada, devemos ter presente que os mecanismos envolvidos nos dois casos não são os mesmos, tanto no aspecto fisiológico como no psicodinâmico. Para essa escola, uma neurose de conversão representa uma tentativa de aliviar simbolicamente um estado tensional, encontrando-se este restrito aos sistemas neuromuscular voluntário e perceptivo, cujas funções são expressar e aliviar as emoções. Diferentemente, a "neurose orgânica" resulta de uma disfunção psicogênica de um órgão vegetativo que não se encontra sob o controle do sistema neuromuscular e, portanto, não expressa nenhum significado psicológico (Alexander, 1989). A esse respeito, assim manifestou Glover (1949, p. 170-171):

De acordo com esse enfoque, cabe estabelecer duas distinções fundamentais entre as psiconeuroses e os transtornos psicossomáticos: primeiro, que o processo de formação de sintomas nas psiconeuroses segue uma pauta psíquica estereotipada; segundo, que as psiconeuroses têm um conteúdo e um significado psíquicos. Os transtornos psicossomáticos, por outra parte, ainda que influenciados por reações psíquicas em um ponto ou outro do seu desenvolvimento, não possuem em si mesmos nenhum conteúdo e, por conseguinte, não representam pautas estereotipadas de conflitos. Quando chegam a desenvolver um significado, podemos supor que se superpôs um processo psiconeurótico a uma base psicossomática.

Em que pesem esses esclarecimentos, as investigações do grupo de Chicago estabeleceram uma base psicogenética para as enfermidades psicossomáticas, as quais resultariam de experiências emocionais não gratificantes durante o relacionamento precoce mãe-bebê, gerando angústia e frustração. De acordo com esse ponto de vista, a tensão crônica que decorre dessa experiência de frustração altera o funcionamento fisiológico, propiciando o aparecimento da doença. O *Institut de Psychosomatique de Paris* (IPSO)* se opôs a essa concepção linear dos transtornos psicossomáticos, chamando a atenção para o valor do trauma no desencadeamento de uma desorganização somática. Para os psicossomatistas franceses, os traumatismos são oriundos de uma excitação excessiva que a organização psicossomática não conseguiu dar conta, definindo-se pela quantidade de desorganização que o estímulo foi capaz de determinar e não pela qualidade do evento ou da situação que desencadeia o trauma (Marty, 1993).

A psicossomática corresponde a uma concepção doutrinal e patogênica que aceita e inclui os fatores psíquicos e conflitivos no desenvolvimento das doenças físicas, seguindo diferentes pensamentos filosóficos, entre eles o humanismo, o globalismo, o monismo e o vitalismo; opõe-se, contudo, ao organicismo, ao mecanicismo e ao dualismo. Os investigadores do IPSO seguem a linha monista, considerando que a palavra psicossomática agrupa dois termos, sem traço de união entre eles, a fim de conotar a unidade fundamental entre o psíquico e o corpo (Peçanha, 1998).

De acordo com Marty (1993), o ser humano deve ser concebido como uma unidade psicossomática, de tal forma que empregar essa palavra como um adjetivo implica redundância. A psicossomática abrange tanto o campo da doença quanto o da saúde, assim como a relação dinâmica existente entre ambos e seus momentos de equilíbrio e desequilíbrio. Do ponto de vis-

---

* Movimento de investigação científica que teve início com os trabalhos *Aspects fonctionnels de la vie onirique,* de Faine e David, e *La pensée operatoire,* de Marty e M'Uzan, ambos apresentados no XXIII Congresso Psicanalítico de Línguas Românicas, em 1962, e publicados no ano seguinte na *Revue Française de Psychanalyse.*

ta psicanalítico, representa uma extensão dos processos econômicos inconscientes às manifestações somáticas.

Encontra-se bem estabelecido que tanto a teoria quanto a prática psicanalítica têm uma de suas mais sólidas sustentações na afirmativa de Freud (1972e, p. 168) de que "a pulsão é um conceito-limite entre o psíquico e o somático". De acordo com Nicolaïdis (2000), essa afirmativa também sustenta a teoria psicossomática no sentido da antropogênese, desde o ponto de vista religioso, filosófico e científico, que consiste na relação e, sobretudo, na interação entre corpo (*soma*) e alma (*psique*). Essa relação põe em marcha um dos conceitos basilares da escola francesa de psicossomática, criado por Marty (1991): o processo de mentalização.

Nicolaïdis (2000) propõe a ideia de que o primeiro laço entre soma e psique, no sentido da unidade fundamental do ser humano, se estabelece biologicamente pela necessidade de afeto do bebê, o qual busca uma segurança vital no objeto mais próximo, em geral a mãe ou alguém que a substitui. Essa demanda inicial de relação/interação do ser humano decorre basicamente de sua necessidade de sobrevivência, de acordo com a lógica da vida, uma bio-lógica. Por outro lado, a resposta da mãe, em que pese também possuir uma base biológica, ou seja, o instinto materno, é mais diferenciada. Assim refere o autor:

> Os afetos maternos, ao se transmitirem através de uma representante-afeto, garantem uma presença intrapsíquica, forma de representação do objeto em sua ausência, que passa necessariamente, segundo Green, por uma alucinação negativa prévia da mãe. (Nicolaïdis, 2000, p. 18).

A indisponibilidade afetiva da mãe em relação ao recém-nascido não permite que se instale nele um sistema de representação acompanhado de afeto, que dote o aparelho psíquico de sua substância elementar – o que é a origem das deficiências de organização do pré-consciente do adulto. Como resultado, nos pacientes com funcionamento operatório (um conceito que vamos abordar mais adiante), as representações psíquicas, dissociadas de seus valores afetivos, não participam da elaboração mental e somente dizem respeito às coisas da vida cotidiana (Marty, 1991, 1993).

CONCEITOS FUNDAMENTAIS DA PSICOSSOMÁTICA

Traumatismo

As manifestações somáticas resultam de inadequações do indivíduo diante das vicissitudes da vida, a partir do seu nascimento, cuja experiência, em si, não pode ser subestimada. Tendo em vista que as condições de vida nem sempre são favoráveis, o ser humano necessita se adaptar a elas com os recursos de que dispõe, os quais se encontram relacionados a uma série de fatores, entre eles a idade, o lugar e o momento. Os recursos de que ele dispõe para esse fim são recrutados em três de seus domínios. O mais antigo é o corpo, o qual apresenta uma reduzida flexibilidade adaptativa biológica e funcional. O outro é o aparelho mental, que leva mais tempo para ser constituído, sujeito a desorganizações e reorganizações; portanto, pelo menos teoricamente, o mais flexível. Por último, o domínio do comportamento, da ação, atuante durante todo o processo de formação do aparelho mental e, de certa forma, a ele submetido. Quando uma exigência externa ultrapassa a disponibilidade do aparelho mental, conjugado com o comportamento, é o somático que passa a responder. Em psicossomática, o conceito de traumatismo se relaciona com as situações em que as possibilidades de adaptação do indivíduo são suplantadas pelas condições de vida. O efeito desorganizador final sobre os aparelhos mental e somático é o que define, por último, o traumatismo. Refere Marty (1993, p. 30):

> Do ponto de vista econômico, quaisquer que sejam as origens aparentes (acontecimentos externos ou novas disposições, fisiológicas ou patológicas internas), as situações traumatizantes provocam ou um afluxo de excitações instintuais (pulsionais, no nível do aparelho mental) ou uma queda do índice das excitações, ou uma composição dos dois fenômenos. É assim que os traumatismos correm o risco de desorganizar os aparelhos funcionais que atingem, já que a desorganização tem tendência a se propagar (em um sentido globalmente inverso àquele do desenvolvimento) enquanto não encontrar um sistema que possa contê-la.

Na sequência, Marty (1993, p. 30) esclarece que, geralmente, é o aparelho mental que, em primeiro lugar, é atingido pelo traumatismo, procurando bloquear ou atenuar os movimentos de desorganização antes de sua chegada ao domínio somático. As possibilidades de que isso ocorra dependem de:

> Um aparelho mental longa e regularmente amadurecido, que repousa sobre uma organização conveniente dos dois sistemas tópicos freudianos que, além dos mecanismos de condensação e deslocamento, mobiliza permanentemente as representações pré-conscientes dos diversos níveis do desenvolvimento e as anima, fazendo com que ressurjam os conflitos relacionados à castração e ao Édipo, graças à presença do superego pós-edipiano, que utiliza os movimentos de interiorização e projeção, que pode elaborar os lutos, que se detém, também, em regressões recuperando parcialmente fixações anteriores.

Somatização

Quando não ocorrem obstáculos ao fluxo das excitações instintuais e pulsionais, agressivas ou eróticas, elas conseguem ser elaboradas no aparelho psíquico e ser expressas em traços de caráter e comportamento. As somatizações ocorrem quando as excitações são obstruídas no aparelho mental ou no comportamento. No aparelho mental, a obstrução resulta de uma insuficiência fundamental do sistema pré-consciente das representações, de uma desorganização psíquica por fragilidade desse sistema, de uma inibição, evitação ou repressão das representações e da precedência de um ego ideal, entravando qualquer regressão. No comportamento, a obstrução resulta de impossibilidade ou insuficiência funcional, em particular sensório-motora, de inibição, evitação ou repressão de condutas eróticas e agressivas.

As somatizações podem gerar doenças reversíveis ou evolutivas. No primeiro caso, encontramo-nos diante das regressões somáticas, as quais são similares às regressões mentais, acompanhando-as ou completando-as. O segundo caso se observa na esfera das desorganizações psicossomáticas, as quais seguem as desorganizações mentais e são progressivas. As neuroses bem-mentalizadas tenderiam a produzir enfermidades reversíveis, enquanto as neuroses malmentalizadas e as neuroses de comportamento tenderiam a produzir enfermidades evolutivas. Por sua vez, as neuroses de mentalização incerta abririam espaço para doenças reversíveis, na maioria dos casos, e para doenças evolutivas, nos casos de desorganizações psíquicas, repressões maciças e duráveis das representações ou precedência notável do ego ideal (Marty, 1993).

Pensamento operatório

O pensamento operatório é um conceito central da teoria sobre as enfermidades psicossomáticas desenvolvido pela Escola de Paris. Quando Marty e M'Uzan (1963) abordaram pela primeira vez esse tema, eles o embasaram no trabalho de Fain e David (1963) sobre o valor funcional do sonho, igualmente atribuível à atividade fantasmática, na medida em que ela igualmente coloca em jogo, dramatiza, simboliza as tensões pulsionais. Para os criadores do conceito de pensamento operatório, essa função integradora observada na atividade onírica e na atividade fantasmática inexiste ou se encontra gravemente alterada nos indivíduos com manifestações somáticas, configurando disposições de personalidade que encontram na via somática a principal saída para as situações conflitivas. Esses pacientes parecem carecer de uma vida onírica e, provavelmente por essa razão, são mais sujeitos a padecerem de insônia.

De acordo com os autores citados, o pensamento operatório é um pensamento consciente que se manifesta sem vínculo orgânico com uma atividade fantasmática de nível apreciável e que reproduz e ilustra a ação, podendo precedê-la ou sucedê-la, mas dentro de um limite temporal. Trata-se de um pensamento linear, sem associações e palavra; dizem os referidos autores, a propósito de um caso: "não faz nada além do que repetir o que a mão fez trabalhando". Carentes de capacidade para simbolizar e sublimar, os pacientes com pensamento operatório não se encontram aptos para a produção artística e científica, tendo em vista que essa forma de pensamento encontra-se restrita à criação de emblemas de uma relação limitada com o tempo, os lugares e os objetos reais.

Consequentemente, o psicossomático é um paciente que relata seus sintomas sem vínculos relacionais, como fatos isolados, não estabelecendo com o interlocutor qualquer envolvimento afetivo. Essa "relação branca" pode levar o terapeuta a pensar que se trata do emprego do mecanismo de isolamento, típico dos pacientes obsessivos que, através da manipulação mental ou verbal do material relatado, procuram estabelecer um distanciamento na relação com o outro. Contudo, diferentemente destes, os psicossomáticos estão presentes, e o que parece um distanciamento corresponde, na verdade, ao seu vazio interior, que o terapeuta percebe sob a forma de uma carência identificatória. O pseudodomínio da realidade obtido por ambos nesse processo, no caso do obsessivo, é sustentado por um pensamento rico em conteúdos simbólicos e mágicos; no caso do psicossomático, é conquistado por meio de um controle imediato do encadeamento da ação: ele não tem dúvida. Do ponto de vista verbal, a palavra é sobreinvestida no pensamento obsessivo, adquirindo um acréscimo de significação, ao passo que, no pensamento operatório, ela é subinvestida, abolindo a distância do significante ao significado.

Um aspecto interessante no estudo dos pacientes psicossomáticos é a relação com o superego. Referem Marty e M'Uzan (1963) que o caráter superegoico do pensamento operatório se mostra bastante evidente, mas ele não vai além do nível do conformismo. Trata-se de um superego esquemático, aparentemente não integrado, resultante de identificações superficiais com um conjunto de regras prescritas. Os pacientes consideram o terapeuta como idêntico a ele e, como ele, dotado de pensamento operatório, bloqueando qualquer ação reparadora estruturante. Essa projeção global do sujeito resulta da impossibilidade do psicossomático de estabelecer relações flexíveis e nuançadas com o interlocutor. O pensamento operatório é descrito como desprovido de valor libidinal apreciável e empobrecido no que diz respeito à exteriorização da agressividade, sendo incapaz de sustentar a dramatização sadomasoquista.

Ainda cabe considerar a relação do pensamento operatório com os processos primário e secundário, o que nos leva a considerá-lo do ponto de vista de seu valor funcional. Ele pode ser considerado secundário pelo fato de observarmos nele uma orientação para a realidade sensível, mas a atividade do pensamento operatório fica exclusivamente presa a coisas, nunca a produtos da imaginação ou a expressões simbólicas. Assim como no pensamento secundário, a cronologia se faz presente, mas dentro de uma unidade limitada de tempo. Quando ocorrem antecipações, elas sempre se relacionam a objetos concretos, sejam atos, sejam conceitos abstratos, mas sem desenvolver uma atividade equiparável à elaboração secundária dos sonhos, sugerindo uma precária vinculação com as palavras. Quando ocorre de o sujeito usar o nome de uma coisa para designar outra, não é possível evidenciar a mínima fantasia subjacente que as poderia ligar por analogia, revelando uma tendência a fazer uso da palavra somente como meio de descarga rápida de tensão, não conseguindo mantê-la muito tempo em suspenso como investimento energético próprio do processo secundário. Deve-se ter presente que não se trata de um lapso no sentido psicanalítico do termo, mas de uma redução da capacidade de retenção da descarga motora. Outra diferença observável é que, enquanto o pensamento consciente, além das funções de coordenação lógica, sustenta também uma dramatização bem-elaborada das tensões e das suas representações inconscientes, no pensamento operatório a função instrumental da vida de vigília tende a invadir todo o campo comunicacional.

Ao contrário do pensamento do processo secundário que, pouco a pouco, vai se desligando do pensamento do processo primário em favor de um maior contato com a realidade, situando-se no prolongamento e, ao mesmo tempo, em harmonia com ele, o pensamento operatório é marcado por uma falta de continuidade em relação ao pensamento do processo primário. O pensamento operatório não retoma uma elaboração fantasmática anterior, como faz o pensamento do processo secundário, por exemplo, na elaboração secundária dos sonhos. Isso não quer dizer, entretanto, que ele está afetivamente desligado do inconsciente, conforme sugerem alguns pacientes que, de acordo com Marty e M'Uzan (1963), vivendo a distância de um id tornado estéril ou inerte, parecem se conduzir como "cegos do inconsciente". Na verdade, o que ocorre é que o contato do pensamento operatório com o inconsciente se estabelece em um nível de pouca elaboração, anterior às primeiras elaborações integradoras da vida pulsional. Aparentemente, ele desconsidera toda atividade fantasmática elaborativa, articulando-se com formas iniciais das pulsões, as quais podem retornar inesperadamente, como em um curto-circuito, e dar lugar a somatizações ou, ainda, se manter sob formas rudimentares da tensão atividade-passividade, bastante comuns nos pacientes psicossomáticos.

Depressão essencial

O prelúdio desse conceito encontra-se no livro *L'Investigation psychosomatique,* escrito por Marty, M'Uzan e David (1963), ao se referirem a uma depressão sem objeto, sem autoacusação nem culpabilidade consciente, na qual o sentimento de desvalorização e de ferida narcísica se orienta para a esfera somática, relacionando-se com uma precariedade do trabalho mental. Contudo, foi em um artigo de Marty publicado na *Revue Française de Psychoanalyse* de 1966 que, pela primeira vez, apareceu o termo "depressão essencial". Refere esse autor que a depressão essencial corresponde a um rebaixamento do nível do tônus libidinal sem qualquer contrapartida econômica positiva.

Marty acentua essa forma de depressão pelo total apagamento da dinâmica mental, como deslocamentos, condensações, introjeções, projeções, identificações, atividade fantasmática e vida onírica. Nesse fenômeno, não se observa a relação libidinal regressiva e ruidosa das depressões neuróticas e psicóticas; em contrapartida, a desorganização e a fragmentação ultrapassam o domínio mental. O processo é equiparável ao da morte, quando a energia vital se perde sem compensação. O instinto de morte é o senhor da depressão essencial que se estabelece quando acontecimentos traumáticos desorganizam certo número de funções mentais, devido a um transbordamento das capacidades de elaboração psíquica. A angústia que aparece na depressão essencial é a automática, a traduzir a aflição provocada pelo afluxo de movimentos pulsionais não dominados. Nesses pacientes, em vão se procura um desejo. O inconsciente recebe, mas não emite, e no pré-consciente se constata o apagamento de suas funções, a supressão das relações originais com os outros e consigo mesmo, e a perda do interesse pelo passado e pelo futuro. Desprovida de significação simbólica, a linguagem se presta apenas para descrever os acontecimentos. A sexualidade encontra-se excluída do verbo, e o pênis não evoca a castração (Marty, 1980).

Mentalização

Os psicossomaticistas franceses concebem o funcionamento psíquico em termos econômicos, distinguindo três formas de tramitação das tensões: a que percorre a via orgânica, a que se faz através da ação e a que segue o caminho do pensamento, com a qual se relaciona o processo de mentalização. Esse conceito, conforme foi proposto por Marty (1991), é bastante complexo, remontando às características fundamentais do pré-consciente, em particular a consistência do conjunto das representações, a fluidez das ligações entre as representações e a permanência de seu funcionamento. Debray (1996) formula-o de uma maneira menos abstrata, ao estabelecer que a mentalização é a capacidade de tolerar, negociar e elaborar a angústia, a depressão e os conflitos intrapsíquicos e interpessoais, variando de indivíduo a indivíduo e em um mesmo indivíduo nos diferentes momentos de sua vida. De acordo com o autor, a mentalização, ou seja, a atividade psíquica protege o corpo contra um eventual movimento de desorganização mental, apresentando, ainda, a capacidade de reorganizar essa atividade quando se estabelece a somatização. Esse ponto de vista enfatiza a importância das operações simbólicas, através das quais a organização psíquica sustenta a regulação das energias. As falhas nesse processo são observadas no curso de diferentes patologias que revelam irregularidades, bloqueios e insuficiência da mentalização, às quais se opõem as somatizações.

A psicossomática também trabalha com o conceito de "irregularidade do funcionamento psíquico", o qual não deve ser confundido com outro conceito, o de "descontinuidade psíquica", descrito por Freud. A irregularidade do funcionamento psíquico, que se relaciona com o aspecto temporal do pensamento, é observada nos indivíduos que apresentam a capacidade de simbolizar, fantasiar, associar, ou seja, bem mentalizados, traduzindo uma permeabilidade satisfatória entre as instâncias psíquicas; ao mesmo tempo, apresentam um funcionamento psíquico com as características do pensamento operatório, marcado por um discurso descritivo, preso ao presente e factual, sugerindo uma perda brusca do valor funcional do pré-consciente (Debray, 1996).

Desorganização progressiva

Para os seguidores da escola francesa, o pensamento operatório e a depressão essencial são expressões da desorganização do aparelho mental, promovida por eventos traumáticos que suplantam a sua capacidade de elaboração, limitando a produção onírica e fantasmática como decorrência da fragilidade libidinal. Contudo, ao se dar conta de que a desorganização ultrapassa o mental, Marty (1976) substitui o termo "pensamento operatório" por "vida operatória", tendo em vista que o movimento desorganizador poderia comprometer o caráter e o comportamento do paciente com as perdas instintivas correspondentes. Quando isso ocorre, observa-se o desaparecimento tanto da hierarquia funcional como das funções associadas. No entanto, em certas condições, entre as quais se inclui a terapêutica, as organizações desaparecidas podem ressurgir – razão pela qual o termo *eclipse*, segundo o autor, é mais adequado que *desaparecimento*.

Com o conceito de desorganização progressiva, Marty (1967) procurou configurar as situações patológicas contínuas e irreversíveis, contrastando-as com a regressão psicossomática, limitada no tempo e potencialmente reorganizadora do funcionamento mental. A primeira fase da desorganização progressiva é uma depressão essencial, indicativa da fragilidade do instinto de vida, seguida do pensamento operatório, o qual reflete a desorganização do aparelho mental, podendo evoluir até a destruição dos equilíbrios primários da vida individual.

CLÍNICA DAS DOENÇAS PSICOSSOMÁTICAS

No universo da psicossomática, nem sempre é óbvia a relação entre a clínica e a teoria, como enfatiza Marty (1993, p. 31):

> Qualquer que seja a organização psicoafetiva individual, fatores internos, de natureza hereditária, por exemplo, em algumas pessoas, podem reduzir as defesas biológicas e deixar, mais facilmente que de hábito, a porta aberta a doenças graves. Por outro lado, fatores externos, agentes patogênicos, infecciosos ou tóxicos, por exemplo, podem em qualquer um ultrapassar as posições regressivas de regulação da homeostase. Os dois tipos de fatores às vezes cruzam seus efeitos.

Esclarece o autor que mesmo um neurótico bem-mentalizado, com defesas neuróticas consistentes, pode se desorganizar se for vítima de uma doença grave, agindo como uma excitação traumática, especialmente se precoce, prolongada ou repetida. Por outro lado, com a ajuda de um ambiente favorável, isento de excitações traumáticas intensas, neuróticos de comportamento ou malmentalizados podem passar toda a vida sem transtornos somáticos importantes. Não obstante, não se pode subestimar que mesmo sistemas de regressão somática, sustentados por uma boa organização mental e dotados de uma reversibilidade habitual, podem fracassar sob a pressão de uma experiência traumática inesperada, abrindo espaço para uma desorganização progressiva.

À desorganização mais ou menos profunda do aparelho mental, após um tempo variável de latência, sucede o desencadeamento de uma somatização. O tempo pode ser curto, desenvolvendo uma desorganização regressiva, ou lento, resultando em uma regressão progressiva. Inicialmente mental, uma regressão é sempre antecedida ou acompanhada de uma depressão rápida e de pouca expressão, se uma reorganização não tardar, mas será prolongada e essencial nas desorganizações progressivas. A sucessão de manifestações psicossomáticas sugere a existência de uma desorganização progressiva.

A manutenção das somatizações encontra-se vinculada à duração da depressão essencial que se encontra em sua origem. Em outras palavras, ela depende da persistência dos fatores traumatizantes e da carência de uma estabilização regressiva, mental ou somática. No entanto, é preciso considerar a natureza da patologia somática, a qual pode escapar ao poder hierárquico do sistema psicoafetivo do paciente, como a duração do seu curso habitual em algumas doenças, a irreversibilidade das lesões em outras ou a sua evolutividade autônoma, como ocorre nos cânceres. Independentemente disso e da recuperação regressiva, muitas vezes inesperada, o término de uma somatização corresponde ao término dos movimentos desorganizadores, ou seja, da depressão essencial que, ainda que em parte, desencadeou, manteve e, por vezes, agravou a enfermidade. O fim de uma depressão essencial, contudo, supõe uma mudança radical do estado psicoafetivo do enfermo. Esclarece Marty (1993, p. 33):

> Uma mudança psicoafetiva do estado dos pacientes pode decorrer de um milagre, "paixão" amorosa ou mística, sublimatória artística ou social, ou de um acontecimento inesperado, nascimento ou renascimento de um investimento afetivo desaparecido; decorre na maioria das vezes de uma psicoterapia convenientemente conduzida por um especialista experiente em psicossomática.
> O fim dos pesos traumáticos pode se dar devido aos benefícios tirados pelo paciente de sua doença. Esses benefícios são diretos, quando a doença se encontra investida como um objeto que tende a substituir o objeto desaparecido. São indiretos, "secundários", quando a organização familiar, social e médica adota novas posições satisfatórias para o sujeito, por ocasião de sua doença ou de suas complicações.

Um ponto ainda a ser considerado na compreensão e no tratamento das enfermidades psicossomáticas é o sentido ou a significação que Marty (1993) atribui ao sintoma somático. De acordo com Nicolaïdis (2000), um sintoma neurótico, como, por exemplo, uma claustrofobia, simboliza o medo ao espaço cerrado; da mesma forma, uma cegueira histérica simboliza o horror ao desejo relacionado com a cena primária; um ritual obsessivo simboliza o exorcismo de uma fantasia agressiva; ou, ainda, no caso das psicoses, um delírio paranoico simboliza o vínculo entre a homossexualidade latente que, por dupla inversão, remete à perseguição. Em todos esses casos, observa-se, de fato, um vínculo entre significado e significante, uma contiguidade entre essas duas entidades que podemos chamar de sentido ou significação.

No entanto, sublinha o autor, nada disso podemos encontrar em uma afecção psicossomática, exemplificando com o diabetes que, embora nos forneça o sentido de um deficiente metabolismo da glicose, não significa a presença ou ausência de objeto doce ou amargo. Da mesma forma, um câncer, que indica uma anarquia celular, não significa, simbolicamente, uma anarquia psíquica; ou uma retocolite ulcerativa que sangra não tem o sentido de um intestino que chora. A sintomatologia psicossomática, de acordo com o pensamento da escola francesa, é pré-psíquica, portanto, não simbólica. Se implicasse em uma significação psíquica, resultante de uma regressão a um ponto de fixação, haveria a possibilidade de uma reorganização defensiva, patológica, sem dúvida, mas mental, potencialmente capaz de proteger a estrutura somática. O modelo teórico-clínico da Escola Psicossomática de Paris é evolutivo: a continuidade evolutiva e contraevolutiva fundamenta a evolução individual e os diversos acontecimentos psicossomáticos da vida. Dessa forma concebido, o sujeito psicossomático apresenta uma organização que é o oposto das organizações neurótica e psicótica. Apesar disso, ao enfrentar a enfermidade psicossomática, o psicossomaticista não trabalha com o soma, mas com o psíquico, ou seja, ele procura interferir na desorganização somática do paciente por meio da "psiquização" do paciente.

Diz Nicolaïdis (2000, p. 155):

> Como se trata da supervivência do paciente, o trabalho do psicossomaticista, desde a "função maternal" até a psicoterapia de inspiração psicossomática, dirige-se, em primeiro lugar, à primeira tópica, procurando reanimar a parte psíquica da pulsão e ordenar a função das ligações e dos desligamentos do pré-consciente, "placa giratória da economia psicossomática" do sujeito.

Destaca Green (2000) que um ponto vulnerável da Escola Psicossomática de Paris é considerar as neuroses o único termo de comparação da clínica psicossomática, ignorando os trabalhos dos autores anglo-saxões, particularmente Winnicott e Bion. De acordo com Marty, refere Green, no paciente psicossomático ocorre um aniquilamento de todo o campo psíquico, o qual é compensado por um sobreinvestimento do fático, resultando em um contato direto do soma com o mundo real – funcionamento que, de fato, nos leva a lembrar de certas psicoses ou de certos casos-limite, estudados a partir dos citados autores. Por outro lado, os psicossomaticistas franceses falam da insuficiência ou da indisponibilidade das representações, ao explicarem o conceito de mentalização. A pergunta que Green formula é se essa insuficiência ou essa indisponibilidade se devem, de fato, a uma carência ou a um rechaço do tipo: "Não quero saber!", equiparando o sobreinvestimento do fático à alucinação positiva que recobre a alucinação negativa. Um sujeito sem mentalização, portanto sem sentido, parece pouco provável para esse autor – que, por outro lado, não vê outra possibilidade de interpretar uma carência ou um déficit que não seja mostrando ao paciente como ele joga com os seus recursos, sejam estes quais forem. No entanto, para Marty e seus seguidores, a "recuperação" evolutiva vem de um sentido fornecido pelo outro, o qual beneficia o paciente com uma forma de transfusão libidinal.

Braunschweig (2000) esclarece que a "discórdia" entre Green e Marty resulta do fato de que o conceito de mentalização é embasado na metapsicologia de 1915, conforme a qual Freud procurou dar conta da clínica das neuroses de transferência em oposição às neuroses narcisistas ou psicoses. Situadas na cúspide da evolução, essas neuroses bem-mentalizadas protegem o soma graças ao bom funcionamento dos mecanismos de defesa do ego, diferentemente das neuroses narcisistas, cujo tratamento e cuja compreensão têm suas raízes na segunda tópica. Não se desconhece que esse também foi o ponto de partida da investigação de Green sobre o funcionamento estranho, desconcertante, fascinante ou vazio, com muitos aspectos do "trabalho do negativo", dos casos-limite ("neuroses com mentalização incerta", para os psicossomaticistas do IPSO). Apesar dessa diferença, a autora considera que a "psicose branca", como podemos ler em *L'enfant de ça*, de Green e Donnet (1973), é muito semelhante à depressão essencial, descrita por Marty.

Para Nicolaïdis (2000), existem vários pontos de contato nas obras de Marty e Green, residindo boa parte dos desencontros na nomeação diferente às mesmas coisas por parte desses dois pensadores. É o próprio Marty que, em seu último livro, *A psicossomática do adulto*, chama a atenção para esse fato:

> Encontramos um movimento paralelo ao de nosso pensamento em André Green (1984) quando, em uma discussão psicanalítica sobre a "pulsão de morte", ele avança notavelmente as noções de "função objetalizante" por conexão e de funções desobjetalizantes por desconexão. (Marty, 1993, p. 43).

Mais do que na teoria, é na clínica que, aparentemente, encontramos coincidências visíveis entre esses dois psicanalistas franceses, sendo a mais chamativa a enfatizada por Nicolaïdis (2000), ao comparar a descrição de Green (1988) sobre o que chamou de "a mãe morta" com a descrição de Marty (1991) sobre a "insuficiência de organização do inconsciente" do psicossomático. Reportando-se ao capítulo do livro de Green que trata a respeito do conceito de "mãe morta", escreve Nicolaïdis (2000, p. 150-151):

> [...] o autor recapitula em seu original estilo os fundamentos do aparelho psíquico, começando pelo que ele chama a série "branca": alucinação negativa, psicose branca, conflito branco, todos relativos "ao que se poderia chamar de clínica do vazio ou clínica do negativo". Ainda que não se refira à psicossomática francesa nem aos seus autores, nem mesmo associativamente*, vemos um parentesco seguro entre Pierre Marty e André Green na descrição da "mãe morta". Cito-o: "Não obstante, para evitar qualquer mal-entendido, esclareço que este trabalho não trata das consequências psíquicas da morte real da mãe, mas de uma imago constituída no psiquismo do filho como consequência de uma depressão materna, a qual transformou brutalmente o objeto vivo, fonte da vitalidade do filho, em uma figura distante, átona, quase inanimada,

---

* N. do texto de Nicolaïdis. A depressão sem perda real de um objeto, por exemplo, nos faz pensar na "depressão essencial" de Pierre Marty – depressão sem objeto nem contrapartida libidinal.

que impregna de maneira muito profunda os investimentos [...] A mãe morta é então, ao oposto do que se poderia crer, uma mãe que segue viva, mas que, por assim dizer, está psiquicamente morta aos olhos do pequeno filho que ela cuida.

Na sequência, refere o autor (2000, p. 151):

> Pierre Marty diz que as insuficiências de organização do pré-consciente do adulto* na maioria das vezes estão ligadas a uma indisponibilidade afetiva da mãe frente ao filho: quando ela esteve demasiado tempo deprimida e demasiadamente ocupada com outra coisa. Tal situação não permite que se instale na criança um sistema de representações acompanhadas de afeto. O "espectro"** da mãe morta (psiquicamente) é identificável nesta formulação de P. Marty".

Em Maldavsky (1992, 1995b), encontramos uma criativa e original aproximação teórico-clínica tanto do conceito de "mãe morta", de Green, como dos postulados da Escola Psicossomática de Paris, em particular no que diz respeito à depressão essencial, a qual denomina "depressão sem consciência", observada nos processos tóxicos, entre os quais inclui as afecções psicossomáticas. No entanto, para entender a especulação teórica da depressão sem consciência, precisamos lembrar que, para Freud, a consciência, que é o ponto de partida do desenvolvimento do ego, tem dois grupos de conteúdos iniciais. Um deles é a percepção, da qual derivam as marcas mnêmicas; o outro é o afeto. Dos dois, é o afeto que aparece primeiro; depois, a consciência vai se ligar à percepção. Inicialmente, a percepção está desinvestida e, por isso, ela se mostra indiferente. Somente quando a significação afetiva é conferida à percepção que o mundo sensível adquire uma organização diferenciada e se desprendem as dimensões espaciais. Portanto, sentir um afeto é um requisito indispensável para que surja a consciência ligada às percepções. Consequentemente, quando falta o matiz afetivo, ocorre uma inibição, total ou fragmentada, de desenvolvimento psíquico, gerando a depressão sem consciência.

Essas depressões, marcadas pela ausência de sentimento, portanto de vida afetiva, resultam da falta de uma mãe empática no início da vida, pois,

---

* N. do texto de Nicolaïdis. As insuficiências de organização pré-conscientes predispõem à instalação da depressão essencial e do pensamento operatório.
** N. do texto de Nicolaïdis. "A propósito do 'espectro', escrevemos: A relação espectral tem a ver com uma mãe que corresponde a uma imagem descontínua que não se deixa encarnar, mãe arredia que não assume sua hospitalidade, que não oferece seu corpo como objeto atacável" (G. e N. Nicolaïdis, "Jeu d'ombre et sujet-objet mélancolique", *Revue Française de Psychoanalyse*, p. 1-2, 1977).

como se encontra bem-estabelecido, somente é possível ao recém-nascido sentir um afeto se ele se sente sentido. A etapa evolutiva em que se cria o cenário que dá origem à depressão sem afeto é aquela que se considera a do surgimento da vida psíquica a partir do encontro entre um substrato neuroquímico, o recém-nascido, e um mundo extracorporal, a mãe e sua prontidão. De acordo com o autor, o estado apático resulta da relação interna do indivíduo com um objeto psicótico que odeia a realidade, sendo ele precisamente uma representação dessa realidade que o objeto procura desvitalizar. Ele denomina esse objeto interno de "déspota louco", a cujo domínio absoluto o paciente apático sucumbe, tornando-se um ser desvitalizado, um morto-vivo. Deve-se ainda destacar que a apatia, que resulta da carência de qualificação do afeto, pode ser substituída pelo pânico e, em outros momentos, pela fúria, a qual se oferece como um caminho para retornar à inércia letárgica.

Sem nenhuma dúvida, o aspecto da teoria psicossomática desenvolvida por Marty que mais frontalmente colidiu com a crítica de Green (2000) foi a inclusão de uma etapa pré-psíquica do desenvolvimento, pondo em xeque a possibilidade de encontrá-la, pois, embora de uma forma desconhecida por nós, já é psíquica a pulsão ancorada no somático, como advertiu Freud (1972e). Aparentemente falta, tanto às teorizações de Marty quanto às de Green, no entendimento das manifestações psicossomáticas, um suporte de que a obra de Maldavsky não carece: o conceito de "libido intrassomática", mencionada de passagem por Freud em 1926, ao afirmar que, no primeiro momento da vida pós-natal, os órgãos internos, sobretudo coração e pulmões, recebem um forte sobreinvestimento libidinal. Como consequência, nas patologias psicossomáticas, assim como nas adições e nas traumatofilias, como é possível constatar através do Algoritmo David Liberman (ADL)[*], predominam as fixações no erotismo intrassomático, anterior ao erotismo oral primário.

INTERSUBJETIVIDADE

Para abordar a questão vincular, faz-se necessário estabelecer uma diferença que é central no caso dos pacientes psicossomáticos. Trata-se daquela que existe entre os conceitos de intersubjetividade e transubjetividade. A primeira faz referência à transcrição subjetiva do que se intercambia entre os sujeitos. Implica um espaço de transformação e o reconhecimento de uma brecha, de uma barreira que sustenta a diferença entre os sujeitos. Em troca,

---

[*] Método de investigação psicanalítica desenvolvido por David Maldavsky que procura detectar as erogeneidades e defesas no discurso (Maldavsky, 2004).

no caso da transubjetividade, o que se produz é uma abertura máxima das subjetividades, de modo tal que ficam parcialmente abolidos os limites que as diferenciam. Assim sucede, por exemplo, nos casos de pânico ou de histeria coletiva, quando se produz um atravessamento que borra os limites do *self* e do objeto. Trata-se de um atravessamento narcisista que implica investimentos fusionais e adesivos, os quais dão lugar à formação de um grupo que funciona como continente de conteúdos indiferenciados. Essa maneira de se vincular está marcada por uma forma de adesividade que se caracteriza pela produção de um aferramento ao outro. Esse outro está representando, por um lado, aquilo do qual não se pode fugir, mas, por outro, é o que permite sustentar uma frágil garantia acerca do próprio ser. Essa forma de relação costuma denunciar um sentimento de identidade falho e opera como uma tentativa de substituição do sentimento de si (Maldavsky, 1992). Trata-se de uma forma de aderência a um corpo alheio, do qual se hierarquizam seus ritmos pulsionais, por exemplo, a respiração, os borborigmos, os batimentos cardíacos. Esse modelo de vinculação se relaciona diretamente com uma particular forma da percepção que não discrimina traços diferenciais. Opera como uma ventosa (critério respiratório) ou como uma sanguessuga (critério cardiocirculatório), nos casos mais regressivos, quando sequer tem valor a abertura a um mundo químico. É uma forma de aderência a um universo palpitante desenvolvido no organismo do outro a quem o sujeito se apega. Quando essa forma de apego se desestrutura, é frequente aparecer um estado hemorrágico libidinal extremo, que mergulha o anímico em uma situação de dor não qualificável, sem fim, que pode se evidenciar como um estado de apatia duradoura. Até aqui, o assinalado é comum a outros pacientes com patologias tóxicas, como sucede para o caso das adicções ou das neuroses traumáticas.

 Ao recebermos em nosso consultório um casal do qual um dos membros é paciente psicossomático, é frequente se desenvolverem algumas situações quase prototípicas. Dos relatos, despregam-se cenas nas quais aquele membro do casal que tem um componente psicossomático desenvolve com seu par condutas servis, de quase submissão, ainda que sem o registro subjetivo dessas ações. O *partenaire* aparece como um sujeito egoísta, que não o leva a sério, porém, ao qual, sem dúvida, o psicossomático entrega sua atividade, seu tempo, toda a sua atenção. A sobreadaptação, que apenas toma em conta os desejos e necessidades do outro ao preço de desconhecer os seus próprios impõe-se a ambos, e o único desejo reconhecível é o que supõe no outro, ao qual não pode deixar de responder. Tais relatos, que costumam se reproduzir reiteradamente, quase sem ser objeto de reflexão nem de queixa por parte do psicossomático, costumam gerar uma mescla de cansaço, impotência, sensação de estar sem saída e profundo incômodo. São cenas carentes de afeto que repercutem no registro transferencial, produzindo aquelas respostas anímicas que eles não registram em si mesmos (raiva, sentimento de humilhação, angústia). Não se trata de queixas nem de juízos críticos, apenas a descrição de realidades cotidianas, o desenvolvimento de condutas tributárias de automatismos, nas quais o sujeito que sente parece ter desaparecido. O apego, nesses casos, está acompanhado de uma falta de registro daquilo que remete ao subjetivo: o mundo dos afetos.

Quando nos perguntamos quem é o outro para o paciente psicossomático, costumamos encontrar como resposta que aquele foi construído como um personagem muitas vezes idealizado, porém com características tirânicas e até irracionais. O lugar que ocupa no vínculo o que sofre a patologia orgânica é o de quem é objeto de um desinvestimento amoroso. Sem lugar a dúvidas, parece ser a partir dessa posição que ele mesmo se sustenta e sustenta o lugar do outro, a quem nos apresenta como um objeto que não o satisfaz. Em ocasiões, o psicossomático recorda o lugar de alguém que se sente sob uma ameaça muda. Entendemos que se trata da ameaça de ser expulso da vida psíquica de seu companheiro. A partir de uma posição ingênua, poderia surgir a pergunta: por que segue mantendo a relação com o cônjuge, se parece não haver lugar para o registro de qualquer satisfação a partir desse vínculo?

Recorrer ao aporte de alguns autores pode orientar certas reflexões. Parece-nos de grande valor se tomarem em conta as conceitualizações de Maldavsky (1992), que considera que se trata de casais que conseguiram estabelecer um tipo de equilíbrio com o objetivo de restaurar as falhas subjetivas de cada um dos integrantes. Pensar por qual caminho se alcança esse equilíbrio, no caso do paciente psicossomático, implica se remeter, como indica o mencionado autor, a considerar que tais vínculos estão marcados por um apego desafetivo. Aquele a quem se aderem foi colocado no lugar do modelo e, à medida que sustentam o vínculo com ele ou ela, creem alcançar uma identificação restauradora e, junto com ela, muitas vezes também conseguem manter uma imagem ilusória de onipotência. É necessário reconhecer esse aspecto como um ponto de risco a se tomar em conta, porque, afirmados nesse estado, creem que tudo podem. Ainda que levados adiante os limites orgânicos, colocam, assim, em perigo as pulsões de autoconservação. Essa é uma posição passiva, na qual o ego se oferece vulnerável às descargas pulsionais alheias, aferrados a uma dor não sentida. Falhas em identificações primárias comprometem a própria subjetividade, assim como a constituição psíquica do lugar do outro como objeto. O outro, ao qual aludimos, não pôde se constituir como sujeito para sua própria vida pulsional. Essa obstinação em manter um apego a um outro pode também se vincular àquele tipo de masoquismo que opera como guardião da vida (Roussillón, 2001), à diferença daquele outro masoquismo, que, tendendo à desvitalização e à morte da pulsão, opera como masoquismo mortífero (Rosemberg, 1991). Em ressonância com essa maneira de avaliar o apego a um objeto que não proporciona satisfação, incluímos o conceito de apego ao negativo do objeto, que nos permite imaginar o momento em que alguém sobreviveu ao desvalimento inicial, aferrado à dor como testemunha pré-subjetiva do objeto não havido. Considerar seu valor implica reconhecer a dimensão do apego como uma corrente necessária, vital, no início da vida. É apenas a partir do seu reconhecimento que será possível entender e respeitar o aferramento ao negativo do objeto.

Também é possível incluir nessas reflexões a referência que faz Denis (1997) acerca dos dois componentes da pulsão: o de domínio e o de satisfação, precisando que tanto a corrente erógena como a de domínio sejam consideradas por ele como libidinais, no sentido de entender que existe um componente libidinal de domínio na pulsão. Esse autor parte da conceitualização que fez Freud (1972e) na sua caracterização da pulsão, quando assinalou que a satisfação não pode ser obtida plenamente mais do que por uma ação exercida sobre o objeto, que, com tal, está em relação com os esforços de domínio sobre ele. Enquanto os investimentos sexuais estão em vinculação direta com as zonas erógenas, o componente de domínio investe aqueles elementos que permitem o apoderamento do objeto: os órgãos dos sentidos e a motricidade. É o conjunto de ambos que encontramos atado ao objeto, promovendo a experiência de satisfação e dando, assim, lugar ao registro da representação.

No entanto, esse modo de pensar permite considerar que é possível que, em algum momento do funcionamento psíquico, os componentes pulsionais se desmesclem, se desliguem. Isso nos leva a considerar que o apego do psicossomático, em ocasiões, parece ter mais relação com uma investidura no sentido do objeto, a partir do componente de domínio, do que a partir do de satisfação, ocasionando então um déficit em seu campo representacional que permite entender o vazio que sobrevém logo (traumaticamente) ante a possibilidade de ruptura do vínculo assim constituído. É nesse ponto que se pode iniciar o caminho regressivo, que alcança um ponto de fixação naquele momento prévio à inscrição da experiência de satisfação, isto é, ainda antes da consecução da passagem da libido intrassomática à erogeneidade oral. A partir de Freud, pois, podemos nos referir ao sadomasoquismo intracorporal, no qual a lógica que opera é a da alteração interna, abrindo as portas à aparição do sintoma orgânico. É levando em consideração essa dinâmica, constante em vínculos de casal, quando forma parte dela um paciente psicossomático, que nos parece sumamente importante incluir na estratégia clínica a dimensão do apego, considerando-a como uma corrente que tem sido, até esse momento, ao menos necessária em sua vida. A partir dela é que se torna possível entender e respeitar seu aferramento ao objeto, enquanto o tratamento não tenha alcançado alguma possibilidade de recorte subjetivo que apareça no lugar do apego, sob risco, no caso contrário, de que a separação seja vivida como um desgarramento.

MATERIAL CLÍNICO

Consideramos a família o espaço privilegiado para a criação e a manutenção de subjetividades etrelaçadas. Cada estrutura familiar, em seu acontecer, terá por tarefa alcançar as melhores transações entre os afetos de cada um dos seus membros, os valores e tradições que a atravessam e as exigências da realidade na qual está inserida (Maldavsky, 1992). É dentro desse complexo urdido que cada um de seus integrantes e, muito especialmente, as crianças irão construindo um lugar em que se reconheçam e se sintam reconhecidos. A seguir, a partir do caso de Alana, tentaremos mostrar algumas das características que, com poucas variações, encontramos repetidamente no tratamento de pacientes psicossomáticos.

Alana, com 30 anos, chega encaminhada por um serviço de dermatologia com um diagnóstico de dermatite. Em sua primeira entrevista, refere que esse sintoma apareceu na semana anterior ao seu casamento, ocorrido um ano e meio antes da consulta. Mais adiante, contará que, na realidade, teve um episódio anterior, dois anos antes de se casar, ao realizar uma viagem à Europa com uma amiga. Nesse momento, os médicos lhe disseram que, provavelmente, o problema se devesse ao estresse. Ademais, no dia seguinte de seu regresso de uma viagem ao Chile, correspondente à época em que cursava o ensino médio, operaram-na de urgência de uma apendicite. Havia sofrido, durante sua infância, crise de "falso crupe", até os 3 anos, época em que sua mãe decidiu que lhe operassem as amígdalas para resolver logo o problema. Pouco depois, recorda que estava sempre resfriada e lhe diagnosticaram rinite alérgica. Alana e o marido viviam em um apartamento cedido pelos pais dela, localizado no edifício em que eles residiam, compartilhando a linha telefônica e mantendo contato visual por uma pequena janela que havia em ambas as portas de entrada. Quando Alana se refere ao seu grupo familiar primário, diz:

> Sou filha única. Não tive uma infância feliz, eles discutiam muito. Minha mãe é muito ciumenta e fazia cenas desagradáveis. É muito agressiva. Quem bate é ela. Uma vez, quando eu tinha 4 anos, embrabeceu-se com meu pai, agarrou uma faca. Eu, como sempre, no meio. Alguém moveu a porta e a faca cravou na porta do armário. Lembro do buraco que ficou e que depois taparam com papel *contact*. Quebrava coisas. Há oito ou nove anos, quase atirou a TV pela janela. Eu sempre ficava controlando para que não tivesse motivos para brigar com meu pai. Eu agora vivo ao lado. A princípio, tinha medo, pensando no que poderia se passar se não estivesse ali, cuidando.

Quando bebê, Alana era cuidada pela avó paterna, até que sua mãe brigou com ela e a expulsou. O mesmo sucedeu com uma mulher que contratou depois, e com outras, que tiveram a mesma sorte.

A família de Alana configura um modelo de organização familiar que é de habitual observação no trabalho com pacientes psicossomáticos. Este está constituído por um casal de pais com lugares fixos e em que um de seus membros (no caso dessa paciente, a mãe) assume o controle e usa alguma forma de violência, nesse caso incontida, como mecanismo para sustentá-lo. O outro integrante (aqui, o pai) costuma aparecer como uma figura distante e frágil, não estando disponível como figura de sustentação que ajude a criança na constituição de sua subjetividade. Funciona como ajudante para sustentar o poder do personagem dominante, permitindo que este ocupe o lugar central nas relações e regule, a partir daí, a interação familiar. Uma alternativa, apenas em aparência diferente, constitui-se do pai impulsivo, que sofre acessos de cólera, mas que igualmente é inoperante para produzir mudanças. Nesses casos, funciona mais como outro irmão, que tem acessos infantis de raiva e caprichos, o que instaura também um obstáculo que interfere na possibilidade de aceder a uma experiência produtiva quanto à regulação da hostilidade e como forma de tramitação do pulsional.

Nessas famílias, a mãe, ocupando qualquer dos dois lugares mencionados – o de personagem despótico (como se sucedia com Alana) ou o de personagem desvalido –, evidencia que seu vínculo com o filho está marcado por uma presença incapaz de empatia, que priva esse filho do continente terno necessário para que vá decodificando suas necessidades e qualificando sua vida afetiva. Por essa via, interfere-se no processo projetivo normal, aquele que forma parte do caminho que o processamento pulsional deve recorrer na fase inicial da estruturação do psiquismo infantil. A partir daqui, irá também obstacularizar a constituição de um contexto indiferente, que possa receber as investiduras a partir da própria erogeneidade do sujeito. Ademais, essas mães tampouco obtêm sucesso em ser as encarregadas de se constituir naquela primeira proteção frente aos estímulos que chegam de fora: antecedente da barreira psíquica de proteção antiestímulo. Como vemos no caso de Alana, pareceria que era a mãe quem irrompia com seus próprios processos afetivos transbordantes, oferecendo-se como um estímulo violento do qual a menina não podia fugir. A partir da base de uma proposta narcisista materna, produz-se então a inversão da relação mãe/filho: este último passa a ser o encarregado de aplacar a ansiedade materna, buscando satisfazê-la por meio de conquistas que a mantenham calma e contente. Tal atitude se fixa como modelo para os futuros vínculos e é um dos fundamentos das condutas de sobreadaptação que encontramos nesses pacientes.

O tipo de vínculo descrito por Alana se assemelha ao que Liberman (1982a) denomina *madre mete-bombas* – aquela que irrompe intrusivamente com sua própria voluptuosidade, incapaz de receber, conter e decodificar os impulsos da criança. Esse autor também menciona outro tipo materno: *la madre que rebota*. Refere-se a um modelo que produz os mesmos efeitos por outro caminho: o da desconexão afetiva manifesta. Essas costumam ser mães que apresentam um estado depressivo, produto de uma retração narcisista que lhes impede, da mesma forma, a possibilidade de empatia com a criança. Com base na experiência acumulada no trabalho com esses pacientes, a nossa hipótese é de que esses dois estados podem se alternar na mesma mãe, sendo o segundo de aparição mais frequente, quando o personagem despótico hostil está localizado mais firmemente na figura paterna. A presença de um personagem desvalido, fraco e frágil – o depositário dos aspectos vulneráveis e necessitados da criança, aquele que necessita ser "cuidado" e colocado a salvo do personagem exigente, intolerante e violento – costuma se realizar em algum outro membro do grupo familiar. Observa-se com clareza que é nesse lugar que Alana localiza seu pai, porém, em outros grupos familiares, podemos encontrá-lo em um irmão e ainda na mesma pessoa em quem se projeta o personagem despótico, considerada alternativamente com essa qualidade. É necessário entender que se trata, em qualquer caso, de um fragmento egoico do paciente psicossomático projetado – aquele que expressa mais fielmente seu próprio desvalimento. A distribuição de posições descrita contempla a existência de um personagem despótico e violento (aqui, a mãe), um personagem submetido e frágil (aqui, o pai) e Alana: imersa em um clima tóxico, de incitação violenta, no qual parece ter ocupado duas funções: servir de couraça de proteção para o pai e/ou filtro para atenuar as descargas maternas e, por outro lado, ser contenedora dos resíduos afetivos da mãe (suas incontinências), oferecendo-se para descarga pulsional alheia.

Novamente, seria possível se perguntar por que esses pacientes costumam desencadear uma afecção orgânica em situações de distanciamento de um grupo familiar com essas características – ademais, em muitas ocasiões, reproduzem, em suas novas relações de casal, grande parte da dinâmica da estrutura familiar de origem. Recordemos que os dois atos supunham distanciamento da casa paterna: viagens e casamento precederam à aparição da sintomatologia na pele. Dentro da mesma temática, é interessante pensar como a escolha do lugar para a residência do novo casal (o apartamento cedido pelos pais) está localizado no mesmo andar do apartamento dos pais, o que mantém Alana em uma permanente conexão auditiva e visual com sua família (através da pequena janela da porta), como se conservasse um cordão umbilical.

A partir daqui, é possível perguntar se, com seu casamento, Alana se separara de seus pais ou se, dessa forma, incluía seu marido para constituir um grupo familiar estendido. Aproximar-se de uma resposta implica considerar que, nessas famílias, os vínculos estão marcados pelo apego desconectado que desconhece a individualidade de cada um dos seus integrantes. Trata-se de uma espécie de simbiose coletiva pela qual seus membros funcionam como partes, fragmentos que não se diferenciam entre si, mas que mantêm aquela maneira primária de conexão por meio dos nexos intercorporais. Essa modalidade vincular outorga um traço viscoso às relações familiares e costuma se expressar em atitudes extremamente adaptadas à vontade familiar, o que deixa sem consideração a pergunta acerca do próprio desejo. É por isso que, frente a algum acontecimento que pudesse significar um resgate da autonomia de um de seus integrantes, o mesmo seja vivido como uma ameaça a esse apego. Apenas assim é possível entender por que toda a separação passa a ter o valor de um desgarramento.

Consideramos que, para sustentar essa dinâmica, é necessário que esteja operando uma lógica primitiva no funcionamento familiar, que é a da "carne da minha carne". Esse critério lógico, que difere fundamentalmente daquele outro, marcado pela ternura, é o responsável pelo fato de os vínculos terem um caráter intersomático. Quando esse critério é o que regula a relação entre os membros do grupo familiar, os estímulos internos, pulsionais ou externos, em vez de se dirigirem a investir os objetos mundanos, tomam o fragmento de algum corpo "alheio" para fazê-lo objeto da descarga. Fica, assim, formado o terreno que pode dar entrada à lesão orgânica. Falhas muito precoces no estabelecimento da identidade primária, constitutiva do ser, deixaram sua marca e encontram uma ilusória solução de compromisso dentro dessas redes vinculares.

O TRATAMENTO DO PACIENTE PSICOSSOMÁTICO

Da mesma forma que em qualquer situação analítica, o paciente psicossomático procurará reproduzir com o terapeuta a modalidade vincular que desenvolve em sua vida cotidiana. Frequentemente, ele nos expõe a ficarmos localizados em algum daqueles lugares que descrevemos acima: o lugar do déspota, que pretende expulsá-lo de sua vida anímica; um especulador, ao qual o paciente interessa apenas como um número a mais; ou um personagem materno, desconectado de sua vida afetiva. É por isso que, frente a nós, costuma lançar um discurso sobreadaptado, de acordo com o que supõe que queremos escutar, mostrando-se sem conflitos nem angústia, ou mesmo com uma verborragia catártica, a qual tampouco é representativa de seu mundo interno.

A palavra, para esses pacientes, não tem o mesmo valor que para o resto de nossos pacientes. Não tem quando a escutam nem mesmo quando a proferem. Por isso é que se impõe uma escuta crítica e limitada que começa a dar forma a esse discurso, colocando certo limite à fala verborrágica, em que ele (o paciente) não está representado nem fala de si mesmo. Em todo caso, reproduz a realidade, ou as falas, de outros.

Entendemos que a lesão orgânica é como um ato posto no corpo, uma marca que deverá chegar a se constituir em uma palavra, e isso será uma possibilidade, uma vez que a pulsão consiga se projetar a partir de suas fontes e possa usar a representação da palavra para investi-la.

Consideramos, dentre as metas clínicas a alcançar, que os pacientes possam iniciar a desenvolver uma função auto-observadora que lhes permita começar a ter uma atitude cuidadosa com relação a si próprios e ao próprio corpo. Esse déficit está em relação direta com as falhas de seus alertas psíquicos – alertas sustentadores das pulsões de autoconservação – que fracassam a partir da recusa (*Verleugnen*, em alemão; *disavowal*, em inglês; *desmentida*, em espanhol) do juízo de atribuição acerca daquilo que é benéfico e do que é prejudicial.

A estratégia está dirigida a operar sobre a defesa predominante, o repúdio (*Vewerfung*, em alemão; *repudiation*, em inglês; *desestimación*, em espanhol) dos afetos, cuja forma de aparição é a de se apresentar como estados de depressão vazia, sem tristeza, de torpor e apatia, ou como transbordamentos de angústia automática.

Tecnicamente, é necessário implementar um elemento referido à postura frente a frente, a qual costuma ser de grande ajuda para se captarem indícios de afeto que esses pacientes mostram por meio de certas respostas orgânicas (enrubescimento cutâneo, tensão postural, fricção dos olhos, mãos, etc.), a partir das quais é possível emprestar-se como espelho e ajudá-los a reconhecê-las e, a partir daí, nomear seus estados afetivos. Igualmente, consideramos importante utilizar um ritmo modulado e, às vezes, mais lento nas sessões, para evitar que se produza um efeito de inundação no paciente, que, geralmente por sua postura sobreadaptada em combinação com a falha na função de filtro que deveria exercer a barreira de proteção antiestímulo, pode deixá-los em um estado de abrumamento intoxicado.

Propomos, ademais, uma atitude de escuta reflexiva e crítica que nos proteja dos processos intoxicantes que esses pacientes costumam gerar em quem os escuta. Assim, estamos expostos a manifestações do tipo estados de sonolência, embotamento ou mesmo, quando é a apatia o que aparece no paciente, impulsos violentos que pretendem despertá-los, como *furor curandis* ou interpretações em cascata.

Constatamos que, para o psicossomático, não há um outro com quem se possa contar – um outro a quem possa se dirigir com uma interrogação e com a confiança de que vai haver alguém ali com braços dispostos a contê-lo e sustentá-lo. A partir daí, buscamos o estabelecimento de um vínculo empático que permita ao paciente se sentir registrado afetivamente. Para desenvolver essa tarefa, em ocasiões, faz-se necessário incluir certas intervenções terapêuticas que não se costumam utilizar com pacientes neuróticos. Referimo-nos, por exemplo, aos contatos telefônicos ou por *e-mail*, ou à nossa concorrência a um lugar de internação, se esta se produzisse, assim como a comunicação com outros profissionais que tenham a seu cargo a atenção médica de nosso paciente. De qualquer forma, o rumo que guiará nosso acionar terapêutico sempre será ir ao resgate da subjetividade do paciente, em uma tarefa que visa ganhar espaço à pulsão de morte, buscando restabelecer o urdimento entre pulsões de autoconservação e sexuais, aliando nosso trabalho às pulsões de vida do paciente.

8

O CORPO INERME
(Caso Lívia)

Gley P. Costa e Roberto Vasconcelos

> **RESUMO**
>
> Estudo sobre a relação com o corpo na sociedade contemporânea, ilustrado com a história de uma paciente que desenvolveu um quadro grave de anorexia aos 14 anos e quase se deixou morrer.

Em *Messe pour le temps futur*, Béjart (1983) procurou encenar uma crítica muito contundente aos (des)caminhos da modernidade, caracterizada pelo individualismo, o cientificismo e o mercado, cujo exagero levou ao que se consagrou com o nome de *pós-modernidade*, passando a mídia e a publicidade a ocuparem o espaço da Igreja e do Estado. Um mundo superlativo que Lasch (1979), com muita razão, chamou de "a cultura do narcisismo", e Debord (1992), de "a sociedade do espetáculo". Quem sabe também pudesse ser considerado "os anos dourados da cirurgia plástica", não só pelo número de procedimentos, mas, também, pelo extraordinário avanço da técnica. Relacionado a esse tema, pensamos que a relação com o corpo representa uma das questões fundamentais da sociedade contemporânea.

Na verdade, a relação com o corpo segue duas vertentes. A primeira diz respeito à relação do indivíduo com o interior do corpo, com o erotismo e com o desejo. A segunda nos coloca na senda do social, da relação do indivíduo com o exterior ao corpo, com a realidade. Dessa forma, procuramos enfatizar a existência de um corpo como sede do nosso erotismo, do prazer, portanto, do *sentir* (a primeira vertente), e também como sede da nossa identidade, ou seja, do *ser*, correspondendo à segunda vertente, que tem a ver com a relação do indivíduo com o mundo externo, por meio da qual se forja a identidade. Pensando assim, é fácil concluir que todas as modificações do corpo, entre elas as evolutivas, relacionadas com o ciclo vital, como a adolescência e o envelhecimento, as provocadas por enfermidades, as acidentais e até mesmo as estéticas, interferem em nosso *ser* e em nosso *sentir*.

Vamos iniciar abordando a questão do *ser*, ou seja, do sentimento de identidade, a sensação de que existimos, de que somos nós mesmos – o que constatamos em nossas relações com os outros e mediante o reconhecimento dos outros. A construção desse sentimento resulta de múltiplas identificações físicas e emocionais, principalmente aquelas que estabelecemos na infância, em particular com os pais e com as outras pessoas que os substituem ou representam. Não é sem sentido a nossa tendência de atribuir à criança uma semelhança com o pai ou com a mãe, não raro logo após o parto, antes mesmo de ela abrir os olhos pela primeira vez. Nessa linha, às vezes, dizemos que a cara, quer dizer, o físico, é da mãe, mas o jeito, entenda-se o emocional, é do pai, ou vice-versa, indicando o nosso empenho de dotar o recém-nascido de características identitárias. Com isso, desde o início, estamos procurando ajudar o indivíduo a cunhar uma identidade, para que ele se torne um *ser* ou, em outras palavras, adquira um sentimento de existência.

Mas não são apenas as identificações com os pais e com as pessoas que nos são próximas que formam a nossa identidade. Também fazem parte dela nossas identificações com o ambiente em que nos criamos, as nossas características familiares e, inclusive, as nossas características étnicas. Esses elementos juntos dizem quem somos e de onde viemos. Portanto, o sentimento de identidade resulta de variadas trocas humanas significativas, tendo a ver com as nossas características emocionais e físicas, incluindo, como dissemos, as étnicas, razão pela qual assistimos com espanto à onda de cirurgias plásticas realizadas na China, visando dotar as mulheres daquela nação de características ocidentais. Esse fenômeno, observado em um país marcado por uma cultura milenar e conservadora, revela a força da propaganda no mundo contemporâneo que, ao lado da comunicação – uma comunicação fragmentada, diga-se de passagem – configura o que de mais representativo observamos na pós-modernidade[*]: o exibicionismo e o autocentrismo, desinvestindo as trocas humanas que reforçam o sentimento de identidade. Correspondendo a uma excentricidade da pós-modernidade, constatamos uma conjunção desse individualismo exagerado com a valorização da exterioridade, tema que nos permite ingressar na questão do *sentir* – a outra sede que habita o nosso corpo.

---

[*] N. de R. Muitos historiadores, sociólogos e filósofos acham o conceito de pós-modernidade controverso e prenhe de ideologia, além de inadequado, e o evitam: Gilles Lipovetski, por exemplo, defende o termo "hipermodernidade", pois considera que não houve uma ruptura histórica com a modernidade; haveria, assim, somente uma excerbação de algumas características da época a qual se denomina "moderna" (como o incremento do individualismo e do hedonismo e a fragmentação de tempo, espaço e subjetividade). Para Jürgen Habermas, por sua vez, o conceito é relacionado ao neoconservadorismo e é anti-humanista. (Fonte sugerida: Sloterdijk, Peter. *Eurotadismus zur Kritik der politischen Kinetik*. Suhrkamp Verlag. Frankfurt am Main, 1989).

Acentuou Birman (2001) que a característica da subjetividade na sociedade atual é a impossibilidade de poder admirar o outro em sua diferença e singularidade, já que o indivíduo não consegue se descentrar de si mesmo. Segundo suas palavras, referindo-se sempre a seu próprio umbigo e sem poder enxergar um palmo além do próprio nariz, o sujeito da cultura do narcisismo encara o outro apenas como um objeto de seu usufruto. O outro lhe serve, na verdade, apenas como instrumento para o incremento da autoimagem, podendo ser eliminado quando não mais servir para esse fim. Palavras duras, mas não parecem contrariar a realidade, se levarmos em consideração que a característica do narcisismo é justamente desinvestir afetivamente o outro para investir no próprio corpo, o qual se torna, então, o objeto de amor do indivíduo. Nessa dimensão, o outro só serve para nos admirar. Portanto, vivemos em um momento no qual o corpo, segundo os padrões rigorosamente estabelecidos pela mídia, adquiriu um valor tão elevado que não somente o outro perdeu o seu valor, mas o próprio indivíduo, ou seja, o ex--dono do corpo de que estamos falando. Dizemos "ex-dono" porque, na sociedade atual, o corpo modelado, siliconado, turbinado, sarado, enfim, idealizado, subordinado a um conceito, já não mais pertence ao indivíduo: é algo apenas para ser visto e admirado tanto pelos outros como por ele mesmo. Trata-se de um entre vários paradoxos da pós-modernidade: o corpo se tornou um valor, é verdade, mas apenas esteticamente, pois, deixando de representar a sede do *sentir*, deixou de ser a fonte de desejo para se tornar a fonte de Narciso. Ao mesmo tempo, assumindo a feição de uma escultura apenas para ser vista e admirada, o corpo já não mais faz parte do *ser* que ele representava e, tendo também se coisificado, já nada mais sente, podendo ser cortado e costurado à vontade. O importante é o resultado: a ambicionada e valorizada perfeição corporal!

Lipovetsky (1989), filósofo contemporâneo, criou as expressões "sociedade do excesso" e "cultura do exagero" para caracterizar a "hipermodernidade" que, para ele, suplantou a pós-modernidade, em que tudo é *over*, como se costuma dizer, e a festa cedeu lugar à tensão, representando uma busca desesperada de uma identidade e de uma subjetividade perdidas. De acordo com esse autor, a globalização e o declínio das grandes ideologias incrementaram um individualismo sem precedentes, gerando o consumismo, sustentado pela mídia e a publicidade, que tem como meta a aquisição de uma identidade na moda, uma vez que a política e a religião já não mais a mantêm.

Na hipermodernidade, refere Lipovetsky (1989), a identidade não é natural ou herdada. Ela precisa ser adquirida. Os *shopping centers*, portanto, as compras, configuram uma forma de criar uma referência que falta, uma *griffe* que é aderida ao corpo e passa a conferir ao indivíduo uma identidade de luxo (o luxo é um objeto de consumo no mundo superlativo em que vivemos). Assim ao vestir uma roupa *Armani*, o indivíduo se sente o próprio *Ar-*

mani, ou um sócio da *Armani*. Existem pessoas que se ofendem quando alguém deprecia a marca do seu automóvel, como se isso fosse uma referência a elas próprias. A mídia favorece essa ilusão. Em um comercial de alguns anos atrás, um jovem passava pelo corpo a miniatura de um carro de marca famosa, como que procurando amalgamar corpo e marca. A razão é que as pessoas não buscam o produto em si, mas a marca. Agem como os jovens que recorrem a um tatuador para marcar o corpo com um símbolo que lhes confira identidade. Como não conseguem atingir esse propósito, a tendência é aumentar o número de tatuagens. As cirurgias plásticas não diferem muito disso, e também representam uma tentativa do indivíduo de *ser*, assim como o ritmo batido e alto das discotecas e o uso de drogas – *Ecstasy*, por exemplo – representam uma tentativa de *sentir*.

Em seu livro *Os tempos hipermodernos*, Lipovetsky e Charles (2004) abordam a questão do cientificismo inaugurado no Iluminismo que, dominado pela tecnologia genética, se tornou capaz de controlar o nascimento, o envelhecimento, a alimentação (transgênicos), a beleza e até a morte (clones). A perfeição corporal, possibilitada pelos avanços da cirurgia plástica e da cosmetologia, além de incluir o corpo no mundo da moda e constituir uma forma de adquirir uma identidade famosa pela semelhança com celebridades da televisão, do cinema, da música e do esporte, configura uma regressão narcisista a uma etapa da vida em que todos nos achavam lindos: quando mal tínhamos saído do ventre da nossa mãe. Nessa fase inicial da vida, cada vez que nos diziam "que nenê bonito!", um tijolo era colocado na construção da nossa identidade. Estaria, então, o homem pós-moderno ou hipermoderno, como prefere o filósofo, voltado ao seu período de constituição do ego como forma de tentar reinstalar em seu corpo a sede do *ser* e do *sentir*?

É nesse contexto que se inserem os transtornos alimentares, em particular a anorexia, na qual a estética corporal costuma ser o tema central da consulta inicial, e o descontentamento com a própria imagem, a queixa mais frequente no processo terapêutico. Por essa razão, grande parte dos trabalhos sobre a anorexia ressaltam a sua relação com a cultura atual, no que diz respeito ao ideal estético do corpo. Nas pacientes anoréxicas, como se fosse uma particularidade desse padecimento, observamos uma desvalorização da própria imago corporal e uma correspondente idealização de um corpo abstrato, que não é concretamente o seu. De acordo com Bidaud (1998), na anorexia, constata-se um débito constante de um ideal nunca alcançado, responsável pela vivência de desamparo também observado em outras patologias da atualidade. Por muitos, a anorexia é considerada uma doença familiar, pois é frequente a participação tanto da mãe quanto do pai. Ao mesmo tempo, é considerada transgeracional, como se tornou evidente em um caso em que compareceram para a primeira consulta a jovem anoréxica, sua mãe e a mãe desta, portanto, a avó da paciente. Diferente da maioria das enfermidades mentais, o sintoma, ou seja, a exagerada perda de peso geralmente não representa um sofrimento à paciente, mas uma meta cuja conquista produz uma profunda sensação de vitória. Como refere Miranda (2007), na anorexia, emagrecer dramatiza no corpo o desejo de fazer a mãe e seus conteúdos sumirem de dentro dela. Aparentemente opostas, a anorexia se encontra na linha das pulsões, enquanto a bulimia está na linha das compulsões. Como define Green (2002), a ligação entre ambas é encontrada na clínica com grande frequência. Essas características refletem a profundidade e a extensão dos conflitos envolvidos na anorexia – uma enfermidade que oferece risco de morte por inanição e cuja estrutura inconsciente implica uma complexidade de difícil apreensão que não podemos subestimar. O terapeuta, assim como a própria paciente e sua família – enfatiza Gauthier (2004, p. 287-288) –, "[...] não podem escapar a esse tipo de ameaça permanente que parece residir em um corpo habitado como que por uma força de inércia poderosa que o faz resistir à maior parte de nossas tentativas de intervenções terapêuticas". A psicanálise ocupa, por certo, um lugar destacado na compreensão dessa patologia, mas, pelas características de ambas, não costuma ser a primeira indicação de tratamento desses casos que, em sua maioria, são atendidos em instituições por equipes multiprofissionais.

Green (2002) estuda a anorexia, assim como a bulimia, no campo dos problemas emocionais relacionados não com as representações e os afetos, um equívoco que ocorre frequentemente, mas com o funcionamento pulsional, sua contensão ou, ao contrário, sua incoercível ativação. Ao situar a anorexia no capítulo das inibições, o autor atribui a esse transtorno alimentar uma função preventiva contra o surgimento da angústia, em que pese apresentar uma dificuldade de compreensão e tratamento bem maior do que as inibições sexuais, com as quais os analistas se encontram mais familiarizados. No caso da anorexia, as angústias das quais as pacientes se defendem seriam, de acordo com Green (2002), catastróficas ou impensáveis, terrores de aniquilação ou de se desfazer, sentimentos de desvitalização ou de morte psíquica, consequência de um estado complexo em que o desinvestimento – afetando por vezes as funções mais vitais, como o apetite – representa o pendente e a defesa última contra a explosão do caos pulsional.

Entendemos que, colocada nesses termos, a anorexia apresenta semelhança com as patologias do desvalimento*, nas quais identificamos sua defesa fundamental e primordial, que é o repúdio (*Verwerfung*, em alemão; *repudiation*, em inglês; *desestimación*, em espanhol) dos afetos, através da qual o indivíduo procura neutralizar um excesso de excitação ou sua drenagem desmesurada, ambos traumáticos. Trata-se de um procedimento que se estabelece sob a égide do princípio de inércia e que tem como meta o es-

---

* Veja a descrição sobre o conceito de desvalimento no Capítulo 3.

tancamento da vida pulsional. Esse ponto de vista é coincidente com Green (2002), quando se refere à pulsão de morte, ao levantar a hipótese de um narcisismo negativo como expressão de uma "função desobjetalizante" que não aspira se lançar sobre os objetos, mas sobre o próprio processo objetalizante. O narcisismo negativo, diz o autor, depois de desinvestir os objetos, volta-se ao próprio ego. Desinvestido, o ego perde sua consistência, homogeneidade, identidade e organização, gerando o que poderíamos chamar de um corpo inerme.

Por outro lado, refere Green (2002) que é difícil isolar o comportamento alimentar do comportamento sexual – um tema que procuraremos aprofundar na sequência. Antes, as suas palavras (p. 183):

> A jovem que cessa de se alimentar visa impedir a aparição dos sinais da maturidade pós-pubertária. Ela recusa seu corpo sexuado: as formas, os seios, as nádegas, tornam-se objeto de uma relação persecutória contra a qual a paciente estabelece uma guerra sem perdão para impedir seu desenvolvimento. Ao mesmo tempo, a sexualidade é inibida e não é difícil constatar que se trata em última instância de uma luta interna contra a maternidade potencial. É clássico afirmar que a aceitação de uma gestação conduzida a termo é o verdadeiro sinal da cura de uma anorexia.

No entanto, destaca Gauthier (2004) que, majoritariamente, as teorias sobre a anorexia enfatizam suas relações com a oralidade, negligenciando as manifestações corporais: hiperatividade e oblatividade sem limites, aparentemente sustentada por uma insensibilidade do corpo a suas fadigas e necessidades, configurando uma forma de somatização por exaustão. Diz o autor (2001, p. 288-289) que observamos essa tendência tanto nas terapias comportamentais, "nas quais toda a vida da paciente é regulada por sua atividade bucal e pela inevitável balança, em forma de juiz, que a acompanha"*, quanto na psicanálise, segundo a qual a anorexia não pode ser senão a forma emergente de conflitos inconscientes ligados à pulsão oral, cujos atores constitutivos seriam os desejos canibalescos inibidos, mas muito ativos, gerando culpabilidade, vergonha, agressividade e anseio de incorporação e, simultaneamente, de expulsão. Associam-se a isso, diz Gauthier (2004), algumas considerações sobre as ligações problemáticas, ainda que inevitáveis, entre esses impulsos e aqueles ligados à sexualidade, tendo em vista a fre-

---

* Esse enfoque bastante quantitativo do tratamento da anorexia, que ainda envolve valores calóricos, quantidades de alimentos a serem ingeridos e frequência de refeições, reflete uma característica das jovens que desenvolveram a enfermidade que é um funcionamento mental em que predominam os ritmos e as frequências, portanto, também quantitativo, numérico.

quência com que esses quadros se instalam na adolescência. Nos três grupos diagnósticos em que a anorexia costuma ser considerada – neuroses, psicoses e perversões –, deparamo-nos com o que poderíamos chamar de "corpo imaginário da psicanálise", que tem como modelo a histeria. Contudo, para Gauthier, a anorexia vai além da evidência da força anímica de uma sexualidade e de um desejo reprimidos – fundamentos da clínica do simbólico, que sustentam a teoria psicanalítica clássica. Para reforçar seu ponto de vista, questiona: "Como dar conta de um corpo bastante real (e inquietante) em suas manifestações quando se dispõe apenas de uma teoria do corpo imaginário?" (2004, p. 289).

A hipótese de Gauthier é de que a anorexia é, antes de tudo, um problema dos ritmos biológicos básicos e, levando em consideração essa premissa, o que a análise deve buscar esclarecer é como, em função do passado das pacientes, esse desequilíbrio fundamental do corpo se estabeleceu. Além do ritmo do apetite e da alternância atividade/passividade, o autor chama a atenção a um outro ritmo que é o da vigília/sono, destacando a frequência com que as anoréxicas sofrem de insônia e o fato de esse sintoma, às vezes bastante grave, não merecer a devida atenção, passando despercebido nos tratamentos. É nessa linha, por fim, que ele situa a questão levantada por Green (2002) da sexualidade; na verdade, segundo suas palavras, *dos ritmos* da sexualidade, não sendo por acaso que a anorexia costuma aparecer na adolescência. Seu ponto de vista é o de que a anorexia é um distúrbio que se instala muito precocemente na vida da paciente, mas que se mantém mais ou menos bem-compensado até a puberdade, quando, então, em função de uma sobrecarga biológica, ocorre um desequilíbrio e eclode o quadro clínico.

As ideias de Gauthier reforçam a hipótese da anorexia como uma das patologias do desvalimento, caracterizadas por um funcionamento mental essencialmente quantitativo, no qual se constata uma sensorialidade que não registra diferenças qualitativas dos estímulos mundanos, mas apenas ritmos e frequências a partir dos quais são estabelecidas equivalências não simbólicas. Para dar conta desse universo sensorial, impõe-se, de fato, a necessidade de um novo paradigma capaz de ampliar a psicanálise para uma mente cuja lógica não é a do prazer-desprazer de uma erogeneidade representada, mas a da tensão-alívio de descargas, muito mais primitiva, carente de inscrições psíquicas, e, portanto, de subjetividade.

Por tudo isso, parece não haver dúvida de que as anoréxicas são pacientes que carecem de uma vida simbólica, decorrente de uma fixação a uma etapa do desenvolvimento em que o aparelho mental é incapaz de responder por si só aos estímulos endógenos e exógenos, gerando uma experiência de desvalimento quando não conseguem contar com a ajuda de um ambiente empático. Lembremos que os conteúdos iniciais da consciência são a percepção, da qual derivam as marcas mnêmicas, e os afetos, os primeiros a se desenvolverem como algo novo e diferente dos processos mentais puramente quantitativos. Isso quer dizer que, inicialmente, a percepção se encontra desinvestida e resulta indiferente, mas logo se translada para a captação da afetividade. A partir desse momento, o mundo sensível adquire uma organização mais sofisticada e se estabelecem as dimensões espaciais. Sendo assim, conclui-se que sentir um afeto é requisito indispensável para o surgimento da consciência ligada às percepções. Contudo, somente ocorre o registro do afeto quando existe um sujeito capaz de senti-lo. Na falta de um outro empático, o estímulo não é processado e o afeto transborda ou se mantém diminuído, ficando assim sem o registro psíquico e, como consequência, a abulia, expressão da tendência à inércia imposta pela pulsão de morte, ocupa o lugar do sentir. A não constituição desse primeiro conteúdo de consciência interfere no desenvolvimento ulterior e cria uma falha nas bases da subjetivação. Diferentemente das neuroses, psicoses e perversões, os sintomas da anorexia não permitem a redução histórica ou simbólica das vivências infantis e não podem ser concebidos como satisfações sexuais substitutivas ou como transações entre moções pulsionais opostas, não respondendo, devido a isso, à técnica psicanalítica tradicional, baseada na associação livre e na interpretação transferencial. Contudo, é comum que essas pacientes apresentem, simultaneamente, mais de uma corrente psíquica*, ou seja, que ao lado de um discurso que não representa a intimidade de seus processos anímicos, característico das patologias do desvalimento, também discorram sobre manifestações neuróticas, psicóticas ou perversas. O difícil trabalho a ser desenvolvido deve ter como alvo a construção das experiências não sentidas para que estas possam obter significação na relação analítica.

PRIMEIRAS RELAÇÕES

Encontra-se bem-estabelecido pela teoria psicanalítica que é a investidura erótica do recém-nascido como objeto de ilusão e paixão da mãe que possibilita a constituição e o desenvolvimento do ego e do sentimento de identidade, no qual se inclui uma boa relação com o corpo e a sua valorização. No entanto, nos casos em que a criança recém-nascida se transforma em uma imagem idealizada da própria mãe, é muito grande a possibilidade de que, em algum momento, ela venha a decepcionar essa mãe e, em consequência disso, vir a ser alvo do seu desprezo. O fato de não se sentir objeto de amor de sua mãe faz com que a criança cresça carente de um espelho que reflita uma imagem valorizada de si mesma, o que possibilita o desenvolvimen-

---

* O conceito foi estudado com mais detalhes no Capítulo 4.

to de um narcisismo de vida e de um bem-estabelecido sentimento de autoestima. Miranda (2007) chama a atenção na história das anoréxicas para a existência de um bebê que ficou interditado de processar seu percurso identificatório natural e acabou se identificando com as partes faltantes de seus pais. As patologias mais graves se relacionam com situações em que a criança sequer chega a se transformar em objeto de autêntico interesse da mãe, sendo apenas encarada como uma criatura para a qual a única coisa necessária para se desenvolver é ser alimentada e limpa. Também existem situações que se configuram como traumáticas, em que, por alguma razão, o suprimento afetivo é interrompido intempestivamente, podendo determinar um quadro que Marty (1966) denominou de "depressão essencial", caracterizado pelo apagamento da dinâmica mental, representada por deslocamentos, condensações, introjeções, projeções, identificações, atividade fantasmática e vida onírica. A energia vital se perde sem compensação, em um processo equiparável ao da morte, e a angústia que surge é a automática, a traduzir a aflição provocada pelo afluxo de movimentos pulsionais não dominados. Nesses indivíduos, em vão se procura um desejo, e a linguagem, desprovida de significação simbólica, se presta apenas para descrever os acontecimentos.

Maldavsky (1995b) refere que, quando falta empatia da mãe em relação às necessidades do bebê, a figura materna se inscreve na mente da criança como um interlocutor arbitrário que contraria a realidade, sendo ela precisamente uma representação dessa realidade que o objeto procura destituir de vida. O autor denomina esse objeto interno de "déspota louco", a cujo domínio absoluto o indivíduo se submete, tornando-se um ser desvitalizado. Para Maldavsky (2007), esses estados parecem ser o efeito de uma defesa contra Eros pela ação da pulsão de morte, que consiste em extinguir toda a tensão vital – o que equivale a dizer: impedir ou degradar a energia de reserva. A ausência da energia de reserva impede o indivíduo de realizar ações específicas para tramitar as exigências pulsionais amorosas ou hostis, próprias ou do outro, despertando no ego uma angústia automática, a qual surge como um corolário da desvitalização. Hipótese semelhante encontramos no conceito da "mãe morta", de Green (1988), utilizado para caracterizar uma mãe que, em que pese seguir viva, encontra-se morta psiquicamente aos olhos da criança que ela cuida. A identificação com esse objeto interno é responsável pela constituição de um núcleo interno que, nas palavras de Green, "queima como um gelo", sendo dele, também, a expressão "amor gelado" para caracterizar esses casos em que, devido a uma depressão materna que se instala no período puerperal, o recém-nascido é subitamente privado do calor vital.

A mãe empática é aquela que possui uma sensibilidade que lhe capacita interpretar satisfatoriamente as necessidades e os desejos do seu bebê, com afeto e dentro de um padrão de absoluta exclusividade. Quando falta essa sensibilidade, a mãe pode recorrer às suas próprias identificações primitivas e repeti-las mecanicamente, configurando, em muitos casos, um "funcionamento operatório" (Marty; M'Uzan, 1963) caracterizado pela carência de envolvimento afetivo com a criança – condição que se encontra na origem da "depressão essencial", referida acima. Essa vivência desagradável pode levar a criança a reagir por meio de mecanismos de defesa inatos, sendo um deles a recusa do alimento, caracterizando o estilo defensivo, observado na anorexia. A criança pode também, inicialmente, aceitar o alimento e, depois, expulsá-lo, caracterizando o funcionamento observado na bulimia.

CARACTERÍSTICAS FAMILIARES

As mães das pacientes anoréxicas são descritas como mulheres desprezadas pelo marido e insatisfeitas com sua vida conjugal. Além disso, a feminilidade não parece ser algo que elas valorizam particularmente, o que as torna um modelo identificatório pobre ou, em casos mais graves, um ideal negativo para as filhas. Embora nem sempre seja evidente, é comum que essas mães apresentem um grau de depressão mais ou menos importante. Nas palavras de Winnicott (1967), são mulheres que não conseguiram desenvolver uma "preocupação materna primária", comprometendo sua capacidade de estabelecer uma relação empática suficientemente boa com sua filha. O autor criou essa expressão para descrever um modo pessoal de ser que ele observou em mães nos momentos imediatamente antes e depois do nascimento dos seus bebês. Ele disse que se tratava de uma forma inconsciente de ser e se mover, um modo único de se voltar para dentro, revelando um estado de sensibilidade exacerbada que, se não sofresse posteriormente, como costuma acontecer, um processo de esquecimento, poderia ser visto como psicótico.

Os pais costumam ser descritos como homens bem-sucedidos e que alcançaram certo sucesso em sua carreira profissional, mas possuem pouca ou nenhuma capacidade de entrar em contato com os estados emocionais da esposa ou dele próprio. Da mesma forma, demonstram poucas aptidões para o exercício das funções paternas, não intervindo adequadamente para impedir o prolongamento excessivo da simbiose mãe-filha, não colocando com clareza os limites que reforçam o sentimento de segurança e identidade da criança e negando o desenvolvimento sexual da filha – seja através do rechaço, seja através da estimulação. Eles também mantêm um desprezo mais ou menos velado pela esposa, que acaba comprometendo o relacionamento desta com a filha.

É comum que tanto esses pais quanto essas mães se apresentem como vítimas de suas filhas, muitas vezes vistas como pessoas cruéis que exigem o sacrifício da família. No entanto, no relacionamento entre pais e filha anoréxica, observa-se certa tendência a se criarem situações de desafio ou disputa entre as partes, promovendo ações, por vezes violentas, que visam conquistar posições de poder e domínio. Entre as principais características dos vínculos familiares da anoréxica estão a dependência excessiva, o uso da ação em detrimento do pensamento, uma vida fantasmática pobre, o predomínio do funcionamento tensão/alívio sobre o funcionamento prazer/desprazer, superficialidade das comunicações, condutas estereotipadas de evitação do sofrimento psíquico e uso da palavra como agente provocador.

O espelho, tão presente na vida da anoréxica e do qual ela se torna dependente, representa a sua mãe. Ela se relaciona com o espelho da mesma forma como se relaciona com a mãe: busca a sua aprovação, mas o que obtém é um olhar de desagrado e insatisfação. Como disse Winnicott, "o precursor do espelho é a face da mãe" (1972, p. 147), na qual o bebê vê a si mesmo, porque o que a mãe reflete é como ela o vê. Portanto, para Winnicott, o bebê se vê como a mãe o vê, mas no caso da anoréxica parece haver uma inversão: é a mãe que busca na filha a sua própria imagem. Uma imagem desvalorizada que lhe desagrada e que aparece no espelho da filha como se fosse a sua. Por isso, o corpo da anoréxica se encontra mais investido pela agressão do que pelo amor. Apesar de a anorexia se encontrar dentro do grupo das chamadas patologias narcisistas, devido a sua exagerada dependência do olhar refletido, ela difere marcadamente do mito de Narciso, tendo em vista que essas pacientes não se enamoram da própria imagem, mas, ao contrário, sentem um profundo desprezo por esta. Afora isso, na atualidade, o espelho se encontra representado por um ideal de perfeição que condena todos a se sentirem imperfeitos.

"Doutor, minha filha vai morrer!"

O analista atende ao telefone do seu consultório e o que ouve é o seguinte: "Aqui fala Joana, seu nome me foi indicado pelo Dr. X. Preciso que me ajude, é uma situação urgente. Minha filha vai morrer, ela está perdendo 1,5kg por dia". Mobilizado pela dramaticidade do caso e pela angústia de Joana, demonstrada na fala, o analista criou um espaço em sua agenda para realizar o atendimento no mesmo dia. Compareceram à consulta Joana, 52 anos, vestida de uma forma elegante, mas bastante provocativa; a filha mais velha, Paola, 28 anos, e a paciente, Lívia, 14 anos, estudante do ensino médio, caçula de uma prole de três filhos (entre Paola e Lívia, encontra-se Antônio, 26 anos). Joana referiu que, embora formada em Economia, não trabalhava e se encontrava separada de Cláudio, seu segundo marido e pai de Lívia, havia dois anos. Paola e Antônio eram filhos de seu primeiro casamento. Enfatizou que Lívia foi uma filha planejada e muito desejada pelo pai, que, tendo dois filhos de um casamento anterior, queria muito uma filha. Por parte dela, não havia sido diferente, pois, antes mesmo de a filha nascer, ela já era a sua "princesinha", aquela que teria tudo e seria tudo o que Joana não teve e não foi. Um dos seus desejos era o de que Lívia fosse bailarina, um sonho infantil que não conseguira realizar pelo fato de sua família de origem ser muito pobre. Chateia-se pelo fato de Lívia dar preferência a lutar judô e jogar futebol, contrariando a imagem de adolescente que criara em sua mente para a filha.

Joana contou que Lívia nasceu de parto normal, com o peso de 3,5kg, 49cm e Apgar 9. Começou a amamentá-la, mas, antes de a filha completar dois meses de vida, não teve mais leite e passou a alimentá-la com leite em pó. Não obstante, o primeiro ano de vida da menina transcorreu sem problemas: "Lívia era uma criança que não incomodava; ela raramente chorava". O mesmo não se passou com Joana, que havia tido um aumento de peso de 20 quilos durante a gestação, causando-lhe uma angústia e uma depressão muito grandes. Após o parto, para sair daquela situação, submeteu-se a um regime rigoroso e a uma lipoaspiração para voltar a ter o corpo de antes. Referiu reconhecer que, provavelmente, tenha exagerado nesses cuidados, deixando a filha de lado mais tempo do que devia, e considerou que estes podem ter sido "exemplos ruins" para Lívia. Revelando certo constrangimento, confessou que sempre teve dificuldade de aceitar o próprio corpo, razão pela qual passou toda a sua vida envolvida com dietas, exercícios físicos e cirurgias estéticas, recorrendo, muitas vezes, ao uso de anorexígenos e laxantes para diminuir o peso.

O pai de Lívia foi descrito como um homem que ganha muito dinheiro, mas com todo o seu tempo ocupado com atividades profissionais, deixando à esposa os cuidados da filha. Lívia disse que o considerava muito legal, acentuando que "a casa ficou mais triste quando ele foi embora". Aparentemente, para desculpá-lo, e revelando uma idealização do ex-marido, Joana enfatizou que Cláudio era uma pessoa muito importante no meio empresarial e, por conta disso, tinha muitos compromissos, os quais o obrigavam a participar de muitas reuniões e viajar frequentemente – mas que era um ótimo pai e que, sempre que podia, telefonava para falar com a filha. Não havia comparecido à entrevista "por se encontrar com uma agenda muito pesada".

Lívia chamou a atenção do analista por ser uma menina franzina, de olhar triste e perdido, olhos e cabelos escuros e vestida com roupas de cor preta. Esse aspecto bastante sombrio contrastava de uma forma chamativa com a brancura de seu rosto e de suas mãos. Parecia uma "morta viva". Lívia fez a sua apresentação autodenominando-se "emo" – o que, segundo explicou, corresponde a uma ideologia que procura contestar ideias, conceitos e tudo o que se encontra estabelecido. Também implica a não aceitação das diferenças sexuais que, no caso de Lívia, faz-se representar por uma aparência física que não a define nem como menina nem como menino, uma imagem da qual se orgulha. Enfatizou que o seu maior objetivo é ter um corpo mais magro e que essa busca fazia com que se sentisse feliz. Destaca que, por conta disso, a relação dela com a mãe havia se transformado em um "verdadeiro inferno", apontando para a existência de uma situação de franca competição, na qual a disputa era sobre quem tinha razão, quem falava a verdade, quem exagerava, etc.

    De acordo com o relato da mãe e da irmã, o problema de Lívia se iniciara havia cerca de seis meses, logo depois de sua menarca, correspondendo à chegada do verão. Na época, embora com um peso adequado para a sua altura e idade, começou a dizer que se sentia gorda e que desejava emagrecer o suficiente para ficar com um manequim 36 quando fosse para a praia com a família, no período de férias. Por conta disso, impôs-se uma restrição alimentar severa associada a exercícios físicos diários, que se mantinham até a data da consulta. O resultado foi uma perda progressiva de peso corporal, mais acelerada nas últimas semanas, que atingiu quase 20 quilos, equivalendo a 30% do seu peso maior atingido. Seu peso, no dia em que foi vista pela primeira vez, era de aproximadamente 40 quilos.

    Lívia comentou que não concordava que estivesse se passando algo com ela, como insistia a mãe, e deixou escapar um sorriso breve, mas triunfante, quando foi questionada sobre o que pensava a respeito do seu exagerado emagrecimento. Sua resposta foi que, com o peso que se encontrava, sentia-se muito disposta para fazer todas as suas atividades, mais ágil e mais resistente ao cansaço físico, completando com a frase: "Eu nunca estive tão bem!". Frente ao espanto com a sua resposta demonstrado pela mãe e pela irmã, Lívia reagiu com determinação, dizendo que se alimentava o suficiente para as suas necessidades e que não entendia por que se preocupavam com ela. A mãe contestou: "Mas Lívia, tu passas o dia sem comer nada, não sei como consegues te manter de pé!". Na sequência, dirigiu-se ao analista para informar que a filha não sentava mais à mesa com a família no horário das refeições, em que pese acompanhar a preparação dos alimentos, principalmente dos doces e bolos, os quais oferecia aos familiares, mas não comia. Além disso, Lívia se recusava, terminantemente, a ingerir alimentos com um mínimo de gordura ou proteínas de origem animal, atribuindo essa postura ao fato de ser naturalista.

    Lívia apresentava um excelente aproveitamento escolar, esforçando-se para obter as melhores notas da classe. Não costumava sair com as amigas, optando por ficar em casa para estudar. Questionada a respeito de seu relacionamento com jovens do sexo masculino, referiu que tem alguns amigos, mas que nunca pensou em namorá-los. Lívia, aparentemente, sofre de insônia, dedicando um número considerável de horas à noite para se comunicar com as amigas pelo computador, com o qual lida desde os 4 anos, quando ganhou do pai o primeiro equipamento, indicando um forte estímulo a suas capacidades intelectuais. Joana, demonstrando certa irritação, interferiu para salientar que as meninas com as quais Lívia se comunica são tão complicadas quanto a filha. Não fazia muito tempo, descobrira, através do *Orkut*, que trocavam informações a respeito de técnicas para emagrecer e sobre como fazer para reduzir a ingestão sem os pais se darem conta. Lívia interrompeu a mãe para dizer que não gostava que ela falasse mal das amigas, as quais a entendiam melhor do que a família. Joana ainda teceu consideração sobre os *sites* que a filha frequentava, denominados genericamente de "Ana e Mia",* visitados por anoréxicas e bulímicas, respectivamente.

COMENTÁRIO

Lívia e sua família configuram um quadro típico de anorexia. Como costuma ocorrer nesses casos, o tema central da sessão inicial girou em torno da estética corporal, evidenciando um descontentamento com a própria imagem, associado à idealização de um corpo abstrato. Revelou-se, também, a pouca importância concedida à individualidade da filha, uma vez que os pais submeteram-na às satisfações pessoais, como ficou bem-caracterizado quando a mãe informou que o seu desejo era de que Lívia viesse a ter tudo e ser tudo que ela não tivera e não fora, em particular, se tornar uma bailarina. Ao rechaçar de forma tão contundente essa expectativa, tornando-se uma lutadora de judô e uma jogadora de futebol, a paciente encontrou uma forma de protestar pela pretendida apropriação da sua vontade, provocando na mãe evidentes sentimentos de decepção com a filha, segundo a qual: "Ela nunca consegue perceber as minhas necessidades; ela sempre me oferece o que eu não quero, mas é o que ela quer". Com esse contundente desabafo, Lívia indica a possibilidade, bastante frequente na história de pacientes anoréxicas, de ter faltado à sua mãe a sensibilidade que possibilita interpretar e atender adequadamente, com exclusividade e suficiente afeto, às necessidades e aos desejos da filha e, em vez disso, ter repetido suas próprias experiências, caracterizando um "funcionamento operatório" (Marty; M'Uzan, 1963). Essa vivência de insatisfação pode ser a origem da sintomatologia anoréxica manifestada na adolescência por Lívia, tendo por base a utilização de um mecanismo de defesa inato que se caracteriza pela recusa do alimento. Essa situação, gerando frustrações de parte a parte, havia, nas palavras de Lívia, transformado o relacionamento de ambas em um "verdadeiro inferno".

A mãe da paciente não escondeu do analista que tinha dificuldade em aceitar a própria imagem corporal, tendo batalhado durante toda a vida para obter um corpo ideal. É provável que a referência que fez a uma infân-

---

* N. de R. "Ana e Mia" é a expressão pela qual jovens que padecem de anorexia e bulimia se referem a esses transtornos; a referência contém uma conotação afetiva de amizade, como se as expressões "Ana" e "Mia" fossem, concretamente, entidades vivas.

cia muito pobre aluda à falta de uma mãe que refletisse uma imagem valorizada da filha. Essa ocorrência explica a fantasia que fez a respeito de Lívia, que, mesmo antes de nascer, já era a sua "princesinha", através da qual obteria uma imagem própria valorizada, distorcendo o processo natural de desenvolvimento, que consiste justamente no oposto: o rosto da mãe exercer a função de espelho para a filha. Como resultado dessa verdadeira fome por uma imagem valorizada, tudo indica que ela tenha sofrido uma depressão após o parto em consequência de um grande aumento de peso durante a gravidez, revertendo sua expectativa em relação ao nascimento da filha. Como resultado, é possível que não somente o leite como igualmente o afeto materno tenham sido sonegados, configurando uma experiência que, por ultrapassar a capacidade de elaboração do incipiente ego da criança, torna-se traumática e, uma vez tendo ocorrido, pode ter acarretado em Lívia uma "depressão essencial" (Marty, 1966), na qual se observa uma verdadeira supressão da atividade mental – razão pela qual, provavelmente, "Lívia era uma criança que não incomodava; ela raramente chorava". Como fica evidente, esse quadro nem sempre é identificado porque se manifesta por uma sintomatologia negativa, reflexo de uma falta de vitalidade, tornando-se a criança, como foi destacado pelo analista ao ver Lívia pela primeira vez, uma "morta viva". Destituída de vida mental, torna-se o corpo sua única via de expressão; contudo, a criança só poderá se tornar consciente dos sinais que o corpo emite a partir da relação com a mãe, a qual tem o papel de identificar e nomear esses sinais. O processo de nomeação dos estados afetivos propicia o desenvolvimento da simbolização; quando falha essa interação mãe-bebê, estabelece-se uma dissociação na mente da criança entre o corpo e a mente. Tal cisão impede o discernimento das necessidades físicas, da possibilidade de discriminar sensações, de expressar sentimentos e reduzir tensões internas por meio da verbalização.

A ideologia "emo", a qual Lívia diz seguir, representa uma tentativa de realizar algo original, ao mesmo tempo em que constitui uma barreira contra a imposição da vontade materna e uma forma de negar sua identificação com a mãe, ao assumir uma identidade assexuada. Essa pode ser a razão da maioria dos quadros de anorexia que, como ocorreu com Lívia, eclodem concomitantemente com a menarca e as mudanças corporais determinadas pela explosão hormonal que caracterizam a puberdade. Como refere Brusset (1991), um corpo como o da mãe se torna inaceitável, levando a pensar em uma reativação da indiferenciação insuportável, porém desejada, com o objeto primário. Em sua decisão de diminuir de peso, Lívia contou com o apoio da cultura, pois é comum que as mulheres, incluindo as adolescentes, empenhem-se no mesmo sentido quando se aproxima o verão, para que possam desfilar seus corpos magros nas praias, como costumava fazer sua mãe. Nessa linha, a recusa ao alimento em pacientes como Lívia assume o significado de uma tentativa de obter uma identidade própria, estabelecendo o paradoxo que caracteriza a anorexia: a busca da vida através da morte. Trata-se de uma situação extrema em que a inércia, representante da pulsão de morte, transforma-se na fortaleza de uma precária existência psíquica. Por isso, Lívia, quando solicitada a se manifestar a respeito do seu emagrecimento, afirmou: "Eu nunca estive tão bem!", significando "eu nunca estive tão eu"; por isso, sua expressão de triunfo em relação ao emagrecimento obtido com a recusa alimentar e os exercícios físicos exagerados. Lamentavelmente, esse almejado estado de satisfação é como uma trêmula chama com a qual o ego da anoréxica se aquece, mas que se pode apagar a qualquer momento para sempre. Enfrentar esse dilema com a sensibilidade necessária constitui o desafio terapêutico dessa complexa patologia.

Como se encontra bem estabelecido, um aspecto que não se pode subestimar na anorexia é o contexto familiar. Bastante característico no caso de Lívia, não faltou um modelo para que o corpo se transformasse em um autêntico campo de batalha de um narcisismo ferido – como ficou claro quando a mãe reconheceu que pode ter se tornado um "exemplo ruim" para a filha, referindo-se aos seus exageros nos cuidados com o corpo, em especial sua preocupação em mantê-lo esbelto, tendo em vista eludir uma imagem desvalorizada, provavelmente refletida pela sua própria mãe, ou seja, a avó da paciente. Essa conduta parece indicar que a imagem de Lívia refletida na mãe é, desde o início, de uma anoréxica, configurando uma cadeia geracional de espelhamentos. Por outro lado, o pai da jovem também parece reunir as características habitualmente descritas nos casos típicos de anorexia, ou seja, grande dedicação às atividades profissionais, cujo sucesso é idealizado pela mulher, e uma expressiva desvalorização dos aspectos emocionais relacionados aos cuidados com a filha – os quais, por essa razão, são atribuídos à mãe. Não obstante, aparentemente, sua saída de casa foi vivida com sofrimento, tanto por parte da esposa quanto da filha, para quem "a casa ficou mais triste quando ele foi embora", acentuando ainda mais o estado inicial de simbiose mãe-bebê, que somente um pai presente e ativo, do ponto de vista de suas específicas funções exercidas permanentemente desde o nascimento do filho ou da filha, é capaz de romper. A separação do casal, gerando uma depressão familiar, pode ter criado o clima que favoreceu o aparecimento da anorexia de Lívia dois anos mais tarde, com o início da menstruação. A oblatividade da anoréxica, que faz do corpo uma pira sacrificial, pode estar relacionada, no caso de Lívia, à dificuldade de processar mentalmente, em um curto espaço de tempo, as perdas do pai e da infância.

Como ponto final dos aspectos familiares da anorexia, cabe lembrar que as referidas condições nem sempre determinam o surgimento dessa psicopatologia, no que pode constituir um exemplo a irmã mais velha de Lívia, a qual tem outro pai e nasceu 14 anos antes, quando a mãe tinha apenas 24 anos e ainda podia se sentir mais satisfeita com o seu corpo. Ao mesmo tempo, é possível que essa filha não tenha sido alvo de tantas expectativas quanto a paciente. Na verdade, não podemos deixar de levar em consideração a complexidade das interações entre os indivíduos e do contexto em que elas se estabelecem. Fonagy (2003) refere que uma particularidade anatômica ou uma conduta geneticamente determinada de uma criança desperta uma lembrança na história de cada um dos pais, a qual irá interferir na resposta afetiva deles, que ainda se encontra sujeita a fatores externos que podem variar no tempo e também no espaço. Essa característica dos relacionamentos humanos explica o fato, por exemplo, de uma mesma pessoa ser rechaçada em uma cultura e bem-aceita noutra. Cyrulnik (2006) fala em uma ressonância entre a história de um e a biologia do outro, citando o exemplo de uma mãe que teve gêmeas e passou a manter com elas condutas muito diferentes em função de uma se mostrar frágil, com a qual se identificou, e a outra muito vigorosa. Daqui a 20 anos, diz o autor, é provável que a primeira venha a se queixar de que foi sufocada pelo amor da mãe e a segunda, de que foi abandonada, mostrando que a indispensável proteção da criança falha tanto quanto é dada em excesso quanto quando é insuficiente. Questiona Miranda (2007, p. 30):

> A mãe, por conter em si um vazio advindo de falhas na própria instalação edipiana, em que a presença da imago paterna, ou seja, a figura masculina, não desempenhou papel estruturante na sua vida mental, poderá sentir seu bebê como um estranho dentro de si, ou, ao contrário, não deseja de modo algum abandonar a unidade fusional com o seu bebê, especialmente se este for uma menina. Como então poderá esse bebê fazer a aquisição da identidade separada, que outorgará a posse de seu próprio corpo, de suas emoções e de sua capacidade de pensar?

9

DEPRESSÃO SEM TRISTEZA
(Caso Isolda)

Gley P. Costa

RESUMO

Estudo dos estados depressivos tendo como referência o sentimento de tristeza, ilustrado com o caso de uma paciente cujo quadro clínico se caracteriza pela ausência de matiz afetivo.

Na sociedade pós-moderna, ser feliz se tornou uma verdadeira obsessão. Pascal Bruckner (2002), autor de *A euforia perpétua*, chamou de "dever de felicidade" essa ideologia característica da cultura ocidental contemporânea que obriga a avaliar tudo sob a ótica do prazer. Paradoxalmente, a depressão é uma das patologias psíquicas mais frequentes e, também, mais populares hoje em dia, levando Elisabeth Roudinesco (2000) a dizer que vivemos em uma "sociedade depressiva". Passados dez anos, poderíamos dizer que vivemos em uma "sociedade bipolar", pela frequência com que esse diagnóstico é feito em homens, mulheres, adolescentes e crianças, proporcionando à indústria farmacêutica ganhos incalculáveis.

Não obstante, depois das doenças cardíacas, as depressões representam o maior problema de saúde pública quando se considera a mortalidade prematura e os anos de vida útil que se perdem por incapacidade. A Organização Mundial da Saúde (OMS) estima que os transtornos depressivos, responsáveis atualmente pela quarta causa de morte e incapacidade em escala mundial, venham a ocupar o segundo lugar nesse *ranking* em dez anos. De acordo com esse organismo internacional, 340 milhões de pessoas padecem de depressão, razão pela qual tem sido considerada uma verdadeira doença social. Para muitos, a depressão é o mal do século, produto do estresse, do fastio e da falta de ideais da sociedade contemporânea.

Por tudo isso, uma avaliação mais acurada daquela que é comumente feita constitui fator de inestimável importância para o adequado tratamento do paciente, em que pesem os casos que oferecem grande dificuldade para que se estabeleça um diagnóstico com precisão, não sendo rara a concomitância de duas ou mais patologias. Predomina, hoje em dia, a tendência a considerar as depressões como resultantes de baixos níveis de serotonina, tendo em vista a melhora que uma parte desses pacientes apresenta quando medicada com ISRSs*, embora não se consiga determinar com clareza o que é causa ou o que é efeito nesse processo. Por essa razão, faz sentido a advertência de Hornstein (2008), de que as depressões devem ser abordadas desde o paradigma da complexidade, e assim entenderemos o desequilíbrio neuroquímico presente nesses quadros como consequência da ação conjunta da herança, da situação pessoal, da história, dos conflitos, da doença corporal, das condições histórico-sociais, das vivências, dos hábitos e do funcionamento do organismo.

Clinicamente, as depressões implicam uma vasta gama de sintomas que se manifestam no físico, nas emoções, no funcionamento cognitivo, na linguagem, nas funções vegetativas – como o sono, o apetite e a atividade sexual – e, ainda, no relacionamento interpessoal, social e laboral. Frequentemente, elas se apresentam encobertas e, até certo ponto, compensadas por atividades profissionais ou esportivas exageradas, por transtornos alimentares, álcool e drogas. Nesses casos, a irritabilidade pode ser o único sintoma indicativo da depressão. A angústia costuma se fazer presente na maioria dos quadros depressivos e a sua natureza, ou seja, sinal ou automática, como veremos adiante, constitui um elemento preponderante na precisão diagnóstica e, consequentemente, no tratamento a ser instituído.

Apesar disso, a angústia não aparece em nenhum dos estados depressivos descritos pelo DSM-IV-TR ou pela CID-10, levando a imaginar que os sentimentos dos pacientes não são investigados por aqueles que fazem os seus diagnósticos com base nessas fontes de referência. O mesmo acontece com a tristeza, em que pese estar presente em muitos casos, podendo ser a origem da depressão, levantando a dúvida de se não seria ela a causa dos baixos níveis de serotonina, observados em pacientes deprimidos. Não obstante, as depressões acompanhadas de tristeza são as que melhor respondem tanto ao tratamento psicoterápico quanto ao medicamentoso, não faltando situações de remissão espontânea. Porém, esse grupo de pacientes deve ser distinguido de um outro cuja depressão não tem como etiologia a tristeza, mas a apatia, decorrente da falta ou perda do calor vital, indicando o marcado componente orgânico desses quadros, em oposição aos anteriores, mais restritos ao campo do anímico e expressados pelo sofrimento psíquico. Para os filósofos do ceticismo e do estoicismo, a apatia corresponde a um estado em que a alma se torna insensível à dor e a qualquer sofrimento,

---

* Sigla correspondente aos medicamentos inibidores seletivos da recaptação da serotonina.

como podemos constatar nas depressões sem tristeza. A apatia da depressão sem tristeza corresponde ao estado mental que Sifneus (1973) denominou de "alexitimia", que quer dizer não ter palavras para as emoções. Marty (1976) nomeou "depressão essencial", isto é, sem objeto, e Krystal (1982), "anedonia", significando incapacidade de experimentar sentimentos de satisfação e prazer. Os sintomas desses pacientes – abulia, letargia, sonolência, prostração, astenia, desânimo ou inapetência – correspondem a estados anímicos que carecem de qualidade psíquica, conservando-se apenas o estado econômico relacionado.

Pode parecer surpreendente a referência a uma depressão sem tristeza, mas uma maior atenção à história, aos sentimentos e às reações dos pacientes frente às vicissitudes da vida evidencia essa possibilidade em um número considerável de casos, geralmente acompanhada de uma angústia do tipo automática. Diferente dos quadros de depressão com tristeza, em que a angústia que os caracteriza é do tipo sinal, encontrada nas patologias neuróticas e psicóticas nas quais predomina a sintomatologia psicogênica, nos quadros de depressão sem tristeza, a sintomatologia predominante é somática. A depressão com tristeza pertence à libido objetal. Relaciona-se com a perda de um objeto, correspondendo a uma reação de luto, que pode ser normal ou patológica. Já na depressão sem tristeza, cujo ponto de fixação corresponde à libido intrassomática, portanto anterior à relação de objeto, a perda é de um contexto construído por um conjunto de excitações mundanas relativamente monótonas, como se observa nas patologias do desvalimento[*].

O embasamento teórico das depressões com tristeza é encontrado em "Luto e melancolia" (Freud, 1974e, p. 275), em que se lê:

> O luto, de modo geral, é a reação à perda de um ente querido, à perda de alguma abstração que ocupou o lugar de um ente querido, como o país, a liberdade ou o ideal de alguém, e assim por diante. Em algumas pessoas, as mesmas influências produzem melancolia em vez de luto; por conseguinte, suspeitamos que essas pessoas possuem uma disposição patológica.

No luto – acentua Freud – é o mundo que se torna pobre e vazio; na melancolia, é o próprio ego, capturando da pessoa a capacidade de amar. O sintoma característico da melancolia é a autoacusação, resultado da identificação com o objeto perdido, em relação ao qual o indivíduo mantém uma re-

---

[*] Expressão empregada por David Maldavsky (Maldavsky, 2004; Maldavsky et al., 2005, 2007) para designar a clínica de pacientes que, do ponto de vista teórico, técnico e clínico, diferem das neuroses, psicoses e perversões. A defesa mais consistente dessas patologias, incluindo a depressão sem tristeza, é o repúdio (*Verwerfung*, em alemão; *repudiation*, em inglês; *desestimación*, em espanhol) do afeto.

lação marcada pela ambivalência. O encoberto ataque ao objeto é o gerador dos aparentemente inexplicáveis sentimentos de culpa observados nesses casos. Diferentemente do luto, em que ocorre uma perda real do objeto, diz Freud (1974e, p. 277-278):

> [...] na melancolia o objeto talvez não tenha realmente morrido, mas sido perdido enquanto objeto de amor, e conclui: isso sugeriria que a melancolia está de alguma forma relacionada a uma perda objetal retirada da consciência, em contraposição ao luto, no qual nada existe de inconsciente em relação à perda.

Retomando mais tarde esse tema em "O ego e o id", Freud vai consignar que

> Quando acontece de uma pessoa ter de abandonar um objeto sexual, muito amiúde se segue uma alteração do seu ego que só pode ser descrita como instalação do objeto dentro do ego, tal como ocorre na melancolia; a natureza exata dessa substituição ainda nos é desconhecida. Pode ser que, através dessa introjeção, que constitui uma espécie de regressão ao mecanismo da fase oral, o ego torne mais fácil ao objeto ser abandonado ou torne possível esse processo. (Freud, 1976q, p. 43).

Na mesma época, no artigo "Uma neurose demoníaca do século XVII", sobre o pintor Christoph Haizmann, Freud (1976v, p. 102-103) atribuiu ao estado de tristeza pela morte do pai "a depressão (severa) que o pintor mesmo chama de melancolia".

Bem antes disso, no "Rascunho G", de 1895, Freud já fizera uma extensa e minuciosa observação sobre a melancolia, a qual considerou um agravamento de uma das neuroses atuais, a neurastenia, que surgia em típica combinação com a ansiedade intensa. Destacou que o afeto correspondente à melancolia era o luto devido a uma perda na área da vida pulsional e que a anorexia era uma forma de melancolia por falta de libido. A apatia do melancólico, representada por uma série de sintomas físicos, entre eles, anestesia sexual, cansaço, fraqueza, perda de vitalidade e desinteresse pela vida, é equiparada a uma hemorragia interna, como se um excesso de excitação escoasse através de um furo. Embora o autor não mencione, tudo indica que esse furo ocorra na barreira de contato, que Freud, no mesmo ano, descreveu no "Projeto", resultando no arrasamento da energia de reserva necessária para a ação específica. Nesse caso, o princípio de inércia impõe-se à vida pulsional, que aspira ao caminho da constância para promover uma maior complexidade do aparato psíquico.

Através desses trabalhos, verifica-se que, na realidade, Freud descreveu dois quadros de melancolia: um em 1895, configurando um estado depressivo devido à perda de energia ocasionada por um furo na barreira de contato, portanto não relacionado com a perda de um objeto, e, consequentemente, sem tristeza; e outro em 1917 [1915], configurando um quadro depressivo relacionado com a perda de um objeto e, consequentemente, com tristeza. No primeiro, não existe matiz afetivo, apenas um vazio devido a uma hemorragia libidinal. No segundo, existe um vínculo afetivo com um objeto que foi perdido, sendo a tristeza uma expressão da falta, da *añoranza*, da saudade. No primeiro caso, a libido é intrassomática; no segundo, objetal. Como consequência, os pacientes costumam expressar seu estado depressivo de maneiras diferentes. Nas depressões com tristeza, eles nos falam de sentimentos, em particular, que estão tristes; nas depressões sem tristeza, eles nos falam de algo físico, geralmente que estão cansados. Pode ocorrer que as duas modalidades de depressão se encontrem no mesmo paciente, ou seja, que ele regrida de uma depressão com tristeza (neurótica ou psicótica) para uma depressão sem tristeza (estado de desvalimento), uma vez que todos os indivíduos possuem algum grau de vulnerabilidade nos estágios iniciais do desenvolvimento da libido.

Maldavsky (1995b) denomina essa patologia de depressão sem consciência, destacando que os pacientes demonstram não se encontrarem capacitados para captar as qualidades psíquicas dos vínculos, predominando neles processos mentais puramente quantitativos. Para entender a denominação do autor, é necessário se reportar à distinção que Freud (1977a, 1977b) estabeleceu no "Projeto" e na "Carta 52" entre uma consciência oficial, a que chamou de secundária, implicada na formulação "fazer consciente o inconsciente", relacionada com as patologias neuróticas e psicóticas, e uma consciência originária, anterior às marcas mnêmicas e às representações, a qual chamou de neuronal, que consiste na captação da vitalidade pulsional como fundamento da subjetividade. Quando essa etapa inicial não se encontra suficientemente investida, o indivíduo apresenta uma limitada capacidade para tomar consciência dos sentimentos, incluindo a tristeza. Para Freud, o ponto de partida do desenvolvimento do ego reside na consciência. Um dos conteúdos iniciais da consciência é o afeto, que surge primeiro, e depois a percepção, da qual derivam as marcas mnêmicas. Inicialmente, a percepção se encontra desinvestida e, como resultado, se mostra indiferente, mas logo assume uma significação afetiva, e o mundo sensível adquire organização diferencial e se estabelecem as dimensões espaciais. Portanto, sentir um afeto é um requisito para que surja a consciência ligada às percepções. Quando falta o matiz afetivo, ocorre uma inibição, total ou fragmentada, do desenvolvimento psíquico. No entanto, refere Maldavsky (1995b), somente é possível sentir um afeto se o ego se sente sentido pelo outro, justificando a preocupação de Freud pela sua dificuldade de empatia com o *Homem dos lobos*, uma vez que tinha presente que o vínculo empático é uma prerrogativa indispensável para o sucesso de um tratamento psicanalítico. Enfatiza o autor que essas análises apresentam uma grande dificuldade devido ao fato de os pacientes, assim como o *Homem dos lobos*, se entrincheirarem em uma docilidade esterilizante, tendo pouco ou nenhum efeito o que lhe é dito. Esse estado apático resulta da projeção que o paciente faz do objeto original, que rejeita a realidade, sendo ele, precisamente, essa realidade que o objeto condena à aniquilação. A esse objeto, Maldavsky (1995b) deu o nome de "déspota louco". Se nos reportarmos a Winnicott (1965) ou a Bion (1991), poderíamos falar em falhas na capacidade de *rêverie* materna ou de *holding*, respectivamente.

Resumindo, podemos dizer que o ponto de partida dessas depressões parece ser uma falha na captação da afetividade nas primeiras semanas de vida, devido à falta de um outro empático capaz senti-la. Nesse caso, o estímulo não é processado, e o afeto transborda ou se mantém diminuído, ficando, assim, sem o registro psíquico. No lugar do sentir, aparece a abulia, tornando-se a expressão de uma dor que carece de qualidade afetiva. Para que o desenvolvimento psíquico seja dotado de significado, é necessário o estabelecimento de estados afetivos como conteúdo inicial de consciência. Quando não se constitui esse primeiro conteúdo de consciência, o desenvolvimento fica prejudicado devido a uma falha nas bases da subjetivação, tendo em vista que a origem da subjetividade é a mesma da consciência. Na vida pulsional desses pacientes, predomina uma tendência a se deixar morrer, identificada com a apatia, e sua defesa mais consistente é o repúdio (*Verwerfung, repudiation, desestimación,* em alemão, inglês e espanhol, respectivamente) do afeto, o qual compromete os fundamentos da subjetividade. No entanto, eventualmente, esse estado de carência de qualificação do afeto pode ser substituído, em algum momento, pelo pânico e, em outro, pela fúria, que representa uma forma de retornar à inércia letárgica. Para Maldavsky (1995b), cada uma dessas manifestações se relaciona com um momento determinado da situação anímica do interlocutor psicótico do qual o paciente depende. A apatia corresponderia à retração psicótica, quando, então, o paciente pode se sentir como um dos objetos mortos que povoam a mente do psicótico. O pânico corresponderia ao ingresso do psicótico em um momento restituitório de violência delirante, durante o qual torna o paciente sua vítima. A fúria corresponderia ao momento em que o "déspota louco" inicia uma nova retração libidinal do mundo, fazendo com que o paciente seja desinvestido e entre novamente em um estado apático. Refere Maldavsky (1995b, p. 287):

> Na apatia, falta a qualificação para o afeto. Com isso quero dizer que falta o primeiro representante psíquico da pulsão, falta o nexo anímico com os componentes libidinais, os mais vitais do Id, e simultaneamente faltam os nexos anímicos iniciais com vitalidade pulsional do outro.

Essa depressão sem matiz afetivo, segundo Fédida (1999), se define por uma posição econômica que concerne a uma organização narcísica do vazio, observada em pacientes que se caracterizam por um quadro depressivo destituído de culpabilidade e sem objeto, resultante de uma deficiência na função principal da vida psíquica, que consiste na simbolização da ausência. Esses pacientes – refere o autor – são pessoas que vivem em condição de não existência ou cuja existência se mantém em suspenso, à espera de sentido. Trata-se, portanto, de uma depressão arcaica, anterior à posição depressiva de Klein, na qual, aparentemente, a imobilidade constitui a única medida possível diante da ameaça de aniquilamento causado pelo avassalamento de experiências traumáticas precoces. Essas experiências encontram-se relacionadas a uma mãe não empática, denominada "mãe morta", por Green (1988), "déspota louco", por Maldavsky (1995b), e "mãe frígida", por Fédida (1999). O vazio configura uma metapsicologia negativa que decorre da retirada dos investimentos libidinais. A angústia é experimentada no corpo e corresponde a uma vivência da qual a mente não tem registro.

Quanto à sensação de aniquilamento, típica das depressões sem tristeza, acentua Fédida (2002, p. 9):

> Essa sensação quase nem chega a ser um afeto que se experimenta e parece muito distante da percepção de um sofrimento vivido pelo sujeito. Ela se parece mais com uma imobilização, um impedimento de se sentirem os menores movimentos da vida interna e externa, à abolição de qualquer devaneio ou desejo.

Nas palavras do autor, esses quadros clínicos devem ser vistos como a angústia ou como um estado de afeto arcaico no qual o corpo desempenha um papel determinante na vivência. No lugar da tristeza, há um lamento que não chega a animar uma interioridade, mas constata um processo de desaparecimento. Na verdade, "uma derrocada da capacidade depressiva" (Fédida, 2002, p. 16), pois, quando a depressão se acompanha de tristeza é porque existe subjetividade, circulação da libido e comunicação intersubjetiva, e nos encontramos não com esses, mas com os quadros depressivos enfocados por Freud em "Luto e melancolia".

A queixa que alguns pacientes nos fazem da sensação de um "vazio" interior, em muitos casos, pode corresponder a um estado de depressão sem matiz afetivo, o qual procuram manter e estender ao funcionamento psíquico do interlocutor. Na situação terapêutica, o habitual é que o analista, não raro de uma maneira incontrolável, sinta-se tomado pelo sopor que esses pacientes padecem. Segundo Maldavsky (1995b, p. 260), "trata-se de uma criminalidade dirigida a todo o processo anímico, à dissolução de todo componente qualitativo". Quando isso ocorre, o analista, por um lado, corre o risco de se deixar contaminar pelo desânimo e pela apatia do paciente e, por outro, vê-se diante da possibilidade de entrar em um estado de impaciência crescente no anseio de sair e tirar o paciente da passividade. Lamentavelmente, essa conduta faz com que o paciente se mostre cada vez mais retraído porque não consegue sentir nada do que é dito pelo analista – suas palavras são experimentadas como intrusões violentas. Além dessas possibilidades, contratransferencialmente, o analista pode se identificar com o objeto traumatizante do paciente, impondo-se como um interlocutor autoritário e, dessa forma, repetir a situação infantil deste. Esse padrão de relacionamento analista-paciente pode perdurar por muito tempo, às vezes anos, sem que nenhum dos dois se dê conta do vínculo improdutivo ao qual se encontram submetidos, em particular porque, embora patologicamente, o par, nessa condição, "funciona".

A QUASE AUSÊNCIA DE VIDA PSÍQUICA

Isolda, 42 anos, desde os 30 tem o diagnóstico de transtorno do humor. Desde então, tem sido medicada, em altas doses, praticamente, com todos os antidepressivos existentes no mercado brasileiro, além de alguns importados, com resultados bastante precários. No entanto, sente-se dependente dos medicamentos e não consegue passar sem eles um único dia, entrando em estado de grande ansiedade quando ocorre alguma troca. Ela acaba de interromper o curso de psicologia que havia começado há três meses. Antes desse, frequentara seis outros, incluindo medicina, farmácia, línguas, matemática, computação e literatura. A história se repete: Isolda entra em uma fase do mais absoluto desânimo, que a impede, inclusive, de sair de casa, e, a partir de algum fato ou ideia, conclui que a realização de determinado curso superior – o qual passa a idealizar – vai lhe trazer de volta o interesse pela vida. Inicia o curso com muita expectativa, mas, em poucas semanas, começa um processo de desilusão, porque não consegue obter a vitalidade almejada e, como no último, em alguns meses, desiste, pretextando um engano de presunção. Na verdade, o interesse de Isolda pelos estudos resulta muito mais de um estímulo mundano excitante que não se sustenta do que de um movimento libidinal dirigido a um determinado curso.

Isolda está casada há um ano e meio com Osvaldo, 48 anos. Eles se conheceram por um *site* da internet. Antes de Osvaldo, Isolda teve quatro outros esposos e cerca de dez namorados. Diz ela: "Eu me grudo nas pessoas". Esse tipo de vínculo, que lembra uma ventosa ou uma sanguessuga, configura, de acordo com Maldavsky (1995b), um "apego desconectado": uma adesividade ao corpo de outro, cujos ritmos pulsionais, tais como respiração e batimentos cardíacos, são captados pela sensorialidade do indivíduo. Trata-

-se de uma percepção sem consciência, devido à desconexão da atenção psíquica que possibilita ao indivíduo dotar de coerência os diferentes registros mentais. Nesses casos, constata-se a existência de um universo sensorial caracterizado pela falta de qualificação, no qual a única atenção que se adverte tem um caráter reflexivo. Nesse universo, verificam-se apenas captações de frequências, golpes, sensações de "vertigem"* e intrusões dolorosas. Diz Maldavsky (1995b, p. 36):

> A desconexão implica dotar a superfície sensível com uma capa viscosa, na qual não tem eficácia a impressão sensorial, e, quando um estímulo atravessa essa região de indiferença hostil, este é captado como uma intrusão, como um golpe, e não como uma incitação qualificável. Se a perda da desconexão se apresenta como ser aturdido por um golpe, a perda do apego dá origem aos estados de vertigem. De tal forma que, em ocasiões, vertigem e aturdimento coexistem ao fracassar o recurso ao apego desconectado.

O casal e uma governanta que acompanha Isolda há muitos anos moram em um apartamento adquirido bem próximo a um hospital, ao qual ela recorre com frequência devido a crises nas quais tem a sensação de que vai morrer, despertando-lhe intensa ansiedade. O desencadeante dessas crises é a falha da desconexão da atenção psíquica. Quando a atenção reflexiva transmuda para atenção psíquica, perde-se a função adesiva da sensorialidade e se instala a sensação de vertigem. Como esse quadro clínico, devido à angústia que o acompanha, recebeu o diagnóstico de "crise de pânico", Isolda também se encontra medicada com fármacos indicados para essa patologia. Não obstante, eventualmente, também ocorrem verdadeiras crises de pânico, as quais, aparentemente, correspondem ao fracasso dos procedimentos autocalmantes, os quais ajudam a manter o estado letárgico em que vivem esses pacientes. Em todo esse processo, permanece quase imutável uma sonolência que se impõe ao interlocutor como força inexpugnável, correspondendo a um estado crepuscular em que somente a atenção reflexiva, e não a atenção psíquica, acompanha a percepção, razão pela qual a consciência subsiste em nível precário. Esses pacientes não buscam o prazer, mas a calma, mediante a qual procuram neutralizar um excesso de excitação ou sua drenagem desmesurada devido ao seu caráter traumático.

Um detalhe que chama a atenção nesse caso diz respeito à relação de Isolda com o frio. Por um lado, relata uma prática que mantém desde a infância de tocar no pavilhão da orelha (dela ou de outra pessoa) para desfru-

---

* Termo empregado por Maldavsky (1994) para caracterizar um registro cenestésico equivalente a ser atraído por um vazio sem nenhuma sustentação, um cair sem fim.

tar de uma sensação de "friozinho". Trata-se – segundo diz – de uma *brincadeira*, mediante a qual, aparentemente, procura captar uma impressão sensorial mínima que não chega a romper a capa viscosa da superfície sensível criada pelo afeto desconectado. Por outro, refere sentir muito frio, a ponto de usar meias de lã permanentemente para se esquentar, inclusive no verão. Nesse caso, é provável que o frio experimentado no interior do corpo resulte da perda do calor vital como consequência de uma hemorragia libidinal. Outro detalhe que também chama a atenção nesse caso consiste na relação de Isolda com a beleza, aspecto que procura enfatizar em Osvaldo, em seus relacionamentos anteriores, em suas amigas mais próximas, nela mesma e em seus pertences: casa, carro, vestuário e enfeites (colares, anéis, brincos), geralmente grandes e dourados. Na mesma linha, a sala de sua casa possui o teto ornado com pinturas douradas e objetos de decoração valiosos. Além disso, Isolda consome uma importância significativa na compra de roupas, em particular para Osvaldo, a quem ela deseja ver sempre elegantemente vestido. Apesar de expressivos, esses gastos não ultrapassam sua disponibilidade financeira nem interferem em suas reservas, mas representam uma tentativa de restabelecer sua falta de nexo com o universo sensorial através de um objeto mundano, no qual predominam certos traços, como a beleza e a conexão com a realidade. No entanto, nesses casos, observa-se uma tendência a escravizar o objeto como forma de garantir um caminho restituitório no vínculo com a realidade sensível, como se o anseio fosse de que o objeto oferecesse permanentemente essa coerência de que o ego do indivíduo carece e que não pode desenvolver. Como resultado, entre Isolda e Osvaldo identificamos um vínculo característico de uma relação do tipo amo-escravo. Esse modelo de solução equivale às defesas maníacas da depressão com tristeza, mas atendem a aspirações bem distintas. Na depressão sem tristeza, a meta é um nexo com a realidade sensível; na depressão com tristeza, a meta é a negação da realidade psíquica. Por outro lado, possuir bens valiosos (dourados), e com eles se identificar, objetiva se defender de um estado de inermidade anímica, o que equivale a não ter nenhum valor. Esse fragmento da personalidade de Isolda também aparece em sua identificação com moradores de rua e animais abandonados, correspondendo a um funcionamento quantitativo que, no caso, inclui um ideal ganancioso, observado em pacientes psicossomáticos. Não surpreende que Isolda tenha desenvolvido dois cânceres: um de pele e outro de órgão interno.

  Isolda não possui filhos, mas cria um gatinho o qual chama de "bebê", dedicando a ele todo o carinho e cuidado. Bebê é, também, como a mãe lhe chama até hoje. Conta que, ao nascer, foi cercada de grande atenção por parte da mãe, fazendo com que se sentisse, realmente, o bebê da mãe, embora hoje se dê conta de que, na verdade, tratou-se de uma relação despótica que a impediu de crescer e ter uma vida própria. Apesar disso, aprecia viver e ser tratada como um bebê, revelando encontrar-se submetida e depender absolutamente de um interlocutor dominante. Eventualmente, apresenta reações de fúria em situações em que sente sua individualidade desconsiderada pela mãe, mas o receio de perdê-la a leva a atender às suas expectativas ou, segundo as suas palavras, a "fazer as coisas como ela gosta". Por conta disso, sua vida é bastante restrita, em particular porque passa grande parte da noite em claro, conectada na internet, e dorme grande parte do dia. Costuma dizer: "Estou muito deprimida, não consigo fazer nada". Quando lhe é perguntado o que ela sente, responde: "Sinto-me cansada, sem forças". Reage a essa apatia realizando exercícios físicos repetitivos diariamente, representando os únicos momentos em que se sente com vida.

Isolda não se queixa de tristeza nem fala de um objeto perdido, mas de um contexto de proteção que foi extinto quando tinha 11 anos. Conta que, nessa idade, a mãe se separou do pai e saiu de casa. A partir desse episódio, passou a sentir muita angústia e, pela primeira vez, foi encaminhada a um psiquiatra e começou a tomar ansiolíticos. Considera esse afastamento da mãe uma traição, algo que ela jamais poderia ter feito, pois, devido à forma como fora criada, não se encontrava preparada para levar a vida desacompanhada, sequer experimentar um sentimento, pois até isso lhe era privado pela mãe, que impunha à filha seus próprios sentimentos. Um papel que, mais tarde, veio a ser desempenhado pela governanta, a qual, verdadeiramente, governa a vida de Isolda e sem a qual ela não teria condições de viver. Como a mãe, ela apresenta um funcionamento tipicamente operatório. O pai, nas palavras de Isolda, era um "idolatrado" político da pequena cidade em que viviam, sempre envolvido com obras sociais e ajudando pessoas pobres. Também era um homem estudioso e culto. Contudo, em casa, mostrava-se pouco afetivo e com escassa participação na vida familiar, razão pela qual a mãe teria passado a se relacionar com outra pessoa e se separado. Isolda tinha 17 anos quando o pai faleceu, momento a partir do qual passou a usar drogas e apresentar um comportamento promíscuo. Nessa época, iniciou uma psicoterapia de orientação analítica que durou alguns anos, aparentemente com bom resultado. Razoavelmente estável, Isolda veio a se casar quando tinha 25 anos, mas o falecimento súbito do esposo, após três anos de relacionamento, em uma situação trágica, fez com que piorassem seus sintomas e se iniciasse um processo de cronificação de seu estado mental.

COMENTÁRIO

Enfatiza Fédida (2002) que, na depressão, observamos gradações que vão das passagens depressivas que todos conhecem em sua vida cotidiana, devido a contrariedades, decepções e lutos, aos estados de apatia, refletindo uma vida morta. A depressão, segundo o autor, é uma doença que decorre do fato de o ser humano se encontrar, desde o nascimento, submetido à necessidade de se dotar de uma vida psíquica a partir de suas interações com a mãe e o ambiente. A depressão, portanto, ocorreria nessa área tão essencial e tão frágil em que se encontram a comunicação e o sentido. Contudo, de acordo com a sua opinião, devemos estabelecer uma diferença entre a depressividade inerente à vida psíquica e o que se chama de "estado deprimido", que consiste em uma identificação com a morte ou com o morto, representando um fracasso da capacidade depressiva do ser humano. Entendemos que, com essa observação, Fédida se refere tanto à depressão com tristeza (o luto normal e o luto patológico, quando, então, ocorre uma identificação com o morto) e a depressão sem tristeza, quando ocorre uma identificação com a morte, ou seja, quando a pulsão de morte impõe os seus requisitos e o princípio de inércia se sobrepõe ao princípio de constância, que confere sustentação à vida.

Como referimos inicialmente, situamos a depressão sem tristeza no grupo de patologias do desvalimento, as quais, de acordo com Maldavsky (1995b), expressam uma falta de consciência das percepções e falhas na qualificação do afeto. Freud (1976x) destacou que a percepção capta frequências objetivas, enquanto a consciência torna subjetiva essa atividade. Diz Maldavsky (1995b, p. 259):

> Portanto, a consciência se enlaça com a subjetividade, quiçá marcando a origem dos processos anímicos, mais além das atividades neuronais e da economia pulsional. A falta de consciência, ou seja, de qualificação da matéria sensível, quando, então, dela só se captam frequências, põe em evidência a dessubjetivação ou a não subjetivação, inerente ao apego desconectado.

Não obstante, juntamente com a percepção, também fazem parte da consciência originária os afetos, assim que, quando ocorre uma dessubjetivação, ambos os conteúdos ficam comprometidos. Isso quer dizer que, ao lado da falta de consciência das percepções, resultando na captação apenas de frequências, constatamos que, em lugar da dor psíquica, ocorre uma hemorragia libidinal, a qual vai dar origem aos quadros de depressão sem tristeza. No entanto, como entre esses dois conteúdos de consciência o afeto é preponderante, podemos considerar que a falta de matiz de um sentimento, ou seja, de sua qualidade diferencial, apresenta uma importância decisiva na falta de subjetivação dos fenômenos sensoriais. Sendo assim, enfatiza Maldavsky (1995b, p. 259-260):

> Sentir qualquer afeto, por mais desprazeroso que seja, implica estabelecer um nexo com a atividade pulsional. Ao mesmo tempo, como os afetos são subrogados pela libido, podemos dizer que sentir um

sentimento implica dispor de um nexo qualitativo com o componente mais vital de Eros. Opostamente, a ausência de matiz afetivo põe em evidência um corte nesse nexo primordial, origem de toda atividade mental subjetiva.

Esse estado de quase ausência de vida psíquica, de acordo com Fédida (2002), encontra na psicanálise uma possibilidade de reanimação, tendo em vista que, pelo processo que desencadeia e pela situação que instaura, cria as condições para restituir ao paciente a sua capacidade de sentir e, assim, a sua criatividade psíquica. Comenta: "Como se ela viesse atuar exatamente ali onde se congelaram as potencialidades das quais dispunha a vida psíquica que, para permanecer viva, teve de se tornar 'como morta', ou seja, inanimada" (Fédida, 2002, p. 17). Não obstante, não podemos subestimar as dificuldades que esses casos apresentam para levar adiante um tratamento analítico. Na verdade, para dar conta dessas patologias, faz-se necessário ampliar a psicanálise para uma mente cuja lógica não é a do prazer/desprazer, mas a de tensão/alívio de uma mente que carece de representação. Dessa forma, no lugar do tradicional "tornar o inconsciente consciente", visaríamos "tornar o consciente inconsciente", ou seja, primeiro ajudar o paciente a criar uma subjetividade. Em outras palavras, o trabalho a ser desenvolvido deve ter como meta a construção das experiências não sentidas para que estas possam ter significação na relação analítica. Trata-se, no entanto, de uma tarefa que ultrapassa os limites das dificuldades habituais de uma análise, exigindo do analista algumas características pessoais, entre as quais se incluem vitalidade, persistência, genuíno interesse pelo paciente e uma particular tolerância à frustração.

10

UM CORPO QUE CAI
(Caso Emílio)

Gley P. Costa e Gildo Katz

> **RESUMO**
>
> Estudo sobre as bases psicanalíticas do ataque de pânico, ilustrado com uma situação – que ocorre frequentemente na clínica – de associação dessa patologia com defesas neuróticas, dificultando a abordagem terapêutica.

Freud (1976c, h, o, r) enfatizou a necessidade de separar a neurose de angústia da neurastenia, as quais, mais tarde, juntamente com a hipocondria, foram enfeixadas no capítulo das neuroses atuais. Estas, diferentemente das psiconeuroses (histeria de conversão, fobia e neurose obsessiva), não resultavam de conflitos psicológicos e acontecimentos passados, mas de distúrbios atuais no funcionamento sexual, particularmente o excesso (neurastenia) e a estimulação não aliviada (neurose de angústia).

As crises, pelas quais se manifestava a neurose de angústia (*Angstneurose*), foram assim descritas:

- manifestações cardíacas: palpitações, arritmia breve, taquicardia persistente;
- manifestações respiratórias: dispneia;
- inundações de suor;
- fome devoradora, vômitos, náuseas;
- diarreias;
- vertigem locomotora;
- parestesias;
- premência urinária;
- insônia;
- medo de enlouquecer ou morrer.

Em oposição às psiconeuroses, as manifestações da neurose de angústia foram concebidas como eminentemente fisiológicas, não resultando, como as primeiras, de uma representação recalcada, razão pela qual não eram acessíveis à psicanálise. Freud considerava que a sintomatologia das crises de angústia correspondia à descarga de uma intensa excitação sexual acumulada que não obteve satisfação pelo coito, não implicando um padecer que se interroga, porque carece de simbolismo – a realidade do sintoma diz tudo. No entanto, como muitos postulados psicanalíticos, a primeira teoria da angústia, entendida como transformação de uma tensão física não ligada sexualmente, recebeu novos aportes ao longo da obra de Freud. Sendo assim, já em *A interpretação dos sonhos* (Freud, 1972a), ele relaciona a angústia com o ato do nascimento, levando adiante essa ideia até 1926, quando publicou "Inibições, sintomas e ansiedade", propondo o nascimento como modelo arquetípico de toda a angústia. Dessa forma, o nascimento e, no mesmo sentido, a crise de angústia, configurariam uma "angústia automática", própria do ego real primitivo, cujo funcionamento se assemelha ao do arco reflexo, necessitando da função auxiliar e estruturante da mãe ou de substituto (adulto significativo). A possibilidade de antecipar e se preparar para o perigo mediante uma "angústia sinal" é impensável no momento inicial da vida. Ela somente é concebível a partir do funcionamento do pré-consciente, segundo o princípio de realidade. Ou seja, antes da instalação do ego real definitivo, a irrupção da angústia não poderá se encontrar ligada à capacidade antecipatória. Assim sendo, podemos conceber a crise de angústia como uma regressão a momentos prévios à divisão intersistêmica e à repetição de uma situação econômica semelhante à do nascimento, quando devemos considerar um predomínio da pulsão de morte.

Contudo, a visão orgânica e não psicológica da neurose de angústia, sustentada por Freud inicialmente, representou uma verdadeira sentença que, de certa forma, justificou a apropriação da enfermidade pela psiquiatria, em especial a moderna psiquiatria biológica, com o novo nome de "ataque de pânico". Pertence ao psiquiatra americano Donald Klein (1980) a primeira descrição do ataque de pânico, o qual, no primeiro momento, relacionou com transtornos neuróticos e manifestações de ansiedade de separação na infância. Mais tarde, ele considerou que tanto a angústia de separação na infância quanto o ataque de pânico no adulto correspondiam a descargas neuronais das respostas atávicas à separação da mãe, conferindo ao quadro uma etiologia não mais psicológica, mas biológica. A resposta favorável à imipramina consolidou o diagnóstico de ataque de pânico como uma nova entidade nosográfica, cujas manifestações clínicas refletiriam uma disfunção neurobiológica de origem provavelmente genética. De acordo com o DSM-IV (1994), o ataque de pânico se caracteriza pelo surgimento agudo dos seguintes sintomas:

- palpitações ou taquicardia;
- sudorese;

- tremores ou abalos;
- sensações de falta de ar ou sufocamento;
- sensações de asfixia;
- dor ou desconforto torácico;
- náusea ou desconforto abdominal;
- sensação de tontura, instabilidade, vertigem ou desmaio;
- desrealização ou despersonalização;
- medo de perder o controle ou enlouquecer;
- medo de morrer;
- parestesias;
- calafrios ou ondas de calor.

A existência de dois diagnósticos leva a pensar que se trata de duas patologias que apresentam a mesma sintomatologia, mas diferentes etiologias, o que parece pouco provável. Na verdade, não existe nenhuma razão para distinguir essas duas categorias diagnósticas que, até o DSM-III (1980), com o nome de neurose de angústia, foi a mesma para psiquiatras e psicanalistas, valendo a descrição e a etiologia propostas inicialmente por Freud. Não obstante, o primeiro texto psicanalítico a tratar especificamente do pânico foi o artigo "Pan und Pan-Komplex", escrito pelo húngaro Bela Felszéghy e publicado em 1920 na revista *Imago*. Freud (1976s) cita esse trabalho no exame que faz do pânico em "Psicologia de grupo e análise do ego", qualificando-o de um tanto extravagante. Apesar disso, a concepção freudiana sobre o pânico foi fortemente influenciada pela ideias expostas naquele artigo. Felszéghy baseou seu argumento na análise da natureza polissêmica do termo *Panik* e em uma proposta de interpretação psicanalítica das diferentes versões do mito do deus Pã. Em uma delas, Pã, concebido pela união de Hermes com a ninfa Dríope, nasceu com formas monstruosas: meio humano e meio bode, sendo abandonado logo após o nascimento por sua mãe, que ficara apavorada com sua feiura. Hermes, no entanto, apresentou-o aos deuses, que lhe deram o nome de Pã, que significa tudo, todos. Hermes era responsável pela proteção dos habitantes da Arcádia, região central da Grécia Antiga que se dedicavam ao pastoreio e à agricultura. Contudo, seu anseio itinerante obrigou-o a exercer também a função de mensageiro, responsável pelas relações entre os deuses e os mortais. Isso o levou a abandonar sua tarefa inicial, a qual transferiu a Pã. Por exercer as funções de protetor dos bosques, campos, pastores e rebanhos, e por significar tudo, passou a ser considerado a personificação da natureza. Em contrapartida, por essa vinculação ao natural, associada ao fato de se encontrar entregue a si mesmo e abstraído dos deuses e da imortalidade, Pã passou a representar também o desamparo.

Fisicamente, Pã reunia, ao mesmo tempo, as características de sátiro, bode e homem-falo. Ele tinha uma atividade sexual muito intensa, principalmente com as ninfas, o que evidencia uma forte relação com a sexualidade.

Além disso, era amante da música. Inventou a flauta de pastor, ou *Sírinx*, que usava não só para seduzir as ninfas como para fugir do tédio e da solidão, particularmente à noite. Assim como os outros deuses que habitavam a floresta, Pã era temido por aqueles cujas ocupações os obrigavam a atravessar as matas durante a noite. Em tais lugares, reinavam as trevas e a solidão, que predispunham os espíritos ao rumor supersticioso. Por isso, os ruídos inesperados, os pavores súbitos, desprovidos de qualquer causa aparente, eram atribuídos a Pã, que se divertia seduzindo ninfas e aterrorizando pastores e camponeses enquanto dormiam. Por conta disso, na tradição grega, "pânico" é um fenômeno coletivo, causado por Pã, além de ser, intimamente, relacionado à sexualidade, ao terror súbito desenfreado. Dessa maneira, de acordo com Pereira (1999, p. 66), "[...] o pânico coloca em primeiro plano o lado apavorante do sexual que se apresenta quando este não encontra mais pontos de referência simbólicos onde se ancorar".

Do ponto de vista etimológico, a palavra pânico é derivada do grego *panikón* (terror, terror que vem de Pã) e do latim *panicu*. Enquanto adjetivo, é relativo ao deus Pã, com o significado de: o que assusta sem motivo, o que suscita medo por vezes infundado e que foge a um controle racional, terror, pânico. Como substantivo masculino, refere-se ao medo que os antigos diziam ser causado pelo deus Pã; susto ou pavor repentino, às vezes sem fundamento, que provoca uma reação desordenada, individual ou coletiva, de propagação rápida. Nesse sentido, a palavra pânico não é um "susto" (*Schreck*, em alemão) qualquer, mas, especificamente, um *Schreck* que vem de Pã. Por outro lado, o vocábulo é derivado do grego *Pán*, *Panos* e do latim *Pan, Panos*. Segundo Menezes, do mesmo radical Pã, encontramos a palavra "pane", substantivo feminino originário do francês *panne*, que significa parada por defeito do motor de avião, automóvel, motocicleta, etc. Porém, no imaginário popular, pane é utilizado como referência a um estado de paralisia e/ou perturbação geral que acontece de repente. A pessoa diz: "Me deu uma pane" ou "entrei em pane". Nesse sentido, 'pânico' enfatiza uma súbita parada de um mecanismo que até então estava funcionando adequadamente (Menezes, 2006, p.23).

Dentro desse vértice, a palavra pânico evoca, antes de tudo, o pavor inspirado pelo deus Pã, que está em tudo, em todos, em todas as partes. Por se encontrar ligado à ideia de totalidade, pânico, portanto, é um medo generalizado, um medo do todo. É o pavor súbito, o terror pânico ou simplesmente pânico. Como consequência, não há necessidade de que exista um perigo real, concreto, para a emergência do pânico. Basta apenas o rumor de que Pã, subitamente, inspire seus pensamentos, ou seja, o imaginário que assusta e se deixa levar aos extremos – exatamente o estado terrífico em que se encontra o indivíduo em um ataque de pânico, totalmente entregue aos poderes de Pã. Tomado de súbito por algo que lhe inspira horror e está em todas as partes e em qualquer lugar, defronta-se violentamente com um desamparo que não pode nomear. Por esse motivo, Felszéghy propõe que o pânico constitui um estado de desorganização e de caos psíquico, o que contraria muitos autores psicanalíticos que concebem o pânico como uma forma paradoxal de organização. Na visão do autor, o pânico deveria ser entendido como um fenômeno psíquico de *"pura-perda"*, de queda, esgotando-se em sua própria ocorrência e não podendo ser interpretado mais adiante como tendo um significado simbólico – o que se aproxima da ideia de Freud, de que o pânico é a pura expressão da angústia automática. Conforme Pereira (1999), foi também de Felszéghy que partiu a ideia, posteriormente desenvolvida por Freud, da continuidade estrutural entre o pânico da multidão e o do indivíduo. Segundo Felszéghy, esse estado afetivo pode ser desencadeado por motivos latentes, portanto inconscientes, tanto em uma massa quanto em um indivíduo. Como sabemos, tal ponto de vista irá constituir o eixo da argumentação freudiana que interpreta o pânico, sob todas as suas formas, como um fenômeno de liberação repentina de uma grande quantidade de investimentos libidinais até então organizados em torno de uma instância suprema, erigida em ideal. Assim, o artigo de Felszéghy anuncia e constitui o germe mesmo do pensamento freudiano sobre esse tema, devendo ser reconhecido como o fundador dos debates psicanalíticos sobre o pânico, não obstante o esquecimento no qual caiu ulteriormente.

BASES FREUDIANAS DO PÂNICO

O ponto de vista freudiano do pânico parte do estudo da noção de desvalimento (*Hilflosigkeit*), a qual se encontra na raiz dos escritos do fundador da psicanálise sobre a neurose de angústia (*Angstneurose*) e o ataque de angústia (*Angstanfall*). Como foi enfatizado na introdução deste livro, o tema da angústia interessou a Freud desde o início de seus questionamentos sobre a clínica. Os Rascunhos A, B, D, E e G constituem suas primeiras aproximações, nos quais procura demonstrar a etiologia sexual da neurastenia e da neurose de angústia. Diz no "Rascunho A" (Freud, 1977c, p. 61), dirigido a Fliess: "Sabe-se, geralmente, que a neurastenia é com frequência decorrente de uma sexualidade anormal. Mas o que eu defendo, o que eu gostaria de poder confirmar através de observações é que a neurastenia nada mais é que uma neurose sexual".

No "Rascunho B", também dirigido a Fliess em 8 de fevereiro de 1893, Freud (1977c, p. 30-31) propõe que o acesso de angústia e os sintomas ansiosos mais crônicos constituem formas distintas de apresentação clínica da *Angstneurose,* embora ambas mantenham uma relação muito estreita entre si. Em suas palavras, "[...] a neurose de angústia pode se manifestar sob duas formas: no estado crônico (*Dauerzustand*) e por acesso de angústia (*Angstanfall*). As duas formas estão frequentemente combinadas e a crise de angústia nunca aparece fora de um sintoma permanente". No "Rascunho D" (Freud, 1977c), discute novamente a etiologia e a teoria das grandes neuroses, incluindo a neurose de angústia entre aquelas que resultam de uma sexualidade anormal. Essa sexualidade anormal estaria vinculada ao excesso de excitação sexual não consumada, como descreve no Rascunho E (Freud, 1977c). Nele, Freud sustenta que a angústia do paciente neurótico tem muito a ver com a sexualidade e, em particular, com a abstinência e o coito interrompido, e que afeta tanto homens quanto mulheres. Considera a neurose de angústia uma neurose de obstrução que se caracteriza pela falta aparente do desejo sexual. Destaca que, quando ocorre um aumento demasiado da tensão física, e esta não pode se transformar em afeto por elaboração psíquica, a tensão sexual se transforma em angústia. Como resultado, os pacientes referem que, desde que passaram a sofrer de angústia, não mais sentiram desejo sexual. Freud acredita que exista uma conversão nas neuroses de angústia, assim como ocorre na histeria – mas, na histeria, trata-se de uma excitação psíquica voltada ao campo somático, enquanto na outra consiste em uma tensão física que, não podendo se introduzir no campo psíquico, permanece no campo físico. Dentro dessa perspectiva, considera que esse tipo de ansiedade determina o que ele chama de *neurose atual*, em oposição à *psiconeurose*, devido à postulada ausência de processos psíquicos, como ocorre na histeria.

No Rascunho G, Freud (1977c) sustenta que os indivíduos potentes facilmente adquirem neurose de angústia, enquanto os impotentes tendem à melancolia, existindo nestes uma violenta angústia inibida psiquicamente, com empobrecimento das pulsões e do sofrimento correspondente, no qual se destaca a frigidez. No artigo "Sobre os critérios para destacar da neurastenia uma síndrome particular denominada 'neurose de angústia'" ratificou que o ataque de angústia (*Angstanfall*) constituía uma das formas de apresentação da neurose de angústia, ao advertir:

> Um ataque de angústia desse tipo pode consistir apenas no sentimento de angústia, sem nenhuma ideia associada, ou então acompanhado da interpretação que estiver mais à mão, tais como ideias de extinção da vida, ou de uma pancada, ou de uma ameaça de loucura; ou ainda, alguma espécie de parestesia (similar à aura histérica) pode vir combinada ao sentimento de angústia, ou, finalmente, o sentimento de angústia pode estar ligado ao distúrbio de uma ou mais funções corporais – tais como respiração, a atividade cardíaca, a inervação vasomotora e a atividade glandular. Dessa combinação o paciente seleciona um ou outro fator em particular. Queixa-se de "espasmos do coração", "dificuldade respiratória", "inundações de suor", "fome devoradora", e coisas como essas; e, em sua descrição, o sentimento de angústia frequentemente se recolhe ao fundo, ou é referido de modo bastante irreconhecível, tal como "sentir-se mal", "não estar à vontade", assim por diante. (Freud, 1976t, p. 111).

Dentro do quadro da neurose de angústia, portanto, o problema psicopatológico dos ataques de angústia emergirá de modo explícito. Na proposição de Freud, tais ataques adquirem um estatuto clínico particular em relação aos estados ansiosos crônicos e flutuantes geralmente observados nessa entidade clínica. Dessa forma, o ataque de angústia se inscreve na teoria freudiana da angústia como uma manifestação clínica com características psicopatológicas próprias, não diretamente assimiláveis às outras manifestações de angústia. Por outro lado, ele permite embasar a compreensão dos desenvolvimentos posteriores quanto ao problema metapsicológico dos ataques de angústia, uma vez que, tal como foi assinalado, desde os seus primeiros trabalhos, Freud aponta para o papel decisivo do desvalimento como condição essencial para a psicopatologia desses ataques.

Freud conhecia intimamente esses terríveis ataques de angústia: eles fizeram parte de sua própria problemática existencial durante um período bastante longo e penoso. No livro *Autoanálise de Freud*, Anzieu (1988) propõe que os acessos de angústia de morte teriam desempenhado um papel decisivo para que Freud iniciasse sua autoanálise e até mesmo sua elaboração teórica. Os testemunhos dos ataques que teriam acometido Freud (1976r), quando da teorização da neurose de angústia e também alguns anos depois, são numerosos. Na primavera de 1894, quando de um episódio cardíaco, provavelmente causado pelo excesso de tabaco, Freud deparou-se com a angústia de morte. Em anos posteriores, existem várias referências a esses acessos de medo de morte, como a correspondência enviada a Fliess em 3 de julho de 1899, na qual Freud (1976r, p. 253) evoca precisamente o primeiro encontro entre ambos, em Salzburg, ocasião em que o próprio Fliess foi "testemunha, na estação de trem, de um dos meus piores acessos de ansiedade de viagens". Portanto, não é por acaso que Fliess – testemunha ocular das crises de angústia de Freud – tenha ocupado junto a ele o lugar de interlocutor privilegiado justamente na época em que começou a elaborar suas primeiras teorias sobre a angústia. Vemos, assim, que, naquele momento, para Freud, o desejo de conferir um sentido a suas próprias experiências emocionais era indissociável de sua teorização sobre a angústia, o que torna seus resultados ainda mais interessantes. Freud enfatiza a grande diversidade das formas clínicas sob as quais tais acessos podem se manifestar. Em várias oportunidades, afirma que certos sintomas agudos, tais como vertigens, distúrbios da atividade cardíaca, sudorese, tremores, abalos, diarreia e até mesmo o pavor noturno, nada mais são do que formas especiais de acessos de angústia, que passam, então, a se chamar de "equivalentes de angústia", isto é, acessos em que a angústia está ausente ou não constitui um elemento central, ainda que seu efeito psicopatológico seja idêntico ao dos acessos de angústia propriamente ditos.

Contudo, a hipótese de Freud era mais ampla porque ele vislumbrou, através da neurastenia e da neurose de angústia, a possibilidade de demonstrar, de maneira direta, a etiologia sexual das neuroses a partir de situações em que os fatores, imediatamente observáveis da vida sexual atual, se revelariam responsáveis por certas patologias neuróticas. Os acessos de angústia frequentemente observados em tais casos, corresponderiam à manifestação sintomática da descarga de uma excitação sexual física acumulada por sua incapacidade de encontrar uma satisfação direta em um orgasmo decorrente de uma relação sexual. Como resultado, o acesso de angústia constituiria o efeito de uma evacuação da libido física acumulada e, finalmente, transformada em angústia. A angústia é assim concebida como essencialmente não simbólica e até mesmo não psíquica: ela é pura descarga de pulsão sexual não consumada. De acordo com essa concepção, as manifestações clínicas elementares da angústia não são suscetíveis de interpretação e não podem ser reduzidas a fatores psíquicos; não haveria nada para se buscar além de sua própria apresentação clínica. A angústia consistiria unicamente na expressão visível da ação de agentes tóxicos, oriundos, ao que tudo indica, do metabolismo das substâncias sexuais.

Em "Um estudo autobiográfico", Freud (1976u, p. 73-74) lançou um olhar retrospectivo sobre sua teoria a respeito das neuroses atuais e concluiu que, em sua essência, ela permaneceria válida, mas se fazia necessário reconhecer que a estrutura envolvida na manifestação da angústia era mais complicada do que havia suposto inicialmente:

> Se, hoje em dia, eu der uma olhada em meus resultados de então [sobre as neuroses atuais], reconhecerei neles as primeiras esquematizações relativas a um estado de coisas na verdade muito mais complicado. Mas, ainda hoje, parecem-me válidos no conjunto. Para evitar concepções que pudessem causar mal-entendidos, gostaria de ressaltar que estou longe de negar a existência do conflito psíquico e dos complexos neuróticos na neurastenia. Limito-me a afirmar que os sintomas desses doentes não são psiquicamente determinados nem analiticamente suscetíveis de serem resolvidos, mas é preciso concebê-las como consequências tóxicas diretas da química sexual perturbada.*

---

* O aspecto tóxico de um grande número de manifestações psíquicas, entre elas o ataque de pânico, constatamos em um paciente com essa sintomatologia aficionado por corridas de cavalos, com as quais se ocupava o dia inteiro e das quais obtinha sua energia para viver, além de contar com a ajuda de uma esposa ativa e protetora. Entre um grande número de irmãos, de ambos os sexos, havia um alcoolista, um homossexual, um com compulsão sexual, um jogador compulsivo e dois especuladores, um deles envolvido com negociatas. A mãe fora uma mulher gananciosa, marcada pela praticidade e frieza no trato com os filhos, e o pai, um homem bondoso, mas pouco expressivo e desvalorizado pela mulher pela dificuldade de ganhar dinheiro.

No ano seguinte, em "Inibições, sintomas e angústia," Freud esclarece melhor essa aparente contradição: na neurose de transferência, existe um núcleo atual neurótico em torno do qual se instala o sintoma de origem histórico. Ou seja, uma angústia sem representação é encoberta por uma angústia com representação baseada em uma racionalização pré-consciente. Por exemplo, frente a um acesso de pânico (angústia automática), o indivíduo adota medidas de evitação fóbica, como não sair de casa, racionalizando que teme sofrer uma crise na rua ou ser vítima da violência urbana. Nesse mesmo trabalho, Freud chama a atenção de que, frequentemente, os casos apresentam mais de uma corrente psíquica de conflitos e defesas, ou seja, ao lado de movimentos que buscam aspirar mais ao apego do que à captação de elementos diferenciais, o paciente também transita em torno de problemas de natureza neurótica, perversa ou psicótica, como ilustra o caso Emílio. Em outras palavras, convivem lado a lado, com a predominância ora de uma, ora de outra, uma corrente neurótica, representada por um fragmento psíquico em que aparece um ego que lhe possibilita operar eficazmente com a realidade e se defender de seus desejos, apelando à repressão, e uma corrente tóxica, representada por um fragmento psíquico em que aparece uma estrutura egoica que envolve defesas mais primitivas, conforme o estudo clínico que apresentamos no Capítulo 4.

Não obstante, a noção de pânico, como uma forma de expressão da angústia automática, não é apreendida facilmente. Para tanto, é indispensável um estudo mais profundo das manifestações de angústia reunidas por Freud no campo do angustiante, dentro do qual o pânico se inscreve como uma subcategoria que necessita ser diferenciada do estranho, do horror e do terror. O estranho é aquela categoria do assustador que remete ao que é conhecido, ao familiar, e que resulta da emergência inesperada do recalcado – algo que deveria ter permanecido oculto, mas veio à luz. O sentimento inquietante de estranheza então despertado nos coloca na senda do ego e o seu duplo, que, nas palavras de Freud, "depois de haver sido uma garantia de imortalidade, transforma-se em estranho anunciador da morte" (Freud, 1976p, p. 294). Mais adiante, Freud (1976a, 1976n) definiu o horror e o terror como estados de angústia extrema, relacionados com a suposta castração da mãe no contexto do complexo de Édipo. A diferença é que o horror comporta uma dimensão visual específica; no caso do terror, falta a imagem ou o aspecto visual da experiência é mínimo, inserindo o indivíduo não em uma cena estruturada de castração, como no horror, mas em uma confrontação direta e cruel com o olhar da morte, configurando uma verdadeira "hipnose de terror". Nessas três situações – o estranho, horror e terror –, evidencia-se um nível de funcionamento mental em que existe um outro com o qual o indivíduo se relaciona. A nossa ideia é de que o ataque de pânico se encontra relacionado a um estado mais primitivo da mente, anterior à relação de objeto, como veremos mais adiante.

Uma teoria bastante completa sobre o pânico encontramos em "Psicologia de grupo e análise do ego", obra em que Freud (1976s) se ampara no trabalho de Felszéghy para articular esse estado afetivo extremo com o funcionamento das massas humanas, advertindo que, do ponto de vista libidinal, as relações mantidas entre uma multidão e o seu líder são estruturalmente idênticas às que existem entre o hipnotizado e o seu hipnotizador. Segundo Freud, o amor de cada um dos membros do grupo com o líder – tomado como uma figura ideal – é o que garante a estabilidade dos laços fraternos entre esses indivíduos e, por conseguinte, a manutenção do grupo. De acordo com essa linha de pensamento, o pânico equivaleria ao resultado da súbita ruptura desses laços amorosos pela perda do líder ou da ilusão que ele representa, levando à ruptura da organização coletiva. O que se passa é que o líder – tanto quanto o hipnotizador – é investido de atributos ideais que representam as aspirações, sejam as de um grupo, sejam as do hipnotizado, conforme o caso. A hipótese freudiana é a de que entrar em pânico é o efeito imediato de uma drástica ruptura dessa estrutura libidinal, lançando o indivíduo subitamente no vazio de seu próprio desamparo: não há mais nenhuma garantia para as identificações que até então constituíam a matriz imaginária sobre a qual se fundava a unidade do grupo e, correlativamente, a integridade do ego. Freud sustenta que o desencadeamento desse fenômeno – seja na massa, seja no indivíduo – tem a mesma estrutura do ponto de vista da economia libidinal, isto é, ocorre em função da ruptura dos laços amorosos que ligam os diferentes elementos de um sistema. O caso da multidão é mais claro: ela permanece integrada em função do vínculo que cada um de seus membros mantém com o líder, o que permite que eles desenvolvam um laço libidinal grupal, ao mesmo tempo em que as moções destrutivas são projetadas para fora do grupo. O exemplo do nazismo com o ódio dirigido aos judeus exemplifica de maneira clara o funcionamento desse mecanismo que visa manter a integração do grupo. Personagem ao mesmo tempo amado e temido, o líder – tal como o hipnotizador – encarna o pai onipotente, portanto, não castrado, que é infalível e que, como tudo sabe, indica o caminho correto e seguro a ser seguido. Em outras palavras, aquele que oferece garantias inexistentes e cujas capacidades constituem uma obra de pura imaginação, a qual, segundo Le Bon (1991), é transmitida por narrações fantasiosas de fatos mal-observados, acompanhadas por explicações forjadas posteriormente. Dessa forma, o líder, tanto quanto o sonho, é uma criação psíquica que responde a desejos enraizados na alma humana. Contudo, tais desejos, diferentemente dos sonhos, não correspondem a um anseio de liberdade, mas de submissão – sendo essa a condição a que se encontram submetidos não somente os liderados, mas também o líder. Diz o autor: "O líder, na maior parte das vezes, foi primeiro um liderado, hipnotizado pela ideia da qual se tornou apóstolo. Ela o invadiu a ponto de tudo desaparecer fora dela e qualquer opinião contrária parecer-lhe erro e superstição" (Le

Bon, 1991, p. 24). Correlativamente, para Le Bon (1991), existiria na multidão um desejo de submissão que deve ser encarado como um produto tanto de um desejo sexual como, de forma inseparável, de um temor do inominável, o qual se revela na ausência do líder. Reforçando esse aspecto sexual da massa, o autor refere que as multidões, em todos os lugares, são femininas, corroborando não apenas a indispensável característica fálica do líder como também, e sobretudo, a dimensão de um gozo sexual próprio à submissão da massa ao poder ilimitado do seu líder. Esse poder que serve para proteger é o mesmo que confere ao líder o direito de castigar aqueles que lhe desobedecem ou que contra ele se insurgem.

Freud (1976s) considera que o ataque de pânico, observado no indivíduo, corresponde ao estado de pânico na multidão – uma situação caótica de angústia desenfreada desencadeada pela ruptura dos laços amorosos com o líder, gerando a queda do grupo. Ou seja, para Freud, o pânico – compreendido em sua acepção mais geral – corresponde à instalação de uma condição de caos como resultado do desabamento de uma estrutura libidinal até então sustentada por uma imagem onipotente colocada no lugar de ideal do ego. Nas situações de desautorização e de perda súbita dessa referência estabilizadora, a unidade e a sobrevivência, tanto do grupo quanto do ego, veem-se repentinamente abaladas e ameaçadas: não há mais garantias tranquilizando contra as ameaças externas, estruturando as relações amorosas e indicando o caminho certo a seguir. Instala-se, então, um estado de perigo que, para Freud, corresponde à iminência de arrasamento do aparelho psíquico pela invasão de uma quantidade incontrolável de pulsão, gerando a angústia do tipo automática. Diferentemente da angústia do tipo sinal, na qual a emergência do afeto é proporcional à proximidade perigosa do objeto da pulsão, o estado de pânico, que se estabelece pela irrupção da angústia automática, instala-se a partir da perda da garantia proporcionada pela ilusão da estabilidade emocional, ou seja, do enfrentamento do sujeito com a possibilidade do perigo, sem esperar qualquer tipo de proteção: o indivíduo percebe-se em pleno desamparo e confrontado com o afluxo de uma libido até então ligada pelo amor a um ideal e que, repentinamente, se torna livre.

A descoberta súbita e inaceitável de que, afinal de contas, não há garantias absolutas e de que os perigos podem de fato se realizar como situações concretas de desamparo leva o sujeito ao pânico. Freud compara essa situação com um exército que pode se manter em combate de modo organizado, mesmo quando objetivamente a situação concreta é muito desfavorável, conquanto persista a influência tranquilizadora de seu general, ao passo que pode muito bem fugir inesperadamente, de modo totalmente desatinado e desorganizado, mesmo em situação de superioridade, se o rumor da morte ou da deserção do seu líder se espalhar em suas linhas. Com isso, conclui-se que os aspectos essenciais que conferem um estatuto particular aos acessos de angústia, observados nos quadros de pânico, são sua intensidade brutal e o fato de eles não serem acompanhados por representações capazes de lhes conferir um sentido, o que amplifica seu aspecto aterrorizante, uma vez que parecem inexplicáveis aos olhos do indivíduo por eles acometido. Contudo, o caráter excessivamente aflitivo desse estado impõe que tal afeto seja rapidamente ligado à rede de representações, na maioria das vezes as mais imediatamente disponíveis, de modo a limitar seu aspecto absurdo e inapreensível. Essa seria a origem das fobias que frequentemente acompanham os ataques de pânico.

A concomitância da fobia e de outras manifestações neuróticas nos ataques de pânico, geradora de algumas confusões teóricas e técnicas, deve ser entendida como uma tentativa desesperada do sujeito de conseguir certa apreensão sobre os acessos, para atribuir-lhes um sentido, ou seja, para restituir algum modo de controle ao aparelho psíquico. Na agorafobia, por exemplo, o paciente estabelece uma conexão entre o ataque e o lugar concreto em que ele aconteceu, o qual passa a ser evitado para prevenir um novo ataque. Na "Conferência XXXII", sobre angústia e vida pulsional, Freud (1976n, p. 106) explica essa maneira de considerar a agorafobia:

> Por exemplo, um paciente agorafóbico pode iniciar sua doença com um acesso de angústia na rua. Isso se repetiria cada vez que fosse à rua novamente. Desenvolverá então o sintoma da agorafobia: este também pode ser qualificado como inibição, como restrição do funcionamento do ego, e, por meio dele, o paciente se poupa dos ataques de angústia. E parece, com efeito, que a geração da angústia é o que surgiu primeiro, e a formação dos sintomas, o que veio depois, como se os sintomas fossem criados a fim de evitar a irrupção do estado de angústia.

De acordo com esse pressuposto, a agorafobia deve ser concebida como um esforço realizado pelo paciente no intuito de não mais ser acometido por ataques de angústia em circunstâncias nas quais não teria certeza de conseguir encontrar ajuda. Sendo assim, não podemos subestimar o benefício secundário do sintoma fóbico no quadro de pânico. Na "Carta 14", de sua correspondência com Fliess, Freud (1977a) procura evidenciar, na *Angstneurose*, a concomitância de acessos de angústia, manifestações de medo da morte, agorafobia e hipocondria. De fato, as sensações corporais sentidas durante um ataque de pânico desempenham um papel muito importante na organização mental do paciente, pois, ao se agarrar a esse aspecto apreensível, evita permanecer em um vazio pavoroso. Em outras palavras, uma disfunção do corpo se apresenta para o paciente como uma forma de ancorar o inominável da angústia sentida em algo tangível. O ataque de angústia está, portanto, estreitamente relacionado à hipocondria, a qual Freud (1976c, h, r, o) integrou no capítulo da neurose atual, juntamente à neurose de angústia e à neurastenia.

Existe um outro tipo de situação a qual Freud (1974a) chamou de ataques de morte, que, do ponto de vista clínico, corresponderia a um ataque de angústia, mas que, do ponto de vista metapsicológico, não se equivale a um ataque de pânico. Freud aborda os ataques de morte segundo a perspectiva edipiana, inscrevendo-os na estrutura da histeria. Para ele, os sintomas dos ataques de morte correspondem a uma identificação com o pai por parte do ego, a qual é autorizada pelo superego segundo a seguinte fórmula: "Você queria matar seu pai, a fim de ser você mesmo o pai. Agora, você é seu pai, mas um pai morto" (Freud, 1974a, p. 214). Freud enfatiza a dimensão superegoica dos ataques de morte: o desejo de parricídio é tão intenso e brutal que leva a um sentimento de culpa igualmente extremo. A necessidade de punição se manifesta, então, pela identificação com o pai morrendo. Dessa forma, sofrer um ataque de morte corresponderia, ao mesmo tempo, ao desejo de morte do pai e à expiação da violência inaceitável de tal desejo. Vemos, assim, que a referência aos conteúdos representacionais e à lei edipiana, estes inexistentes na teoria dos ataques de angústia, é, na neurose de angústia, valorizada e colocada em uma posição central. No entanto, é preciso questionar se tal identificação tem apenas um caráter expiatório das pulsões agressivas ou se constitui, também, uma tentativa de apreender, em um plano psíquico, a dimensão da angústia de morrer que o assassinato do pai teria tornado verossímil. Em alguns textos de Freud (1974j), como no artigo de 1974, intitulado "Reflexões para os tempos de guerra e morte", pode parecer que o ataque de pânico implica diretamente esta última possibilidade. A verdade, contudo, é que o problema dos ataques de angústia foi, para Freud, objeto de uma elaboração teórica contínua, constituindo uma questão com profundas repercussões sobre o estabelecimento de sua metapsicologia, mesmo quando, como referido anteriormente, ele examina a questão do parricídio dentro do marco teórico da teoria estrutural. Com base nesse desenvolvimento, conclui-se que tomar em consideração apenas os aspectos observáveis do ataque de pânico não é suficiente para situá-lo em uma perspectiva psicopatológica. Precisamos ter presente que as mais diversas configurações clínicas podem apresentar ataques de pânico dentre suas manifestações sintomatológicas sem que, no entanto, estejamos em condição de extrair diretamente disso os fundamentos psicopatológicos do pânico enquanto tais. Torna-se necessária uma abordagem metapsicológica para que se possa avaliar cada situação em particular.

CASO CLÍNICO

Emílio é um profissional liberal de 54 anos, casado há 20 anos e pai de quatro filhos. Ele sempre foi considerado uma pessoa controlada e metódica, que jamais se abalava com os acontecimentos do cotidiano. A busca de tratamento se deveu à ocorrência de frequentes ataques de pânico e manifestações somáticas difusas e variadas. Os sintomas tiveram início logo após o casamento da filha mais velha, seis meses antes, e coincidiu com o início de um relacionamento extraconjugal e a ingestão exagerada de bebidas alcoólicas. Esse quadro se fez acompanhar de um aumento cada vez maior da atividade profissional, executada de uma forma quase mecânica, até atingir a exaustão. Por conta disso e da relação extraconjugal, passou a chegar cada vez mais tarde em casa.

O analista não teve dúvida de que Emílio tinha desenvolvido uma súbita manifestação de angústia a partir do casamento da filha, a qual foi entendida, inicialmente, como decorrência da percepção de que estava envelhecendo – e, portanto, mais próximo da morte – e, também, como decorrência da perda dos objetos primitivos representados pela filha. Contudo, tal entendimento, interpretado de muitas maneiras e em vários níveis genéticos, não teve resultado, em que pese o ritmo frenético de vida do paciente ter sido atenuado, talvez pela ação dos medicamentos receitados pelo psiquiatra que lhe atendera previamente e encaminhado para tratamento analítico. Também pode ter contribuído para essa melhora inicial a compreensão de que o casamento da filha reprisara uma experiência da adolescência, quando uma namorada o trocou por outro jovem que tinha o mesmo nome do genro. Essa situação foi vivenciada por Emílio com muita humilhação e ódio contido, passando um tempo apático, sem vontade de se alimentar. O mesmo sentimento foi despertado pelas primeiras férias do analista, período em que também foi acometido de apatia e de um ataque de pânico, tendo que ser medicado em uma clínica de emergência. Contudo, aparentemente, reagiu a essa situação de desamparo com uma defesa contrafóbica, representada pelo início de um curso de pilotagem de aviões de pequeno porte, sofrendo um acidente que, por sorte, não teve maiores consequências. Ao mesmo tempo, ele se aproximou mais da amante e passou a apresentar uma atitude de indiferença em relação à esposa, a qual, evidentemente, representava o analista em sua fúria, o que procurava fazer desaparecer obsessivamente por meio de vários banhos por dia, justificados pela temperatura elevada.

No entanto, chamou a atenção que, após o ataque sofrido durante as férias, Emílio desenvolveu certos procedimentos repetitivos que configuravam uma típica conduta autocalmante, a qual o analista, no primeiro momento, entendeu como uma defesa contra a angústia de separação mobilizada pela situação transferencial. Contudo, uma lembrança do paciente fez com que concluísse que algo mais importante havia sido mobilizado por aquela experiência. Emílio descreveu como a mãe se relacionava com ele na infância: com pouco interesse, entregando os seus cuidados a uma babá deficiente mental, incapaz de perceber as suas necessidades mais elementares. Ele relatou que a mãe apenas se ocupava com o que dizia respeito ao seu bem-estar e sua beleza. Quando ele tinha 4 anos, sem motivo aparente, a mãe foi-se embora de casa. Posteriormente, ficou sabendo que ela tinha um amante. Somava-se a isso a ausência do pai, que estava continuamente viajando a negócios. A falta de emoção com que descreveu essa situação de evidente desamparo e humilhação remete sua patologia aos primeiros anos de vida, quando, pelo que tudo indica, faltou um contexto para auxiliá-lo a se livrar da angústia de morte, predominante logo após o nascimento. Essa carência levou Emílio a sufocar os afetos, a organizar uma mente pobre de conteúdos simbólicos e a desenvolver procedimentos autocalmantes, em uma tentativa de alcançar a "calma dos desesperados", que coincide ser o reino da pulsão de morte. O ataque de pânico, os sintomas psicossomáticos e a ingestão alcoólica parecem corroborar esse núcleo de neurose atual, a partir do qual desenvolveu uma personalidade fóbico-obsessiva que lhe possibilitou conquistar considerável sucesso profissional e se tornar "uma pessoa controlada e metódica que jamais se abalava com os acontecimentos do cotidiano". Cabe ressaltar, como forma de ligar a psiconeurose à neurose atual, que sua amante era uma pessoa com baixo nível intelectual e, como sua babá na infância, aparentemente deficiente mental. Ele a procurava apenas para manter relações sexuais, as quais eram destituídas de afeto, portanto mecânicas e, não raro, acompanhadas de dor, devido ao ímpeto com que as realizava. A relação com dor propiciava uma sensação de existência, configurando um funcionamento anterior ao masoquismo erógeno.

Em suma, Emílio sofria de duas perturbações psíquicas ligadas entre si, mas organizadas em dois planos dinâmicos distintos. A primeira, fóbico-obsessiva, era uma neurose compreensível do ponto de vista simbólico e interpretável pela técnica psicanalítica clássica. A segunda, expressa pelo pânico, pelas manifestações psicossomáticas e pelo alcoolismo, era, em parte, de natureza biológica e, em parte, decorrente de um contexto incapaz de auxiliá-lo na projeção e no processamento psíquico de sua pulsão de morte. Essa segunda perturbação persistiu como um "ruído de fundo", depois de todas as interpretações psicanalíticas terem sido fornecidas. O ponto de mudança nesse caso resultou de uma melhor definição da lógica que regia o segundo sistema defensivo, possibilitando que analista e paciente começassem a perceber que esse estado representava uma vulnerabilidade latente que, ativada pela tensão psicodinâmica, fazia ressoar uma angústia automática que incrementava os procedimentos autocalmantes. Diante disso, o analista passou a auxiliar o paciente a reconstruir sua história, estimulando-o a dizer o que sentia a respeito do que relatava. Dessa forma, lenta e progressivamente, Emílio começou a expressar o ódio e a frustração que experimentava com a mãe, com o pai e, finalmente, com a mulher, por esta apresentar características muito semelhantes às de sua mãe. Essa abordagem se revelou bem-sucedida porque permitiu resgatar ao terreno psíquico as representações destruídas ou quiçá inexistentes.

COMENTÁRIO

Em *Estudos sobre a histeria*, Freud (1974b) apresenta um caso particularmente ilustrativo do papel psicopatológico dos ataques de angústia na sua relação com a histeria. Trata-se da quarta história clínica apresentada no livro: a da jovem de 18 anos a quem ele deu o nome de Katharina. Pelo seu caráter aterrorizante, os sintomas físicos apresentados pela paciente haviam adquirido uma importância decisiva no conjunto do quadro clínico, tendo em vista que a sua sensação era a de que alguma coisa, que poderia acontecer imediatamente em seu corpo, colocava em risco a sua vida. Tratava-se de uma experiência não só insuportável como também incompreensível para a paciente, associada ao medo de ficar louca e de que tudo fosse estourar em sua cabeça. Diante de tal sintomatologia, acreditar na existência de uma doença física muito grave, como neste caso, constitui uma tentativa de fixar um ponto a partir do qual a pessoa procura se orientar. Relatou Katharina, a partir de perguntas que lhe foram sendo formuladas por Freud (1974b, p. 174):

> Tenho falta de ar que às vezes me apanha de tal forma que penso que vou ficar sufocada. Chega de repente. Primeiro de tudo parece que alguma coisa me aperta os olhos. A cabeça fica pesada, há um zumbido medonho e fico tão tonta que quase chego a cair. Então, alguma coisa me esmaga o peito que quase não posso respirar. Minha garganta fica apertada como se eu fosse sufocar. (Em minha cabeça) há um martelar, o suficiente para quebrá-la. Sempre penso que vou morrer. No dia em que isso acontece, não ouso ir a parte alguma; fico sempre pensando que alguém se acha por trás de mim e que vai me agarrar de repente.

Questiona Freud (1974b, p. 174-175): "Era assim de fato um acesso de ansiedade, e introduzido pelos sinais de uma 'aura' histérica – ou, mais corretamente, era um acesso histérico cujo conteúdo era a ansiedade? Será que provavelmente também não haveria outro conteúdo?". Diante dessa dúvida, pergunta: "Quando você tem um acesso, pensa em alguma coisa ou vê alguma coisa diante de você?". Responde Katharina: "Sim. Sempre vejo um rosto medonho que me olha de uma maneira terrível, de modo que fico assustada". A investigação evoluiu nesse tratamento, que teve a particularidade de se constituir em um único atendimento, até chegar ao ponto de a jovem paciente relatar uma situação de abuso sexual por parte do próprio pai quando ela tinha entre 13 e 14 anos. Freud (1974b, p. 183) não teve dúvida: "A ansiedade que Katharina sentia em seus acessos era histérica; isto é, era uma reprodução da ansiedade que surgira em conexão com cada um dos traumas sexuais."

Em um recente e minucioso estudo sobre o caso, Pereira (2003) refere que, do ponto de vista descritivo, o relato que essa paciente faz de suas crises é um dos mais próximos, em toda a obra freudiana, do que a moderna psiquiatria biológica descreve com o nome de ataque de pânico. Ao mesmo tempo, ele considera como um fragmento representacional simbólico a visão que a paciente tinha, durante os acessos de angústia, de um rosto horrível que a fitava com um olhar pavoroso, isolado pelo recalcamento – o que constituía, portanto, a marca de sua histeria. Para o autor, reportando-se ao tratamento instituído por Freud, nesse caso,

> Essa cura consistiu, precisamente, em ressituar pela fala o absurdo da angústia sentida pela jovem paciente em uma rede simbólica na qual sua excitação fosse novamente ancorada à memória de uma cena sexual esquecida. Até então, a organização psíquica de Katharina se via perpetuamente ameaçada por causa dos constantes ímpetos de excitação incontrolável e inominável oriundos desse núcleo patogênico. Nesse caso, o aparelho psíquico estava continuamente em situação – dessa vez patológica – de desamparo, em função do caráter inapreensível do perigo pulsional oriundo dessa fonte excitadora ao mesmo tempo interna e externa. (Pereira, 2003, p. 76-77).

Dessa maneira, Pereira alia-se a outros autores, como, por exemplo, De Masi (2004) e Lowenkron (2006), que acreditam na possibilidade de, através de interpretações, ascender ao mundo simbólico um quadro no qual, do nosso ponto de vista, predomina uma descarga pura de energia. Sendo assim, o modo de conceber a condição psicopatológica de Katharina supõe que a noção de pânico deva ser pensada além da simples referência a uma regressão a um estado primitivo de impotência psicomotora. Exige uma teorização das relações entre o desamparo e a patologia, consideradas a partir do fracasso do aparelho psíquico em dominar a emergência do sexual. Esse fracasso questiona os próprios limites do funcionamento psíquico e de sua capacidade de elaboração psíquica do sexual. A partir desse entendimento, concluímos que, na verdade, ao "ressituar pela fala o absurdo da angústia sentida pela jovem paciente em uma rede simbólica na qual sua excitação fosse novamente ancorada à memória de uma cena sexual esquecida", segundo as palavras de Pereira (2003, p. 76), Freud ilustrou um exemplar caso de histeria e, portanto, muito distante do que "a moderna psiquiatria biológica descreve com o nome de ataque de pânico", como sustenta o referido autor.

Cabe, contudo, lembrar que, no capítulo "A psicoterapia da histeria", ainda em *Estudos sobre a histeria*, Freud considera o caso de Katharina não como uma pura histeria, mas antes como uma combinação de neurose de angústia (cujos sintomas se superpõem à atual descrição do ataque de pânico) e histeria: a primeira, criando os sintomas; e a segunda, renovando-os e utilizando-os. Em outras palavras, os sintomas relatados pela paciente consistiam em uma elaboração simbólica da experiência traumática, sendo a angústia experimentada do tipo sinal, ou seja, que alerta o ego da possibilidade do surgimento de uma situação de caos psíquico (veja no Capítulo 11 mais detalhes sobre neurose traumática), próprio da angústia automática, a qual se faz presente no ataque de pânico. Na verdade, como enfatizamos acima, os pacientes podem apresentar mais de uma corrente psíquica de conflitos e defesas, possibilitando que, ao lado de um discurso sobre conteúdos representacionais, também discorram sobre um universo vazio de significado, ou seja, que não representa a intimidade de seus processos anímicos. Em outras palavras, convivem lado a lado com a predominância ora de uma, ora de outra: uma corrente neurótica representada por um fragmento psíquico em que aparece um ego que lhes possibilita operar eficazmente com a realidade e se defender de seus desejos, apelando ao recalcamento, e uma corrente tóxica representada por um fragmento psíquico em que aparece uma estrutura egoica que envolve defesas mais primitivas. Nessas circunstâncias, a angústia não funciona como sinal de alarme e se apresenta como angústia automática, uma hemorragia psíquica – como acontece com as patologias e os problemas do desvalimento, estudados no Capítulo 3, entre os quais incluímos o ataque de pânico. Esses pacientes não se beneficiam com a psicanálise segundo o modelo tradicional, baseado na interpretação de conteúdos simbólicos. Em patologias do desvalimento não há o que interpretar porque não se trata de representações que sucumbiram ao recalcamento, mas de representações rompidas, destruídas sem qualquer compensação ou simplesmente ausentes. Em vez de interpretar, pedimos aos pacientes que deem nome ao que experimentam em relação ao seu corpo e em relação aos outros. Com isso, busca-se servir de complemento para aquilo que eles ainda não dispõem: um aparelho para sentir os sentimentos. Dito de outra forma, o indivíduo dominado pela pulsão de morte necessita de alguém que o auxilie a processar o excesso de energia que arrasou a sua subjetividade e a quebrar o ciclo de tensão e alívio. A partir daí é que se poderia pensar em trabalhar de forma consistente com os elementos simbólicos. Dessa forma, procuramos aproximar duas realidades psíquicas, aparentemente, opostas – desvalimento e psiconeurose –, tendo presente que o sinal de angústia é constituído pela proximidade do sujeito com o perigo (incestuoso ou agressivo), enquanto o pânico nasce da constatação insuportável da falta de proteção real ou imaginária. A evolução do pensamento de Freud sobre o desamparo põe em evidência justamente que essa falta de garantias não é contingente ou acidental, mas inerente ao funcionamento psíquico, e que essa capacidade protetora onipotente atribuída ao pai visa proteger o indivíduo do estado de desvalimento que se encontrava no alvorecer de sua existência. Em síntese, o estado psíquico de impossibilidade de controle sobre a própria pulsão é chamado por Freud de desamparo, e o afeto que lhe é próprio, de terror. O pânico, por sua vez, recebe uma determinação específica: angústia provocada pelo rompimento dos laços emocionais, que unem o indivíduo a um líder (ideal) e aos membros do grupo, a qual libera um medo gigantesco e insensato. Não obstante, temos de ter presente que, nas patologias do desvalimento, de acordo com Maldavsky (1995a), a perda não é de um objeto, como nas neuroses e psicoses, relacionada, portanto, com a posição depressiva de Klein, mas um contexto capaz de neutralizar um excesso de excitação ou sua drenagem desmesurada, ambos traumáticos.

11

ETERNO PRESENTE

(Caso Aquiles)

Gley P. Costa e Edson Sá Borges

> **R**ESUMO
>
> Estudo sobre a neurose traumática, uma patologia que resulta do arrasamento da barreira de proteção antiestímulos com a conseguinte alteração econômica e a impossibilidade de qualificar a excitação exógena, ilustrado com o caso de um paciente com ideação suicida, pelo qual fica evidente que a pessoa que só possui o tempo presente não faz história nem tem futuro.

A concepção de trauma psicológico como uma resposta psíquica mal-adaptada a um evento ou a uma sucessão de eventos estressores oriundos do mundo externo passou a ser abordada cientificamente a partir do final do século XIX. Desde então, perpassando o século XX, podemos identificar três períodos marcados por investigações mais sistemáticas, seguidos, cada um, de momentos de silêncio e negação do assunto[*]. A esses três períodos, podemos acrescentar um quarto, correspondente aos primeiros anos do século XXI. De acordo com Herman (2001), o primeiro deles teve como foco a patologia histérica e se irradiou a partir da França, primordialmente com Briquet, Charcot e Janet: Briquet associou os sintomas histéricos com traumas sexuais na infância; na mesma linha, Charcot promoveu a remoção temporária desses sintomas pelo uso da hipnose; e Janet, aluno de Charcot, estabeleceu uma relação da histeria com estigmas e acidentes mentais. Freud, dando seguimento aos estudos de Charcot, inicialmente, procurou tratar suas pacientes histéricas por meio da hipnose, mas logo modificou para a

---

[*] Fenômeno similar ao que ocorre no plano individual, no qual a memória invasiva irrompe de forma disruptiva na consciência, mas pode também tomar a forma de uma amnésia absoluta em relação ao fato que desencadeia e estrutura o quadro traumatogênico.

técnica da sugestão e, por fim, para a da livre associação. Influenciado pelo relato de suas pacientes, em um primeiro momento, deduziu que a causa da histeria era a ocorrência real de um abuso sexual, por parte de um adulto, sofrido na infância, concepção conhecida com o nome de teoria da sedução. Mais tarde, ele concluiu que, na maioria das vezes, esses abusos não passavam de uma fantasia das pacientes e, consequentemente, a importância do trauma infantil na etiologia da histeria perdeu sua força inicial.

O segundo período de estudos sobre o trauma se inicia com a Primeira Guerra Mundial e vai até a guerra do Vietnã, passando pela Segunda Guerra Mundial. O cenário não é mais a França, mas principalmente a Inglaterra e os Estados Unidos. Após a eclosão da Primeira Guerra Mundial, a teoria de Freud sobre a etiologia das neuroses foi confrontada com os sintomas de soldados vindos da frente de batalha, não sendo mais possível explicar a origem desses sintomas pela teoria de fantasias sexuais infantis. O valor etiológico de situações externas retornou à cena como causadora de reações psíquicas determinadas pelo rompimento de um escudo de proteção do aparelho psíquico contra estímulos externos muito intensos, conceito criado por Freud (1976d) em "Além do princípio do prazer". Os avanços nos estudos científicos sobre o trauma, nesse período, desencadearam um aguerrido embate médico. De um lado, psiquiatras conservadores argumentavam que os problemas emocionais apresentados pelos soldados eram morais, reveladores de uma fraqueza que os levava a apresentar sintomas semelhantes aos das histéricas. O tratamento indicado era o de submetê-los à humilhação, impor-lhes punições e aplicar-lhes choques elétricos para abater os sintomas. Muitos soldados com quadro de neurose traumática foram levados à corte marcial. Por outro lado, psiquiatras mais progressistas sustentavam se tratar de uma doença psíquica causada pela exposição a situações chocantes, sendo o mais indicado o tratamento psicológico baseado nos princípios psicanalíticos. O médico americano Abram Kardiner, segundo Herman (2001), depois de se analisar com Freud em Viena e estudar psicanálise, retornou a Nova York, onde foi trabalhar em um hospital de veteranos de guerra. Essa experiência teve como resultado a publicação, em 1941, de um excelente estudo teórico-clínico intitulado "As neuroses traumáticas de guerra", no qual foram estabelecidas as bases do que, quatro décadas mais tarde, veio a ser denominado Transtorno de Estresse Pós-Traumático.

O terceiro período de investigações sobre o trauma ocorreu na segunda metade do século XX, trazendo de volta temas – como abuso sexual e violência doméstica – que haviam merecido a atenção dos estudiosos do primeiro período, porém, o palco não mais se restringia à França, mas abrangia a Europa Ocidental e também os Estados Unidos. Os movimentos político-sociais de pano de fundo que alavancam esses temas foram os movimentos feminista e o de direitos humanos, os quais alicerçaram e chancelaram a possibilidade de trazer para a discussão pública um assunto que antes era um grande tabu: a violência e o abuso sexual no interior dos limites privados da família. O estudo dos maus-tratos impostos à criança e à mulher foi fortemente intensificado. Na verdade, a violência infantil já era conhecida, mas negada até 1860, quando, em um magistral trabalho intitulado "Estudo médico-legal sobre as sevícias e maus-tratos infligidos a crianças", o médico legista Ambroise Auguste Tardieu revelou o resultado das autópsias, realizadas no necrotério de Paris, de crianças que, supostamente, haviam morrido devido a acidentes. Sua conclusão foi de que elas, na verdade, haviam perdido a vida em consequência de maus-tratos, em sua maioria cometidos pelos pais ou professores (Masson, 1984). Ao longo da primeira metade do século XX, as evidências de anormalidades no trato infantil se revelaram nos estudos radiológicos de Roth (1906), Bromer (1936), Cafey (1946) e Wolley (1955), citados por Herbert (1982). Em 1961, a Academia Americana de Pediatria promoveu um simpósio a respeito de crianças maltratadas, quando, frente à gravidade do problema, foi proposto o termo "síndrome da criança maltratada" (*the battered child*). Outro exemplo de estudo interessante desse período é o da enfermeira psiquiátrica Ann Burgess e da socióloga Lynda Armstrong, de 1972, sobre os efeitos psicológicos do estupro, também citadas por Herman (2001). Após um ano de atendimento a casos de estupro de 92 mulheres e 37 crianças na sala de emergência do Boston City Hospital, as autoras observaram um padrão de reações psicológicas a que denominaram de "síndrome de trauma por violação" (*rape trauma*). O quadro clínico descrito incluía, entre outros sintomas, náuseas, pesadelos e manifestações dissociativas e de atordoamento.

No quarto período, contemporâneo, o estudo sobre o trauma retrata um novo interesse: as consequências do terrorismo, como o atentado contra o World Trade Center, em 11 de setembro de 2001, as catástrofes naturais, como a provocada por um *tsunami* causado por um terremoto no Oceano Índico em 2004, os desastres aéreos e a violência urbana. Ao longo da história, o tema do trauma nunca havia sido tão pesquisado, observando-se uma tendência à integração dos conhecimentos obtidos nessa trajetória, sem perder seu caráter aterrador pelo qual irrompe no imaginário pessoal, cultural e científico. Do ponto de vista da clínica, hoje em dia, as doenças traumáticas assumem especificidades de compreensão e de abordagens terapêuticas de acordo com os diferentes autores e as diferentes linhas de pesquisa. Como resultado, elas são chamadas de Neurose Traumática, Transtorno de Estresse Pós-Traumático ou Transtorno de Estresse Pós-Traumático Complexo, entre outras denominações. Em termos de comorbidade, encontramos com certa frequência as dependências químicas, os transtornos dissociativos, os transtornos de personalidade *borderline* e histriônicos, as alterações permanentes de personalidade em razão de eventos catastróficos, os transtornos de humor, as doenças psicossomáticas e várias outras patologias. Segundo o *National Comorbity Survey*, estima-se que a prevalência de

TEPT (Transtorno de Estresse Pós-traumático) durante a vida é de aproximadamente 8% na população em geral, sendo mais prevalente em mulheres (10,4%) do que em homens (5%). As experiências traumáticas mais comuns entre os homens são as situações de combate e o testemunho de morte ou ferimento de outra pessoa. Entre as mulheres, são mais frequentes as situações de estupro, molestamento sexual e abuso físico na infância. Nos países menos desenvolvidos, a causa mais comum é a violência (Meshulan-Werebe; Andrade; Delouya, 2003).

Em 1991, Terr classificou o trauma em dois tipos (Vieira Neto; Vieira, 2005). O trauma Tipo I é aquele vivenciado de forma episódica, rápida e súbita, como, por exemplo, em um acidente de carro, envolvendo a morte de algum familiar. Nessas situações, as modalidades patológicas mais comuns são transtornos de ajustamento ou transtornos de estresse agudo, podendo evoluir para transtornos de estresse pós-traumático. O trauma Tipo II é aquele que acontece e é vivenciado insidiosamente, envolvendo silêncio ou desespero pela impossibilidade de ser alterado e apresentando uma ambivalência brutal perante a figura do perpetrador do trauma (familiar ou não). Ele costuma apresentar uma duração que se prolonga por meses ou anos, mediante mecanismos de defesa como a negação, o recalcamento ou a sua transformação em sintoma, podendo se incorporar à própria estrutura da personalidade. Situações de abuso sexual e maus-tratos, em geral ocorridos na infância, levando a patologias vinculares graves, parecem constituir a etiologia principal desse tipo de trauma. Os diagnósticos psiquiátricos comumente encontrados são: transtornos de estresse pós-traumático, transtornos dissociativos, transtornos do humor e transtornos da personalidade, como a *borderline* e a histriônica, e o denominado de Alterações Permanentes de Personalidade após Experiência Catastrófica (F62.0, segundo a CID-10). Contudo, Herman (2001) questiona os conceitos diagnósticos formalmente estruturados por considerar que eles engessam e empobrecem a multiplicidade das manifestações que o trauma pode assumir. Esse questionamento é interessante, pois atenua a ênfase na descrição exclusiva dos sintomas e na classificação psiquiátrica, sublinhando a necessidade de se entender mais profundamente as manifestações psíquicas resultantes das situações traumáticas. Ao analisarmos a literatura, observamos que a noção de trauma, sob o ponto de vista psiquiátrico, assume, predominantemente, a denominação de transtorno de estresse pós-traumático e, do ponto de vista psicanalítico, a denominação de neurose traumática. No primeiro caso, a ênfase recai sobre a questão do estresse, sendo o trauma uma qualificação da situação que o desencadeia. Diferentemente, no segundo caso, a ênfase recai sob a questão do traumático em si. Outro ponto relacionado com as discussões atuais é o habitual uso do termo "vítima" para as pessoas que sofreram um trauma, o qual aponta para a passividade, impotência e inoperância frente ao ocorrido, pressupondo a incapacidade do indivíduo de superar as adversidades decorrentes do evento traumático. Ao mesmo tempo, exclui a questão da subjetividade, fixando o indivíduo em um papel social preestabelecido, não levando em consideração sua eventual participação, como no caso das traumatofilias. Herman (2001) utiliza o termo "sobrevivente", e Benyakar (2003), "danificado". Preferimos considerar estas como situações de desvalimento, referidas adiante, breves ou duradouras, determinadas por estímulos do mundo exterior ou interior em uma quantidade e subtaneidade que ultrapassam a capacidade do indivíduo de processá-los psiquicamente. Além de individual, essa capacidade é variável de acordo com o estágio de desenvolvimento do ego e outras condições provisórias ou permanentes.

EVOLUÇÃO DO CONCEITO DE TRAUMA NA OBRA DE FREUD

A questão do trauma, do traumático e da neurose traumática perpassa toda a obra freudiana. Suas primeiras referências ao assunto podemos encontrar nas chamadas publicações pré-psicanalíticas, a começar pela tradução do livro de Charcot, *Leçons du mardi*, em cujo prefácio Freud (1977d) chama a atenção para o fator da lembrança de uma experiência passada no desencadeamento do quadro histérico, além de definir o trauma pela primeira vez: "Um trauma teria de ser definido como um incremento da excitação no sistema nervoso, que este é incapaz de fazer se dissipar adequadamente pela reação motora. Um ataque histérico talvez deva ser considerado uma tentativa de completar a reação ao trauma" (Freud, 1977d, p. 196-197). Mais adiante, refere:

> O elemento constante e essencial no ataque histérico é o retorno de um estado psíquico que o paciente já experimentou anteriormente – em outras palavras, o retorno de uma lembrança. Contudo, a lembrança que forma o conteúdo de um ataque histérico não é uma lembrança qualquer; é o retorno do evento que causou a irrupção da histeria – o trauma psíquico. (Freud, 1977d, p. 213-214).

Pouco depois, em "Estudos sobre a histeria", Freud (1974b, p. 40), ao abordar a ligação causal entre o fato desencadeante e o fenômeno patológico, comenta:

> Observações como essas nos parecem estabelecer uma analogia entre a patogênese da histeria comum e a das neuroses traumáticas e justificar uma extensão do conceito de histeria traumática. Em neuroses traumáticas, a causa atuante da doença não é o dano físico insignificante, mas a emoção do susto – o trauma psíquico. De maneira análoga, nossas pesquisas revelam, para muitos, senão para a maioria dos sintomas histéricos, causas desencadeantes que somente podem ser descritas como

traumas psíquicos. No caso da histeria comum, não é rara a ocorrência, em vez de um trauma principal isolado, de vários traumas parciais, que formam um grupo de causas desencadeantes. Essas causas somente puderam exercer um efeito traumático somando-se suas influências, e elas constituem um conjunto porque são, em parte, componentes de uma mesma história de sofrimento.

Nesse primeiro período da elaboração teórica do trauma, que se estende até 1920 com "Além do princípio do prazer", o traumático se relaciona a um ato de sedução sexual imposto à criança por um adulto, e que vai ser determinante para uma organização neurótica subsequente. Trata-se do modelo do *après-coup*, descrito no "Projeto para uma psicologia científica" (Freud, 1977b), segundo o qual o ato sedutor traumático acontece em dois tempos, como explica em "Novos comentários sobre as neuropsicoses de defesa":

> A histeria não poderia ser explicável a partir do efeito do trauma: devia-se reconhecer que a suscetibilidade a uma reação histérica preexistia ao trauma. O lugar dessa indefinida disposição histérica pode agora ser assumido, inteiramente ou em parte, pela operação póstuma de um trauma sexual na infância. (Freud, 1976o, p. 192).

Embora retomada em "O homem dos lobos" (Freud, 1976w), essa concepção do trauma, não obstante, foi logo abandonada por Freud, conforme declara na "Carta 61", dirigida a Fliess: "Confiarei a você o grande segredo que lentamente comecei a compreender nos últimos meses. Não acredito mais em minha neurótica" (Freud, 1977a, p. 350). Ele apontou como razões dessa mudança de rumo o fracasso dos tratamentos; a conclusão de que, em todos os casos, o pai – não excluindo o dele – tinha de ser apontado como pervertido, o que lhe parecia pouco provável; a dificuldade de distinguir no inconsciente entre a verdade e a imaginação e, por último, a constatação, a partir das psicoses, de que o inconsciente nunca supera a resistência do consciente, de tal forma que, nesses casos, o segredo das experiências da infância não é revelado sequer nos delírios. Com isso, de acordo com Bokanowsky (2005, p. 28), estabelece-se um segundo momento desse primeiro período, correspondente à descoberta das teorias sexuais infantis, a partir do qual "[...] todos os traumatismos, assim como todos os conflitos psíquicos, serão encarados em referência aos fantasmas inconscientes, assim como às fantasias originárias e às angústias concomitantes, que vão tecer a realidade psíquica interna". Após essa "decepção", o interesse sobre o trauma passa a um segundo plano na obra de Freud para retornar em 1920, no trabalho "Além do princípio do prazer" – na verdade, um pouco antes, nas "Conferências introdutórias sobre psicanálise" (1976i), movido pela Primeira Guerra

Mundial. Na conferência XVIII, intitulada "Fixação em traumas – o inconsciente", Freud (1976i, p. 325) destaca:

> As neuroses traumáticas dão uma indicação precisa de que em sua raiz se situa uma fixação no momento do acidente traumático [...] o termo "traumático" não tem outro sentido senão o sentido econômico. Aplicamo-lo a uma experiência que, em curto período de tempo, aporta à mente um acréscimo de estímulo excessivamente poderoso para ser manejado ou elaborado de maneira normal, e isso só pode resultar em perturbações permanentes da forma em que essa energia opera.

A partir de 1920, correspondendo, conforme Bokanowski, ao segundo período da elaboração freudiana sobre o trauma, o traumatismo será relacionado ao conceito econômico do funcionamento do aparelho psíquico, o que nos conduz a uma mudança de paradigma. Diz o autor:

> Contrariamente a um excesso de sedução externa ou interna que caracterizava o período precedente, o traumatismo será doravante ligado a um defeito de paraexcitação.* A angústia de castração, angústia sinal que visava proteger o *self*, será substituída no novo paradigma pelo *Hilflosigkeit* – o desamparo do bebê, que designa a paralisia do sujeito frente a uma irrupção quantitativa, verdadeiro "terror" de origem interna ou externa. A tradução clínica desse modelo é a "neurose traumática", cujo motor é a compulsão à repetição. (Bokanauski, 2005, p. 28-29).

O novo paradigma da neurose traumática é, portanto, o desvalimento (*Hilflosigkeit*), e a angústia correspondente é a automática. O quadro se instala como consequência do arrasamento da barreira antiestímulo, descrita por Freud (1976d) em "Além do princípio do prazer", cuja função é proteger o organismo de estímulos exagerados do mundo externo. A situação traumática se configura, portanto, pelo ingresso no aparelho mental de grandes quantidades de excitação que superam sua capacidade de tramitá-las psiquicamente, ou seja, ligá-las a representações. As excitações muito fortes, quando vindas do interior, são recebidas diretamente pelo sistema Pc-Cs, que as projeta no exterior a fim de que a barreira antiestímulos possa ser utilizada contra elas. Diz Strachey, na introdução de "Inibições, sintomas e ansiedade" (Freud, 1976k, p. 99): "O determinante fundamental da ansiedade automática é a ocorrência de uma situação traumática; e a essência disso é uma experiência de desamparo (desvalimento) por parte do ego em face de um acúmulo de excitação, quer de origem externa quer interna, com que não se pode lidar". Nessa obra, Freud enfatiza o laço entre traumatismo e perda de

---

* Entenda-se: uma fratura ou arrasamento da barreira antiestímulo.

objeto. Quem sabe devêssemos falar não em perda do objeto, mas da representação do objeto.

O terceiro período da elaboração teórica do trauma corresponde à publicação do trabalho "Moisés e o monoteísmo", no qual Freud (1975c) considera que as experiências traumáticas, inicialmente constitutivas da organização e do funcionamento do aparelho mental, podem acarretar danos narcísicos e ruptura do ego, apontando para dois destinos possíveis da fixação no trauma: o primeiro, positivo e organizador, constitui uma tentativa de repetir o trauma, ou seja, recordar a experiência esquecida, torná-la real, experimentá-la novamente, elaborá-la; o segundo, negativo e desorganizador, segue o destino oposto, ou seja, nada dos traumas é recordado e repetido e cria-se um enclave psíquico – "um Estado dentro de um Estado", diz Freud (1975c). De acordo com Bokanowski (2005, p. 30), essa clivagem narcísica apresenta as seguintes consequências:

1. Impede o processo de ligação pulsional, cria defeitos na constituição do narcisismo e acarreta importantes carências representativas que mutilam o ego para sempre.
2. Engendra uma "paralisia psíquica", ou uma sideração do ego, mantendo um "terrorismo do sofrimento" e uma dor, podendo levar à desesperança em relação à interiorização de um objeto primário pouco confiável.
3. Ocasiona uma sensação de desamparo primário que durante toda a vida é reativado nas menores situações e dá lugar a transferências passionais, a depressões de transferência ou de reações terapêuticas negativas, todas testemunhas da importante destrutividade psíquica gerada pela experiência traumática.

Resumidamente, podemos dizer que, nas formulações iniciais de Freud, os conceitos de trauma e sedução real por parte de um adulto ocorrida na infância se relacionavam de forma indissolúvel, sendo a histeria o paradigma dessa associação (Prefácio e notas de rodapé à tradução de *Leçons du mardi*, de Charcot; "Estudos sobre a histeria", 1974b; "Projeto", 1977b; "Novos comentários sobre as neuropsicoses de defesa", 1976o). Contudo, em um segundo momento, mais precisamente em 1897 ("Carta 61", dirigida a Fliess), a ideia da realidade objetiva da cena da sedução traumática foi substituída pela realidade psíquica dos desejos e fantasias inconscientes e, a partir de então, os destinos da sedução e do trauma seguiram caminhos independentes na obra de Freud. O tema da sedução, depois de perder seu lugar como cena traumática real, foi retomado no contexto da fantasmática inconsciente do psiquismo nos "Três ensaios sobre a teoria da sexualidade" (Freud, 1972e) e, mais tarde, sem qualquer vinculação com o trauma, em uma articulação com a situação edípica ("A dissolução do complexo de Édipo", 1976b). Por outro lado, a teoria do trauma reapareceu nos artigos "a psicanálise e as neuroses de guerra" (1976l), "Além do princípio do prazer" (1976d) e "Inibições, sintomas e ansiedade" (1976k), nos quais relaciona o trauma ao montante de energia pulsional não representada, à angústia automática e a uma nova teoria do pulsional. Nessa obra, Freud sustenta que, no trauma, como resultado do arrasamento da couraça antiestímulo, podem ocorrer, combinados ou não, dois fatores econômicos: uma dor que não cessa e uma estase da autoconservação. Tais fatores interferem na fixação da sexualidade e, como consequência, o trauma se impõe como expressão da eficácia da pulsão de morte, simultaneamente com a tendência a neutralizá-la, ao restringir seus efeitos a um ponto recortado. Esse ponto recortado, que constitui um elemento nuclear da neurose traumática, gera uma fixação permanente, cuja característica essencial consiste na resignação da própria vitalidade em um gozo agônico. Refere Maldavsky (1995b, p. 118-119):

> Quando aludo a uma alteração da autoconservação nas neuroses traumáticas, refiro-me a uma tendência a eliminar a tensão vital, a fazê-la desaparecer, com uma perturbação da homeostase, situação em que a estase libidinal se torna duradoura. Nesse caso, o contrainvestimento está constituído por uma sonolência funcional e pelo uso dos procedimentos autocalmantes, que interpõem a frequência no lugar da qualificação (afetiva, sensorial). O caráter patológico do processo consiste em que a hipertrofia ou a hemorragia pulsionais proveem de uma incitação sensual contida no seio do mesmo instrumento defensivo rítmico.

CONTRIBUIÇÃO DE FERENCZI

Reconhecidamente, o aporte de Ferenczi ampliou a concepção freudiana sobre o trauma. Em carta dirigida a Freud, de 25 de outubro de 1929 (Falzeder; Combridge, 2000), Ferenczi comenta que, em todos os casos em que a análise foi suficientemente profunda, pôde encontrar as bases traumáticas da enfermidade, e critica a ênfase concedida à análise da neurose obsessiva e do caráter, ou seja, da psicologia do ego, em detrimento da base orgânico--histérica, concluindo que a causa residia na superestimação da fantasia vis--à-vis a subestimação da realidade traumática na origem da patologia. Em outras palavras, Ferenczi retorna e reforça a concepção inicial de Freud sobre o trauma infantil. De acordo com Jiménez Avello (1998), a realidade traumática organizará o pensamento teórico e técnico de Ferenczi dos últimos anos, desde o estudo da cisão psíquica e da revisão do conceito de pulsão de morte até as modificações técnicas destinadas a favorecer a regressão em concomitância com o uso consistente da contratransferência. No ano seguinte, portanto, em 1930, no dia 20 de julho, Ferenczi escreve novamente a Freud para lhe dizer que se encontra empenhado em revitalizar a teoria do traumatismo, aparentemente abandonada e, passado mais um ano, em 10 de outubro de 1931 (Fortune, 2000), revela ao amigo Groddeck encontrar-se preocupado com o problema das cisões no trauma, inclusive com as atomizações da personalidade, que oferecem ocasião a um estimulante, mas complicado, jogo de resolução de enigmas, alertando que, ao entrar nesse jogo, nos aproximamos perigosamente da morte.

A teoria do trauma na obra de Ferenczi (1992) se desenvolveu nos primeiros anos da década de 1930[*] e foi exposta, quase integralmente, em seus trabalhos "Princípio de relaxação e neocatarse", "Análise de crianças com adultos" e "Confusão de língua entre os adultos e a criança"; nas publicações póstumas e "Reflexões sobre o traumatismo" "Psych infantilism and hysteria" (1955); e no livro *Diário clínico* (1988), trazido a público, pela primeira vez, 52 anos após a sua morte. Ferenczi referendou e ampliou a concepção freudiana do traumático, ao considerar não apenas a sexualidade, mas também a hostilidade no encontro da criança com o adulto, além de chamar a atenção para o efeito do trauma na construção narcísica do indivíduo. Sem desprezar a teoria da sedução, enfatizou o desamparo do recém-nascido em consonância com sua dependência do amor e do cuidado do adulto, constituindo um espaço intersubjetivo responsável pelo nascimento das emoções. Para Ferenczi, a situação traumática se instala quando o adulto não cumpre com a função precípua de proteção e torna a criança alvo de suas necessidades passionais, relacionadas tanto com as pulsões sexuais quanto agressivas, de uma forma surpreendente, ou seja, que pega a criança desprevenida. O resultado é a passagem brusca e inesperada de um estado de segurança para um outro de desamparo como resultado da ação de um objeto até então confiável. Essa experiência arrasa o sentimento de segurança da criança mantido em relação a si mesma e ao ambiente e, como consequência, ela tenderá a se submeter e a se identificar com o objeto traumatizante como forma de fazer com que a agressão deixe de existir enquanto realidade externa e, no decurso da ação traumática, manter a situação anterior de ternura. Essa defesa implica uma deformação do psiquismo do infante medida à que desloca o seu desejo de ternura para o desejo de satisfação do agressor e, como resultado, prioriza as necessidades do outro em detrimento das próprias.

A intensidade de um trauma se mede pela sua potencialidade de dano no psiquismo. Contudo, segundo o ponto de vista de Ferenczi, o efeito patogênico do trauma guarda uma relação estreita com a atitude do adulto no momento em que a criança sofre a agressão. Tudo vai depender, em grande medida, se ela foi acompanhada, assistida, apoiada e, principalmente, se a agressão imposta foi reconhecida ou, opostamente, se houve descuido,

---

[*] Sándor Ferenczi morreu em 22 de maio de 1933, a menos de dois meses de completar 60 anos.

abandono, castigo – ou, ainda, o que ocorre com frequência: o adulto subestima ou nega o trauma e age como se nada houvesse ocorrido. Ferenczi confere tal importância a esse fator que chega a manifestar a impressão de que mesmo um choque grave pode ser superado sem amnésias ou sintomas, se a mãe estiver presente no momento do trauma e proporcionar à criança ternura, apoio e uma genuína compreensão. Ele acredita que essa qualidade de assistência deve servir de modelo ao analista quando se vê diante de uma neurose traumática resultante de um ataque sexual ou agressivo sofrido na infância. Portanto, o resultado do tratamento dependerá, essencialmente, da confiança na bondade e na verdadeira compreensão do analista. São dele as seguintes palavras a respeito da pessoa do analista extraídas do *Diário clínico* (Ferenczi, 1988, p. 281):

> Ele deve ser capaz de reconhecer todos os seus movimentos emocionais negativos e, dessa forma, liberar o paciente do sentimento despertado pela sua hipocrisia. Além disso, é necessário que o paciente consiga sentir a verdadeira bondade do analista. Essa simpatia permitirá aos pacientes compartilhar seus sofrimentos conosco e, como consequência, sentirem-se liberados em uma boa medida. Em tais circunstâncias, a bondade e a energia do analista permitem evitar a explosão no momento de contato entre o mundo dos sentimentos e o mundo do pensamento, possibilitando que a rememoração tome, finalmente, o lugar das repetições.

Dessa forma, fica consignada a importância concedida por Ferenczi ao ambiente nas consequências do trauma e, na mesma medida, à pessoa do analista no tratamento das neuroses traumáticas, que visa, do seu ponto de vista, transformar as repetições (no sentido freudiano) em rememorações, mediante as quais o paciente adquire a plena convicção do seu passado traumático e, dessa forma, dá início ao processo de cura, que consiste na reintegração das partes cindidas. No entanto, não se trata de uma tarefa fácil de se realizar. Diz Ferenczi (1988, p. 50-51):

> Poder-se-ia crer que a repetição infinita durante a análise da experiência traumática, pondo o acento tanto sobre um como sobre outro fator, desemboca, finalmente, na construção de uma imagem completa, à maneira de um mosaico. Na realidade, é o que acontece, mas não somente com o sentimento de uma reconstrução especulativa ou com a firme convicção da realidade dos fatos. "Algo" deve ser agregado para transformar a coerência intelectual do possível ou do provável em uma coesão mais sólida de realidade necessária, inclusive evidente.

O "algo" a mais se relaciona com a atitude do analista durante a sessão, pois o paciente não pode acreditar firmemente na realidade da sua experiência se o analista, a única testemunha do que se passou, mantém uma atitude fria e distante, puramente intelectual, em contraste com a reação que a violência do trauma deveria despertar em qualquer pessoa presente: rebelião, angústia, terror, impulso de vingança, pesar, anseio de oferecer ajuda rápida para eliminar a causa ou o responsável e, ainda, frente ao revivescer do abandono experimentado no momento da ação traumática, o desejo de reconfortá-lo afetivamente. Ferenczi justifica essa "análise mútua", sobre a qual Freud o havia posto em guarda, alertando para o fato de que a tendência do paciente é de pensar que "não pode ser verdade que tudo isso me ocorreu sem que alguém tivesse me socorrido", preferindo por dúvida em sua crença a acreditar que os adultos possam ser tão destituídos de sentimentos. A técnica proposta, inicialmente, procura levar o paciente a regredir até uma situação pré-traumática para que desfrute os estágios precoces do amor objetal passivo. No entanto, como essa relação amorosa não pode durar para sempre, chega um momento em que deve ser estabelecido um término e, quanto mais intensamente tenha se estabelecido o vínculo transferencial, maior será o efeito traumático dessa situação que, na infância, engendrou o trauma. Instala-se, então, no presente, a situação de frustração que reproduz, a partir do passado, a raiva impotente e a paralisia que dela decorre, exigindo muito esforço, tato e compreensão para se conseguir a reconciliação com o paciente, situação oposta à indiferença experimentada na infância. Diz Ferenczi (1988c, p. 83): "Deve aparecer na análise o sentimento de estar totalmente só, de não contar com mais ninguém do que consigo mesmo, enfrentar o desespero de não conseguir se ligar a nada e, por analogia, reviver a experiência dolorida do passado". Isso possibilitaria ao paciente experimentar dentro do marco analítico uma segunda oportunidade para retificar os efeitos da ação traumática e, do contraste, surgirá a recordação, não a repetição, das ações e reações inadequadas dos adultos frente à dor sofrida no passado. Portanto, para Ferenczi, se pretendemos obter uma recordação do trauma, precisamos reproduzir o mesmo traumatismo e, nas condições mais favoráveis da análise, conduzir o paciente, pela primeira vez, à percepção e à descarga motora. A ideia é que as impressões da experiência traumática ficaram fora do registro psíquico e que a reprodução e o contraste proporcionados pela análise inauguram a sua mentalização.

Refere Ferenczi que, no momento do trauma, a criança abandona toda a esperança de um auxílio exterior ou de que algo possa atenuar seu sofrimento. Ela já não teme a morte porque esta já está ali e, como último recurso, procura desesperadamente se adaptar à situação. Quando se perde toda a esperança de contar com a ajuda de um adulto, e tendo se esgotado todas as forças para se defender, só resta esperar a clemência do agressor. A pessoa se divide em um ser psíquico de puro saber que observa os acontecimentos mundanos e um corpo totalmente insensível que, identificado com o agressor, passa a apaziguar o sofrimento e as tensões experimentadas por este. Para Ferenczi (1988, p. 152), é como se o indivíduo traumatizado dissesse: "Como eu não existo, não sinto nada, inclusive a dor que me é imposta. Em troca, sinto a satisfação do prazer do agressor que ainda posso perceber". Ele refere que a válvula de escape encontrada pelo psiquismo para fazer frente à angústia extrema gerada pela situação traumática é a autodestruição da consciência e da coesão das formações psíquicas em uma entidade. Nesse processo, estancam-se as percepções e o pensamento, produzindo uma paralisia psíquica total, resultando que nenhuma marca mnêmica da vivência do trauma se estabeleça no inconsciente, razão pela qual esta não pode ser rememorada. A consequência desse registro negativo é uma divisão da personalidade que regride a uma beatitude pré-traumática, como se nada tivesse ocorrido. O silêncio do adulto em relação ao fato reforça essa tentativa de recusar (*Verleugnem*, em alemão; *disavowal*, em inglês; *desmentida*, em espanhol) o trauma. Resumidamente, a ideia central de Ferenczi é que, no trauma, o mundo dos objetos desaparece, parcial ou inteiramente: tudo é sensação sem objeto. Não obstante, as sensações desagradáveis em alguma parte do corpo seguem vibrando, ao que ele chama de "recordações físicas".

UMA BASE PARA EVITAR O TRAUMA

No início de vida do bebê, a mãe, com sua capacidade de desenvolver o que Winnicott (1956) denomina de preocupação materna primária, entra em sintonia psíquica com as necessidades inicialmente corporais do bebê, com o objetivo instintivo de poder lhe suprir com o que é necessário. No primeiro momento, são necessidades corporais que, gradativamente, partindo da elaboração imaginativa da experiência física, vão se tornando necessidades do ego. De acordo com esse ponto de vista, toda criança, a partir da experiência normal do nascimento, encontra-se previamente preparada para sofrer certo grau de invasões/perturbações do ambiente. Essa capacidade é valiosa, pois serve como estímulo para o próprio desenvolvimento emocional. Contudo, acima de um determinado nível, essas invasões/perturbações externas geram uma reação, que passa a ser lesiva, porque nessa fase inicial não existe suficiente força do ego para que haja uma reação sem perda de identidade. O que ocorre é a vivência de uma angústia desesperadora de aniquilação. De forma muito resumida, podemos dizer, baseados nessa concepção do desenvolvimento emocional, que, se uma criança nasce em um ambiente caracterizado por uma mãe suficientemente boa, capaz de desenvolver o que é denominado de preocupação materna primária, o potencial herdado psíquico desse bebê, em uma linha de desenvolvimento caracterizada pelo devir de um continuar-a-ser, irá gerar o que Winnicott (1965) chama de *verdadeiro self*. Contudo, se o ambiente apresentar falhas importantes nessa fase inicial, o que será provocado é uma série de reações que, em vez de estimular o processo que se direciona para a saúde, provocará uma cadeia de medidas defensivas que produzirá uma deformação do ego sob a forma de uma pseudopersonalidade, a qual poderá levar ao profundo engano de ser tomada como uma personalidade verdadeira. A essa couraça defensiva, Winnicott (1965) denomina *falso self*.

Fazendo uma ponte teórica com Freud, podemos dizer que a mãe suficientemente boa de Winnicott será capaz de auxiliar seu bebê a constituir uma eficiente barreira antiestímulos, um escudo que irá protegê-lo de invasões e posteriores reações lesivas ao seu ego. Parece razoável também pensarmos que esse ambiente protetor e sustentador é caracterizado por uma rede de vínculos afetivos e sociais que configuram, na visão de Bowlby (1989), um apego seguro, o qual contribuirá para o desenvolvimento de uma considerável capacidade de resiliência.* Infelizmente, nem sempre é esse processo adequado e saudável que encontramos. Muitas vezes, o processo de desenvolvimento emocional de um recém-nascido é marcado pela exposição a uma série de estímulos que sobrepujam a capacidade do ego de processá-los psiquicamente, deixando em seu rastro uma lesão do aparelho mental que configura o que se deve considerar um trauma. Este pode resultar de uma experiência única ou repetitiva, caracterizando a situação denominada por Khan (1980) de "trauma acumulativo", resultado da inadequação da atenção às necessidades anaclíticas da criança, determinando fendas no escudo de proteção antiestímulos, as quais adquirem acumulativa e retrospectivamente o valor de trauma.

NEUROSE TRAUMÁTICA E TEORIA DO DESVALIMENTO

Maldavsky (1992, 1995b, 1996, 1998) desenvolveu uma teoria do desvalimento para abordar as patologias que se caracterizam por um estado econômico no qual predomina uma dor que não cessa, portanto, sem consciência, com a abolição da subjetividade. A incapacidade para processar as exigências pulsionais, observada nessa clínica, desperta no ego uma angústia automática, que surge como corolário da desvitalização que caracteriza as patologias do desvalimento, entre as quais se encontram as chamadas neuroses traumáticas, etiologicamente relacionadas com situações precoces de arrasamento da barreira de proteção antiestímulos, gerando um excesso de excitação ou sua drenagem desmesurada, ambos traumáticos. Por esse motivo, são comuns nesses quadros as autoestimulações sensoriais e motoras que não têm por meta alcançar uma satisfação, mas a monotonia, através da qual o indivíduo se empenha em estancar a vida pulsional. A energia sexu-

---

* No caso, capacidade para ressignificar situações traumáticas.

al despertada pelo trauma é predominantemente libido narcisista e a defesa mais consistentemente empregada é o repúdio (*Verwerfung*, em alemão; *repudiation*, em inglês; *desestimación*, em espanhol) do afeto, que compromete os fundamentos da subjetividade, consistente com a captação das qualidades psíquicas dos vínculos. Devido à limitada capacidade desses pacientes para modular operativamente a angústia, eles recorrem, frequentemente, a meios auxiliares, como as drogas, as compulsões sexuais e o *acting out*, através dos quais tentam atenuar a vivência de vazio, terror ou confusão de que o ego se sente invadido. Distintamente das neuroses clássicas (histeria, neurose obsessiva e fobia), psicoses e perversões, os sintomas das neuroses traumáticas não permitem a redução histórica ou simbólica do trauma, não respondendo, devido a isso, à técnica psicanalítica tradicional, baseada na associação livre e na interpretação. Antes que isso seja possível, o trabalho a ser desenvolvido deve ter como meta a construção das experiências não sentidas para que possam obter significação na relação analítica.

IDENTIFICAÇÃO E FIXAÇÃO AO TRAUMA

Maldavsky (1995b) chama a atenção para os traços de caráter que tipificam as patologias tóxicas e traumáticas. São eles: a viscosidade, o cinismo e a abulia,* os quais se encontram relacionados com a identificação com o objeto decepcionante e a fixação ao trauma – dois elementos que caracterizam uma neurose traumática. Freud (1976q) enfatiza que viver, ou seja, sentir-se vivo, corresponde a se sentir amado: no caso do adulto, pelo superego, mas na criança, e, em muitas circunstâncias, em qualquer idade, pela realidade e pelos poderes superiores, representantes do id. Quando o ego se sente confrontado com forças que avassalam sua capacidade de enfrentamento ou fuga, ele se sente invadido por um sentimento extremo de indigência, em face de um ideal que se volta contra ele, e se deixa morrer. Nesse processo, o ego procura arrasar todos os seus próprios fragmentos vitais que se opõem a esse destino ominoso e se identifica com a realidade que visa destruí-lo. Predomina, então, uma tendência anímica dissolvente, desconstituinte da tensão vital, do que resulta um estado econômico inerte. O caráter abúlico ou letárgico, acima referido, constitui a perpetuação desse desenlace egoico diante da realidade aniquiladora. Acrescenta Maldavsky (1995b, p. 49):

> Na couraça colérica que protege o ego das incitações vitais podem estar alojados (por expulsão) os fragmentos anímicos mais resistentes à tendência ao inerte, inutilizados e invertidos em sua função, de onde

---

* Esses traços de caráter encontram-se detalhadamente descritos no Capítulo 3.

resulta uma tristeza anônima. Algo similar ocorre com as práticas promíscuas, na qual o objeto é colocado na situação de anônimo, ocupando o lugar que deveria ser do sujeito. Lamentavelmente, a tristeza anônima, própria do caráter abúlico, fica fortalecida com a prática promíscua, na qual é aniquilado quem poderia subjetivar a dor.

Como advertimos inicialmente, dois elementos configuram a neurose traumática: a identificação com o objeto traumatizante e a fixação ao trauma. No entanto, precisamos diferenciar a fixação ao trauma que se verifica nas neuroses traumáticas da fixação ao trauma que se verifica nas patologias neuróticas, psicóticas e perversas. Nas últimas, o trauma sofre um processamento de tal maneira a alcançar certo grau de qualificação anímica, que se apresenta habitualmente como fixação a uma fantasia masoquista específica (ser cortado, queimado ou jogado na histeria de angústia ou ser agredido fisicamente na neurose obsessiva); nas primeiras, essa qualificação é inacessível, limitando-se ao recurso do pesadelo, que consiste em uma tentativa de aportar a angústia faltante na surpresa do trauma com a intervenção da compulsão à repetição. A fixação ao trauma também pode culminar no apego a um processamento tóxico da pulsão, como ocorre nas adicções, nas doenças psicossomáticas, nas epilepsias, nas traumatofilias, na promiscuidade e nos estados autistas. Segundo Maldavsky (1995b), essa situação corresponde a um desvio da neurose traumática às neuroses atuais ou estruturas afins, tóxicas.

Ao mesmo tempo, Maldavsky (1995b) chama a atenção para a importância do estudo do conceito de fixação ao trauma na obra de Freud para uma melhor compreensão da neurose traumática, lembrando que a fixação segue duas orientações: a primeira, em consonância com Eros, trabalha no sentido do desenvolvimento, opondo-se ao caos, à desordem e a uma flutuação não coordenada de variáveis; a segunda, tributária da pulsão de morte, opera no sentido oposto ao desenvolvimento, promovendo a sua perturbação. Sendo assim, a fixação, por um lado, aparece como uma hipótese que dá conta de uma função relacionada com a estruturação econômica e anímica e, por outro, faz referência ao fundamento de um processo patológico. Ambas as fixações pressupõem a hipótese de um desenvolvimento pulsional e egoico. O pulsional corresponde a uma força que visa uma síntese cada vez maior das pulsões integrantes de Eros em seu esforço de ligar a pulsão de morte e atingir níveis crescentes de tensão e complexificação estrutural, em um processo em que se encontram implicadas a sexualidade e a autoconservação. O desenvolvimento egoico se encontra entrelaçado com o pulsional e se expressa, basicamente, como uma possibilidade de ligar as pulsões com representantes anímicos cada vez mais sofisticados e, dessa forma, dar-lhes espaço no mundo simbólico. A fixação ordenadora, especificamente, aparece tanto no campo do anímico quanto do pulsional. No campo do anímico, corresponde a um modo de ligar a erogeneidade ao mundo simbólico, representacional e identificatório; como resultado, a pulsão se enlaça com os atos psíquicos, com o afeto e com o pensamento inconsciente. Por seu turno, a fixação pulsional, sustentada pela aliança entre os componentes de Eros, sexualidade e autoconservação, procura neutralizar a ação desestruturante da pulsão de morte, configurando a mescla pulsional. Por outro lado, a fixação patológica, desintegradora, interfere nas duas possibilidades de desenvolvimento – pulsional e egoica – e mantém uma ligação com formas parciais de satisfação pulsional e de processamento anímico, predominantemente masoquistas. Freud (1976i) enfatizou que tal situação configura uma fixação ao trauma, a qual, geralmente, é seguida de um contrainvestimento pulsional e anímico. De acordo com Maldavsky (1995b, p. 204), o trauma fica ligado por meio de uma alteração do componente voluptuoso, ou seja, por uma passagem ao masoquismo erógeno e, posteriormente, moral. Segundo suas palavras:

> Isso se expressa como desenvolvimento de uma fantasia masoquista na qual sobrevém uma fixação egoica e pulsional, em um duplo sentido: como perturbação patológica do desenvolvimento e, paradoxalmente, ao mesmo tempo, como produção de uma ordem no caos erógeno prévio. O caos, a tendência à desintegração econômica e anímica, fica localizado em um fragmento, e, a partir daí, faz valer a sua eficácia, enquanto o resto dos processos pulsionais e egoicos se beneficiam, provisoriamente, dessa delimitação do risco de desestruturação, em que pese manter-se ameaçado permanentemente.

Essa situação, típica das neuroses e psicoses, é diferente nas neuroses traumáticas, tendo em vista que o trauma tem outra natureza, à medida que a desfusão dos fragmentos de Eros impossibilita a ligação dos componentes libidinais, cuja excitação é provocada por uma incitação exógena. Nesses casos, configurando a fixação nas neuroses traumáticas, a sexualidade assume uma característica de viscosidade erógena pela falta de um elemento anímico ao qual se aderir. Diz Maldavsky (1995b, p. 206):

> A alteração é mais profunda, abarca a autoconservação, com uma consequência sobre o componente libidinal que perde sua capacidade adesiva a elementos anímicos. Esta fixação libidinal a uma adesividade sem objeto parece um efeito central na configuração de uma neurose traumática.

Freud (1975b) destaca que alguns pacientes nos quais a pulsão de autoconservação foi invertida, como consequência, buscam a autodestruição acima de qualquer outra coisa. A hipótese é de que eles realizaram desfusões das pulsões em quantidade significativa e, como resultado, liberaram grandes quantidades de pulsão destrutiva voltada para dentro.

A fixação ao trauma, acentua Maldavsky (1995b), pode culminar em um desenlace extremo, ligado à compulsão à repetição, quando, então, a viscosidade libidinal, que não encontra elemento anímico (percepção, marca mnêmica, sintoma) ao qual se ligar, acaba se expressando como traço de caráter, caracterizado por uma adesividade que não se prende ao mundo sensível, mas ao mundo quantitativo. Nesses casos, a degradação do anímico pode ser de tal monta que impossibilita o desenvolvimento do sentimento de dor e, em seu lugar, surge um estado letárgico duradouro típico das caracteriopatias abúlicas, observadas nas neuroses traumáticas.

INTRUSÕES E REPETIÇÕES

Como enfatizamos previamente, consideramos o trauma uma reação psíquica mal-adaptada frente à irrupção de estímulos intensos, que surgem de forma abrupta, encontrando o indivíduo desprevenido, o que o impossibilita de se preparar para responder de forma adequada. Esse evento, ou sucessão de eventos, supera a capacidade do psiquismo de tentar processar psicologicamente a situação, inviabilizando qualquer possibilidade de conferir a esta um sentido emocional e cognitivo. Constitui-se, dessa forma, em uma interrupção do sentimento de identidade e continuidade psíquica. Contudo, para que uma situação determine uma resposta psíquica do tipo traumática, é necessária a conjunção de fatores específicos, a saber: o tipo de evento estressor experienciado, a sua intensidade e duração, a personalidade pré-mórbida do sujeito envolvido, o grau de proximidade e a exposição do ego à situação estressora e a existência ou não de suporte familiar e social no momento e logo após o trauma. Por exemplo, caso o ego esteja muito próximo e imerso na situação traumática, segundo Laub e Auerhahn (1993), os sobreviventes de uma catástrofe se transformam em observadores cativos que só podem repeti-la; eles não podem conhecê-la cognitivamente. Na maioria das vezes, suas lembranças se resumem a percepções visuais fragmentadas e assustadoras que não se integram afetivamente às suas personalidades.

Freud (1976i, p. 325), nas "Conferências introdutórias sobre psicanálise", acentua que "as neuroses traumáticas dão uma indicação precisa de que em sua raiz se situa uma fixação no momento do acidente traumático". Sendo assim, a fixação não deve ser considerada um sintoma, mas uma consequência geralmente imediata ao evento traumático. Maldavsky (1995b) explica que, na situação traumática, a couraça antiestímulo é arrasada pelo trauma, com a conseguinte alteração econômica e a impossibilidade de qualificar o estímulo exógeno que irrompe. De acordo com este autor, produz-

-se então uma dor que não cessa, com a abolição da consciência (originária) e, também, da subjetividade, que deixa uma fixação duradoura. A angústia envolvida nesse processo é a do tipo automática. Em "Além do princípio de prazer", Freud (1976d) conecta essa ideia com a da compulsão à repetição, explicando a fixação ao trauma como um dos fatos que não se explicam completamente pela persistência de um modo de satisfação libidinal e que obrigam a postular a existência de uma compulsão à repetição. A partir desse ponto de vista, começamos a nos questionar a respeito das possíveis funções psíquicas que os fenômenos repetitivos e intrusivos podem ter frente à situação traumática. Referem Person, Cooper e Gabbard (2007, p.44):

> Uma concepção da repetição a vê como a dimensão demoníaca e resistente das forças instintuais, refletindo ulteriormente o impacto do instinto de morte. Outros pensadores analíticos distinguem a tendência repetitiva das forças instintivas e a tendência restitutória como uma função do ego. Enquanto pode-se dizer que a tendência repetitiva vai além do princípio do prazer em sua repetição de experiências dolorosas, a tendência restitutória funciona em paralelo para restabelecer as condições anteriores ao trauma. Portanto, ela explora a experiência de repetição nos interesses do ego.

Diz Bohleber (2007) que, no trauma, formam-se ilhas de experiência traumática que se mantêm encapsuladas e impedidas de comunicação interna. Ainda, segundo esse autor, o núcleo da experiência de traumatizações extremas constitui uma área de experiências praticamente incomunicáveis, gerando uma solidão catastrófica, um desistir interno, levando o *self* e suas possibilidades de ação à paralisação e mesmo à aniquilação, junto ao medo de morte, o ódio, a vergonha e o desespero. Para Sue Grand (2000), citada por Bohleber (2007), constitui um não *self*, uma zona morta, quase autista, carente da presença de um outro com capacidade empática. Tendo como ponto de partida essa ideia de uma "zona morta", de um espaço de "não *self*", talvez seja possível postular a hipótese de que nessa zona não há qualquer tipo de função psíquica que corrobore a ocorrência dos fenômenos intrusivos e repetitivos. Dito de outra forma, no momento do trauma, há uma ruptura no funcionamento mental, causando uma sensação de descontinuidade do *self*. Uma paralisia irrompe no psiquismo, já que o ego é tomado de assalto e se congela em suas funções, como uma reação de susto e concomitante aniquilação. A fixação no trauma e posterior compulsão à repetição se constituiriam na "eternização" de um momento sem sentido e sem significado, como uma cratera aberta no ego, pela colisão com um meteoro (trauma), sem a possibilidade de reação psíquica.

Para apoiar essa ideia, podemos pensar no que acontece no exato momento da irrupção do evento traumático em termos neurofisiológicos, quando ocorre a acentuação da atividade da amígdala no sistema límbico e uma diminuição da atividade do córtex pré-frontal, entre tantas outras estruturas biológicas que também alteram seus respectivos modos de funcionamento. Essa alteração funcional se observa também pela resistência à extinção das memórias traumáticas, em nível bioquímico, através da produção excessiva de catecolaminas e da não inibição dessa produção pelos corticoides. Apesar de abordarmos aqui esse complexo fenômeno de forma muito resumida, o que observamos é a ocorrência de um ciclo que se fecha sempre que alcança o ponto de uma percepção de perigo, que na realidade não está mais ocorrendo, em função de um funcionamento anômalo que se perpetua, tornando-se autômato e crônico. Um circuito que está quebrado.

Se pensarmos na possibilidade da inexistência de função psíquica para a ocorrência dos fenômenos repetitivos e intrusivos, tal qual observamos na compulsão à repetição, "a brecha que se abre para a função terapêutica não é a criação de um sentido para o trauma, mas sim a criação de um novo sentido para a continuação da vida" (Borges et al., 2009, p. 5).

CLÍNICA DA NEUROSE TRAUMÁTICA

Aquiles é um homem de 30 anos, solteiro e professor universitário. Ele reside sozinho em um pequeno, antigo, escuro e frio apartamento alugado. Tem apenas uma irmã, 12 anos mais velha. Com um ar sarcástico, refere não ter crenças religiosas que o levem a acreditar em algum tipo de proteção ou auxílio, pois não teme a morte. Para ele, "a vida simplesmente acaba, com a morte nada se perde". Relacionado a isso, sem esboçar o mínimo sinal de angústia, relata um ritual que se repete com alguma frequência, no qual apanha o revólver que era de seu pai, carrega o tambor com as balas, depois aponta para a própria cabeça e ali permanece por alguns minutos até que resolve abaixar, descarregar e guardar a arma novamente. Essa sequência pode ser única ou se repetir algumas vezes. Questionado sobre alguma motivação para essa conduta, responde que faz isso de tempos em tempos, sem nenhuma razão aparente; apenas é levado a fazê-lo. Na última vez em que isso ocorreu, sua namorada o flagrou e reagiu com muita ansiedade, persuadindo-o a pedir ajuda. Do ponto de vista dele, não se trata exatamente de pedir ajuda, uma vez que não lhe parece que há problema algum. A única coisa que deseja é decidir de uma vez por todas se irá ou não "apertar o gatilho", pois não tem nenhuma expectativa em relação ao futuro.

Os pais de Aquiles morreram de forma trágica quando ele tinha 5 anos. Ele foi criado pela irmã e por tios maternos. Seu pai trabalhava como segurança e sua mãe era dona-de-casa. Contaram-lhe, a irmã e os tios, que seu pai tinha exagerados e infundados ciúmes da mãe, "uma verdadeira paranoia". Em consequência disso, a gravidez foi cercada de muita ansiedade por parte da mãe e desconfiança por parte do pai, que se recusou a registrar Aquiles quando este nasceu por não se sentir seguro de que o filho seria mesmo dele. Também consta que sua mãe era muito deprimida, submissa, sem iniciativa e que, seguidamente, era agredida fisicamente pelo marido. Aquiles tem "uma lembrança muito pálida" de seus pais, desprovida de sentimentos, e a única coisa de que se recorda são suas feições físicas.

Sobre a morte dos pais, Aquiles conta a seguinte história: em uma manhã de sábado, seu pai o acordou. Estava com seu revólver na mão, e foi até a sala, onde sua mãe se encontrava agachada limpando alguma coisa. Sem que ela os visse, apontou a arma em sua direção como se fosse atirar, mas conteve-se e fez sinal para que o filho voltasse para o seu quarto. Foi o que ele fez, deitando-se bem encolhido e totalmente tapado em sua cama, procurando não ouvir os estampidos. Sua última lembrança é de "o pai com o dedo no gatilho". Mais tarde, ficou sabendo que seu pai havia matado sua mãe e depois se suicidado, mas o assunto se manteve no seio da família envolto por um "véu de mistério". O relato é feito sem afeto, não demonstrando qualquer sentimento em relação ao gesto do pai ou do ocorrido com sua mãe. Não obstante, não consegue se livrar da lembrança dessa cena que invade sua mente com grande frequência, a qualquer hora do dia ou da noite, independentemente de onde se encontre ou do que esteja fazendo.

Afora esse episódio, lembra-se muito pouco de sua infância. De acordo com os familiares, até a perda dos pais Aquiles era uma criança normalmente ativa e comunicativa, mas depois tornou-se muito calado e quieto, como se mantém até hoje. Nunca teve amigos, apenas colegas de escola ou vizinhos com os quais não interagia, preferindo permanecer em casa, brincando sozinho ou assistindo à TV. Na adolescência, Aquiles não teve grupo de amigos nem namoradas, mantendo, portanto, como na infância, tanto em casa quanto fora desta, o mesmo padrão de isolamento social. Devido a isso, recebeu o apelido de "fantasma". Jamais se sentiu próximo a alguém e não sabe o que é intimidade, o que considera uma intrusão, uma forma de invadir outra pessoa. Refere que, como em quase tudo, sempre foi um aluno mediano, que nunca foi reprovado em nada, mas também nunca se destacou em nada.

A vida atual de Aquiles se mostra muito limitada e apresenta uma rotina quase sem variações. Diz: "Acordo-me, tomo café, leio o jornal e vou para a faculdade, onde passo o dia". Descreve-se como uma pessoa muito metódica e com tendência a ficar por um longo tempo fazendo a mesma coisa, como, por exemplo, organizando e contando seus livros. Também pode permanecer várias horas ouvindo música. Quase não se comunica com seus colegas, limitando suas conversas aos assuntos operacionais. Desenvolve o seu trabalho como se estivesse no "piloto automático" e, diferentemente de seus colegas, não se preocupa com salário ou promoções. Por outro lado, seus relacionamentos com o sexo oposto não duram muito e sempre terminam pela mesma razão: as parceiras não toleram seu distanciamento e sua frieza, e não conseguem se sentir importantes e desejadas por ele. Aquiles concorda, tendo em vista que não sente depender de alguém e se liga às mulheres exclusivamente para atender a uma necessidade física, embora procure exercer um domínio sobre elas. Diz: "Não sinto nada por elas, não consigo me interessar pela vida delas". Eventualmente, tem problemas de ereção e ejaculação precoce, mas, segundo esclarece: "Eu não fico constrangido, elas é que ficam".

Aquiles não tem amigos e não se envolve com nada que se passa a sua volta, "seja triste, alegre ou mesmo revoltante", por isso, define-se como alguém que está "sempre em um lugar sombrio" – quem sabe por isso também sinta muito frio. Aparentemente, o único assunto que parece despertar seu interesse são os livros de História, com ênfase nas histórias dos genocídios. Quando aborda esse tema, ele mostra sua curiosidade e uma lógica bastante desenvolvida e complexa, analisando os eventos com precisão em termos de causas e efeitos históricos, sociais, econômicos e políticos. Seu enfoque principal é o Holocausto e, mais contemporaneamente, os extermínios na Bósnia. Quando se afasta desse tópico, volta a ser o de sempre: apático, sonolento, desinteressado e pouco falante, como se apenas observasse os fatos da vida, mas sem se envolver com eles.

COMENTÁRIO

A patologia de Aquiles coloca em evidência o conhecimento advindo de Freud de que, como resultado do trauma, a pulsão de morte pode sofrer uma desfusão de Eros, levando a uma alteração do princípio do prazer, à semelhança do que ocorre no masoquismo erógeno. Contudo, nesse caso, aparentemente, a situação foi mais arrasadora, ou seja, houve uma inversão não só da função sexual como também da função de autoconservação, implicando uma alteração do princípio do prazer juntamente com o princípio de constância, o qual foi suplantado pelo princípio de inércia. A consequência direta dessas alterações é que se desestrutura o funcionamento econômico que cria a energia de reserva, asseguradora da tensão vital que se opõe à pulsão de morte. Adverte Maldavsky (1995b) que a pulsão de autoconservação tem uma função essencial na economia pulsional, ao estabelecer uma forma individual de morrer, fazendo com que cada um morra à sua maneira. No entanto, quando ocorre uma inversão da autoconservação, como a referida anteriormente, a pessoa pode acabar morrendo por uma causa alheia aos seus parâmetros internos. Essa consequência não deve ser subestimada nos casos clínicos como o de Aquiles, em cuja fixação ao trauma, devido à degradação da energia de reserva, não participa um contrainvestimento nem libidinal nem de autoconservação, mas se produz uma mudança econômica permanente que torna a ligação sexual carente de objeto. O que pode ocorrer é a tentativa, geralmente fracassada, de criar um contrainvestimento defensivo com o objetivo de substituir a couraça antiestímulos arrasada, mediante procedimentos sensoriais e motores autocalmantes, a fim de se precaver contra as incitações pulsionais hipertróficas ou uma hemorragia libidinal. Tal contrainvestimento encontra-se representado por um conjunto de condutas repetitivas e estereotipadas que não visam à satisfação, mas simplesmente à calma. Decorre dessa defesa o fato de a vida de Aquiles apresentar uma rotina quase sem variações, funcionando como se estivesse no "piloto automático". Diz: "Acordo-me, tomo café, leio o jornal e vou para a faculdade, onde passo o dia". Ao mesmo tempo, ele se descreve como uma pessoa muito metódica e com tendência a ficar por um longo tempo fazendo a mesma coisa, como, por exemplo, ouvindo música* ou organizando e contando seus livros, em sua maioria de História, sobre genocídios, nos quais se encontra com a sua própria história, não como uma narrativa do passado, mas um eterno presente.

Chama a atenção no quadro clínico desse caso, configurando uma típica neurose traumática, a fixação ao trauma e à identificação com o objeto traumatizante, em relação ao qual o paciente se coloca na posição de objeto quando aponta a arma carregada para a própria cabeça. Aquiles não teme a morte porque ela já está ali; ele convive com ela desde os 5 anos e, também, porque, segundo suas palavras, "com a morte nada se perde" – conclusão a que é levado devido a sua incapacidade de sentir a vida em consequência do emprego do mecanismo de repúdio (desestimação do afeto). Lembremos das palavras que Ferenczi (1955, p. 152) atribui ao indivíduo traumatizado, as quais também poderiam ser ditas por Aquiles: "Como eu não existo, não sinto nada, inclusive a dor que me é imposta. Em troca, sinto a satisfação do prazer do agressor que ainda posso perceber". Verificamos nesse processo de autodestruição da consciência original, que confere ao indivíduo o sentimento de si, uma defesa contra a arrasadora angústia (automática) gerada pela súbita e inesperada situação traumática. Passo seguinte, a pessoa se divide em um ser psíquico de puro saber que observa os acontecimentos mundanos e um corpo totalmente insensível ao sofrimento e às tensões, como resultado da identificação com o objeto traumatizante. Exatamente como Aquiles é descrito em sua história clínica: "apático, desinteressado e pouco falante, como se apenas observasse os fatos da vida, mas sem se envolver, sejam eles tristes, alegres ou mesmo revoltantes".

O ritual do revólver, relatado por Aquiles, com o qual colocou em pânico a namorada quando o presenciou, parece reproduzir exatamente a cena

---

* Como uma pessoa, a música também pode representar uma forma de se ligar a um mundo sensível, despregar-se de um universo unissensorial.

que, destituída de emoção, ficou retida em sua memória e que, conforme relatou, retorna à sua mente com grande frequência: "o pai com o dedo no gatilho". Essa situação parece configurar o núcleo traumático desse paciente, no interior do qual devemos nos questionar se encontramos algo que possa ser considerado indicativo da existência de vida psíquica – situação em que o ritual do revólver se resumiria a um gesto sem nenhum sentido, apenas uma compulsão à repetição. Por outro lado, podemos entender o ritual como uma hesitação em se submeter à fúria assassina do pai, passivamente como a mãe, configurando um estado tipicamente letárgico, no qual fragmentos vitais mantêm em suspenso o impulso de se entregar a esse destino macabro, evidenciando no anímico, através do gesto, certo gozo agônico. Essas duas possibilidades precisam ser consideradas na avaliação do paciente, indicando dois níveis de funcionamento psíquico bem distintos, com reflexo na evolução da análise.

A imagem do dedo do pai no gatilho do revólver apontado para a mãe assumiu o caráter traumático pela impossibilidade de contar com os seus recursos, ou de terceiros, para evitar o presumível desenlace. Por isso, faz questão de dizer que não acredita "em algum tipo de proteção ou auxílio". Não é difícil supor o estado de desamparo e pavor que Aquiles experimentou quando retornou para o seu quarto – quem sabe o mesmo estado refletido na expressão da menina por detrás dos vidros da janela, assistindo a seus pais sendo levados pelos soldados nazistas para a morte, no filme *Kapò* (1959, dirigido por Gillo Pontecorvo). Não faltaram razões para que Aquiles se tornasse um estudioso do Holocausto. Como assinalamos, Ferenczi ampliou a concepção freudiana do traumático ao considerar não apenas a sexualidade, mas também a agressividade na relação do adulto com a criança, enfatizando o efeito do trauma na construção narcísica do indivíduo, como é evidente nesse caso. A experiência infantil relatada por Aquiles revela uma total inversão da função do adulto, na medida em que, em lugar de protegê-lo, de uma maneira inesperada, tornou-o testemunha de um ato de incomensurável brutalidade, o qual lhe deixou no mais absoluto desamparo, tendo apenas 5 anos. Essa experiência foi suficientemente forte para arrasar o mínimo sentimento de segurança de Aquiles em relação a ele mesmo e ao ambiente, favorecendo a tendência a se submeter e a se identificar com o objeto traumatizante, constituindo uma maneira de fazer com que a agressão deixasse de existir enquanto realidade externa e, no decurso da ação traumática, manter a situação anterior de proteção. Nesse caso, ao lado da intensidade, precisamos somar ao efeito patogênico do trauma a falta de assistência, o abandono durante a experiência traumática a que Aquiles foi submetido, sozinho em seu quarto; procurando, como último recurso, desestimar o significado dos estampidos que puseram fim à vida da mãe e do pai. Posteriormente, passou a ser um assunto que, no âmbito familiar, foi envolto em um "véu de mistério", correspondendo a uma negação do trauma. Em que pese esse desligamento do mundo sensível defensivamente autoimposto, como foi registrado, "ele não consegue se livrar da lembrança dessa cena que invade sua mente com grande frequência, a qualquer hora do dia ou da noite, independentemente de onde se encontre ou do que esteja fazendo".

Embora fosse "uma criança normalmente ativa e comunicativa", depois da tragédia familiar, "tornou-se muito calado e quieto", evitando os relacionamentos e preferindo permanecer sozinho, ou seja, na mesma condição daquela manhã de sábado em que o pai assassinou sua mãe e depois se suicidou. Devido a esse isolamento afetivo, recebeu dos colegas de escola o apelido de "fantasma", ou seja, aparição sobrenatural de pessoa morta que, como o trauma, surge inesperada e assustadoramente. O fantasma é, ao mesmo tempo, resultado e representante do trauma; carrega uma história de morte que não pode contar. O apelido condiz com o "pequeno, antigo, escuro e frio apartamento" em que vive, cuja descrição lembra uma cripta. Por estar "sempre em um lugar sombrio", ele sente um frio excessivo, o qual também se relaciona com a perda do calor vital como consequência da hemorragia libidinal provocada pelo rompimento da barreira antiestímulo determinada pelo trauma. Por outro lado, o esfriamento, típico dos quadros abúlicos, representa uma forma de manter no mínimo as necessidades e as tensões vitais, configurando um verdadeiro estado de hibernação. A esse estado podemos associar sua habitual sonolência que, para Maldavsky (1995b), equivale a um estado crepuscular em que a atenção que acompanha os processos perceptivos não é psíquica, mas refletora, conferindo à consciência um caráter precário.

De acordo com o relato, as mulheres abandonam Aquiles porque "não toleram seu distanciamento e sua frieza, e não conseguem se sentir importantes e desejadas por ele". Realmente, ele jamais se sentiu próximo a alguém e considera a intimidade "uma forma de invadir outra pessoa". Dessa forma, procura manter o funcionamento do "apego desconectado", mediante o qual se protege da "intrusão" de sentimentos que não consegue processar mentalmente. Apesar disso, sempre tem uma companheira, segundo diz, "exclusivamente para atender a uma necessidade física". Pacientes como Aquiles também apresentam outra necessidade, que é a de compensar, através de uma companheira, sua falta de nexo com o universo sensorial e, sobre a qual, muitas vezes, procuram exercer certo domínio – como faz Aquiles – para assegurar um vínculo com uma sensibilidade que eles não conseguem habilitar. Há de se lembrar que foi a namorada que reagiu com ansiedade ao flagrá-lo apontando o revólver para a cabeça e o persuadiu a procurar tratamento. Esse procedimento se aproxima das práticas promíscuas, na qual o objeto é anônimo, condição que, na verdade, corresponde ao sujeito. Dessa forma, torna-se inoperante quem poderia conferir subjetividade ao relacionamento.

Na constelação familiar de Aquiles é chamativa a patologia, tanto do pai – nas palavras de Maldavsky (1995b), um autêntico "déspota louco", paranoico-delirante – quanto da mãe, deprimida e sem iniciativa, lembrando a descrição da "mãe morta" de Green (1988). Ambos são objetos favorecedores de uma depressão arcaica em que predomina uma perda da vitalidade e baixa capacidade de simbolização. A libido fica estancada e, como resultado, não se desenvolve a subjetividade, que é corolário da circulação da libido. A partir dessa configuração, pode ter se desenvolvido o traço de caráter cínico de Aquiles (Meltzer; Williams, 1990), o qual foi reforçado pela experiência traumática. Através da postura cínica, ele ataca a possibilidade de gerar ilusões, condenando todo o projeto vital, com vista a um gozo por se deixar morrer como resultado da identificação com um objeto funesto que destitui a relação de subjetividade. Os pacientes com esse traço de caráter costumam se apresentar com uma fachada sarcástica com a qual procuram encobrir a própria desgraça, que consiste em viver sem projetos e sem esperança, como no caso de Aquiles, que "não tem nenhuma expectativa em relação ao futuro".

A situação traumática costuma provocar uma espécie de fissura no psiquismo, levando à formação de um núcleo traumático que atinge o ego observador em cheio, o qual, sem poder reagir, é invadido pela sensação de desamparo, característico da angústia automática. Contudo, parte da estrutura egoica, em maior ou menor extensão, segue operando fora desse núcleo. Faz fronteira com ele. Essa parte do ego que consegue se manter viva e operativa tenta se proteger da angústia dessa sensação de desamparo, de tal forma que o que se encontra no interior do núcleo e o que se encontra na fronteira deste são mantidos separados por uma dissociação. É possível pensar que essa parte psiquicamente operante, expressa pelo interesse de Aquiles por genocídios, represente uma tentativa de reconexão com a vida através de sua curiosidade, que mantém encapsulada uma pergunta possível: *qual a razão de o pai tê-lo poupado do "genocídio familiar?"*. A curiosidade expressa nessa possibilidade de pergunta parece constituir uma busca ainda incipiente de superação do trauma e a brecha possível para a intervenção terapêutica.

12

ESCRAVA DA DELICADEZA
(Caso Alícia)

Gley P. Costa e Sebastián Plut

®ESUMO

Estudo sobre as patologias narcísicas e sua relação com a identificação primária, ilustrado com um caso investigado pelo método ADL (Algoritmo David Liberman).

A identificação, processo psicológico fundamental de constituição da mente, é definida, do ponto de vista psicanalítico, como uma forma inconsciente de relação com um objeto, tendo início antes da individuação. Consiste, basicamente, em tornar idêntico um ou vários atributos desse objeto, o qual – ou os quais – passa a constituir uma característica do indivíduo. Em "Psicologia de grupo e análise do ego", Freud (1976s) sustentou que a identificação representa a mais precoce exteriorização de uma ligação afetiva com outra pessoa. Em que pese se confundir com o natural desenvolvimento do ser humano, temos de considerar que a identificação é um fenômeno bastante complexo, uma vez que se encontra implicado nos processos do pensamento inconsciente e, de acordo com Freud, apresenta-se das três seguintes formas: primária, quando configura um vínculo com o *ser* (o modelo); secundária, quando configura um vínculo com o *ter* (o objeto); e uma terceira possibilidade, quando o ego conquista inscrever-se em uma representação-grupo, possibilitando ao indivíduo "formar parte de", "ser membro de". Refere Freud (1976s, p. 136) que essa terceira possibilidade de identificação "pode surgir como qualquer nova percepção de uma qualidade comum partilhada com alguma outra pessoa que não é objeto da pulsão sexual".

Neste capítulo, vamos nos deter especificamente na identificação primária, que é um conceito fundamental, tanto para pensar nos processos de constituição do aparelho mental quanto em variados desenlaces psicopatológicos, entre os quais, relevantemente, as denominadas patologias narcísicas. Digamos também, a título de introdução desse estudo, que o conceito de identificação primária se enlaça com o surgimento do ego prazer purificado na fase oral secundária, a partir do autoerotismo e do narcisismo, entendido como um novo ato psíquico. A esse respeito, disse Freud (1974l, p. 93):

> Uma unidade comparável ao ego não pode existir no indivíduo desde o começo; o ego tem de ser desenvolvido. As pulsões autoeróticas, contudo, ali se encontram desde o início, sendo, portanto, necessário que algo seja adicionado ao autoerotismo – uma nova ação psíquica – a fim de provocar o narcisismo.

De fato, durante o autoerotismo, a fonte da pulsão e o objeto coincidem, quer dizer, o objeto é produzido pela pulsão. Objetivamente: quando surge uma tensão na fonte pulsional, ela produz, via alucinação – no caso, normal – a percepção do seio materno. Contudo, um novo ato psíquico, representado pela projeção (um mecanismo de origem filogenética) do objeto no exterior, rompe essa lógica, segundo a qual o objeto é gerado pela zona erógena. No processo de constituição do ego, esse novo ato psíquico se estabelece a partir do momento em que a alucinação do seio perde a sua eficácia, e se faz necessário que o objeto, para sustentar a projeção, esteja dado à percepção. Como consequência, pulsão e objeto se separam. O objeto jogado para fora pelo ego, tal como ilustrou Winnicott (1972) com o conceito de objeto transicional, é reencontrado via identificação primária. Contudo, esse desenvolvimento do ego não ocorre ao azar, ou seja, não é uma contingência, mas corresponde a um desenlace da unificação das zonas erógenas na fase oral secundária, a qual dá lugar à constituição do ego prazer purificado, quando então a separação entre fonte da pulsão e objeto dá início à distinção entre percepção e memória. Antes não havia distinção entre percepção e memória porque, se o objeto coincide com a fonte da pulsão, aquilo que aparece na percepção coincide com as marcas mnêmicas. Em troca, a partir da constituição do ego prazer purificado, faz-se necessária a presença do objeto para que não se desestruture o sistema representacional da criança.

Antes de seguir adiante no estudo da identificação primária, lembremos que, na etapa anterior da libido, a oral primária, a sensorialidade periférica que dá origem à inscrição das primeiras marcas mnêmicas, bem no começo, ainda não se encontra constituída, tendo em vista que, do mundo exterior não investido, só tem valor o contexto empático. Com as seguintes esclarecedoras palavras, Freud (1974h, p. 85-86) descreveu esse estágio inicial da mente:

> Originalmente, o ego inclui tudo; posteriormente, separa, de si mesmo, um mundo externo. Nosso presente sentimento do ego não passa, portanto, de apenas um mirrado resíduo de um sentimento muito mais

abarcador – na verdade, totalmente abrangente – que corresponde a um vínculo mais íntimo entre o ego e o mundo que o cerca. Supondo que há muitas pessoas em cuja vida mental esse sentimento primário do ego persistiu em maior ou menor grau, ele existiria nelas ao lado do sentimento do ego mais estrito e mais nitidamente marcado da maturidade, como uma espécie de correspondente seu. Nesse caso, o conteúdo representacional a ele apropriado seria exatamente o de ilimitabilidade e o de um vínculo com o universo – as mesmas ideias com que meu amigo (Romain Rolland) ilustrou o sentimento "oceânico".

Esse estado primordial, no qual a criança alcança uma primeira qualificação pulsional mediante a consciência afetiva inicial, é quase um momento de passagem, pois em seguida a pulsão adquire uma segunda qualificação a partir da sensorialidade. A investidura da sensorialidade se estabelece a partir do encontro da tensão de necessidade com um estímulo rítmico provido de um suporte contextual. Na verdade, trata-se de dois ritmos: o ritmo pulsional, derivado de uma distribuição temporal que lhe é intrínseca, e o ritmo proveniente do exterior, cujo encontro possibilita a criação da zona erógena. Contudo, o sucesso dessa passagem depende de que o ritmo exterior, portanto, aportado pela mãe, respeite o ritmo próprio das necessidades da criança. Mediante o encontro dos dois ritmos, viabiliza-se, finalmente, a inscrição das marcas mnêmicas, que correspondem a um enlace entre duas outras inscrições: a do objeto e a dos movimentos prazerosos de descarga. Segundo Neves e Hasson (1994, p. 57),

> É assim que através da sucção, que satisfaz a pulsão de autoconservação, e a repetição da vivência de satisfação que o ego obtém um adicional de prazer, dando origem aos primeiros registros associados ao princípio do prazer.

De acordo com a concepção freudiana, dizem essas autoras, o prazer se define como uma qualidade de uma quantidade; fundamentalmente, um ritmo que funciona como base do autoerotismo inicial. Com isso, procuram enfatizar que o importante é o ritmo, independentemente de a criança se encontrar em uma relação com o seio ou com o polegar, tendo em vista que é justamente a condição rítmica que possibilita à pulsão sexual impor o seu princípio, que é o do prazer, o qual se diferencia da pulsão de autoconservação. Passo seguinte, como consequência da projeção referida acima, o ganho adicional de prazer obtido na zona erógena se articula com registros sensoriais, ou seja, com qualidades, uma vez que já não são da ordem dos afetos, relacionados apenas com quantidades. Como se pode constatar, essa forma inicial de projeção, segundo Freud (1972e), neurologicamente determinada, muito além de uma defesa, como funcionará mais tarde, apresenta uma função constitutiva do aparelho mental, cuja ação é fundamental para a abertura das zonas erógenas e a criação dos espaços e dos objetos. Essa projeção possibilita que a tensão de necessidade surgida no interior e registrada na periferia exterior se transforme em sensação prazerosa mediada por vivências de satisfação.

A partir desse momento, esclarecem Neves e Hasson, duas séries de qualidades se articulam na consciência: as das variações nos desenvolvimentos do afeto, pertencentes à gama prazer-desprazer, e as das percepções de um objeto estimulante na periferia corporal, com o qual o psiquismo se abre a um começo de vinculação interpessoal. Isso quer dizer que, inicialmente, o objeto não se inscreve no aparelho psíquico como tal, mas como um estímulo gerado pela zona erógena, ou seja, a imagem visual da mãe é gerada pela visão da criança, assim como a imagem tátil do seio é gerada por seus lábios. Dessa forma, nessa etapa, as zonas erógenas, separadas uma da outra, criam cada uma o seu próprio objeto, configurando uma característica da fase oral primária. O autoerotismo culmina quando a criança se apropria de seu polo perceptual, o que ocorre graças ao enlace entre a erogeneidade periférica e a sensorialidade investida pela voluptuosidade. É a partir daí que as marcas mnêmicas, ao serem reinvestidas, dão lugar ao surgimento dos primeiros desejos, derivados do esforço por repetir as vivências de satisfação quando ressurge a necessidade. Tendo em vista que reside em uma reedição de uma vivência de satisfação, o prazer autoerótico corresponde a um desenvolvimento do afeto e se realiza por meio do processo alucinatório que acompanha e dá sustentação ao autoerotismo. Não obstante, o autoerotismo está fadado a sofrer um trauma específico, que ocorre quando o ego não consegue satisfazer, pela alucinação, uma tensão de necessidade. Nesse momento, cai por terra a concepção autoerótica, segundo a qual o objeto é produzido pela própria fonte pulsional, e a criança passa a relacionar a percepção sensorial com a presença do objeto, correspondendo à fase oral secundária, quando, como foi referido acima, se constitui o ego prazer purificado. Dizem Neves e Hasson (1994, p. 62):

> O trauma impõe o término do autoerotismo, mas isso somente é possível se ocorre a unificação das zonas erógenas e a correspondente unificação das marcas mnêmicas. Este processo psíquico de unificação dá origem à constituição do ego prazer purificado.

Na constituição do ego prazer purificado, apresenta particular relevância a dinâmica projeção-identificação, a qual pode ser explicitada da seguinte forma: a criança projeta sua erogeneidade na sensorialidade e, por esse meio, configura o lugar do modelo com o qual ela se identifica – tudo isso permitindo que se estabeleça um vínculo com os seus próprios processos pulsionais. Isso quer dizer que o objeto, que por esse meio é investido como modelo, constitui o lugar em que a criança encontra a satisfação de suas necessidades e também um sentimento de si. Dessa forma, a identificação primária acaba se tornando uma maneira de minimizar a diferença entre o ego e o modelo, uma vez que o primeiro se forma de acordo com o segundo. Esse processo corresponde ao desenvolvimento normal; se tornará, porém, patológico se persistir na vida adulta, quando a recusa da diferença entre o ego e o modelo ou ideal configura um mecanismo de defesa.* Em outras palavras, podemos dizer que o ego prazer purificado se constitui sobre a base de uma identificação com a mãe posta no lugar de modelo, quando, então, amar o objeto é o mesmo que amar o ego, como uma característica da identificação primária. Quando afirmamos que o ego prazer purificado se constitui sobre a base de uma mãe colocada no lugar de modelo, estamos aludindo à teoria das posições psíquicas de Freud (1974, 1976p, s), na qual ele distingue: ideal ou modelo, objeto, ajudante, rival e duplo. Precisamente, o lugar de modelo é o primeiro a surgir e sua existência funciona como um avalista do ego. Como assinalamos inicialmente, trata-se de um vínculo de *ser*, ou seja, o ego deseja ser um com o outro de uma maneira fusional. Sobre esse modelo recai um investimento específico que Freud (1976k, 1977b) denominou de anseio ou nostalgia.

Conforme enfatizamos, do ponto de vista libidinal, o narcisismo se inicia com a pulsão oral secundária, cuja meta é a devoração, com a qual se enlaçam a pulsão de autoconservação e a libido narcisista. Obviamente, esse enlace tem um caráter ambivalente, uma vez que, ao devorar o objeto, ele desaparece e fica suprimido o modelo, o avalista do *ser*. Deriva-se dessa contradição a inermidade do ego ante a pulsão de morte que impõe a sua desestruturação. Para sustentar sua integridade, o ego depende da assistência e do amor do objeto. O rosto materno, em especial suas expressões afetivas, opera como uma espacialidade na qual a criança pode projetar os estados pulsionais e afetivos e, em seguida, apropriar-se deles via identificação. Dito de outra maneira: por esse caminho, o ego transforma uma quantidade em qualidade. Ante o conflito mencionado previamente entre autoconservação e libido narcisista de um lado e pulsão de morte de outro, é o sobreinvestimento do rosto materno que garante a permanência do clima afetivo, apesar da devoração do objeto. Outro componente central correlativo da identificação primária é a constituição do juízo de atribuição do ego prazer puri-

---

* Portanto, se durante o autoerotismo (fase oral primária) havia uma coincidência entre fonte e objeto, no momento do narcisismo (fase oral secundária) a coincidência se dá entre o ego e o objeto do prazer, por obra da identificação. Esse processo, que é normal na infância, ao persistir na vida adulta mediante a recusa (*Verleugnen*, em alemão; *disavowal*, em inglês; *desmentida*, em espanhol) da diferença entre o ego e o modelo, ou ideal, tornar-se-á patológico. Dito de outra maneira, estamos aludindo à diferença entre o ego ideal e o ideal do ego.

ficado. Esse juízo, anterior ao de existência, permite ao ego discriminar, entre as suas percepções, dois tipos de atributos do objeto: o bom e o mau por um lado, e o útil e o prejudicial de outro. Enquanto para o ego real primitivo (momento anterior) o exterior é indiferente, a partir da identificação primária a exterioridade é designada pela hostilidade. Disse Freud (1976x) que, para a linguagem da pulsão oral, "o mau eu cuspo fora", ou seja, para o ego prazer purificado, o mau coincide com o não ego. No entanto, convém ter em conta que o alheio, portanto o que não é ego, não tem correspondência com a objetividade. Trata-se de uma produção psíquica resultante de outra, anterior, consistente com a criação do familiar. Ou seja, o discernimento do estranho deriva de um processo prévio em que se produziu o familiar. Assim, quando a criança, na etapa do ego prazer purificado, encontra-se diante de um estranho, supõe que a mudança se produziu no objeto, e não em seu psiquismo, que agora capta maiores diferenças. Se, por um lado, podemos nos referir ao gozo da criança no momento em que o ego tem a percepção do rosto materno, com cuja imagem se identifica, por outro podemos nos referir à sua ira quando não consegue expulsar o que lhe causa desprazer, assim como à desesperação quando, diante de um grande investimento de anseio de uma marca mnêmica, o objeto não é percebido simultaneamente.

Resumidamente, podemos dizer que as patologias narcísicas refletem problemas relacionados com a identificação primária, a qual se faz com a mãe colocada no lugar de ideal ou modelo que, com sua presença física, confere à criança o sentimento de existência. Do ponto de vista do desenvolvimento libidinal, as patologias narcísicas refletem fixações e defesas da fase oral secundária, quando se estabelece o ego prazer purificado, na qual predomina o registro visual (o rosto da mãe). Não obstante, o ego prazer purificado também abrange a fase anal primária, quando, então, predomina o registro motor (a mãe em movimento), e a identificação se faz com um modelo que é autônomo, ilustrado por Freud (1976d) pelo brinquedo do carretel.

CLÍNICA

Alícia, 32 anos, formada em Direito, é delicada, elegante e muito bonita. Ocupa valorizado e bem-remunerado cargo público, obtido mediante concurso, no qual trabalha como defensora do Estado. Em todas as áreas, ela se esforça para ser considerada uma pessoa determinada e autossuficiente, chamando a atenção por sua postura corporal sempre ereta e por uma linguagem educada e culta, mediante a qual, aparentemente, procura atenuar o sofrimento das experiências relatadas. Alícia apresenta uma forte preocupação com os aspectos estéticos, principalmente em relação ao corpo. Por conta disso, apesar de cuidar da alimentação para se manter magra, fazer musculação, correr e dançar balé regularmente, submeteu-se recentemente a uma cirurgia de lipoaspiração, considerada por todos desnecessária. Decidiu procurar tratamento por se encontrar deprimida há alguns meses, devido ao fato de ter fracassado em um concurso para um elevado cargo de comando no Ministério Público – o qual, além de representar uma almejada ascensão profissional, proporcionaria maiores ganhos.

Alícia nasceu em uma cidade balneária próxima a Buenos Aires. Os pais se separaram quando ela tinha 2 anos e o único irmão, 6. Desde então, o pai poucas vezes os procurou. Refere que, devido à pouca disponibilidade de tempo e de afeto da mãe, ela e o irmão tiveram de aprender a tomar conta de suas vidas desde muito cedo. Cozinhar, arrumar a casa, lavar a própria roupa, cuidar da higiene pessoal, vestir-se e ir à escola sozinhos eram atividades que faziam parte de suas rotinas, sem a supervisão de um adulto. Diz Alícia: "Eu chorava muito, mas não reclamava!".

A fim de não ficar sozinha em casa, Alícia costumava passar as tardes inteiras em uma academia de balé instalada ao lado de sua casa. Lembra que gostava de se imaginar um dia dançando em um palco bem na frente, como bailarina principal. Anos mais tarde, residindo em Buenos Aires, passou a estudar balé e esperava sua mãe por horas após o término das aulas a fim de que ela a levasse de volta para casa. Refere: "Eu ficava sentada, sozinha, vendo as minhas colegas irem embora e me sentindo abandonada, mas não reclamava porque tinha medo de que a minha mãe se zangasse. Eu sempre fui muito comportada". Semelhante atitude é mantida atualmente por Alícia no trabalho, onde, segundo suas palavras, "faço o que o chefe manda e evito confrontos com os colegas. Procuro ser uma funcionária ideal". Seu ponto de vista é o de que o fracasso que antecedeu a busca de tratamento decorreu de um autossabotamento para fugir da responsabilidade do elevado cargo que passaria a ocupar, caso fosse aprovada no concurso. Não esconde seu grande medo de errar, correspondendo ao medo que também sempre teve de cair no palco durante uma apresentação de balé.

Alícia descreve sua mãe como sendo uma mulher bonita, sedutora, de inteligência e cultura bem acima da média. Muito estudiosa, após se formar e se pós-graduar em Filosofia, seguiu na mesma universidade como professora. Por essas razões, de acordo com Alícia, a mãe nunca teve dúvida sobre suas capacidades e sempre se mostrou muito segura de si. Embora reconheça e valorize esses atributos, ela se queixa do fato de a mãe sempre ter considerado o irmão como o inteligente e a ela, apenas como a "bonitinha", em que pese ser dela o melhor desempenho acadêmico, tendo sido laureada no curso superior que realizou. Como contraponto aos aspectos valorizados, Alícia diz considerar a mãe "uma pessoa extremamente egoísta, muito crítica e nada empática". Além disso, destaca não ter registro de demonstrações de afeto por parte dela ao longo da vida, destacando:

> Não me lembro de a mãe me abraçar. Ela sequer me olhava. Ela não me olhava. Como pode uma mãe não abraçar, não olhar para a filha... Sinto-me como se tivesse nascido em uma chocadeira. Parece que a mãe considerava que a sua responsabilidade era de apenas nos criar, mas não nos amar. Ela sempre deixou claro que me considerava um estorvo.

No ano em que Alícia ingressou na universidade, tendo, então, 18 anos, sua mãe vendeu a casa em que viviam em Buenos Aires e foi lecionar em uma cidade próxima a Santiago do Chile, onde até hoje reside. A sensação de não merecer o amor da mãe foi bastante reforçada com essa atitude. Na ocasião, o irmão já saíra de casa e, "para não ficar na rua", foi morar na casa de um rapaz que começara a namorar havia alguns meses. Foi então que descobriu que ele era homossexual. Apesar das dificuldades de relacionamento decorrentes dessa situação, passaram-se dois anos até que ela tomasse coragem para pedir a ajuda do pai, que a colocou na casa de sua mãe, marcando o início de uma relação afetuosa com a avó paterna, até então praticamente inexistente. O pai de Alícia é descrito por ela como sendo um homem bonito e elegante, mas muito calado e com sérias dificuldades nas relações interpessoais. Por conta disso, diz: "Adoraria descobrir que meu pai biológico é outro!". Alícia comenta da falta de interesse por ela:

> Acho que o normal é um pai e uma mãe procurarem os filhos, quererem saber deles. Não é o caso dos meus, não é agora e nunca foi assim. Acredito que o meu pai nem sabe exatamente onde eu trabalho. Na verdade, ele nunca me perguntou.

Alícia recorda que, quando ela e o irmão desagradavam à mãe, esta os ameaçava de levá-los para morar com o pai. Refere: "Aquilo era um pavor para nós, não que ele fosse mau, mas porque não tínhamos intimidade nenhuma com ele; era como se ela fosse nos largar com um desconhecido". Sua mãe o desvaloriza, considera-o "uma pessoa mimada, de poucas luzes e sem ambição". Alícia compartilha dessa opinião, visto que "até hoje, ele precisa da ajuda financeira da mãe dele!". Apesar de todas essas queixas, Alícia ainda assim identifica o pai como uma pessoa mais amorosa do que a mãe, mas tem muitos ressentimentos por não entender os motivos pelos quais ele não se esforçou para conviver com os filhos, levantando as hipóteses de não amá-los ou de recear enfrentar a ex-esposa. Lembra-se de forma muito vívida uma vez em que ela e o irmão, ainda muito pequenos, devido a uma viagem da mãe, ficaram duas semanas na casa do pai – período em que dormiu todas as noites "abraçadinha" com ele. Não obstante, predomina a imagem de alguém estranho para ela, tendo aprendido a não contar com a sua ajuda. Comenta:

> Sabe, alguma coisa eu acho que a minha mãe me deu. Mesmo não sendo de maneira tradicional, ela me passou bons valores. Já meu pai não me deu nada, ele simplesmente não se fez presente em minha vida. E isso eu não consigo perdoar. Eu tenho muita mágoa da minha mãe, mas ela me ensinou alguma coisa, valores, mas com ele tudo é muito esquisito, eu não o conheço. A mãe dizia que ele era burro, mas eu não sei, não tenho como avaliar isso, só sei que ele não me passou nada de nada. Se tu me perguntares com qual dos dois eu gostaria de conversar, eu te diria que é com a minha mãe, apesar de todo o jeito louco dela. Bem ou mal, com ela eu tive uma convivência. Com o meu pai não tenho nenhuma afinidade, não teria o que falar com ele.

Alícia considera que a diferença de idade entre ela e o irmão, sua necessidade de cuidado por parte dele e o seu caráter forte e explosivo fizeram com que se tornasse uma criança muito dependente e submissa, sempre disposta a atender às exigências e aos caprichos do irmão. Ela relata que também se sentia muito assustada com as frequentes brigas entre o irmão e a mãe, durante as quais demonstravam muita agressividade. Acredita que possa reeditar essa vivência infantil no ambiente profissional, onde também evita situações de atrito e costuma aceitar o encargo dos processos mais complexos e volumosos, sem que isso corresponda a um justo reconhecimento dos superiores. Embora se considere injustiçada, não reclama ou demonstra cansaço.

Sem poder contar com a presença física, financeira e afetiva dos pais, Alícia procurou preencher essas carências em seus relacionamentos amorosos. Após os meses na casa da avó paterna, que se seguiram ao período em que ela morou com o namorado homossexual, ela viveu por alguns anos com um empresário bem mais velho do que ela, o qual, segundo salientou, "proporcionava-me todas as mordomias". Depois deste, manteve um relacionamento triangular por algum tempo e, nos últimos dois anos, encontra-se com Néstor, um empenhado ator de teatro que tem exatamente a sua idade. Comenta: "Sempre emendei um relacionamento no outro, por isso não sei se o que importa é a pessoa ou o que ela me proporciona. É como se eu precisasse ter alguém que me telefone, porque eu não espero que a minha mãe ou o meu pai me liguem". Diz que Néstor é muito carinhoso e incansável com ela, não poupando esforços para agradá-la, no que Alícia parece não corresponder. Comenta:

> Eu que, quando pequena, era tão boazinha, tornei-me exigente e mandona. Parece que estou ficando parecida com a minha mãe: tudo tem que ser como e na hora que eu quero, caso contrário, não aceito. Não são raras as vezes em que, sem qualquer razão, eu desprezo o Néstor, mando ele embora da minha casa.

Assim como sua mãe em relação ao seu pai, Alícia se considera superior ao namorado, tanto do ponto de vista cultural quanto financeiro. Com frequência, ela se encontra em dúvida se deve continuar ou não o relacionamento com Néstor por considerá-lo muito imaturo. Pergunta-se se não deveria brigar com ele e procurar "um homem, mesmo". Esse último aspecto gera atritos entre o casal quando tentam planejar um futuro juntos. Não obstante, Alícia admira a afetividade e generosidade do namorado e diz acreditar que "ele é uma pessoa melhor do que eu". Segundo suas palavras, ela e Néstor estão muito misturados:

> Algumas vezes, é ele quem sabe tudo; em outros momentos, ele não pia e aceita o que eu digo. Quando o assunto é teatro, eu calo a boca, fico um zero à esquerda. É claro que eu tenho o meu lado exibicionista, como o Néstor, mas tem uma diferença: eu nunca me envolvo, como ele, em projetos muito grandes, demorados. Eu gosto de coisas rapidinhas. A festa, a maratona, a viagem... Coisas bem pontuais. Sempre tem de haver alguma coisa. Eu fico desesperada entre uma coisa e outra. Fico na expectativa da próxima atração e, se demora, o meu humor já muda. Eu fico imaginando esses momentos que me fazem voltar a me sentir bem, que me tiram da inércia. E acho que vai ser bárbaro. Na verdade, não consigo ver ninguém se divertindo e eu fora. Reconheço que sou exagerada, que não paro. Não sei por que eu dependo disso... Por que diabos não consigo ficar satisfeita com as coisas que eu tenho? E com toda essa necessidade de aparecer, fui conseguir um namorado bem saliente, que também adora se exibir. O dia mais feliz da minha vida foi o da minha formatura. Eu procurei sentar bem à frente, vendo todo o mundo e todo o mundo me vendo. Foi muito bom! Bem parada, mas aparecendo. Eu estava me achando o máximo. Eu quero que a minha festa de aniversário seja bem assim. Estou gastando muito dinheiro, mas vale a pena porque já a estou curtindo desde agora. Também vai ser uma maneira de dizer: "Olhem o que eu consegui sozinha". Essa festa tem muito esse significado: "Olhem como eu estou bem e mais bem sucedida do que muitos de vocês, que tiveram pai e mãe para ajudá-los". De fato, um tapa de luvas nos outros.

Alícia reconhece ser mais afetiva com os animais do que com as pessoas, e já perdeu a conta do número de cães de rua que levou para casa, banhou, alimentou e deu carinho. Um deles, que ela chama de Juanito, há vários anos com ela, é tratado como um filho. Essa dedicação excessiva com o animalzinho costuma ser motivo de briga com Néstor que, segundo diz, "tem ciúmes do meu relacionamento e dos meus cuidados com Juanito. Ele não entende que os cãezinhos são seres indefesos e que precisam ser cuidados". Nesse aspecto, Alícia se identifica com a mãe, que dirige uma organização de proteção animal na cidade em que vive e mantém um grande número de cães em casa. Outro aspecto que também sugere uma identificação com a mãe consiste em sua atração por roupas, objetos de decoração e viagens. Ela descreve a mãe como uma mulher que se mostra "muito misteriosa e cheia de segredos" na maneira de se vestir, de decorar a sua casa e na escolha dos lugares para os quais viaja. Particularmente, em relação a roupas, Alícia, com grande frequência, refere despender mais dinheiro do que seria aconselhável, justificando:

> Eu olho a vitrine e não me aguento. Isso acontece porque eu sempre tenho em mente algum lugar para ir, alguma festa, uma estreia ou um encontro do grupo de teatro do Néstor, e eu preciso me sentir sempre a mulher mais bem-arrumada. O Néstor nem liga se estou bem-arrumada ou não, e ele mesmo costuma se vestir de qualquer jeito, ir às festas de tênis e calças *jeans*.

Afora esse contraste na maneira de se vestir – que leva Alícia a se perguntar se não deveria ter como companheiro um homem mais requintado –, e as dificuldades que surgem pelo fato de Néstor não dispor nem dos seus recursos financeiros nem da sua disponibilidade de tempo para viajar, atividade que gosta de realizar com alguma frequência, também contribui para a sua dificuldade de marcar a data de casamento a questão do apartamento em que irão morar. Até o momento, Néstor mora com a mãe, e Alícia, em um apartamento pequeno de sua propriedade, mas recentemente ela adquiriu outro bem maior, em um bairro elegante de Buenos Aires, o qual será ocupado por ela e Néstor quando se casarem. Contudo, Alícia tem uma grande dificuldade de sentar com Néstor e a arquiteta para planejarem a decoração do imóvel. Ela diz que se sente invadida por Néstor quando ele apresenta sugestões a respeito da ocupação das dependências do apartamento. Seu comentário:

> Estou diante de uma situação em que o tempo se tornou vital. O apartamento vai ser entregue no próximo mês e, antes disso, eu preciso decidir logo se Néstor vai morar comigo, ou seja, se vamos nos casar. Eu temo que, se eu demorar muito para decidir, ele não queira mais. E tem também o tempo de engravidar. Não dá para esperar muito. Não tenho convicção, mas não posso deixar o tempo passar. Uma noite dessas, estávamos vendo a planta do apartamento e ele disse: "Aqui nós podemos fazer tal coisa". Eu brinquei com ele: "Nós?". Depois, até combinamos algumas coisas juntos. Na verdade, eu tenho medo de que ele queira fazer tudo do jeito dele, de que eu tenha de me submeter para ficar com ele. Parece que o fato de o apartamento ter sido comprado por mim, portanto, ser uma propriedade minha, não garante a minha autonomia.

Em outro momento, referiu:

> Acho que descobri de onde tirei essa obsessão por ter o meu apartamento, de querer que ele esteja só no meu nome, nada de sociedade com Néstor. É que eu não podia dizer para a minha mãe "a nossa casa", porque ela retrucava: "A nossa, não, a minha casa". Ela procurava enfatizar que aquela casa era dela e que, para morar com ela, tinha de obedecer às suas regras, caso contrário, eu seria mandada embora. Minha mãe é muito egoísta. Eu não gostaria de ser assim, mas parece que não estou conseguindo. Esses dias, o Néstor me pediu uma mala emprestada, e eu vi que não gosto de emprestar o que é meu. Preferi comprar uma nova e dar de presente a ele.

Alícia tem a necessidade de estar sempre ocupada com tarefas que anota em uma folha de papel e tem grande satisfação de ir riscando uma a uma à medida que as vai realizando. Diz: "Isso me dá uma agradável sensação de eficiência". Considera-se uma pessoa prática, que desde pequena aprendeu a fazer tudo sozinha. Por essa razão, tem muita dificuldade de contar com a ajuda de alguém: "Não estou acostumada a esperar pelos outros". Relaciona essa característica com o fato de ter sido negligenciada na infância e, em consequência disso,

> desde pequena, eu me acostumei a fazer tudo sozinha, inclusive lavar o uniforme da escola nos fins de semana. Uma vez, a mãe foi viajar por uma semana e deixou o meu irmão e eu sozinhos em casa, cozinhando e fazendo as compras no supermercado. Desde que eu me lembro, sempre foi assim, mas, por certo, alguém lavou as minhas fraldas.

Embora reconheça que essa atitude, em boa medida, decorre do medo de ser abandonada, procura atenuar esse receio ao dizer:

> Não acredito que eu e o Néstor vamos ficar juntos para sempre. Pode acontecer que não, que a gente acabe terminando. Eu estou sempre lembrando o Néstor dessa possibilidade, para que depois não me diga que eu não avisei, mas parece que ele gostaria que eu vivesse um conto de fadas, pensasse como uma adolescente que acredita que, se existe amor, tudo vai dar certo. Certa é só a morte.

Ela acha a análise muito abstrata. Gostaria que ela fosse mais concreta, com tarefas a serem cumpridas, objetivos a serem alcançados. Destaca que procura "encher o tempo com palavras para não ouvir o silêncio". Afora isso, revela uma dificuldade de permanecer muito tempo com outras pessoas. Explica: "Parece que tenho um tempo previsto e depois a minha bateria se esgota. Começo a ter uma sensação de perda de tempo. Eu tenho horror de achar que estou perdendo tempo". Contudo, o que parece ocorrer é que Alícia evita a intimidade, como se depreende de suas dificuldades sexuais, expressas por ela da seguinte maneira:

> Sexo para mim nunca esteve em primeiro lugar, mas sempre correspondi às expectativas do Néstor. O que ele pede eu faço. Não sei, então, por que ele reclama. Ele também se queixa de que, depois que a gente transa, eu me levanto e vou ver televisão, e ele queria ficar abraçadinho comigo. Eu acho que, no fundo, o que acontece é que ele se sente inseguro com esse meu jeito de resolver tudo sozinha. Se alguém me ouvir falando pelo telefone com o Néstor, vai me achar muito segura, porque eu não perco tempo: é vai, vai; não vai, não vai, e tchau! Como eu não me apego muito, também não tenho medo de perder. Na verdade, eu só me apego ao Juanito. Quando eu tiver um filho, também vou me apegar. Eu sou muito objetiva em meus relacionamentos. Agora mesmo vou passar sozinha em Punta del Este uns dias que eu tenho de férias porque o Néstor está trabalhando numa peça e não pode sair. Não vou ficar aqui nesse calor infernal de Buenos Aires só olhando para ele. Acho natural que ele aja da mesma maneira em situação inversa. A única exigência que eu faço é que, quando ele viaja sozinho, em primeiro lugar, telefone para mim e não para a mãe dele, como fez quando foi para o Canadá.

O balé representa um dos principais interesses e uma das principais ocupações de Alícia, que se esforça muito nos ensaios para ser escolhida como primeira bailarina nas várias apresentações anuais da escola de que faz parte desde os 12 anos e que, segundo a sua opinião, é a mais categorizada de Buenos Aires. Contudo, essa não é a única atividade física de Alícia mantida regularmente: ela também frequenta, diariamente, uma academia de ginástica e realiza treinamentos para participar de maratonas. Refere se sentir muito feliz com essa experiência por ser algo que depende somente dela e cujo reconhecimento é todo para ela. Ela também se encanta com o *glamour* do evento e da chegada dos corredores sendo fotografada e televisionada, em um clima de alegria contagiante e muito calor humano. A propósito de uma maratona que ocorrerá brevemente, comenta:

> Vai ser uma festa, não sei quantas dezenas de pessoas já se inscreveram. Eu falo para todo o mundo que vou correr, procuro compartilhar com os amigos e queria que eles fossem juntos, mas não me dão bola. Não sei como é que eles não curtem uma festa como essa. Lembro que eu disse que eu também faço isso para sair da inércia. Será que essas pessoas não se empolgam porque não precisam disso, estão satisfeitas? Eu não sou assim. Se eu vejo uma coisa que eu acho legal, eu a quero para mim. Foi assim com a maratona. Nunca tinha corrido ou me interessado por isso, mas, depois que assisti a uma chegada, eu me empolguei. Por mim, eu correria somente os últimos 15 minutos para cruzar a faixa de chegada. É esse momento que eu quero viver. O Néstor, coitado, tem de ficar lá todo o tempo só para me fotografar na chegada, mas eu adoro ser fotografada. Recentemente, fiquei muito feliz porque ganhei um concurso de fotografia. Melhor dizendo, tirei segundo lugar e, melhor dizendo ainda, uma fotografia batida de mim tirou o segundo lugar em um concurso que fizeram na academia de ginástica que eu frequento. Mas eu acho que a minha era mais bonita do que a que ganhou o primeiro lugar.

Alícia, como disse, também se encontra envolvida com a organização da sua festa de aniversário, a qual pretende que seja um grande acontecimento. Além de já ter alugado o local da festa e contratado todos os serviços, ela iniciou um tratamento com uma nutricionista e um dermatologista que lhe receitou cremes para que possa estar bronzeada no dia do aniversário. Alícia também mandou confeccionar o vestido que usará na festa, copiado de uma famosa artista de cinema, junto com um sapato bem alto que, por certo, vai deixá-la mais alta que Néstor. Comenta:

> Ele passou lá em casa bem na hora em que eu estava experimentando o vestido. Eu fiquei deslumbrante dentro daquele vestido, e o Néstor estava bem brega. Cheguei a me perguntar se era aquele cara que eu queria para mim. Não combinou: eu superlinda e mais alta do que ele. Ele bem que podia ter uns cinco centímetros a mais. Eu estou fazendo tudo, uma superprodução, mas não me considero uma pessoa fútil, embora uma pessoa de fora possa pensar isso. Eu quero ficar muito bem nas fotos e, para isso, tenho de cuidar muito bem do cabelo, da maquiagem, enfim, tem de estar tudo perfeito. É assim que eu quero: tudo perfeito! O bolo terá em cima uma bailarina maravilhosa, que sou eu, girando. Não vai dizer que eu sou narcisista, tá!.

Contudo, ela pressente que a mãe não virá. Ela fez o convite com toda antecedência, mas ocorre que a mãe lhe disse que não podia garantir que estaria presente, porque poderia surgir algum compromisso de última hora.

COMENTÁRIO

Um aspecto central da vida de Alícia é o balé, o qual, assim como o trabalho, a maratona, a festa de aniversário e a maioria das suas atividades, representa uma forma de ser vista e admirada, correspondendo a uma motricidade ligada à erogeneidade fálico-genital, à sedução e aos encantos desempenhados com a finalidade de evitar ou, mais precisamente, sufocar um arrasador sentimento de solidão, originado pelo desligamento da mãe na infância, com o consequente enfraquecimento de seu sentimento de existência, negado mediante uma atitude defensiva de autossuficiência, referida em várias passagens do relato do caso. Trata-se de um típico exemplo de emprego da linguagem fálico-genital a serviço de uma recusa (*Verleugnem*, em alemão; *disavowal*, em inglês; *desmentida*, em espanhol) oral secundária da ausência materna. Não obstante, a longa espera da mãe ilustra o retorno da recusa, conforme relatou a propósito das aulas de balé quando foi morar em Buenos Aires: "Eu ficava sentada, sozinha, vendo as minhas colegas irem embora e me sentindo abandonada". Alícia pressente que essa experiência de frustração se repetirá por ocasião de sua festa de aniversário. Aparentemente, esse fracasso da recusa se relaciona com o comentário de Alícia a respeito de que não realiza projetos de longo prazo, apenas atividades pontuais. Nesse aspecto, identificamos um estado de impaciência, como se ela quisesse terminar suas ações exibicionistas antes de constatar que o outro (a mãe) não chegou, ou seja, antes que retorne o sentimento de solidão. Como ela diz: "É claro que eu tenho o meu lado exibicionista, como o Néstor, mas tem uma diferença. Eu nunca me envolvo, como ele, em projetos muito grandes, demorados. Eu gosto de coisas rapidinhas".

Ao mesmo tempo, sua impaciência nos mostra a insatisfação com as coisas que tem, uma vez que somente por um tempo muito breve ela consegue sustentar sua autoestima; por isso, revela:

> Eu fico desesperada entre uma coisa e outra. Fico na expectativa da próxima atração e, se demora, o meu humor já muda. Eu fico imaginando esses momentos que me fazem voltar a me sentir bem, que me tiram da inércia. Eu acho que vai ser bárbaro. Na verdade, não consigo ver ninguém se divertindo e eu fora. Reconheço que sou exagerada, que não paro. Não sei por que eu dependo disso... Por que diabos não consigo ficar satisfeita com as coisas que eu tenho?

Em relação ao que expomos a respeito da identificação primária e das patologias narcísicas, chama a atenção que, embora a presença do outro seja uma "garantia de seu ser", Alícia, recorrentemente, promove situações em que acaba se sentindo solitária. Como ela declara: "Não são raras as vezes em que, sem qualquer razão, eu desprezo o Néstor, mando ele embora da minha casa". A razão, provavelmente, encontra-se denunciada em sua fala anterior, quando, revelando uma identificação com o objeto frustrante, comum em situações traumáticas, diz: "Eu que, quando pequena, era tão boazinha, tornei-me exigente e mandona. Parece que estou ficando parecida com a minha mãe: tudo tem de ser como e na hora que eu quero, caso contrário, não aceito".

Por outro lado, se bem Alícia procura se identificar com sua mãe (através do vestuário, da decoração da casa e, principalmente, de condutas, como já procuramos destacar), observa-se nesse processo que ela ocupa, simultaneamente, duas posições: a da que abandona e a da que é abandonada, tanto quanto as posições de quem cuida e de quem é cuidada, como se torna evidente em seu relacionamento com o namorado, em que reproduz, com muita clareza, sua relação com a mãe.

Outro aspecto central da vida de Alícia é a sua área profissional (Direito), a qual pode ser pensada como uma tentativa de expressar um sentimento de injustiça praticado contra ela por meio da defesa do Estado. Pessoalmente, como refere, embora se considere injustiçada, não reclama. Relacionado com a profissão, lembremos que Alícia "decidiu procurar tratamento por se encontrar deprimida há alguns meses, devido ao fato de ter fracassado em um concurso para um elevado cargo de comando no Ministério Público, o que, afora representar almejada ascensão profissional, lhe proporcionaria maiores ganhos". Um fracasso que ela atribuiu a uma autossabotagem para fugir de um cargo de comando. A esse respeito, parece-nos que cabe interrogar: será correta a interpretação de autossabotagem? Ou será que lhe foi denegada uma ascensão profissional e, em lugar de colocar a dúvida em seus examinadores, acusá-los, ela evita o conflito e, opostamente, prefere censurar a si próprio? Sendo assim, encontraríamo-nos diante de uma forma regressiva de processar o sentimento de injustiça. Por outro lado, se damos por certa a interpretação de autossabotagem, é provável que nessa atitude se evidencie o conflito com a sua identificação primária, com o ser, fazendo com que procure sempre evitar a posição de sujeito e se colocar na posição de ajudante, conforme sugerem suas palavras: "Faço o que o chefe manda e evito confrontos com os colegas. Procuro ser uma funcionária ideal". Afora isso, "não esconde seu grande medo de errar, correspondendo ao medo que também sempre teve de cair no palco durante uma apresentação de balé". A situação lembra o caso de Schreber (Freud, 1976m), cuja psicose se desencadeou quando foi convocado para assumir um cargo superior no Senado, correspondendo ao momento em que ruiu sua precária identificação primária. Dito de outra maneira: Alícia pode ser a "funcionária ideal" sempre que não ascenda ao lugar de ideal (comando, chefia). Como ela contou: "Eu chorava muito, mas não reclamava!", revelando como também não consegue ascender à posição de sujeito diante de uma situação de justificado mal-estar. Trata-se de ocupar a posição de "filha ideal", a mesma de "funcionária ideal". Parece evidente que, para Alícia, ser ideal significa não reclamar, não acusar. Em outras palavras, é possível que o ser ideal registre seu mal-estar, seu sofrimento, mas sem poder realizar uma transformação aloplástica da realidade.

A respeito da satisfação que Alícia encontra em anotar as tarefas em um papel e logo as ir riscando, inferimos a ação da pulsão de morte, uma vez que, na rapidez com que deseja suprimir um afazer, ela parece seguir a mesma sorte, quer dizer, sentir ela mesma riscada por outro. Na mesma linha, podemos entender a lipoaspiração desnecessária que realizou, na medida em que parece constituir uma forma de se submeter a um déspota, através da alteração interna: é como se ela entregasse uma parte do seu próprio corpo sob a aparência de uma finalidade estética. A propósito, a beleza de Alícia não configura uma meta histérica, como à primeira vista poderia parecer, mas uma fachada que encobre a tentativa de se identificar com uma mãe desconectada. Inclusive, é interessante notar que ser bonita coloca-lhe no lugar da desvalorizada, tendo em vista o fato "de a mãe sempre ter considerado o irmão como o inteligente e a ela apenas a 'bonitinha'".

No conjunto, a história relatada por Alícia, como se descrevesse um *bailado frívolo*, faz lembrar uma música de Fátima Guedes que tem como título "A bailarina". Assim como Alícia, trata-se da imagem de uma delicada menina que se encontra em permanente movimento, mas que não sai do mesmo lugar, "escrava de um delicado mecanismo". Diz a letra:

Gira a bailarina
Na caixa de música
Lívida menina
Rodando, rodando...
Num pequeno círculo
De ouro e de espelho
Escrava do delicado
Mecanismo

Pálida e suave
Em seu bailado frívolo
Quantas vidas passa
Dançando, dançando...
Com a orgulhosa pose
De uma estirpe distante
Finita num infinito
Narcisismo

Roda a bailarina
A sua sina
De tonta
Guardiã de joias e segredos
De família
Com a roupinha de balé
Com a sapatilha
Relíquia de passar
De mãe pra filha
Ela se persegue
Em seu passeio lúdico
Presa na caixinha
Girando, girando, girando...

Revelando uma relação muito estreita com a bailarina da caixa de música, incluindo a identificação com o modelo (a mãe), diz Alícia, a propósito da festa de seu aniversário, tomado como uma imagem em movimento:

> Eu estou fazendo tudo, uma superprodução, mas não me considero uma pessoa fútil, embora uma pessoa de fora possa pensar isso. Eu quero ficar muito bem nas fotos e, para isso, tenho de cuidar muito bem do cabelo, da maquiagem, enfim, tem que estar tudo perfeito. É assim que eu quero: tudo perfeito! O bolo terá em cima uma bailarina maravilhosa, que sou eu, girando. Não vai dizer que eu sou narcisista, tá!

ANÁLISE DO CASO PELO ADL (ALGORITMO DAVID LIBERMAN)*

Realizaremos, neste caso, uma análise de relatos selecionados do material clínico da paciente, que foi extraído de fragmentos de uma sequência de 12 sessões; escolhemos uma sessão por mês, ao longo de um ano.

Outubro de 2006

Analista: Ontem, estivemos falando da menina que tu eras...
Paciente: Pois é, depois me lembrei de uma situação que ocorreu quando eu tinha uns 7 ou 8 anos. Como te disse, eu e o meu irmão, todos os dias, acordávamos sozinhos e preparávamos o café para ir à escola. Uma noite, quando o meu irmão foi dormir na casa não lembro de quem, eu me enganei ao preparar o despertador e acabei me levantando muito mais cedo. Sem me dar conta, tomei café, coloquei o uniforme da escola e desci. Quando cheguei na portaria do prédio é que me dei conta de que ainda era noite e que, portanto, ainda não estava no horário da escola. Fiquei sentada na escadaria aguardando o amanhecer, esperando algum morador passar para perguntar a hora. Nem pensei em voltar e bater na porta de casa porque a mãe iria me matar se eu a acordasse tão cedo. Ela tinha insônia e sempre dizia que não podíamos acordá-la, nem mesmo fazer barulho pela manhã. Era um caso de emergência, não é mesmo? Mas, mesmo assim, como sempre eu fazia, evitei incomodar a minha mãe.

Novembro de 2006

Paciente: Eu não me dava conta de que era negligenciada, mas, desde pequena, fazia tudo, até lavar o uniforme da escola nos fins

---

* Método de investigação psicanalítica desenvolvido por David Maldavsky (Maldavsky, 2004; Maldavsky et al., 2005, 2007) que utiliza o discurso como expressão do pré-consciente, revelando pontos de fixação e defesas relativos às fases do desenvolvimento da libido, a saber: intrassomática (LI), oral primária (O1), oral secundária (O2), anal primária (A1), anal secundária (A2), fálico-uretral (FU) e fálico genital (FG). São três os níveis de análise do discurso: palavra (realizada mediante um programa de computador), frase e relato. Neste caso, escolhemos a análise dos relatos, tendo em vista que o nosso interesse é investigar a estrutura clínica da paciente, na qual identificamos diversas correntes psíquicas. No entanto, se o nosso alvo fosse, por exemplo, o estudo da transferência, teríamos escolhido o nível de investigação das frases.

de semana. Recordo-me que, quando chegava sexta-feira, eu já não aguentava mais usar aquele uniforme sujo. Sempre fui muito asseada. Uma vez, a mãe foi viajar por uma semana e eu e o meu irmão ficamos sozinhos, inclusive cozinhando e fazendo as compras no supermercado. É, foi assim... Menor do que essa idade eu não me lembro, mas, por certo, alguém lavou as minhas fraldas.

Dezembro de 2006

Paciente: Neste fim de semana, eu e o Néstor brigamos. Problema de sexo: não estamos nos acertando. De fato, sexo pra mim nunca esteve em primeiro lugar (ri), mas eu sempre correspondi à expectativa dele: o que ele pede eu faço. Eu acho que ele está inseguro com esse meu jeito de resolver tudo sozinha.

Janeiro de 2007

Paciente: Eu tenho uma função em um programa de bolsas de estudo para o exterior. Os pedidos passam por mim. Sonhei que havia me chegado no trabalho um pedido teu de bolsa para estagiar no exterior, mas tu tinhas outra profissão, não me lembro qual. Depois, não era mais o pedido que eu tinha em minha mesa, mas umas fotos minhas de viagem e tu estavas lá, no meio do grupo. Acho que era aquele grupo com o qual eu e o Néstor fomos para a Tailândia e aqueles países da volta... Como é que pode: um minuto e tu já estavas comigo!

Fevereiro de 2007

Paciente: Se alguém me ouvir falando pelo telefone com o Néstor, vai me achar muito segura, porque eu não perco tempo: é vai, vai; não vai, não vai, e tchau! Como eu não me apego muito, também não tenho medo de perder. Na verdade, eu só me apego aos meus cachorros. Quando tiver um filho também vou me apegar. Eu sou muito objetiva com os meus relacionamentos. Agora mesmo eu vou sair sozinha de férias porque o Néstor não pode ir. Não vou ficar aqui nesse calor só olhando para ele. Acho natural que ele faça o mesmo.

Março de 2007

Paciente: Vou te falar uma coisa que eu acho que ainda não estudastes o suficiente para entender. Não dá para acreditar: eu comi um pacote inteiro de bolachas neste fim de semana! Depois da lipoaspiração, eu nunca mais havia feito isso. Eu não quero me operar outra vez! Sabe por que isso me aconteceu? Porque o seu Néstor me mandou para escanteio! Tudo porque eu não quis acompanhá-lo no aniversário da irmã dele na quinta-feira. Disse que queria um tempo para pensar, que estava ficando difícil conviver comigo... Conversei bastante com ele para descobrir qual a razão da medida e concluí que ele não está em dúvida sobre o nosso relacionamento, mas quis me dar um duro. Isso me deixou mais tranquila. Ele quer que eu deixe de ser tão chata. Hoje, estamos fazendo dois anos e meio de namoro. Acho que ele não vai me ligar. Eu tenho dúvida se estou com o Néstor porque eu gosto dele ou porque não quero ficar sozinha. Foi brabo ficar sozinha no fim de semana, ainda mais que nem o sol apareceu para pegar uma piscinazinha. Sabe o que eu fiz no domingo? Peguei todas as nossas fotos, coloquei em um envelope e escrevi por fora: subsídio para pensar. Fui até a casa dele para colocar o envelope na caixa de correio, mas me encontrei com ele e entreguei o envelope a ele sem dizer nada. Estou me dando conta de que, quando estou sem ele, me sinto sozinha. A minha tática para ficar bem é me ocupar. Hoje, estou mais tranquila porque tenho um monte de coisas para fazer.

Analista: Temes que se repita a tua relação com a mãe, por isso evitas demonstrar teus sentimentos ao Néstor, e parece que estás sempre testando os sentimentos dele.

Paciente: Eu gosto dele, mas não sei o quanto. Tens razão, eu tenho medo de me entregar e ser abandonada. Diferente do que eu acho que vai acontecer, o Néstor parece ter a convicção de que as coisas podem ser para sempre: se tu gostas de alguém hoje, tu vais continuar gostando amanhã, e não sei daqui a quanto tempo. Eu acho isso um conto de fadas. A vida não é assim! Mas quem sabe seja melhor viver nessa ilusão do que viver como eu vivo: olhando sempre para um lugar vazio.

Abril de 2007

Paciente: A situação com o Néstor se complicou. A gente não estava se falando, eu estava levando bem, mas aí eu soube que teria de tirar dez dias de férias atrasadas e pensei que não ia aguentar ficar aqui sem fazer nada. Resolvi então colocar o Néstor na parede. Liguei para saber se ele continuava me namorando, caso contrário, eu compraria uma passagem para viajar. Entrei pelo cano! Ele me respondeu que, quando era eu quem pedia um tempo, ele me respeitava, e que eu não o estava respeitando. Desliguei o telefone e fui comprar a passagem. Eu sempre te dizia que não sentia nada, mas desta vez senti tudo.

Analista: É compreensível...

Paciente: (*Chora pela primeira vez.*) No sábado, era a estreia dele. Eu sabia que ele estava preocupado com isso. Deu-me um desespero, comecei a chorar, chorar. Liguei para saber se eu podia ir ao teatro assistir à peça, e ele concordou. Antes, passei na casa dele para deixar o bolo que eu havia comprado e congelado para comemorar o nosso aniversário de namoro. Levei congelado mesmo. Nesses espetáculos, as mulheres costumam ir com roupas esportivas, mas eu coloquei um vestido bem metido e fui. A peça foi legal. No outro dia, já não era mais choro, mas tristeza. Liguei para elogiar a peça e dizer que eu achava que ele tinha outra mulher e que não queria mais ficar comigo. Ele disse que passaria lá em casa à noite para conversarmos pessoalmente, e foi o que ele fez. Disse-me que o problema não era outra mulher, mas o meu jeito: ele havia aproximado de mim a família e os amigos dele, mas eu não conseguia valorizar essa atitude e o tratava mal – ofendendo, batendo a porta na cara dele, não querendo acompanhá-lo no aniversário da irmã e coisas do gênero. Falou que eu devia viajar e aproveitar o tempo para também pensar se eu quero, de fato, recomeçar de uma maneira diferente. Ele tem razão: quantas vezes atravessou a cidade para almoçar comigo, e eu saía logo para trabalhar sem quase trocar uma palavra com ele. Também estava pensando: por mais que eu goste dos cachorros, eles não me completam a vida, eu também preciso de uma pessoa. A verdade é que eu pensava que podia tratá-lo de qualquer maneira e ele não iria me abandonar. Só agora estou me dando conta de que estou agindo como sempre agiram comigo. Agora mesmo: eu vou para Viña, que é onde a minha mãe mora, mas ela não vai estar lá. A última vez que nos vimos já faz mais de um ano. Eu gostaria de ter uma mãe que me esperasse com um bolo feito por ela, como as minhas amigas, mas não é assim, nem nunca vai ser! Mas eu não quero seguir esse modelo, preciso mudar.

Maio de 2007

Alícia refere que está feliz porque ela e Néstor reataram e porque comprou um apartamento em construção que vai ficar pronto no final do ano, quando pretendem morar juntos. Preocupa-se, no entanto, com o fato de haver uma grande disparidade entre os seus ganhos e os de Néstor. Segue:

Paciente: Estou fazendo um curso de teatro e agora vou começar um curso de psicologia. Acho que vai me ajudar no trabalho que eu faço. Eu admiro as pessoas que sentem paixão pelo que fazem. O meu chefe é assim. Eu trabalho bastante, com seriedade, mas não é paixão. Quem sabe, juntando psicologia, eu também consiga me apaixonar pelo meu trabalho. Quem sabe também me ajude a enfrentar uma questão que todo mundo deveria enfrentar, mas não enfrenta: a morte. Quando a gente morre, a consciência se acaba, então é como antes de nascer, e a vida é o que acontece nesse intervalo. Eu não tenho medo de morrer, tenho medo de perder as pessoas: é ruim para quem fica!
Analista: Estás com receio de perder alguém que tu gostas...
Paciente: O Juanito está ficando velho. Neste fim de semana, estava olhando umas fotos de quando ele era jovem. Chorei muito vendo essas fotos. Acho que já estou me preparando para quando ele morrer. Também queres saber sobre pessoas, não é mesmo? A minha avó, que também está velhinha. Ela é o elo que tenho com o meu pai. Isso é morte por velhice, mas também me assusta perder alguém em um acidente, como agora, por exemplo, que o Néstor vai viajar para o Canadá. Eu não acredito que a gente vá se acertar para sempre. Pode acontecer que não, que a gente acabe terminando. Eu estou sempre lembrando o Néstor dessa possibilidade, para que depois não me diga que não avisei, mas parece que ele gostaria que eu pensasse como uma garota de 15 anos que acredita que, se existe amor, tudo vai dar certo. Certa é só a morte!

Junho de 2007

Paciente: Acho que descobri de onde tirei essa obsessão por ter o meu apartamento, de querer que ele esteja só no meu nome, nada de sociedade com o Néstor. É que eu não podia dizer para a minha mãe "a nossa casa", porque ela retrucava: "A nossa, não, a minha casa". Ela sempre procurava enfatizar que aquela casa era dela e que, para morar com ela, tinha de obedecer às regras dela. Desde bem pequeninha, aprendi que aquela casa não era minha e, quando eu falava com a minha mãe, eu dizia "a tua casa". E ela cuidava muito daquela casa, nada podia estar fora do lugar e os estofados eram todos cobertos com lençóis para não sujar. E não tinha privacidade, ela entrava sem pedir licença! Não quero ser assim na minha casa, embora eu reconheça que também sou uma pessoa muito egoísta. O Néstor me pediu uma mala emprestada para viajar e eu não gostei, porque não gosto de emprestar o que é meu.

Analista: Nada de a nossa mala...
Paciente: É... eu acabo repetindo a minha mãe.
Analista: Te ocorre o porquê?
Paciente: Para não me dar conta de como ela foi comigo? Isso está mudando, já posso ver que ela é uma pessoa que não consegue me amar.
Analista: Apesar disso, continuas te esforçando para ser a primeira bailarina como forma de merecer o amor dela.
Paciente: É... eu deduzi isso, mas como posso fazer para sentir que sou amada?

Julho de 2007

Paciente: O Néstor viajou ontem. Sei que vou ficar sem saber o que fazer por uns dois ou três dias, depois eu entro no meu ritmo. Sou uma pessoa que me adapto facilmente às situações. Tem uma coisa: estou competindo com a mãe dele (*ri*). Eu acho que ele tem que ligar primeiro para mim, depois para a mãe dele. É uma besteira, mas eu sei que vou ficar chateada se não for assim. Eu espero que ele saiba disso.
Analista: Essa necessidade faz com que estejas sempre te moldando à vontade e aos supostos valores dos outros.
Paciente: Eu sempre queria tirar as melhores notas em todas as matérias, ser uma bailarina perfeita, ser a que melhor se veste, merecer o elogio do meu diretor...
Analista: Da mesma forma que esperavas merecer o elogio da mãe no passado...
Paciente: Como se não bastasse, eu ainda preciso que me digam que eu estou agindo da forma esperada.

Agosto de 2007

Paciente: Sabe, estou tendo uns sonhos repetidos novamente. É engraçado porque sempre encarava com descrédito quando me falavam em

	sonhos de repetição. Tem aquele que te falei em que não consigo encontrar o meu carro, que eu deixei em algum lugar. Agora estou tendo outro sonho em que muda o cenário, mas o tema é o mesmo: estou tentando achar uma coisa e não consigo encontrar o lugar em que ela está. Dessa vez, eu estava em um navio e desembarquei para ir a um *shopping*. Daí eu tinha que voltar para o navio e não conseguia, estava perdida no *shopping*. Também estou tendo um sonho em que o Juanito cai da sacada do meu apartamento. Eu vejo o momento em que ele cai, mas não tenho coragem de ir olhar ele lá embaixo. É uma vizinha que o socorre, leva-o para o hospital e depois me traz ele com as pernas quebradas, mas vivo.
Analista:	Quem sabe estar com as pernas quebradas é uma forma de representar as situações em que te sentes dominada pela angústia... Poderá ser o balé um recurso que alivia essa sensação?
Paciente:	No sonho do navio, eu estava muito angustiada, mesmo! O navio apitava, e isso me dizia que eu tinha um prazo para chegar e, se não chegasse, eu ia perder o navio, mas eu não achava o lugar em que ele estava e isso me angustiava muito.
Analista:	Tem o lugar e o tempo...
Paciente:	É... o tempo tem uma importância vital no momento. Mais do que nunca! O apartamento vai ficar pronto em três ou quatro meses, e eu preciso decidir se o Néstor vai morar comigo. Tenho a impressão de que, se passar desse tempo, ele não vai mais. E tem também o tempo de eu engravidar: não dá para esperar muito, vou ficar velha para ter um filho. Não tenho convicção, mas não posso deixar o tempo passar. Uma noite, antes de ele viajar, estávamos vendo juntos a planta do apartamento no computador, e ele disse "aqui nós podemos fazer tal coisa". Eu brinquei com ele: "Nós?". Mas depois até combinamos algumas coisas que ele quer fazer. Na verdade, eu tenho medo de que ele queira fazer tudo do jeito dele e eu tenha de me submeter.
Analista:	E continuar com a sensação de não ter uma casa que possas sentir tua...
Paciente:	Não sei se vai ter saída!

Análise dos relatos selecionados

Relato I. 1) O irmão dormiu fora de casa;
2) Alícia se enganou ao preparar o despertador e acabou se levantando muito mais cedo;
3) quando saiu, não se deu conta de que ainda era noite;

	4) ficou aguardando o amanhecer e que passasse um vizinho para quem perguntar a hora.
Relato II.	1) Sua mãe sofria de insônia; 2) se a acordasse, ela iria matá-la; 3) Alícia evita incomodar a mãe.
Relato III.	1) Sua mãe agia com negligência; 2) como Alícia era muito asseada, na sexta-feira já não aguentava o uniforme sujo; 3) acredita que, quando pequena, alguém lavou suas fraldas.
Relato IV.	1) Para Alícia, o sexo nunca esteve em primeiro lugar; 2) igualmente, ela sempre faz o que ele (Néstor) pede; 3) neste fim de semana, brigaram; 4) crê que ele está inseguro com o seu jeito de resolver tudo sozinha.
Relato V.	1) Os pedidos de bolsa para estagiar no exterior passam por ela; 2) Alícia sonha que o analista pede uma bolsa e que, no momento seguinte, há umas fotos de uma viagem nas quais ela está com o analista; 3) pergunta-se como isso é possível.
Relato VI.	1) Alícia não se apega muito às pessoas; 2) somente se apega aos seus cachorros e, quando tiver um filho, também vai se apegar; 3) se alguém a escuta falando com Néstor, vai achá-la muito segura.
Relato VII.	1) Néstor não pode sair de férias; 2) ela não vai ficar lhe esperando; 3) vai sair sozinha de férias e acha natural que ele faça o mesmo.
Relato VIII.	1) Alícia não quis acompanhar Néstor ao aniversário de sua irmã; 2) ele quis dar-lhe "uma dura"; 3) ela comeu um pacote inteiro de bolachas.
Relato IX.	1) Conversaram bastante sobre a decisão de Néstor; 2) ela concluiu que ele não está em dúvida sobre a relação; 3) isso a deixou mais tranquila.
Relato X.	1) "Foi brabo" ficar sozinha no fim de semana;

	2) no domingo, levou um envelope com fotos; 3) dá-se conta de que, quando está sem ele, sente-se muito só.
Relato XI.	1) Sua tática para estar bem é se ocupar; 2) hoje está mais tranquila porque tem um monte de coisas para fazer.
Relato XII.	1) Ela tem medo de se entregar e de que a abandonem; 2) Néstor tem a convicção de que as coisas podem ser para sempre; 3) para ela, isso é um conto de fadas; 4) quem sabe seja melhor viver nessa ilusão.
Relato XIII.	1) Não estavam se falando; 2) ela precisava decidir sobre umas férias e lhe perguntou se ele seguia sendo seu namorado; 3) ele lhe disse que ela não estava respeitando o seu tempo; 4) desligou o telefone e foi comprar a passagem; 5) desta vez, sentiu tudo.
Relato XIV.	1) Néstor estava preocupado com a estreia de sua peça; 2) desesperada, ela ligou para saber se podia ir ao teatro com ele; 3) passou em sua casa e deixou um bolo que havia comprado para o aniversário; 4) colocou um vestido bem "metido".
Relato XV.	1) No dia seguinte, ela disse que ele tinha outra mulher; 2) ele lhe disse que o problema é que ela o trata mal; 3) disse a ela que viajasse e pensasse se queria recomeçar de uma forma diferente; 4) ela pensa que ele tem razão.
Relato XVI.	1) Ela pensava que podia tratá-lo de qualquer maneira e ele não a abandonaria; 2) pensa que os cachorros não lhe completam a vida e que necessita de uma pessoa; 3) dá-se conta de que está agindo como sempre agiram com ela.
Relato XVII.	1) Gostaria de ter uma mãe que lhe esperasse com um bolo; 2) nunca será assim; 3) não quer seguir esse modelo.
Relato XVIII.	1) Está fazendo um curso de teatro e um curso de psicologia;

	2) quer se apaixonar pelo que faz; 3) isso a ajudaria a enfrentar a morte; 4) tem medo de perder as pessoas.
Relato XIX.	1) Esteve vendo umas fotos; 2) Juanito está ficando velho; 3) Alícia está se preparando para quando ele morrer.
Relato XX.	1) A mãe dizia que a casa não era de Alícia; 2) ela não quer ter um apartamento em sociedade com Néstor.
Relato XXI.	1) Néstor viajou; 2) ela não sabe o que fazer; 3) Alícia acha que ele tem de ligar primeiro para ela e depois para a mãe; 4) espera que ele saiba disso.
Relato XXII.	1) Sempre encarava com descrédito quando lhe falavam de sonhos de repetição; 2) agora, está tendo sonhos repetidos.
Relato XXIII.	1) Tem de decidir se Néstor vai viver com ela; 2) teme que passe o tempo e não consiga ser mãe; 3) teme que ele queira fazer tudo do jeito dele e ela tenha de se submeter.

A partir dessa perspectiva, o achado principal são as linguagens O1 e O2, ambas acompanhadas por uma defesa específica: a recusa. Contudo, se observamos o repertório geral de linguagens, constatamos que várias delas têm importância: O2 (em 16 relatos), FG (em 14), FU (em 12), O1 (em 11), LI (em 9) e A2 (em 8). Esse panorama permite realizar diversas análises, como é habitual quando aplicamos o ADL a um tratamento analítico. Uma alternativa é estudar o motivo da consulta; outra opção é analisar a estrutura psíquica; ou, ainda, podemos investigar o vínculo com o analista; ou, finalmente, podemos eleger algum tema em particular para analisar. Em relação às linguagens do erotismo, também podemos fazer distinções equivalentes, tendo em vista que tanto podemos nos centrar nas linguagens hegemônicas quanto considerar alguma linguagem particular (suponhamos que nos interesse estudar o problema da beleza) ou mesmo interrogar-nos sobre a ausência de alguma linguagem. No caso em estudo, poderíamos perguntar por que aparece tão pouco a linguagem A1 no discurso de Alícia, refletindo uma dificuldade de expressar seu sentimento de injustiça, em particular em seu vínculo com a mãe. Em seu lugar, Alícia entronizou uma postura sacrificial (O2) e um pensamento abstrato (O1), prescindindo de sua relação com os fatos concretos. Com isso, aproximamo-nos do fragmento que desejamos investigar nesse caso.

QUADRO 12.1
Análise do caso pelo método ADL

Relatos	LI	O1	O2	A1	A2	FU	FG	Dominante	Defesa*
I.			X		X			O2 Eufórico	Recusa exitosa
II.	X		X	X		X		O2 Eufórico	Recusa exitosa
III.		X			X			O1 Eufórico	Recusa exitosa
IV.		X	X			X	X	O1 Eufórico	Recusa exitosa
V.	X	X			X	X		O1 Eufórico	Recusa mista
VI.	X	X					X	O1 Eufórico	Recusa exitosa
VII.			X		X			FU Eufórico	Recalcamento exitoso
VIII.	X		X		X	X		LI Eufórico	Repúdio do afeto exitoso
IX.		X		X	X	X		O1 Eufórico	Recusa exitosa
X.		X	X				X	O2 Disfórico	Recusa fracassada
XI.	X						X	LI Eufórico	Repúdio do afeto exitoso
XII.		X	X				X	O1 Eufórico	Recusa mista
XIII.		X	X		X	X		LI Disfórico	Repúdio do afeto fracassado
XIV.		X			X		X	FG Eufórico	Acorde aos fins exitoso**
XV.			X	X	X	X		A2 Eufórico	Acorde aos fins exitoso
XVI.	X		X	X			X	A2 Eufórico	Acorde aos fins exitoso
XVII.		X					X	FG Eufórico	Acorde aos fins misto
XVIII.	X	X	X		X		X	O2 Disfórico	Recusa fracassada
XIX.	X	X	X					O2 Disfórico	Recusa fracassada
XX.	X		X					O2 Eufórico	Recusa exitosa
XXI.		X	X		X	X		O1 Eufórico	Recusa exitosa
XXII.		X			X			O1 Disfórico	Recusa mista
XXIII.			X		X	X		O2 Disfórico	Recusa mista

* Recusa (*Verleugnen*, em alemão; *disavowal*, em inglês; *desmentida*, em espanhol); recalcamento (*Verdrängung*, em alemão; *repression*, em inglês; *represión*, em espanhol); repúdio (*Verwerfung*, em alemão; *repudiation*, em inglês; *desestimación*, em espanhol).
** As defesas não patológicas são a sublimação e a criatividade. Maldavsky sugere incluir outra defesa não patológica que denomina *"acorde a fines"* (Plut, 2006, p. 402).

A linguagem O1 é dominante em oito relatos: III, IV, V, VI, IX, XII, XXI e XXII (em cinco deles com recusa exitosa e em três com recusa mista), enquanto a linguagem O2 é dominante em sete relatos: I, II, X, XVIII, XIX, XX e XXIII (em três deles com recusa exitosa, em três com recusa fracassada e em um com recusa mista). Nas cenas correspondentes ao erotismo O1, chamam a atenção as abstrações, a alienação da realidade concreta e os vínculos caracterizados pela lógica da "presença física e ausência psíquica", ou o inverso: "presença psíquica e ausência física". Neste caso, a realidade concreta fica substituída por pensamentos, imagens ou aparelhos que intermediam a relação do sujeito com a realidade (como veremos ao analisar na linguagem O2 a relação de Alícia com as fotos).

Nos diferentes relatos em que é dominante a linguagem O1, analisamos o significado das crenças e convicções construídas por Alícia. No relato III, notamos que, ante a negligência de sua mãe, Alícia supõe que alguém lavou suas fraldas. Isso constitui uma crença, uma ficção que ela constrói sobre o seu passado, quiçá não tanto para desculpar sua mãe, mas para se sobrepor a um estado de desproteção e miséria afetiva. No relato IV, Alícia diz acreditar que Néstor está inseguro porque ela resolve tudo sozinha. Dessa forma, atribui uma insegurança e uma crença ao outro como forma de recusar seus próprios problemas afetivos ligados à sexualidade e ao compartilhar. Algo parecido podemos dizer dos relatos V e XXII, nos quais Alícia conta sonhos: no primeiro, aparecem as fotos (O1), o analista solicita as bolsas que ela controla (LI) e, como resultado, um estado de desconcerto e incredulidade. Esse estado reaparece em outro relato (XXII), quando se sente assaltada por sonhos repetitivos, perante os quais possuía uma atitude de descrédito. É importante destacar as duas significações erógenas do termo "crédito": LI (alusão ao dinheiro) e O1 (alusão ao crer). Podemos conjecturar que Alícia procura crer e induzir uma crença nos outros de que ela pode fazer tudo sozinha, de que não necessita de ninguém, em que pese esse procedimento determine que, progressivamente, vá se sentindo cada vez mais abandonada. Algo disso também encontramos no relato VI, quando refere que, ouvindo-a falar com Néstor, as pessoas acreditariam que ela era muito segura. Parece-nos que não se trata tanto de alguma coisa que os demais de fato creriam, mas uma crença que Alícia pretende induzir em seus interlocutores. Diríamos, em outras palavras, que sua segurança é uma ficção que encobre sua solidão, seu distanciamento afetivo e sua dificuldade para assumir compromissos afetivos, os quais procura sustentar por intermédio do desempenho profissional (LI). Essa ficção de segurança também se apresenta em termos de tranquilidade, os quais condensam duas linguagens do erotismo: FU e O1 (relato IX). Ainda no aludido relato VI, chama a atenção a comparação e a homologação que estabelece entre cães e filhos, como se procurasse estabelecer um vínculo com um personagem carente de qualidade, de subjetividade, provavelmente como um equivalente de sua própria mãe.

No relato XII, observamos que Alícia tende a refutar uma convicção do outro a respeito da perduração do amor. Sem dúvida, esse é um relato complexo, pois ela se contrapõe a uma crença (no caso, sobre o amor), recorrendo a outra crença consistente, sob a forma de um paradoxo lógico, segundo a qual é melhor viver sozinha para não ficar sozinha. Por último, no relato XXI, aparece a rivalidade e a competição que Alícia mantém com a mãe de Néstor (FU). No entanto, temos a impressão de que possui maior peso outro componente desse relato, a saber, que ela espera que Néstor perceba, por conta própria, que tem que lhe telefonar antes de o fazer a sua mãe. Essa expectativa produz outra forma de apresentação de suas convicções: de que Néstor deve saber o que ela espera dele, sem que ela precise informá-lo disso.

Vejamos agora, especificamente, as vicissitudes da linguagem O2 a partir dos relatos em que essa linguagem é hegemônica, lembrando que ela expressa a problemática do amor, do egoísmo e do sacrifício. Ou seja, evidencia a importância desses vínculos, nos quais se manifestam as contradições semânticas, como, por exemplo, quando uma pessoa age de uma forma egoísta, mas diz que assim o faz por amor. Nos relatos em que a linguagem O2 se apresenta como prevalente, observamos que ela se combina, particularmente, com as linguagens LI, O1, FU e FG. Por exemplo, no relato I, constata-se que, ante sua desorientação temporal (FU), sob a forma de sacrifício (O2), Alícia cai em um estado de solidão, esperando que chegue a hora de ir para a escola. Tal como observamos no relato II, esse sacrifício se complementa com a decisão de não acordar sua mãe, que padece de insônia e poderia ter um ataque de fúria (LI), como se, diante do suposto estado de inermidade orgânica alheio (LI), a tendência de Alícia fosse a de se sacrificar (O2).

Na mesma linha das vicissitudes da linguagem O2, verificamos em diversos relatos que a hiperatividade (LI), o labor e outras atividades representam formas de se assegurar de uma tensão orgânica que a proteja dos sentimentos de solidão. Outra versão desse nexo entre O2 e LI se revela no relato XX, quando, em uma postura que evidencia uma tentativa de se identificar com a mãe, especialmente com o seu egoísmo, diz que não quer compartilhar a propriedade de um apartamento com Néstor (LI). Ou seja, Alícia aspira manter um estado de tensão orgânica ou econômica como uma segurança precária contra o sentimento de solidão. Outro enlace da linguagem O2 que também se mostra revelador do funcionamento mental de Alícia é aquele que se estabelece com a linguagem O1, como verificamos nos relatos X, XVIII e XIX. Assim, ao entregar as fotos (O1) para Néstor, ela se reencontra com os seus sentimentos de abandono, indicando que essas imagens representavam para ela uma fictícia companhia. Deve-se agregar que essa entrega ocorreu durante um fim de semana, quando ela não contava com a hiperatividade do seu trabalho (LI) como um meio para manter um nível razoável de tensão vital. Opostamente, ao ver as fotos de Juanito (O1), ela

TABELA 12.1
Resultados da análise dos relatos de Alícia

Linguagens		Defesas	
Oral primária	8	Recusa	15
Oral secundária	7	Acorde aos fins	4
Libido intrassomática	3	Repúdio do afeto	3
Anal secundária	2	Recalcamento	1
Fálico genital	2		
Fálico uretral	1		

procura proteger-se da vivência de abandono de seus entes queridos. No relato XVIII, verificamos a utilização de duas outras estratégias fictícias (O1) para se proteger da solidão, que são o teatro, que também inclui algo da linguagem FG, e a psicologia. Tudo indica que, mediante esses interesses, Alícia aspirasse gerar uma paixão, uma energia. Não obstante, logo se constata o fracasso dessas estratégias, o que a deixa sumida na dor do abandono.

Finalmente, no relato XXIII, notamos que, quando Alícia tenta avançar em seus desejos de se casar, de ser mãe, defronta-se com o temor de que Néstor se transforme em um equivalente de sua mãe, em um personagem que queria submetê-la. Portanto, quando ela se identifica com sua mãe e aspira prescindir de Néstor, cai em um sentimento de solidão. Contudo, se procura sair de seu egoísmo, a situação não se resolve, mas se inverte, ou seja, é Néstor quem passa a ocupar o lugar do personagem egoísta. Em síntese, tudo se passa como se, para Alícia, o amor tivesse apenas um único e inevitável destino: o de ser capturado pelo egoísmo do outro.

Concluindo, podemos dizer que a investigação realizada pelo método ADL do caso Alícia, por meio da análise dos relatos, é confirmatória de uma patologia narcisista com base em três fixações da libido (A1, O2 e O1), as quais interferem no processo de identificação primária, ou seja, aquela ligada ao ser, portanto, antes do ter, correspondente à identificação secundária. Em relação à linguagem anal primária, observa-se que esta, nesse caso, apresenta-se, predominantemente, sob a forma da vivência de abandono (O2), representando uma forma regressiva de processamento do sentimento de injustiça, característica de A1. Trata-se de um tema que merece atenção porque, na maioria dos pacientes, a fixação na etapa anal primária (primeiro organizador do narcisismo primário) apresenta uma tendência ao conflito. Um exemplo é a afirmativa de Freud (1972e) de que a neurose (FG, FU e A2) é o negativo da perversão, ou seja, A1. Da mesma forma, nas patologias tóxicas e traumáticas (LI), o que se constata é um conflito com um paranoico projetado (A1), e nos pacientes depressivos (O2) ou esquizoides (O1), identificamos um processamento regressivo da violência própria da linguagem A1. Uma analogia que pode ser feita é com o comentário de Freud a propósito dos pacientes deprimidos e melancólicos, qual seja, de que "as autorrecriminações são recriminações feitas a um objeto amado" (1974e, p. 280), ou seja, suas queixas são realmente querelas. Na teoria das fixações (da forma como é estudada pelo método ADL), as queixas corresponderiam à linguagem O2, enquanto as querelas seriam inerentes à linguagem A1. Sendo assim, aquilo que em um paciente deprimido se expressa como queixa, lamento ou autoacusação poderia ser considerado denúncia. Em outras palavras: quando um deprimido critica a si mesmo, na verdade ele está acusando a outro. Por isso, de forma um tanto jocosa, alguns dizem que a procura de um advogado por parte de um paciente deprimido indica uma boa evolução clínica.

13

VIVER O MUNDO COMO SE NÃO FOSSE O MUNDO

(Casos Guido e Jakob)

Gley P. Costa

> **Ⓡ ESUMO**
>
> Estudo sobre o humor como forma espontânea e criativa de lidar com situações traumáticas, ilustrado com os personagens de dois filmes sobre o Holocausto.

O humor implica um conjunto de características difíceis de apreender, razão pela qual não possui uma definição precisa. Representa uma forma de expressão da criatividade que tem como objetivo mitigar o sofrimento. Sua meta não é, primordialmente, fazer graça, mas convencer de que a realidade é tolerável. Ou seja, de que é possível sobreviver às adversidades. Em casos extremos, pode constituir uma forma de resgatar o amor-próprio, evitando que o indivíduo se deixe morrer. Por tudo isso, devemos situar o humor no campo da saúde, e não no campo da patologia, no qual nós, psicanalistas, estamos mais acostumados a pensar. De acordo com Charles Chaplin (2005, p. 252), "[...] o humor permite ver, através do que parece racional, o irracional. Além disso, reforça o instinto de conservação e preserva a saúde do espírito. Graças ao humor, as vicissitudes da existência se tornam mais toleráveis".

Do ponto de vista da clínica, devemos considerar o humor uma defesa funcional que se opõe às percepções e aos juízos, da mesma forma que a recusa (*Verleugnen*, em alemão; *disavowal*, em inglês; *desmentida*, em espanhol) e o repúdio (*Verwerfung*, em alemão; *repudiation*, em inglês; *desestimación*, em espanhol), mas apelando a recursos que, simultaneamente, implicam um reconhecimento da realidade e, sobretudo, da lei. Como disse Hermann Hesse (2000, p. 66), o humor nos permite "[...] viver o mundo como se não fosse o mundo, respeitar a lei e, ao mesmo tempo, estar por cima dela". Isso é possível porque se vale do mesmo procedimento da criatividade, que consiste em uma regressão formal do pré-consciente ao funcionamento inconsciente, com o aval do superego.

Enquanto o cômico, o chiste e o irônico constituem atividades mentais que visam à satisfação erótica e/ou agressiva, carecendo da presença real de outra pessoa para atingir o seu fim, o humor configura um processo de secundarização estritamente intrapsíquico, cuja meta é a economia da energia ligada a afetos penosos que, mediante um processo de inversão, transformam-se em prazer. Embora se trate de uma fruição caracteristicamente moderada, ela confere ao indivíduo uma aprazível sensação de vitória, que resulta da reafirmação da invulnerabilidade narcísica do ego. Esses verdadeiros estados de euforia reproduzem o funcionamento psíquico da infância, quando, segundo Freud (1972d, p. 265), "ignorávamos o cômico, éramos incapazes de chistes e não necessitávamos do humor para nos sentir felizes nesta vida".

Em seu artigo sobre a metapsicologia do humor, Freud (1974f) destaca que, na atitude humorística, o indivíduo se comporta em relação a si mesmo como o adulto que procura amenizar uma realidade que a criança experimenta como avassaladora. Esse procedimento corresponde a uma operação interna do aparelho psíquico que consiste no desinvestimento catexial do ego em favor do superego, o qual revela nesse processo o seu aspecto benigno de ordenador da vida, que tem como matriz o suporte ambiental. Por essa via, o indivíduo se sobrepõe ao lamento, uma vez que, comparativamente a um ideal, toda adversidade imediata é minimizada, daí se obtendo o amor da instância moral.

Contudo, o aspecto que gostaríamos de destacar é a capacidade do humor de originar uma "área de ilusão" (Winnicott, 1972), na qual o paradoxo que se estabelece entre fantasia e realidade potencializa a criatividade, inclusive a artística, o que torna esse humor operante em situações nas quais o ser humano se sente ameaçado e desprotegido. Embora a realidade se oponha ao alívio de tensão que o ego almeja, no humor é possível recuperar algo do que primitivamente foi uma ilusão de onipotência, mediante o resgate da essência desse vínculo primordial em que o indivíduo se supõe amparado e amado por uma instância superior (superego). É exatamente o que diz Freud (1974f, p. 194): "Na atitude humorística, o que o superego realmente faz é repudiar a realidade e servir a uma ilusão". Dessa forma, (re)configura-se o critério de interação das situações traumáticas com o ego, com as demais pessoas e com a realidade, evitando uma drenagem de energia excessiva, cujo estado final caracteriza os estados abúlicos, reflexo do predomínio da pulsão de morte sobre Eros, impondo sua monotonia e sua inércia.

Em nosso cotidiano, costumamos nos mover dentro de uma realidade entre parênteses, na qual vamos desenvolvendo o nosso projeto de vida sem pensar, por exemplo, que a morte, em algum momento da trajetória, nos aguarda. Agimos dessa forma até mesmo quando nos aposentamos ou vamos a um tabelionato fazer o nosso testamento – ou seja, não estamos o tempo todo pensando no que de ruim nos pode acontecer. Assim, devemos considerar que a proteção contra o caos é essa espécie de convenção da realidade que funciona da mesma maneira que a inscrição intrapsíquica da barreira de proteção antiestímulos, semelhante às respostas tranquilizadoras que os pais dão aos filhos pequenos quando estes lhes perguntam se, seja qual for a situação, jamais os abandonarão. No entanto, quando se instala o caos, como ocorreu com o povo judeu durante o nazismo, a criatividade, que tem uma de suas manifestações no humor, é o mecanismo moderador que, além de favorecer a elaboração dos conteúdos, propicia ao ego recuperar sua função de continente dos objetos internos, dos projetos e das percepções. Em outras palavras, permite que o ego volte a funcionar, pois, na verdade, este só funciona quando pode englobar, de uma maneira ativa, corpo e mente.

GUIDO E JAKOB

Dois filmes relacionados ao Holocausto, *A vida é bela* (Itália, 1997), de Roberto Benigni, e *Um sinal de esperança* (EUA, 1999), de Peter Kassovitz, ilustram a finalidade e o processo de trabalho do humor. No primeiro, um judeu, Guido, é levado com o filho a um campo de concentração durante a Segunda Guerra Mundial. Para proteger a criança daquela dura realidade, o pai finge que tudo não passa de um jogo que dará ao vencedor um tanque de guerra (alusão à chegada dos Aliados). A esperança de ganhar o jogo ajuda o menino a superar todas as dificuldades, inclusive a fome. O segundo retrata um gueto judeu na Polônia, no qual o desânimo coletivo sofre uma reviravolta a partir da notícia de que o Exército Vermelho se aproxima para libertar o povo do domínio dos alemães. A notícia, forjada por um dos habitantes do gueto, Jakob, um homem simples e bom que também se dedica a cuidar de uma criança, permite que aquela gente esfaimada se encha de esperança de sobreviver ao Holocausto. Nas duas histórias, o humor se enlaça com a bondade, a alegria e a ternura – essas três filhas legítimas de Eros –, operando no processamento de uma entretecedura desiderativa.

A vida é bela se inicia com as seguintes palavras: "Esta é uma história simples; no entanto, não é fácil de contá-la. Como numa fábula, há dor... e, como numa fábula, ela é cheia de maravilhas e felicidade". A pilhéria – que, nesse caso, consiste na substituição da dolorosa realidade do campo de concentração pela ficção de uma maravilhosa e feliz brincadeira de crianças –, segundo Freud, não é o essencial. O importante é a intenção que o humor transmite. É como se fosse dito à criança: "Olhem! Aqui está o mundo, que parece tão perigoso! Não passa de um jogo de crianças, digno apenas de que sobre ele se faça uma pilhéria!" (1974f, p. 194). De fato, uma forma de enfrentar o trauma é resgatar a confiança básica por meio da criação, como a mentira criada por Benigni. A outra opção é se submeter à força do destino, conduta retratada pelos demais ocupantes do dormitório em que Guido e o filho estão alojados; contrastando com a euforia destes, eles se mostram silentes e apáticos, como resultado da drenagem libidinal que a violência das situações traumáticas determina, com a autoestima aniquilada, com desejo de não desejar, mortos em vida.

O filme *Um sinal de esperança* é baseado no livro *Jakob, o mentiroso* (2000), considerado uma das obras-primas da literatura sobre o Holocausto. O autor, Jurek Becker, escritor e roteirista, nasceu na Polônia, em 1937, e passou a infância em um gueto. Pouco antes de sua morte, em 1997, na Alemanha, participamos com ele de um debate sobre literatura e psicanálise, promovido pelo Instituto Goethe de Porto Alegre. Naquela ocasião, Becker contou que fora seu pai quem o estimulara a escrever um livro sobre a vida no gueto em que tinham morado. Sua impressão, contudo, era de que o pai não gostara do trabalho, pois nunca lhe fizera qualquer comentário – provavelmente, por esperar que o filho retratasse um personagem com arroubos heroicos, dignos da resistência ao inimigo nazista. Ele preferiu, no entanto, um personagem sem méritos, que se tornou herói porque inventou uma mentira. Dessa forma, ao inventar uma história bem-humorada e de refinada beleza, extraída do pavor gerado pelo nazismo, Becker revelou uma criatividade de extraordinária magnitude. Uma hipótese é de que o terror vivenciado no gueto fora uma experiência traumática para o pequeno Jurek, atenuada, mais tarde, pelo humor do adulto escritor em que ele se transformou. É provável que o humor constitua a forma eficaz, para quem participou, de contar, e, para quem não participou, de se inteirar das atrocidades do Holocausto. A narrativa de Becker reúne as três grandes características do humor descritas por Ziv (1986):

1. uso da imaginação para desfigurar uma realidade dolorosa;
2. contribuição à coesão do grupo (típica do humor do escritor judeu ucraniano Cholem Aleikhem [1859-1916]);
3. autocrítica.

COMENTÁRIO

O Holocausto configura uma situação típica de desvalimento*. Nela, um indivíduo ou um grupo enfrenta um problema perante o qual os recursos de

---

* Tema desenvolvido a partir do Capítulo 3.

que dispõe para resolvê-lo se mostram insuficientes; ao mesmo tempo, ele se sente repudiado por instâncias superiores (pais, Estado), às quais caberia cumprir a função de proteção. Diante de tamanha defasagem de forças e falta de amor, a pessoa, com as instâncias motriz e psíquica paralisadas, se dá por vencida e se deixa morrer, quando não encontra um recurso capaz de ajudá-la a se reanimar. O humor constitui um desses recursos, sendo usado na história criada por Benigni para manter o ânimo de uma criança e, na história de Becker, para reanimar um gueto. Ao se valer da mentira para atingir seus elevados objetivos, os personagens criados por Benigni e Becker fazem jus às palavras de Bion (1974, p. 98), quando ele diz que "a raça humana deve sua salvação a esse pequeno grupo de mentirosos geniais que, ainda diante de fatos que sem dúvida os contradiziam, estavam preparados para manter a veracidade de suas falsidades".

Contudo, embora se trate de processos parecidos, alerta Maldavsky (1993) que não devemos confundir a imaginação consoladora da negação da realidade, que representa uma forma de mentir a si mesmo, com o fantasiar do humor, no qual a busca por uma saída engenhosa e prazerosa não implica desconhecimento da realidade, mas uma valorização dela com base na ética. Por outro lado, a elevação do conhecimento que permite o amparo interior aproxima o humor do místico, mas se distingue dele porque logra o acesso ao sorriso, enquanto o místico alcança apenas um refúgio e uma paz espiritual. Esse prazer também diferencia o humorista do filósofo, em que pese ambos obterem a mesma elevação intelectual. Por último, é necessário distinguir entre o humor e o pensamento apocalíptico, o qual antecipa um futuro catastrófico como consequência de se haver perdido a remissão a um orientador ético interior, o que resulta em desintegração individual e ruptura dos laços comunitários potencializados pelo avanço crescente de uma voluptuosidade desenfreada. A defesa apocalíptica é uma das formas pelas quais o masoquismo moral se expressa na coletividade. Este, entretanto, deve ser contrastado com o humor das histórias dos dois filmes comentados, com as quais tem em comum apenas um pensar coletivo.

O humor é uma capacidade que não se adquire facilmente; exige alguns pressupostos básicos, que veremos adiante. Na maioria dos indivíduos, a sobrevivência a uma catástrofe social, como o horror do nazismo ou o desaparecimento de pessoas durante as ditaduras recentes no Brasil e na Argentina, mobiliza o que denominamos de ressentimento – um modo de não sentir ou uma falta de sentir que faz a situação traumática se congelar no tempo e no espaço. Por não encontrar nessa experiência possibilidades de identificação que não seja se identificar com o agressor, o indivíduo não consegue integrá-la com os fatos passados e futuros e perde, então, o sentimento de existência, uma vez que este se relaciona diretamente com a capacidade de articulação espaço-temporal do ego. No lugar da castração simbólica, que se relaciona com o ter e o perder constante da vida, com o prazer e o desprazer que o ser humano vai sentindo e, com isso, escrevendo uma história pessoal, quando ele se torna alvo de um impacto social violento, ocorre uma verdadeira destruição da sua identidade. O humor é exatamente o oposto do ressentimento, pois, por meio dele, é possível historiar o trauma, restabelecer os nexos com o passado e o futuro, o que permite ao indivíduo se sentir ele mesmo, apesar das mudanças ocorridas ao longo da vida, e que dessa forma reconstitua sua identidade.

No filme *A vida é bela*, o próprio campo de concentração serve de espaço para a criação ilusória de um jogo, por meio do qual um pai procura poupar o filho de uma realidade impossível de vencer com as próprias forças. Durante todo o tempo, uma mentira mantém a esperança de vitória, representada, no final, pela chegada do tanque aliado. Freud se refere literalmente a um jogo de crianças para explicar como o humor "[...] enfatiza a invencibilidade do ego pelo mundo real" (1974f, p. 191). Mas a mentira que alimenta a esperança de uma força salvadora, força que se aproxima, é verificada de forma mais direta no filme *Um sinal de esperança*, apontando para a relação existente entre o humor e a recuperação da autoestima que se opõe à inermidade do ego.

Guido, personagem de *A vida é bela*, falava para o filho sem parar, fornecendo-lhe informações a respeito da posição deles e dos oponentes na suposta competição; Jakob, o protagonista de *Um sinal de esperança*, era diariamente solicitado pelos companheiros de infortúnio a falar sobre a posição do exército que marchava em direção ao gueto, segundo as notícias que inventava ter ouvido em um suposto rádio que mantinha escondido dos alemães. Ambos, com a palavra, procuravam resgatar a subjetividade e a coerência espaço-temporal, arrasadas pela violência da realidade. Bettelheim (1988, p. 183), narrando sua passagem por campos de concentração, chama a atenção para a importância de conversar com os companheiros sobre "lembranças de bons pratos que haviam saboreado antes da prisão e devaneios sobre o que comeriam depois de serem soltos".

A esperança, tantas vezes mencionada a propósito dos dois filmes, não faz parte dos sentimentos humanos estudados pela psicanálise, provavelmente porque esta se dedica de forma prioritária ao estudo da psicopatologia. Quem sabe, também, devido à sua marcada conotação religiosa. Contudo, não foi a religião que inventou a esperança – foi a esperança que inventou a religião. Ela é mais antiga que a religião e muito mais antiga que a psicanálise. Pode também ter inventado o humor, ou, como no Enigma da Esfinge, talvez sejam duas irmãs: uma gera a outra. De qualquer maneira, ao ter presente a finalidade do humor, não podemos deixar de lado a expectativa da chegada de uma proteção que um dia existiu, como sugere Freud (1974f), quando cria a figura do adulto que vem em auxílio de uma criança para explicar a atitude humorística de uma pessoa em relação a outra ou em relação a si mesma. Assim como na religião, nos dois filmes, constata-se a correspondência entre a esperança da chegada de um salvador (tanque, exército) e uma fantasia de reintegração com o narcisismo perdido.

Para enfrentar o trauma, precisamos contar com uma função do ego que se relacione com a sua própria historicidade, com o superego e com os ideais – e que não pode ser outra coisa senão os sentimentos denominados de fé e esperança. Evidentemente, não como valores teológicos – fé, esperança e caridade –, mas como continuidade da confiança básica, adquirida nos primeiros meses de vida. Apoiado nesse sentimento, o indivíduo tem fé na existência de um mundo e de objetos protetores e, a partir daí, adquire a esperança que lhe possibilita imaginar a sua continuidade. Isso corresponde a uma parte fundamental da barreira antiestímulos que permanece na vida adulta, permitindo à pessoa pensar que, apesar dos obstáculos, vai continuar a viver. Segundo Gamondi (2005), a esperança é um dos elementos que organizam o superego, localizando-se no ideal do ego. Quando o superego não habilita a esperança, a vida perde o sentido, como observamos no pensamento cínico, que alude à crueza e à falta de ilusão e ternura.

Surpreendeu-nos verificar, recentemente, que, de acordo com o *Dicionário de Teologia do Novo Testamento* (Brown, 1981-1983), a história do significado da palavra "esperança" indica que o seu conteúdo não é egocêntrico, exigindo sempre a participação de um objeto. A sua base é que aquilo que é esperado não depende, portanto, da própria pessoa, do que ela possa fazer, mas de uma outra, reconhecida e capacitada. Trata-se de uma expectativa de que, no futuro, virá ajuda da parte de alguém que uma vez já a concedeu; não se encontra, logo, totalmente fora da realidade. Sendo assim, a esperança corresponderia a uma manifestação do instinto de autoconservação do ser humano. A natureza da dádiva esperada é a benevolência, e a única coisa de que o indivíduo precisa para almejá-la é uma confiança básica, pois é a fé que dá substância à esperança, que pode ser equiparada a um novo nascimento.

Assim, não nos afastaríamos do olhar da psicanálise se buscássemos a origem do humor e de sua irmã, a esperança, na "vivência de satisfação" – o primeiro tipo de sensação prazerosa proporcionada pela ação (específica) de um objeto que faz diminuir significativamente a quantidade de excitação experimentada pelo ego em um momento posterior ao trauma do nascimento e à denominada "alteração interna" (Freud, 1977b). Trata-se de uma experiência cuja repetição se torna almejada ao longo da vida com diferentes objetos, nas mais variadas situações. Dessa forma, podemos dizer que é a relação inicial com uma mãe empática que permite ao indivíduo enfrentar os traumas da vida com uma dose de humor e com esperança em uma saída. Não será o mesmo que se espera que um tratamento analítico proporcione ao paciente? A esperança, dizia Aristóteles, é o sonho do acordado.

14

O DIA DO GAFANHOTO
(Caso Luana)

Gley P. Costa

ⓇESUMO

Estudo sobre o processo de mudança psíquica na psicanálise contemporânea, tomando como modelo a relação entre a cena e o cenário da representação teatral para explicar o trabalho desenvolvido, simultânea e reciprocamente, pelo e no aparelho psíquico do paciente e do analista, ilustrado por uma paciente em cujo mundo interno se instalara um "objeto-trauma" que ameaçava seus alicerces narcísicos, contra o qual se defendia desobjetalizando o próprio funcionamento psíquico.

Desde o princípio, a psicanálise empregou inúmeros modelos com o objetivo de explicar o funcionamento mental. Influenciado pelo contexto cientificista e positivista da época, Freud fez várias tentativas nesse sentido. Inicialmente utilizou o modelo quantitativo, descrito no "Projeto" (Freud, 1977b). Sucederam o modelo ótico, conforme se encontra no último capítulo de "A interpretação dos sonhos" (Freud, 1972a), o hidrostático, o termodinâmico, o econômico, o dinâmico e, finalmente, o topográfico, quando o funcionamento psíquico se faz representar na primeira (Freud, 1976g) e na segunda (Freud, 1976q) tópicas como um aparelho espacial. Freud (1972c, 1976z, 1976aa, 1976ab, 1974h, 1976ad) ainda utilizou os modelos militar e do jogo de xadrez, e comparou o analista a um escultor, que revela a obra oculta na pedra; a um arqueólogo, a um cirurgião sem sentimentos e a um espelho neutro, ou seja, que apenas refletia o que o paciente projetava.

Outros autores fizeram o mesmo. Bion (1966a, 1966b) criou o modelo continente/conteúdo, o qual se baseia na função digestiva. Inspirado na matemática – por meio do uso do sistema cartesiano de coordenadas – e na química – por meio da aplicação da tabela periódica dos elementos de Mendelaiev –, elaborou o modelo da grade. Lacan concebeu modelos tirados da semiótica, da física, da ótica e da álgebra (Moresco, 2011). Além desses, ele também utilizou modelos topológicos para ilustrar o funcionamento da mente, como a fita de Moebius, o toro, o grafo e o nó borromeu, com o qual se entrelaçam o real, o simbólico e o imaginário. Tustin (1984) empregou o modelo do buraco negro, tirado da física cósmica, ao descrever a patologia do vazio.

Ainda dispomos de outros modelos para pensar o funcionamento mental, como é o caso do espaço potencial, que Winnicott (1975) formulou a partir da concepção de criatividade como um elemento humano primário; o modelo do telescópio de Faimberg (2001), para explicar a comunicação transgeracional; e o modelo que Bollas (1992) denominou de "idioma da personalidade", por meio do qual procura expressar as peculiaridades individuais dos potenciais geneticamente predispostos, das vivências fetais e das escolhas e dos usos dos objetos à disposição. Os Baranger (1969), por seu turno, introduziram o modelo do campo, concebido como um espaço dinâmico e criativo, resultante da permanente interação paciente-analista. Na mesma linha, Ogden (1989) referiu que paciente e analista constituem um espaço no qual se podem criar significados pessoais e jogar com eles. De acordo com o seu ponto de vista, trata-se de um espaço potencial cuja existência não se pode de nenhum modo dar por estabelecida.

Por último, lembramos McDougall (1987), que tomou a arte cênica como modelo da mente, a qual, segundo a autora, alberga um determinado número de personagens polifacéticos que fazem parte de nós mesmos e que, com frequência, atuam em completa contradição uns com os outros, provocando conflitos e sofrimento para o *self* consciente, uma vez que em parte desconhecemos esses intérpretes ocultos e os papéis que representam. Diz McDougall: "Queiramos ou não, nossos personagens internos estão constantemente em busca de um cenário para representar suas tragédias e comédias" (1987, p. 12). Na mesma linha, em nosso meio, Cassorla (2007) publicou um artigo no qual também enfatiza a importância dos modelos em psicanálise e se refere ao "teatro da sala de análise", no qual, pelo fato de ser "ao vivo", tudo pode ocorrer, incluindo a possibilidade de as cenas extrapolarem o cenário, quando, então, do nosso ponto de vista, como veremos adiante, não teremos um diálogo, mas dois monólogos.

Para entender o processo de mudança psíquica na visão da psicanálise contemporânea, faz-se necessário um modelo que evidencie o trabalho desenvolvido, simultânea e reciprocamente, pelo e no aparelho psíquico do paciente e do analista, pois, segundo Borgogno (2004), a mente não é mais, como para Freud e Klein, essencialmente intrapsíquica, mas relacional, isto é, depende, para mudar, de um *partner*, de confiança – um ato de fé – e de uma esperança, possibilitados pela participação da pessoa do analista. Na mesma linha, nos diz Green (2012, p. 216) que "a pulsão é a matriz do sujeito, mas o objeto é seu revelador, e constituem um par pulsão-objeto que é fundamento do psiquismo" (2012, p. 216). Com isso, Green firma o acento tônico do trabalho analítico no funcionamento em dupla, o qual coloca em comunicação o mundo psíquico do paciente e do analista. Essa comunicação configura a base do processo de mudança psíquica que afeta tanto a mente do paciente quanto a do analista.

O modelo que nós propomos é o do palco, o qual amplia o modelo alegórico de McDougall para a questão específica da mudança psíquica. No modelo do palco, identificamos o cenário, as cenas e a cortina que esconde, revela, surpreende e encerra o espetáculo, funcionando como uma cesura com a realidade. Nesse conjunto, a diferenciação e a relação entre o cenário e as cenas apresentam um caráter de fundamental importância, como veremos na sequência. Mas antes, queremos lembrar que, acima de tudo, o palco é um lugar. Tomado como modelo, corresponde ao "lugar psíquico" que Freud (1976f, 1976g) atribuiu ao inconsciente e que, anteriormente, em "A interpretação dos sonhos" (1972a), dissera constituir a verdadeira realidade psíquica. O inconsciente também é um sistema que possui conteúdos e uma energia. Essa energia, que se origina no corpo, movimenta as cenas que brotam do cenário, razão pela qual podemos equiparar este último à fronteira somato-psíquica.

PSICANÁLISE CONTEMPORÂNEA

De acordo com Urribarri (2012, p. 56), sustentam a psicanálise contemporânea três pilares, a saber:

1.º pilar: leitura criativa de Freud, que revaloriza a metapsicologia e o método freudiano como fundamentos da psicanálise.
2.º pilar: apropriação crítica das principais contribuições pós-freudianas, o que inclui um diálogo com autores contemporâneos de diversas correntes.
3.º pilar: ampliação da clínica aos desafios da prática relativa aos quadros não neuróticos, predominantes na atualidade.

Com base no modelo do sonho, Freud criou a tríade "enquadre (externo)-associação livre-interpretação", válida para patologias representadas e simbolizadas. Contudo, a perspectiva metapsicológica contemporânea, tendo em vista particularmente as patologias não simbolizadas, enfatiza a importância do enquadre interno do analista e a complexa pluralidade de seu funcionamento na sessão.

Esse ponto de vista é reforçado por Green (2012), ao conceber o movimento da sessão como efeito do encontro analítico estabelecido pelo enquadre interno e afirmar que a escuta analítica busca a inteligibilidade do material fora de qualquer linearidade. Para esse autor, o enquadre interno corresponde a um trabalho suplementar do analista, tendo em vista viabilizar o processo de simbolização e elaboração no trabalho analítico. Ele considera o enquadre interno como resultado da interação de dois fatores, sendo o primeiro a análise pessoal do analista, durante a qual obteve a experiência de um enquadre "externo" vivenciada com o seu próprio analista; e o segundo, o resultado do descentramento de sua própria análise a partir do acúmulo de experiências com seus pacientes, possibilitando a constatação de que o que ele viveu em sua análise se reproduz com uma parte de seus pacientes e que, com outros, as coisas se passam de modo diferente. Por fim, ele pondera que o enquadre interno do analista é imprescindível para possibilitar um diálogo, dando lugar a um processo de transformação e, até mesmo, de estruturação, podendo ser considerado uma interface entre o intrapsíquico e o intersubjetivo.

Para Labarthe (2012), o conceito de enquadre interno se origina da *rêverie* de Bion e da espontaneidade proposta por Winnicott e Klauber, destacando que, *a contrario sensu*, a rigidez deve ser entendida como expressão da parte psicótica do analista. Com a concepção "enquadrada" da contratransferência, a historização passou a ocupar um lugar central na psicanálise contemporânea – ao mesmo tempo em que, sem que se perca o conceito de pulsão, diminuiu a importância da relação de objeto e da ênfase na destrutividade que caracterizaram a psicanálise pós-freudiana –, resgatando-se a dimensão traumática da sexualidade da psicanálise freudiana, como ilustraremos com a descrição de um caso clínico.

Conforme Urribarri, anteriormente citado, a interpretação não é apenas decifração, mas também *poiesis*, criação de sentido, edição do inédito. O objetivo de uma interpretação, para Green (2005), não é produzir *insight*, mas sim facilitar o funcionamento psíquico que pode ajudar o *insight* a emergir. Seguindo esse pensamento, Busch (2007) salientou que o que a psicanálise pode oferecer é a capacidade de ganhar acesso à própria mente, advertindo que o que muda em psicanálise não é o que os pacientes pensam ou sentem, mas como os pacientes pensam sobre o que pensam e como se sentem a respeito do que sentem. Diz:

> Basicamente, nós não mudamos fantasias inconscientes fundamentais, não dissolvemos conflitos inconscientes nem erradicamos medos básicos. O que ocorre em psicanálise – e nenhum outro tipo de tratamento pode fazer essa afirmação – é uma nova habilidade de produzir processos de pensamento mais altamente desenvolvidos para dar conta de conflitos e fantasias inconscientes. (Busch, 2007, p. 155-156).

Ao conceber o modelo do palco para explicar o processo de mudança psíquica no contexto da psicanálise contemporânea, levamos em consideração a possibilidade de relacionar e integrar vários conceitos psicanalíticos – freudianos, pós-freudianos e de autores atuais de diversas correntes – com a vantagem de tornar mais visíveis os profundos conhecimentos neles implicados mediante a utilização de uma linguagem eminentemente visual. Por essa característica, o modelo do palco representa um instrumento que possibilita pensar o espectro de patologias que vai além das resultantes da repressão, cujo tratamento visa restabelecer as funções egoicas que conferem ligação à pulsão, criando representações do objeto e do conflito no caminho da simbolização. Além disso, o modelo contempla as mudanças observadas na postura do analista frente ao seu paciente, independentemente do diagnóstico, configurando, do nosso ponto de vista, o duplo vértice da psicanálise contemporânea.

PALCO DA SESSÃO ANALÍTICA

No proscênio, temos uma parte invariável – o cenário – e uma parte variável – as cenas. O cenário, ainda que imaginário, é indispensável para o entendimento das cenas. Transposto o modelo para o teatro analítico, o cenário é representado pelo mundo interno do paciente e do analista, e as cenas, pelo diálogo paciente-analista. A mudança psíquica surge em decorrência do diálogo, portanto, das cenas, resultando em uma alteração do mundo interno (cenário). A partir desse momento, confrontadas com o novo cenário, as mesmas cenas são modificadas em seu conteúdo. No entanto, não se trata de algo que acontece instantaneamente, fruto de um *insight*, mas sob a forma de um "percurso", durante o qual, como diz Borgogno (2004, p. 68),

> [...] a subjetividade do analista – por longo tempo um tabu para a comunidade psicanalítica – não concerne exclusivamente à sua reação afetiva, a qual, frequentemente, precisa ser calibrada e reajustada; mas concerne também, de modo mais geral, ao uso de teorias e de modelos dos quais se serve, às funções que expressa ao tentar entrar em sintonia com o paciente, às suas singulares capacidades para instaurar, conduzir, zelar e promover as condições adequadas a uma escuta e a uma comunicação eficazes. Concerne, inclusive, às muitas censuras que até hoje impedem o falar com franqueza e sinceridade, não obstante o notável avanço que poderia se originar de se fazê-lo: do expor com maior liberdade aquilo que surge na própria mente e no contato com a do paciente, desafiando os aspectos fóbicos, paranoicos e opressivos do "credo psicanalítico institucionalizado".

Na ideia do palco, paciente e analista protagonizam, em cada sessão, uma peça única, cujo roteiro não é conhecido previamente nem encontrará repetição ou fixidez possível. Embora se trate de um diálogo, como assinalou Busch, antes citado, o que muda não são as palavras, mas a experiência emocional que elas promovem. Isso se deve ao fato de que o que precisa ser mudado são as experiências emocionais vividas previamente por paciente e analista e que, no encontro analítico, são revividas e ressignificadas, sendo esse o sentido da mudança psíquica. Por conta disso, não deveria o analista evitar a vasta gama de emoções e sentimentos experimentados no encontro com o paciente, porque ela fundamenta autenticamente a sua compreensão do que acontece na sessão. Conforme Heimann (1975, p. 474),

> [...] um analista que se permite abertamente pensar "em voz alta" – mostrando o seu esforço de compreensão e a sua busca passo a passo do significado – indica ao paciente que ele não se considera onisciente e o convida a dividir com ele os seus pensamentos, trazendo as suas próprias contribuições ao trabalho de descoberta da verdade.

No entanto, é necessário ficar bem estabelecido que isso não deve ser confundido com a revelação dos aspectos pessoais do analista.

A dificuldade desse processamento decorre do fato de que tanto paciente quanto analista possuem cada um, inicialmente, o seu próprio cenário, o seu próprio umbigo, e é olhando para ele que contracenam com o outro, o que, por conta disso, é sempre uma projeção. A pergunta que se impõe é como sair desse ferrolho que impede o surgimento do sentido na relação e, a partir dele, a mudança psíquica. Para que ocorra essa sintonia, é indispensável a participação do paciente hospedado no mundo interno do analista, ou seja, que o analista interaja com o paciente, colocando em jogo todos os seus sentimentos para que se crie um cenário único, uma verdade única, base da compreensão e da mudança psíquica. Em outras palavras, a mudança se opera simultaneamente na mente do paciente e do analista. Muda, inclusive, a impressão inicial que o analista tem do paciente, e vice-versa.

PROCESSO DE MUDANÇA PSÍQUICA

O elemento principal do processo de mudança psíquica chama-se empatia, a capacidade de sentir em si ou, de acordo com Freud (1976s), de sentir-se dentro do outro e, também, de sentir o outro dentro de si, correspondendo, do nosso ponto de vista, ao que Kohut (1988) apropriadamente denomina de ressonância empática. O modelo desse processamento emocional é a devoção materna primária (Winnicott, 1967), um estado de intensa sensibilidade, quase doença, do qual o analista deve se recuperar quando o paciente lhe permitir. Sem isso, dificilmente acontece mudança psíquica, na medida em que não se trata de um evento que ocorre uma, duas ou várias vezes, mas que deve ser entendido como uma nova experiência psíquica – no sentido de uma abertura, de uma possibilidade de substituição e de uma busca de sentido –, a qual equiparamos ao estabelecimento do "terceiro intersubjetivo" ou, ainda, do "pensamento transformativo" de Ogden (2012, p. 195), quando, então, diferentemente do pensamento mágico e do pensamento onírico,

> [...] o indivíduo cria novas maneiras de ordenar a experiência que geram não somente novas significações mas também novos tipos de sentimentos, novas formas de relações de objeto e novas qualidades de vida emocional e corporal.

Um caso clínico ilustra a importância da capacidade do par analítico para sonhar aspectos da experiência do paciente e do analista antes não sonháveis.

Trata-se de Luana, uma mulher elegante e feminina, de 36 anos, solteira, advogada e professora universitária. Graças aos esforços do pai, que fazia hora extra para arcar com as despesas familiares, Luana e seu único irmão, mais velho dois anos, puderam estudar em bons colégios e realizar um curso superior. Por conta disso, nutria grande admiração pelo pai e com ele se identificava, particularmente na forma reta de se conduzir na vida. Opostamente, em relação à mãe, sentia uma grande distância, determinada pela maneira nada convencional com que tratava os aspectos relacionados à sexualidade, revelando sem pudor suas experiências nessa área desde quando a filha era ainda uma criança. Acredita que essa experiência fez com que acabasse sentindo nojo pelo ato sexual, o qual também se revestia de uma expectativa de violência não bem-definida, que relacionava com as cenas da mãe matando galinhas e com as cadelas da casa no cio sendo cobertas por enormes e agressivos cães de rua.

Luana iniciou sua análise há dois anos, movida por sentimentos de fracasso e desilusão em seus relacionamentos amorosos, os quais se encontravam em franco contraste com o sucesso profissional e acadêmico alcançado. Na situação analítica, inicialmente mostrou-se bastante protegida: cumprimentava o analista com simples movimento de cabeça, não apertava a mão nem na entrada nem na saída, não costumava relatar alguma coisa que promovesse a mínima aproximação com a pessoa do analista, e quando este lhe apontava algum desejo nesse sentido, ela, expressando uma usual competitividade, costumava dizer: "Isso é o que você pensa!", firmando bem o "você". Também procurava deixar claro, em todas as situações, dentro e fora da análise, que sempre se encontrava com a razão, não sendo raro se sentir não entendida no trabalho.

Na opinião do analista, Luana era uma paciente com uma fixação fálico-uretral que apresentava um quadro clínico de fobia defensivamente bem estruturado, configurando uma caracteropatia de difícil acesso terapêutico. Em função disso, colocou como meta inicial do tratamento estabelecer uma aliança de trabalho razoável com a paciente a fim de viabilizar a abordagem de seus conflitos inconscientes, aparentemente fechados a sete chaves. Contudo, com o passar do tempo, ele sentiu que perdera totalmente a sua espontaneidade quando percebeu que mais se preocupava com a forma de falar – as palavras a serem usadas – do que com o que falar, ou seja, com o conteúdo de suas interpretações, comentários, observações e perguntas. Com frequência, a paciente, irritada, dizia que a sua intervenção havia sido totalmente inoportuna, justificando a interrupção do aparente fluxo associativo e, por duas vezes, levantando-se para ir embora. Ela parecia uma pessoa intocável e voltada integralmente para si.

Devido a isso, em alguns momentos, o analista chegou a pensar em desistir por não ver futuro no tratamento. De fato, quem assistisse às cenas desse palco analítico provavelmente não entenderia os diálogos proporcionados por esse intercurso, tendo em vista que, no cenário do analista, Luana competia com a mãe pelo amor do pai, a quem procurava seduzir; porém, ameaçada pela ansiedade de castração, simultaneamente o rechaçava. No entanto, como foi visto mais tarde, o mundo interno, ou seja, o cenário da paciente era bem outro: algo anterior à etapa edípica havia ocorrido. Luana tinha dormido no quarto dos pais até os cinco anos de idade – uma experiência que construiu um cenário traumático, marcado por uma simultaneidade de excitação e medo aterradores.

O analista somente se deu conta dessa realidade psíquica – até então inacessível pela abordagem clássica – em uma sessão em que a paciente, como fazia com alguma frequência, contou não ter conseguido dormir bem na noite anterior. Dessa vez, revelando mais empatia com as dificuldades da paciente, ele deixou de lado a tentativa habitual de vincular essa ocorrência ao tratamento e passou a investigar com ela o que poderia ter acontecido em sua vida real que lhe perturbara o sono. Luana contou que assistira na TV a um antigo filme cujo nome não lembrava, mas que logo o analista se deu conta se tratar de *O Dia do Gafanhoto*, de 1975, do diretor John Schlesinger, que traça um panorama de Hollywood e de diversos personagens e estereótipos da indústria cinematográfica dos anos 1930. A lembrança que o analista tinha relacionada a esse filme era da angústia que lhe causara, razão pela qual o viu mais de uma vez. Trata-se de uma história que começa com excitação e desejo e acaba com uma trágica cena de violência, como aparentemente Luana havia vivido a cena primária. Tendo como tema o filme, que de acordo com o modelo de mudança do palco corresponde a um cenário comum, a paciente e analista, pela primeira vez, puderam conversar fluentemente sobre um assunto, revelando o estabelecimento de uma "sintonia empática" entre ambos. Como diz Ogden (2012), são necessárias duas pessoas para que alguém possa sonhar suas experiências mais perturbadoras. A partir desse momento, uma mudança psíquica começou a se processar no percurso analítico de Luana, que deixou de dizer ao analista o que, acertadamente, até então, costumava dizer: "Isso é o que você pensa!", frase que poderia ser substituída por "Falta *poiesis* no que você pensa".

O título do filme alude à violenta devastação promovida por uma nuvem de gafanhotos que, por onde passa, não deixa inscrição, apenas desorganização e trauma, correspondendo a um fragmento traumático não representado na mente da paciente e a passagem de um conflito sexual para um conflito de existência. Nesse sentido, Green (2012) chama a atenção para o fato de haver, no mundo interno, de um "objeto-trauma" que ameaça os alicerces narcísicos do paciente, contra o qual este se defende desobjetalizando seu próprio funcionamento psíquico. Vê-se, nessa situação, a importância do enquadre interno do analista, próprio da psicanálise contemporânea, que, conforme Urribarri (2012), concebe o trabalho psíquico do analista como um eixo conceitual terciário, que procura incluir a atenção flutuante e a contratransferência como dimensões parciais e complementares de um processo complexo que ainda leva em consideração a imaginação, a criatividade, a sensibilidade e a regressão formal do pensamento do analista como modos de dar representabilidade ao não representado do paciente.

Em síntese, a obtenção de um "psiquismo para dois corpos" (McDougall, 1987), configurando um vínculo que, segundo Puget (2009), gera experiência a partir de uma "presentação", que produz conhecimento e não apenas o reproduz, como na representação. A isso, chamamos de cenário convergente, quando então é possível paciente e analista criarem uma cena que finalmente pode ser entendida: não são mais dois indivíduos falando sozinhos. Esse momento de grande criatividade do par analítico configura o que Bion (1987) definiu como "unidade humana". Em outras palavras, o pensamento psicanalítico atingiu um estágio em que não se pode mais conceber um analista e um paciente que tomam um ao outro como objetos; é preciso encará-los como uma unidade, e tudo o que se passa na análise deve ser considerado decorrente da inter-relação paciente-analista. Para Ogden (2004), esse movimento dialético de subjetividade e intersubjetividade no *setting* analítico, que tem como interface o enquadre interno, constitui um aspecto central da psicanálise contemporânea.

COMENTÁRIO

A título de conclusão, podemos dizer que a mudança psíquica é a construção de um sentido no percurso analítico que, utilizando um modelo de Bion (1966a), vai ao encontro de O, tomado como infinito e que, para Levinas (1988), é a face do outro. Diz esse filósofo que a presença do outro nos põe diante do infinito da alteridade, o território da hospitalidade de Derrida (2004). É neste contexto que Nosek (2009) situa a genitalidade – não no sentido concreto da ação adulta sexual, mas do encontro de duas subjetividades, aberto a infinitas possibilidades, inclusive de mudança psíquica. Precisamos imaginar um momento do teatro psicanalítico no qual se descortina uma cena em que o sentido nasce para o paciente e para o analista porque o cenário é o mesmo para ambos. Esse momento configura uma mudança psíquica, a qual depende da totalidade do funcionamento mental do paciente e do analista. De acordo com Green (1986), historicamente a atividade do analista desenvolveu-se em três etapas: freudiana, pós-freudiana e contemporânea, mais ampla e complexa, na qual a contratransferência está enquadrada e subordinada ao trabalho de representação do analista. Como diz Urribarri (2012, p. 62),

> [...] a posição do analista [hoje] é múltipla e variável, não pode ser predeterminada nem fixa: nem como pai edípico nem como mãe-continente: a performance do analista – em sentido teatral, musical e lúdico – deverá se basear nos roteiros revelados na singularidade polifônica do campo analítico.

De acordo com essa linha de compreensão do processo analítico, devemos considerar a sessão relatada uma produção conjunta de paciente e analista que resultou na criação do filme como um "objeto analítico" (Green, 1986). Essa experiência intersubjetiva de abertura, de busca de sentido e possibilidade de substituição, criada pelo "terceiro analítico" (Ogden, 2006), é o que permite o estabelecimento do cenário único ou convergente no palco analítico. Esse trabalho se mostra indispensável na análise de estruturas não neuróticas e também na análise dos aspectos não neuróticos das estruturas neuróticas, configurando correntes psíquicas distintas, conforme assinalou Freud (1972c) no *Caso Dora* (1905/1972) e no *Homem dos lobos* (1918/1976) (Freud, 1976ac). Ao mesmo tempo, seguindo o que destacamos inicialmente, a psicanálise contemporânea voltou a iluminar os fundamentos freudianos da experiência traumática da sexualidade – experiência que, em situações como a descrita, pode atuar na mente do indivíduo como se fosse um corpo estranho, encapsulado, que obstrui o funcionamento psíquico e que não pode ser expressa em palavras, pois não passou pelo processo de simbolização. Nos casos como o de Luana, em que predomina a sintomatologia proveniente do inconsciente do trauma, o enquadre clássico pode ser intolerável, além de manter oculto o "objeto trauma".

# 15

A FESTA DA MARCAÇÃO DO GADO
(Caso Armênio)

Gley P. Costa

RESUMO

Estudo sobre os fatores culturais, sociais e psicanalíticos na construção da identidade, com ênfase no papel da família, da presença paterna e da estruturação da essência do gênero, ilustrado com a análise de um paciente destaca a transmissão entre gerações e suas consequências.

Refere Lacan (1938) que, entre todos os grupos humanos, a família desempenha um papel primordial na transmissão da cultura. Evidentemente, outros grupos também contribuem para as tradições espirituais, a manutenção dos ritos e dos costumes e a conservação das técnicas e do patrimônio. Contudo, a família prevalece na educação inicial, na repressão dos instintos e na aquisição da língua, acertadamente, chamada *materna*. Dessa forma, preside os processos fundamentais do desenvolvimento psíquico e da organização das emoções, de acordo com padrões determinados pelo ambiente, constituindo a base dos sentimentos. Em contexto mais amplo, a família transmite estruturas de conduta e de representação que ultrapassam os limites da consciência, instaurando uma continuidade psíquica entre as gerações, cuja causalidade é de ordem mental. Por conta disso, como destacou Kaës (1993), o ser humano é, ao mesmo tempo, herdeiro, escravo e beneficiário da vida psíquica dos que lhe precederam.

Tendo em vista a estruturação da personalidade do indivíduo, temos de levar em consideração a teoria que concebe o pai como uma entidade fundamentalmente mítica e simbólica, cuja representação demanda uma função estruturante do ordenamento psíquico e da identidade sexual, mediante a imposição da lei que proíbe o incesto. Contudo, é ao mito simbólico da horda primitiva, conforme expôs Freud (1975e) em *Totem e tabu*, que devemos nos reportar para estabelecer a essência conceitual de pai, cujo estatuto se inscreve sob a forma de um interdito universal que permite a passagem da natureza à cultura no contexto do conflito edípico.

ORIGEM E SIGNIFICADO DA PALAVRA MARCA

Marca, de acordo com os dicionários da língua portuguesa, é um sinal que se faz em um objeto para reconhecê-lo, uma impressão que fica no espírito, uma lembrança inolvidável, um sinal para não se esquecer de algo, o mesmo que emblema, firma ou assinatura, também significando medida reguladora, categoria, identificação, qualidade, importância, origem e procedência. O vocábulo vem do latim tardio, derivado do germânico *marka* – literalmente, limite, fronteira –, originando, entre outras, a palavra *marco*: padrão ponderal que se tomava como modelo e contraste da moeda com valor legal; atualmente, nome da moeda alemã.

Interessante destacar que as etimologias latina (*symbolum*) e grega (*súmbolon*) da palavra *símbolo* conferem-lhe o significado de marca ou sinal, no sentido de juntar, reunir elementos anteriormente separados uns dos outros, além de compromisso, responsabilidade e uma determinada função, como no caso dos tabeliães, denominados *súmbolai graphós*. Na Grécia, o verbo (*sumbállein*) era utilizado na acepção dinâmica de aproximar para comparar uma coisa ou pessoa a outra e, por extensão, com o significado de conjeturar, interpretar, calcular e avaliar. Os antropólogos, acentua Alleau (1976), dizem que precisamos tirar do símbolo um sentido que nos leve para além do domínio da comunicação, permitindo-nos ascender ao domínio da expressão: o símbolo não significa, alude.

Nessa linha é que se insere o batismo religioso: marca, símbolo e, principalmente, transmissão geracional e sacrificial do compromisso de manter a ilusão de que somos filhos de Deus e de que existe vida após a morte, ou seja, de que somos eternos. Aquele que não aceita o batismo torna-se denunciante da mentira implicada nessa crença gerada pela dificuldade humana de aceitar a finitude e sofre o repúdio, o rechaço e, eventualmente, o castigo, como aconteceu em muitos momentos da história da humanidade e ainda segue acontecendo na civilização contemporânea de forma mitigada.

FUNÇÃO PATERNA COMO UMA MARCA

Tão importante quanto a influência da mãe na vida afetiva da criança, o relacionamento com o pai equivale a uma *marca* no psiquismo do indivíduo que se faz notar tanto na infância como na adolescência. Contudo, para que o pai exerça influência sobre a prole, é necessário que exerça seu papel ou, mais apropriadamente, sua função.

Foi Lacan (1958) que, ao estabelecer a distinção entre o significante pai, a representação do pai e o pai encarnado, destacou a importância da *função paterna*, que pode ser exercida mesmo na sua ausência. Como disse Leclaire (1986), a questão que se sugere é a de transcender a imagem para captar a função.

A *função paterna*, acentua Dor (1989), constitui o epicentro crucial na estruturação psíquica da personalidade, quanto mais não seja pela razão de que a identidade sexual de cada um só tem como saída sofrer por meio dela a sua própria inscrição subjetiva, às vezes, em detrimento da predeterminação biológica dos sexos, como veremos adiante. A ruptura do vínculo narcisista com a mãe resulta da interdição paterna, mas, para que ele possa exercer esse papel, é necessário que a mãe introduza o *nome do pai* na mente da criança. A rigor, é a mãe que permite que se crie a metáfora paterna, o que somente é possível quando ela possui em sua mente a inscrição do terceiro. De acordo com Zak de Goldstein (1995), estabelece-se no primeiro momento do complexo de Édipo uma relação imaginária entre a mãe que acredita ter o falo e um bebê que acredita sê-lo. Portanto, a ação da castração simbólica não recai, exclusivamente, sobre a criança, mas sobre o vínculo mãe/bebê.

A substituição do significante *mãe* pelo significante *pai* desloca a criança da posição de objeto de desejo para a de sujeito desejante, abrindo a possibilidade da estruturação da triangularidade e suas consequências. O significante pai preserva a mãe para si, reafirma a proibição do incesto e estabelece as leis do parentesco. A ausência da inscrição do significante pai, em outras palavras, da *marca do pai*, portanto, da castração simbólica, em uma etapa precoce do desenvolvimento, pode preparar a fundação da estrutura esquizofrênica. Deve ser destacado que essa estrutura, em alguns casos, encontra-se compensada por uma prótese narcisista, o que quer dizer que o indivíduo pode apresentar a marca esquizofrênica, mas não a clínica psicótica. A inscrição paterna, portanto, preserva o indivíduo da esquizofrenia, mesmo quando o pai é morto, violento ou até mesmo abusador, como destacou Lander (1999).

A ESSÊNCIA DO GÊNERO

Em alentado estudo, refere Lander (2010) que, para além da genética, as características tanto de homens quanto de mulheres aceitas pela sociedade resultam das representações simbólicas, dos significantes e dos atributos masculinos e femininos que se estabelecem na família e na cultura, configurando estereótipos que, embora tenham vigência em um momento dado, variam no tempo e no espaço. São atributos arbitrários que se consolidam na cultura pelas tradições, pelos mitos e pelos interesses do Estado, os quais são outorgados pela sociedade ao indivíduo, que os passa a impor a si próprio e, fechando o círculo, a os exigir da prole e da sociedade. Esses atributos incluem as funções paterna e materna.

Não obstante, do ponto de vista psicanalítico, sabemos que a personalidade se estabelece por identificações com as figuras parentais, as quais representam os mitos e os preceitos culturais. Portanto, são os pais, por eles e pela cultura, que dizem aos filhos como é ser masculino e como é ser feminino.* Contudo, essa condição que configura a identidade de gênero (Stoller, 1975) não dá conta do que Lander denomina de "essência do gênero", relacionado com o inconsciente freudiano: produto do conflito psíquico, da angústia e de uma série de defesas e experiências precoces da criança. Participam dessa dinâmica a dialética do desejo, o choque da diferença anatômica dos sexos e suas consequências e o complexo de castração e a lógica do falo em ambos os sexos. Como resultado, um homem ou uma mulher pode se organizar indistintamente com uma "essência inconsciente" de tipo masculino ou feminino. Ou seja: um homem pode ter uma "estrutura inconsciente feminina" e, inversamente, uma mulher uma "estrutura inconsciente masculina", sem que isso tenha a ver com a homossexualidade ou a bissexualidade: assunto relacionado com a escolha de objeto. Nessa linha, refere Freud (1975d, p. 144) (1905) no famoso *Três ensaios*: "Não pode haver dúvida de que uma grande parte dos invertidos masculinos conserva a qualidade mental da masculinidade".

De acordo com Lander, são quatro os registros que ajudam a compreender o mistério do que constitui a "estrutura inconsciente sexual" de ambos os sexos:

Sadismo e masoquismo

O caráter masculino é ativo e penetrador: alcança satisfação por meio da ilusão de possuir o falo que falta ao outro. Corresponde a uma lógica sadista que configura a "posição estrutural masculina", independentemente de se tratar de um homem ou de uma mulher.

---

* Alguns antropólogos, entre os quais Gramstad (2003), propõem que todo sujeito seja considerado basicamente um andrógeno, ou seja, um indivíduo que possui os dois sexos, com uma combinação particular do masculino e do feminino. Dessa forma, cada sujeito seria único em relação ao seu gênero. Não haveria dois andrógenos com a mesma combinação de masculino e feminino. Esta concepção se aproxima da afirmativa freudiana de que nascemos todos bissexuais e com o tempo abandonamos, não sem dificuldade, um dos sexos.

Opostamente, como resultado da ausência do órgão sexual externo, o caráter feminino se organiza segundo a lógica do "não todo", que faz com que a mulher venha a desejar que o outro, portador do falo, lhe complete. A "estrutura inconsciente feminina" é masoquista porque a mulher ou o homem nessa posição espera passivamente ser penetrado ativamente pelo outro. Não obstante, encerra uma atividade oculta que consiste em despertar o desejo do outro, podendo essa "provocação" partir de uma mulher em direção a um homem ou de um homem em relação a uma mulher, quando a escolha de objeto é heterossexual.

Perversão e erotomania

O homem ou a mulher, hetero ou homossexual, que desenvolve uma estrutura inconsciente perversa, apresenta um "caráter masculino", enquanto o homem ou a mulher, hetero ou homossexual, que desenvolve o modelo sexual do tipo erotômano, apresenta um "caráter feminino". No primeiro caso, encontra-se em jogo a desmentida da castração, enquanto no segundo o indivíduo aceita a condição anatômica não fálica e transfere ao outro o desejo de completá-lo.

Ingenuidade e intriga

A palavra *ingenuidade* é tomada aqui no sentido de evidência e, também, ausência de malícia, astúcia ou, ainda, sutileza: o indivíduo mostra e até mesmo procura exibir o que possui para oferecer. Por sua vez, a palavra *intriga* é empregada como sinônimo de mistério e sagacidade: o indivíduo procura esconder o seu objetivo, que consiste em conseguir que o outro atenda ao seu desejo.

Homens e mulheres com "caráter masculino", distantes de terem habilidade para lidar com a artimanha e o oculto, revelam sua ingenuidade estrutural ao acreditarem no que seus olhos veem e seus ouvidos ouvem. Eles equiparam o poder e o prestígio a um órgão de significação fálica, mediante o qual procuram aplacar a angústia de castração.

No caso do "caráter feminino", o indivíduo, homem ou mulher, hetero ou homossexual, como no caso anterior, vai se relacionar com o outro com uma capacidade natural para agir com artimanha, uma vez que o desejo de uma completude fálica confere ao outro o lugar de amo. Para seduzi-lo, recorrerá a métodos secretos e invisíveis, às vezes a poderes quiromânticos. O outro possuidor do falo poderá ser substituído pelos emblemas fálicos: fama, dinheiro, amor, sexo.

Violência assassina e maldade oculta

O portador de "caráter masculino", do órgão de significação fálica, expressará seus desejos assassinos diretamente por meio de punhadas, mutilações, desmembramentos, tiros, enquanto o portador de "caráter feminino", como no caso anterior, seja homem ou mulher, hetero ou homossexual, encontrará uma via de expressão de seus desejos assassinos por intermédio de métodos ocultos, ou seja, de uma maneira indireta, utilizando planos, estratégias e cúmplices: busca vingar-se por ter nascido despossuído de um órgão fálico.

> O paciente chama-se Armênio, tem 40 anos e se encontra casado há 12. O apartamento em que reside, em um prédio clássico e antigo, recebeu de presente dos pais, que moram um andar acima. Ele é advogado, a mesma profissão do pai, em cujo escritório trabalha, e do avô. Além disso, administra a fazenda que a mulher, filha única, herdou dos pais. Armênio não se preocupa em obter ganhos com o trabalho da fazenda e procura, principalmente, preservar o patrimônio para passar ao filho, atualmente com 10 anos.

Armênio procurou o psicanalista alguns dias após uma experiência que o havia deixado muito deprimido. Como é comum nas propriedades rurais da região pampeana do Brasil, Uruguai e Argentina, organizara uma festa para comemorar o dia em que o gado, nascido durante o ano, recebe a marca de identificação do proprietário.* Esperava que o filho vibrasse com aquela tradição da qual, pela primeira vez, participava, mas no meio da algazarra promovida pelos empregados, familiares e convidados, percebeu que ele se afastara para chorar em um canto. Interrogado sobre o motivo daquela reação, disse que estava triste porque os colegas de aula o haviam chamado de "mulherzinha", e ele não se sentira com força suficiente para reagir.

Refere que, assim como o filho, também tem dificuldade de lidar com situações de confronto, sejam no âmbito profissional, sejam em casa. Por essa razão, não conseguiu reagir à atitude enraivecida da mulher, de jogar em seu rosto a joia que recebera dele no Natal. Ela disse que se sentiu frustrada, porque esperava receber de presente a notícia de que Armênio, finalmente, iria adquirir um apartamento como ela queria: em um edifício novo,

---

* Frequentemente, junto com a marcação, também é realizada a castração do gado, sendo os testículos assados e comidos, principalmente pelos homens, que esperam obter mais potência.

longe dos sogros. Gestos autoritários, frustrantes e agressivos da mulher são frequentes e, na maioria das vezes, Armênio reage passivamente.

Em recente comemoração do seu aniversário, ela se recusou a comparecer ao local em que se realizava a festa porque Armênio convidara um amigo de cuja esposa não gostava. Constrangido diante dos convidados pela sua ausência, telefonou diversas vezes à mulher tentando demovê-la da decisão, utilizando-se de artifícios, artimanhas e, inclusive, sedução: comprar o apartamento novo e valioso que ela desejava. Acabou pedindo a uma amiga do casal para ir até sua casa e tentar trazê-la para a festa.

Ao abordar sua vida sexual, Armênio, que se jacta de a esposa ter tido a iniciativa de lhe telefonar para convidá-lo para se encontrarem pela primeira vez, diz-se muito satisfeito tanto com a frequência quanto com a qualidade das relações, descritas como muito prazerosas e quase sem limites. Ele procurou destacar a sensualidade da esposa, expressa em iniciativas e práticas, as quais incluíam o uso de um estimulador clitoridiano com a forma de pênis. Também destacou que, na maioria das vezes, é ela que se coloca por cima na relação sexual, explicitando que essa posição condizia com a sua preferência.

A casa de Armênio é cuidadosamente arrumada com móveis e objetos antigos e valiosos que pertenceram tanto à sua família quanto à da sua esposa, mas é ele, muito mais do que a esposa, quem se ocupa com a compra de objetos decorativos, enfeites e roupas de cama em lojas famosas quando viajam ao exterior.

As desavenças conjugais de Armênio costumavam ser as mesmas: ora resultavam das críticas da mulher à sua falta de iniciativa e firmeza, inclusive em relação ao filho, ora resultavam de suas desconfianças de estar sendo traído pela mulher, a qual considerava muito atraente e sedutora. Pesava para essa suspeita uma situação de envolvimento afetivo da mulher com um amigo de Armênio, não muito bem esclarecida, que ocorreu nos primeiros anos de relacionamento do casal. Apesar disso, até o momento de procura de tratamento, ele continuava frequentando as festas na casa desse amigo e o convidando para as festas em sua casa.

A esposa se queixa de se sentir sufocada por Armênio, que fica o tempo todo ao seu lado nas reuniões sociais, situação em que gosta de ficar mais livre para conversar com os amigos. Relatou que, na festa de aniversário de uma amiga do casal, a esposa se embriagou e adotou uma conduta que ele considerou deplorável: abraçar as pessoas, falar alto e, principalmente, dirigir-se a ele desrespeitosamente quando a advertiu de que deveria parar de beber.

Armênio foi fortemente influenciado pela mãe, que sempre procurou se destacar exaltando as qualidades do filho, principalmente aquelas que exibiam suas capacidades, como as de sair-se bem nos estudos e comportar-se de forma exemplar. Ela também o estimulou a não enfrentar os desafios, normalmente impostos pelo relacionamento na rua, entre crianças e adolescentes, dizendo, por exemplo, "Fica em casa, não te mistura com esses guris sem educação!".

O pai de Armênio, criado em uma família na qual as tias e as irmãs controlavam o funcionamento da casa, muito religioso e voltado a sua própria projeção, além de submetido à mulher em vários aspectos, não chegou a estabelecer uma relação afetiva suficientemente forte com o filho, que tem poucas lembranças de convívio com ele na infância sem a presença da mãe.

Armênio define o pai como "uma imagem venerada por todos", configurando uma relação familiar bastante religiosa, em particular se lembrarmos de que a veneração é um tratamento que se rende a Deus e aos santos. Portanto, o pai de Armênio não desempenhou, verdadeiramente, a *função paterna*, cabendo o estabelecimento da ordem à mãe, cujo verbo era desestimulador do confronto.

Como resultado, ele desenvolveu a fantasia de que a única coisa que podia fazer era se destacar nos estudos e apresentar uma conduta elogiável, tornando-se, dessa forma, o *falo* da mãe. Essa experiência fez com que, ao se casar, projetasse na mulher uma figura materna dominadora, à qual, mediante identificação, submeteu-se, repetindo a relação primitiva com a mãe. De fato, sua maneira de falar e se movimentar não revelam, em sua personalidade, a *marca* do pai, mas a *marca* da mãe, que ajudou o paciente a criar a fantasia de habitar um paraíso.

Pensando nesse material clínico, podemos levantar a hipótese de que a conduta agressiva da mulher de Armênio, cujo pai sempre manifestou o desejo de possuir um filho para sucedê-lo nos negócios, é competitiva e visa desvalorizar o paciente como pai e como homem, ao mesmo tempo em que revela seu desprezo pela condição feminina, ao recusar a joia que recebera de presente. É provável que ela também tenha procurado marcar no rosto de Armênio o descontentamento que sua atitude submissa lhe provoca, pois existiam poucos motivos para presenteá-la naquele momento. Alguns dias antes, ela havia depreciado o trabalho desenvolvido pelo marido na fazenda, acusando-o de se fazer passar por fazendeiro para ser valorizado socialmente. Na verdade, o que Armênio almejava era exibir a marca masculina do sogro, a mesma utilizada para marcar o gado de sua propriedade, símbolo de potência, riqueza e poder.

Por outro lado, as relações sexuais do casal revelam o caráter receptivo de Armênio e ativo da esposa que, com o uso do vibrador em formato de pênis, procurava desmentir, como diz Lander (2010, p. 51) a lógica do "não tudo", que denuncia a ausência fálica.

Ao mesmo tempo, a reação do filho na *festa da marcação do gado* denota sua identificação com a fraqueza do pai, que o impede de enfrentar os colegas de aula, e um evidente descontentamento pelo fato de Armênio, identificado com a esposa, exibir-se com a *marca* da mãe, representada pela fazenda. Sendo, assim, podemos dizer que o choro do filho é a *marca* da ausência do pai.

COMENTÁRIO

Este caso, mediante o qual se evidencia a força da transgeracionalidade nas relações entre pais e filhos, ilustra a observação clínica de que os filhos, ao chegarem à adolescência ou dela se aproximarem, costumam oferecer uma segunda chance aos pais, no sentido de resgatarem sua verdadeira função. Geralmente, eles despertam a atenção dos pais para essa falta mediante um sintoma ou distúrbio de conduta. Coincide ser nesse momento que muitos indivíduos, para evitar o sofrimento dos filhos, vão à busca de tratamento psicanalítico, abrindo mão da fantasia de viverem em um mundo em que a palavra do pai não é ouvida. Green (1983) refere que, nesses casos, ocorre um declínio dos ideais, decorrente do apagamento da distância básica que mantém desde as origens psíquicas o par estruturante ego ideal/ideal do ego, promovendo o crescimento patogênico do ego ideal, com a consequente perda da função simbólica organizadora dos terceiros, que desaparecem nessa condição.

A *marca* do pai, portanto, é um símbolo que alude à castração, representada pela perda do paraíso – lugar em que, no filme *Dom Juan de Marco* (EUA, 1995), de Jeremy Leven, o personagem, seu psiquiatra e respectivas mulheres decidiram viver. Nesse filme, obviamente, se procura negar a diferença entre um pai autoritário e a *lei paterna*, que consiste no fato de que, no primeiro caso, a ordem vale só para o filho e, no segundo, vale para ambos, pois o pai também é filho e, como tal, encontra-se inserido na *ordem paterna*. A história relatada por outro filme, intitulado *Beleza americana* (EUA, 1999), de Sam Mendes, reproduz a trajetória que vai do gozo sem limite à morte pela não interdição do incesto, desfazendo-se as diferenças de sexo e geração.

A tragédia *Édipo rei*, de Sófocles, tem como tema a ausência da *função paterna*, representada pela falta da *marca* de parentesco, resultando na consumação do parricídio e do incesto. Não podia ser diferente se considerarmos que Laio e Jocasta se omitiram de marcar Édipo com a metáfora paterna para fugirem, eles mesmos, da castração. Somente quando o indivíduo, em seu desenvolvimento, renuncia ocupar o lugar do pai é que consegue ser, um dia, como o pai. Nas palavras de Kaufmann (1993), um homem que goza legitimamente de uma mulher representa a lei e sublima suas pulsões sacrificadas em criações sociais e culturais. Essa trajetória, quando bem-sucedida, representa a conquista de uma almejada compensação narcísica.

O caso descrito, além disso, traz a tona o tema da "essência do gênero", revelando uma típica situação em que se observa no casal uma inversão da estrutura inconsciente sexual, em que pese a escolha do objeto ser heterossexual. Em relação ao primeiro registro (sadismo e masoquismo), verifica-se que a pulsão sexual da esposa se organiza mais do lado sádico, mantendo uma conduta mais ativa e buscando encontrar a satisfação sexual mediante o uso de um vibrador em formato de pênis, que lhe serve para desmentir a ausência fálica, o elemento que faz com que a mulher desenvolva uma estrutura inconsciente feminina, baseada na lógica do "não todo". Como consequência, a mulher deseja encontrar o outro capaz de lhe proporcionar a satisfação da completude. Nessa posição que é passiva em relação ao desejo do outro, a pulsão não encontra facilmente o seu caminho de satisfação e se volta ao sujeito, configurando uma estrutura inconsciente masoquista, típica do caráter feminino. Deutsch (1930) atribui à mulher uma "agressividade inibida", resultante de uma pressão do mundo externo que se junta à renúncia interna da agressão com o objetivo de ser amada.

A aceitação de a esposa ocupar uma posição sádica na relação por parte de Armênio, representativa do modelo inconsciente masculino, colocava-o em uma passividade característica do modelo inconsciente feminino, submetendo-o masoquisticamente à mulher para obter o seu amor.

O segundo registro, relacionado à angústia de castração frente ao descobrimento da diferença anatômica dos sexos, dota o "caráter masculino" da tendência a uma atividade sexual perversa relacionada com a desmentida da castração, evidenciada não por Armênio, mas pela esposa mediante o uso de um aparelho no formato de um pênis. Em oposição, configurando uma "estrutura inconsciente feminina", identificamos em Armênio a atitude habitual das mulheres de outorgar ao homem a posse do falo que deseja para completá-la; portanto, é no lugar do outro que vai surgir o amor e o desejo, configurando o modelo sexual erotômano típico do "caráter feminino" que observamos em Armênio. Cabe registrar que, além da atitude ativa e perversa da esposa, ela ainda detinha a representação do falo paterno, simbolizado pelo poder econômico e pela marca que servia para identificar o seu gado e, também, a família, com a qual Armênio procurava vestir a sua identidade e a identidade do filho.

A mesma inversão constatamos no que diz respeito à oposição entre ingenuidade, típica da essência do gênero masculino, e intriga, típica da essência do gênero feminino. Como ocorre no último caso, observamos em Armênio a tendência a se utilizar de artifícios para obter o amor da esposa.

16

IMPACIÊNCIA E DESESPERAÇÃO
(Caso Isidro)

Gley P. Costa e Liliana Haydee Alvarez

> **R**ESUMO
>
> Estudo das patologias relacionadas com a fixação na etapa oral secundária do desenvolvimento da libido, da qual derivam a depressão e a melancolia, ilustrado com um caso clínico no qual são enfatizadas as defesas caracterológicas e os aspectos vinculares.

O objetivo deste capítulo é expor algumas das principais características da fixação pulsional na etapa oral secundária do desenvolvimento da libido, a qual se encontra na base da corrente psíquica de que derivamos quadros clínicos da depressão e da melancolia. Estudar essa fixação erógena implica tomar em consideração dois aspectos fundamentais que nela se articulam de maneira particular: a meta dessa pulsão, que é a devoração, e o objeto, que é o ego, o que nos coloca no terreno das patologias do narcisismo.

No processo de complexização psíquica, mediante o qual advém a subjetividade, o surgimento da erogeneidade oral secundária impõe ao aparelho psíquico a tarefa de levar adiante a primeira imbricação entre autoconservação e libido, uma vez que, nessa etapa, é o mesmo objeto que é investido com egoísmo pelas pulsões de autoconservação e é amado de modo narcisista pelas pulsões libidinais. Além dessa fixação, os quadros clínicos de depressão e melancolia também compartem a operação de um ego do narcisismo, sustentador do princípio do prazer, mas diferem no que diz respeito à defesa dominante: a desmentida na depressão e a desestimação na melancolia.

Como em qualquer manifestação clínica que nos defrontamos como analistas, é a combinação particular entre desejos e defesas que termina resultando na formação substitutiva com que o paciente nos impacta: seja como impressão sensorial, acústica, visual, tátil ou olfativa. No terreno ocupado pela depressão e pela melancolia, essas manifestações clínicas aparecem sob a forma de acusações, demonstrações de humilhações e pecados, insônia, inibições psíquicas de algumas funções, falta de amor, desinteresse pelo trabalho, expressões de dor mental, acessos de impaciência e desesperação, manipulação afetiva e autoacusações. Constituem um conjunto limitado de formações pré-conscientes derivadas das transformações entre desejos e defesas. A forma deriva da defesa, que, por sua vez, provém do desenlace particular dos conflitos de castração e do Édipo, enquanto o conteúdo resulta das fixações pulsionais que oferecem a base para as substituições. Tendo em vista que essas formações são o resultado do trabalho do pré-consciente, é válido caracterizar alguns dos aspectos centrais que podem ser determinados na organização que adquire essa instância psíquica nesses pacientes.

FORMAÇÕES SUBSTITUTIVAS

A respeito das representações da palavra no pré-consciente, é possível detectar que é característico que algumas delas se organizam, tendo como núcleo uma exigência que está representada por uma contradição semântica ou, em outras palavras, um significante que alude a um significado inverso. O significante amor é usado para aludir ao significado egoísmo, e vice-versa. A contradição amor-egoísmo é representativa do conflito básico da fase oral secundária que se estabelece entre a pulsão sexual, que tem como meta a devoração do objeto e a autoconservação, que tenta proteger o ego ainda indiferenciado do objeto. Duas censuras reforçam a contradição semântica e deixam o ego indefeso frente a esse núcleo patógeno: uma que impede a crítica à exigência, e outra que impede a fuga. Ou seja, que atuam interferindo nas duas defesas possíveis com que conta o ego diante das vivências desprazerosas: transformação da realidade e/ou evitação.

Retomando as características do pré-consciente, o outro aspecto a considerar corresponde ao mundo dos afetos. Eles não encontram expressão nas representações palavra, mas aparecem como estados afetivos desprazerosos que ascendem à consciência sem mediação do pré-consciente, inundando-a. É importante destacar qual é o lugar que ocupa a representação palavra nesse processo.

Enquanto no pré-consciente a riqueza da palavra funciona como freio e inibição das descargas afetivas e permite falar sobre elas, nesse grupo de pacientes essa função não se cumpre, e a palavra parece oferecer uma possibilidade para que o afeto se descarregue. Pode-se dizer que a palavra atua ao modo de um neurônio-chave que promove novas descargas afetivas. Se recordarmos que o pré-consciente é que possui a chave que libera a motilidade, entendida como uma ação motora voluntária, nessas estruturas, ou seja, na depressão e na melancolia, privilegia-se a descarga afetiva em detrimento da motricidade voluntária. Em outras palavras, o pré-consciente opera como chave para transformar a pulsão em descarga endógena, ou seja, afetiva em lugar de representacional. Esse mecanismo é que se faz evidente quando nos damos conta de que os pacientes choram em lugar de gerar uma ação que opere sobre a realidade e a modifique, sendo também responsável por um estado afetivo que é próprio da depressão e da melancolia: a desesperação.

Neste ponto, é importante recordar que a angústia e o sofrimento que se observam na fixação oral secundária correspondem à época em que o vínculo se estabelece com um objeto narcisista – mãe que se afasta – indiferenciado do ego, desejado e ausente, que não termina por decretar-se como perdido e a quem se acusa pela dor que provoca com a sua falta.

Quando nos perguntamos pela origem dos conteúdos inconscientes das manifestações clínicas dos pacientes deprimidos e melancólicos, mencionadas anteriormente, como em toda formação substitutiva, devemos considerar que se trata de derivados transacionais de desejos inconscientes. O desejo inconsciente na fixação sádica oral secundária é a devoração, que aparece na consciência sob a forma de uma particular trama argumentativa: tentação, pecado e expulsão do paraíso, na qual se adverte a entrega passiva ao sofrimento, resultante da consumação do desejo, que dá lugar às autoacusações e às auto-humilhações que constituem o momento restitutivo dos quadros melancólicos.

A tríade representativa da corrente depressiva, mencionada por Rosolato (1971) – sacrifício (ou expiação), reparação e perdão –, resulta da ilusória recuperação narcisista de um ego em posição ativa e expressa ter podido incluir-se em uma situação paradisíaca que é equivalente a ser amado. A esse estado se ascende por meio do sacrifício e da renúncia. Cabe destacar que, enquanto o desejo inconsciente que se encontra no fundamento das manifestações da depressão e da melancolia é o mesmo, a defesa com que o ego responde impõe as diferenças entre as duas patologias.

DEFESAS

Em sua obra *Neurose e psicose*, Freud (1976ae) destacou que o conflito central na melancolia se produz ente o ego e o superego. A partir desse ponto, colocamo-nos diante de duas interrogações: qual é defesa que atua nessa patologia e a qual setor do superego ela se dirige? No caso da melancolia, a defesa central é a desestimação e ela busca desarticular um setor particular do superego, sendo esse movimento o primeiro momento do processo pelo qual o superego passa a constituir-se cultivo puro da pulsão de morte (Freud, 1976q).

Nesse ponto, convém nos deter na estrutura do superego para nos perguntar qual o segmento dessa instância psíquica é desestimada, mas antes são indispensáveis alguns esclarecimentos.

Rastreando a obra de Freud, é possível discriminar quatro teorias do superego: teoria das representações, teoria das identificações, teoria das funções e teoria dos desenvolvimentos de afeto promovidos no ego. A respeito da primeira, é possível mencionar brevemente que suas representações provêm da palavra ouvida, a qual tem uma estrutura especial, que é a do imperativo categórico, e recebem um investimento direto do id.

A segunda teoria trata das identificações que surgem da renúncia a um investimento libidinal em relação aos pais, para recair no ideal e, posteriormente, sobre pessoas que representam autoridade, até que, por fim, tornam-se mais abstratas, sem coincidir com nenhuma pessoa, vindo a se constituírem valores e ideais. Quanto à teoria das funções, reconhecemos três: a formação de ideais, a consciência moral e a auto-observação. Por último, os desenvolvimentos de afeto procedem da tensão entre o ego e as três funções mencionadas. Da auto-observação derivam o sentimento de si e o sentimento de inferioridade. Da consciência moral derivam o sentimento do dever cumprido, a dor moral e o sentimento de culpa, dependendo se o afeto desprendido cause prazer ou desprazer.

A partir dessas considerações, é possível compreender porque os juízos do superego são valorativos, ligados à adjudicação de um sentido. Recordemos que os primeiros juízos atributivos sobre a realidade são emitidos pelo ego prazer, atribuindo qualidades aos objetos do mundo, para depois passarem a ser emitidos pelo superego, fazendo com que a atribuição recaía não somente sobre os objetos do mundo, mas também sobre o ego real definitivo. O superego, portanto, não se rege pelo parâmetro dos estados pulsionais, mas pelo dos valores e ideais, correspondendo a um reprocessamento sublimatório desses estados.

Feitos esses esclarecimentos, retomemos o questionamento sobre em qual segmento do superego recai a defesa nos quadros melancólicos e depressivos.

Na melancolia, como foi dito, sua defesa central – a desestimação – opera na desconstituição do setor que profere os juízos valorativos, que são aqueles que outorgam sentido. Não podendo encontrar um sentido na realidade, o ego incapacita-se para realizar, através do pré-consciente, as ações que expressam de um modo eficaz seus desejos ambiciosos, eróticos ou hostis. Como seus atos perderam valor e, consequentemente, torna-se irrealizável atribuir sentido à própria vida, o recurso de um sacrifício válido é inatingível. O ego prazer opera na melancolia, retirando libido do setor do superego correspondente à imagem do ideal, na qual o ego busca reencontrar a unificação de seus estados afetivos. Esse setor é que regula os desenvolvimentos do afeto no ego da mesma maneira que, em sua origem, fazia a expressão facial materna. Devido à desconstituição do setor do superego que gera os juízos positivos derivados da ação de Eros, no momento que corresponde à restituição psicótica ficam sobreinvestidas certas frases hipercríticas dirigidas ao ego a partir da auto-observação e da consciência moral, fazendo com que se torne inerme ante as vicissitudes vivenciais e a suposta realidade exterior. Por esse caminho, o superego, despojado de seus investimentos libidinais, como referimos antes, torna-se puro cultivo da pulsão de morte.

Por outro lado, a defesa central nos quadros depressivos – a desmentida – pretende refutar os juízos do superego, mas mantém a estrutura que os emite. A defesa recai principalmente sobre o setor da auto-observação e da consciência moral, buscando desmentir um juízo acusatório ou denegridor, promotor da culpa ou da desvalorização. Nesses quadros, o juízo questionado é aquele que atribui ao ego uma atitude egoísta (o pecado), que busca refutar mediante a ilusão de obter o perdão mediante um ato sacrificial.

Destacando, como no início, que é necessário entender a organização psíquica de um paciente como uma estrutura complexa resultante da articulação de distintos fragmentos anímicos, para cada um dos quais é preciso considerar fixações egoicas e libidinais específicas, assim como organizações defensivas que são particulares a cada uma, apresentaremos um material clínico a partir do qual procuraremos ilustrar alguns dos conceitos desenvolvidos até aqui.

> Isidro tem 40 anos e é solteiro. Ele cresceu em um bairro de classe média, cuja população era constituída de imigrantes espanhóis bastante religiosos, como os seus avós, fazendo com que sua vida, durante a infância e parte da adolescência, tivesse como centro a igreja e a escola em que estudou, ambas católicas. Isidro, em grande parte pelas razões a seguir relatadas, além de religioso e participante das atividades comunitárias da igreja, foi sempre muito estudioso, obtendo as notas mais elevadas da classe. Frequentou destacada universidade do país na área de economia e, posteriormente, realizou MBA em *business* em não menos reconhecida universidade norte-americana, onde, como até então, conquistou os primeiros lugares.

Atualmente, trabalha como consultor internacional de empresas, é conferencista muito solicitado, e dá aulas de economia e finanças em nível de pós-graduação. Os óculos de aro grosso, os cabelos em desalinho e o vestuário jovial e descuidado o equipara a seus alunos, mas contrastam drasticamente com a apresentação dos profissionais e empresários com os quais convive, mas isso não constitui um assunto que lhe preocupe. Ele também costuma ser visto em locais predominantemente frequentados por jovens. Aparentemente, reflete um aspecto espontâneo da sua personalidade, resultante de uma identificação com uma etapa de vida bastante marcante: a adolescência. Outro traço do caráter de Isidro se relaciona com os limites, principalmente do tempo e de sua capacidade física. Como uma metáfora, diz que tem diante dos olhos uma nuvem que impede que ele veja que é impossível fazer alguma coisa.

O pai de Isidro tinha um pequeno comércio e a mãe trabalhava em uma repartição pública municipal. Além de Isidro, eles tiveram uma filha, que nasceu dois anos mais tarde. Entre as lembranças da infância, Isidro refere guardar com muita nitidez, de um lado, a imagem do pai sem dinheiro e amedrontado e ameaçado pelas contas e pelos impostos e, de outro, as frequentes visitas da mãe ao psiquiatra. Além disso, registra que, na verdade, durante a infância e parte da adolescência, viveu como se tivesse duas casas e duas mães, pelo fato de contar com os cuidados de uma irmã do pai – a qual possuía uma melhor condição econômica e não tinha filhos – e, em sua casa permanecer quando a mãe se encontrava, aparentemente, deprimida. Considerava esse local agradável e, aos poucos, foi-se tornando uma alternativa para quando se sentia sozinho e sem ter o que fazer em casa, principalmente nos fins de semana, configurando um estado que hoje ele identifica como de "desespero". Ainda que na casa da tia também não tivesse companheiros de sua idade para brincar, pelo menos desfrutava o privilégio de ser único, de dispor de mais conforto e de desfrutar de boa comida e dos deliciosos doces que lhe eram oferecidos.

Por muito tempo essa situação também serviu para contrabalançar sua dificuldade de participar de seu grupo etário, salvo aqueles promovidos pela igreja, como cantar no coral. Ele não sabia como se aproximar dos colegas de sua idade e, quando tentava, costumava ser alvo de hostilidades, às quais não reagia. Essa situação fazia com que se sentisse envergonhado e humilhado. Era voz corrente na escola que ele parecia uma "mulherzinha", enquanto a irmã, que brigava a socos com colegas quando era ofendida ou em defesa do irmão, parecia um "homenzinho". Diferentemente de Isidro – bem comportado e inibido –, a irmã era rebelde, desafiante e exigente, particularmente em relação ao pai, que era como um empregado dela e fazia todas as suas vontades. Ele não tinha muita proximidade com o pai e se relacionava mais com a mãe que, desde quando era muito pequeno, fazia dele seu confidente, segregando-lhe, inclusive, suas insatisfações conjugais.

Se, por um lado, durante a adolescência, diminuiu o rechaço que sentia das outras crianças na infância, por outro, aumentou consideravelmente a dificuldade de aproximação com os jovens de sua idade, particularmente do sexo feminino. Como resultado, esse segundo momento da vida de Isidro foi o que ele ficou mais sozinho e, para atenuar esse sentimento de exclusão, incrementou os estudos, a religiosidade e os fins de semana na casa da tia, quando convivia e fazia programas com adultos.

Refere que os outros adolescentes faziam parte de um mundo que ele olhava, mas não conseguia penetrar. Diz: "Eu entendia o que eles falavam, mas havia alguma coisa na comunicação deles que me deixava de fora. Isso fazia com que eu me sentisse profundamente deprimido e sozinho". Era comum, durante a semana, os jovens combinarem encontros na casa de um ou de outro para namorar, dançar, mas ele, embora almejasse muito, nunca era convidado. Também não sabia como fazer para que isso acontecesse. Essa exclusão, principalmente por parte das meninas, mais do que tudo, provocava nele um profundo sentimento de humilhação, que se mantém até hoje quando fracassa em suas tentativas de conquistar uma mulher ou simplesmente, por alguma razão, vê-se impedido de participar de alguma atividade em que imagina que as pessoas vão se divertir muito. Essa situação reproduz exatamente suas experiências de frustração na adolescência, descritas por ele com as seguintes palavras: "Todo mundo se divertindo e eu em casa me sentindo triste e humilhado". Interessante destacar que, mais do que dos rapazes como ele, eram das meninas que ele mais invejava as capacidades de se relacionar, conquistar, fazer amigos e se divertir.

A terceira etapa da vida de Isidro, marcada pelo seu ingresso na universidade, caracteriza-se por uma mudança progressiva e significativa em seus relacionamentos. Em um contexto mais aberto, no qual os valores intelectuais marcam uma diferença, abriram-se as portas de um novo mundo, no qual ele vai se destacar principalmente através da inteligência e dos conhecimentos. É a partir desse momento que terá sua primeira namorada e, também, suas primeiras experiências sexuais. Diferentemente da etapa anterior, agora ele era convidado pelos colegas e pelas colegas de universidade para festas e fins de semana na praia, conseguindo até escolher com quem ficar. Apesar disso, destaca: "Não foi sempre assim, no início ainda sofri bastante devido à minha inibição, mas aos poucos fui me soltando".

A quarta etapa teve início quando concluiu o MBA, há 15 anos, e começou a trabalhar. Nesse momento, as crescentes dificuldades de relacionamento amoroso motivaram a busca da análise, particularmente desde há um ano, quando estabeleceu um vínculo menos frouxo do que os anteriores com Tatiana, divorciada, que na adolescência ele admirava por estar sempre conversando com outros jovens, atrair o interesse deles pela forma descontraída de se comportar, ser convidada para festas, mas na época era incapaz de aproximar-se dela.

Até então, sua sensação era de absoluto sucesso em tudo o que fazia: sucesso profissional, atendendo a grandes empresas; sucesso como conferencista, solicitado a falar em diferentes países; sucesso como professor, orientando teses de um grande número de alunos; e sucesso com as mulheres, que aparentemente se rendiam à sua corte e à sua insistência, em algumas ocasiões mesmo sendo noivas ou casadas. Mas as relações, não raro simultâneas, na maioria das vezes não passavam de alguns encontros, pois a estabilidade, geralmente ambicionada pelas mulheres, "me entedia e me angustia porque me faz pensar que estou perdendo algo excitante e maravilhoso com outra pessoa". Na verdade, Isidro está sempre tramando uma história com uma mulher jovem, com vida e, principalmente, com algo misterioso que o atrai muito e que gostaria de ter ou ser. Refere que quando Tatiana, que trabalha em uma agência de turismo, avisa-o que vai viajar, ele imediatamente começa a arquitetar um encontro com uma mulher encantadora, que às vezes existe na realidade e às vezes apenas em sua imaginação.

Aparentemente, esses encontros com outras mulheres, quando a namorada se encontra em viagem ou apenas sai para jantar com amigas, representam uma forma de atenuar a frustração e o sentimento de abandono que essas situações lhe causam. Na verdade, diz ele, "Eu me sinto diminuído quando Tatiana se ausenta. É como se ela pudesse se divertir, ser feliz e eu não". Isidro relaciona esse sentimento de humilhação (ser menos e poder fazer menos do que os outros) com situações na infância em que a mãe, numa atitude protetora e desanimadora, dizia que ele não tinha condições de fazer as mesmas coisas que os colegas da mesma idade: como jogar futebol, ir a uma excursão promovida pela escola, etc. O que ele entendia das palavras da mãe era mais ou menos o seguinte: "Tu és mais fraquinho do que os outros, não vais conseguir, não vais aguentar". Por conta disso, agora ele quer fazer tudo e se identifica com as pessoas que conversam, se divertem e se entendem por intermédio de insinuações, gestos e olhares.

Contudo, se a relação com Tatiana se mantém estabilizada por um tempo mais prolongado, torna-se impaciente e começa a procurar um motivo para brigar com ela, muitas vezes, a ponto de provocar uma separação. Paradoxalmente, nessa condição de liberdade, entra em pânico e lhe faltam forças não apenas para conquistar uma mulher, mas até mesmo para viver. A partir desse momento, totalmente arrasado, sem conseguir dormir, a única coisa que aguarda com a expectativa de um desesperado – "como alguém perdido no deserto, morrendo de sede" – é que o nome de Tatiana apareça em seu celular, indicando que ela está entrando em contato com ele, situação que considera "um verdadeiro oásis que surge em minha frente".

Isidro comenta que quando dá uma palestra sempre encontra no meio da plateia os olhos fascinantes de uma mulher. Ele faz de tudo para comunicar-se através do olhar com essa pessoa, que imediatamente começa a achar atraente, misteriosa e inteligente, e sempre acaba conseguindo um jeito de sair com ela para tomar um café, jantar ou ir a um cinema. Quando não consegue uma aproximação por esses meios, utiliza o caminho profissional, propondo um trabalho conjunto, oferecendo-se para prestar alguma ajuda ou qualquer outro pretexto que favoreça o contato de ambos.

Sem a possibilidade de se aproximar de uma mulher, não vê graça em suas atividades profissionais. Mostram isso as ocasiões em que, após um dia exaustivo de trabalho, retorna ao hotel em que reside. Apesar de se sentir muito cansado, não consegue dormir pensando que pode estar perdendo a oportunidade de encontrar uma mulher interessante. Com frequência, levanta-se e vai a uma boate ou bar noturno. Na verdade, a falta de um programa com uma mulher à noite, garantido ou possível, faz com que passe o dia insatisfeito e agitado, podendo contribuir para o cansaço. Opostamente, quando tem um programa garantido, trabalha o dia inteiro animado e tranquilo. Ficar sozinho à noite restabelece estados de desânimo e humilhação experimentados na casa dos pais nos finais de semana e nos períodos de férias escolares.

Apesar de obter ganhos elevados com a profissão, Isidro apresenta uma dificuldade importante de lançar mão de suas reservas financeiras, que inclui ações na bolsa, seja para viajar, seja para comprar um carro, seja, inclusive, para adquirir um imóvel, como aconteceu recentemente. Nessas situações, esforça-se para conseguir e, na maioria das vezes, consegue, dentro da área profissional ou acadêmica, algum ingresso extra de dinheiro para arcar com os gastos. Os cursos que organiza e ministra sobre investimentos, governança e outros temas representam uma fonte considerável de ingressos anuais, mas Isidro também busca ganhar dinheiro em jogos ditos de azar, como roleta e bacará, nos quais diz ter muita sorte. Os amigos atribuem o sucesso à sua excepcional inteligência.

Contrastando com essa atitude gananciosa, ele assessora gratuitamente pequenas empresas individuais e familiares, a maioria de propriedade de antigos amigos de seus pais e localizadas no bairro em que cresceu. Esse trabalho representa uma forma que Isidro encontrou para mostrar aos pais que ainda segue ligado às suas origens, em que pese ocupar atualmente uma posição social, cultural e econômica mais elevada.

ANÁLISE DO CASO

Consideramos a vida psíquica do paciente como fruto da articulação de distintas estruturas, cuja composição resulta de processos em que se combinam diferentes correntes psíquicas com o predomínio de algumas delas. O conceito de correntes psíquicas, estudado no Capítulo 4, apresenta um grande valor na clínica, na medida em que se insere como articulador entre as defesas e os conflitos que o ego enfrenta diante de seus três senhores: a pulsão, a realidade e o superego. A partir da categoria de correntes psíquicas, é possível dar conta de manifestações clínicas complexas, tendo em vista que permitem vincular entre si opções que, de outro modo, poderiam parecer contrapostas.

Com essa premissa, vamos destacar alguns componentes das manifestações de Isidro relacionados com a forma particular que lida com sua angústia e a dor que surge de sua modalidade relacional. Essas manifestações possibilitam expor certas hipóteses teóricas vinculadas à fixação no erotismo oral secundário, que constitui o ponto em que parece se concentrar o sofrimento do paciente, o qual, por outra parte, mostra um nível exitoso de funcionamento no resto de suas áreas vitais, como demonstra seu sucesso social e profissional.

A história de Isidro, como foi descrita, permite individualizar diferentes acontecimentos associados a seus momentos vitais. Senão, vejamos. Em relação à sua infância, ele se define como um filho com duas mães e duas famílias. Uma família marcada pela declinação econômica do pai e a depressão da mãe e outra que funcionava como refúgio, recordada como o lugar em que recebia cuidados e era gratificado com doces. Essa etapa também correspondeu a uma evidente dificuldade para incluir-se no grupo de crianças de sua idade, o que contribuiu para o apego ao grupo familiar. Um elemento ainda a destacar é a presença em sua vida de uma irmã ativa, desafiante e rebelde, portanto, com características opostas às dele.

Na adolescência, manteve-se com a ânsia insatisfeita de inserção social em relação ao grupo de pares, situação que fazia com que se percebesse inundado pelos sentimentos de exclusão, tristeza e humilhação. Também experimentava uma particular inibição para se relacionar com mulheres, dificuldade que procurava compensar desenvolvendo atividades no campo religioso.

Contudo, o ingresso na universidade marca uma mudança em seus vínculos e expõe a importância que adquirem as conquistas intelectuais no reforço de sua identidade. O afã de conhecimento que caracterizou sua formação universitária parece corresponder à meta do erotismo anal secundário expressa pelo desejo de apoderar-se do mundo e dos objetos por meio do saber. É esse desejo que consegue dar curso a partir da implementação de defesas funcionais exitosas, alcançando, como consequência, um equilíbrio narcisista que reforça o seu ego. Isso se traduz no sucesso de uma inserção social gratificante que inclui a aproximação à figura feminina e permite o acesso à plasmação do exercício da genitalidade heterossexual.

Nesse momento, verificamos Isidro tendo superado o que havia sido o seu principal obstáculo, o qual poderíamos descrever como uma inibição da meta pulsional fálico-uretral, aquela que impulsiona o desejo de aventurar-se na conquista de novos espaços, nesse caso representado pelo âmbito extrafamiliar.

Com o ingresso no mundo laboral, teve início uma nova etapa na vida de Isidro. Em contraste com os resultados exitosos e gratificantes ligados ao seu desempenho profissional, instalou-se progressivamente um estado afetivo desprazeroso relacionado com seus vínculos amorosos. É possível acompanhar um período inicial marcado por relacionamentos ocasionais, breves e apaixonados, que possuem o poder de proporcionar a Isidro uma gratificação narcisista, da maneira que Freud (1974l) define como um dos tipos de escolha objetal. No entanto, a partir do vínculo que estabelece com Tatiana, Isidro sente-se prisioneiro entre dois estados igualmente sofridos que define como "ir da insatisfação ao desespero". Sabemos que os isolamentos transitórios por motivos profissionais o empurram para a busca de outra mulher que o apaixone, e é interessante a descrição que faz da forma como elege a mulher que opera como substituto do objeto abandonador: o cruzamento de seus olhares.

Retomando o desenvolvimento teórico da primeira parte deste capítulo, torna-se possível explicar a motivação que se encontra na base da conduta repetitiva de Isidro. A hipótese que deve ser considerada é a de uma fixação traumática na etapa oral secundária, momento em que o vínculo se estabelece com um objeto narcisista – mãe que se afasta – indiferenciado do ego, ansiado e ausente, e que não se dá por perdido. Quando diz que se sente diminuído quando Tatiana se ausenta, procura expressar a dor narcisista vivida ante a ausência do objeto, não diferenciado do ego, que leva parte do seu ser e provoca a perda do sentimento de si.

Diante da ausência do objeto narcisista, representado por Tatiana, desencadeia-se a partir do setor da auto-observação um juízo superegoico que impõe o sentimento de desvalorização do ego. A tentativa de desmentir esse juízo é que leva Isidro a buscar outros objetos que, na condição de substitutos, tamponem o registro que lhe falta. Em outras palavras: devolvam a ele uma imagem valorizada dele mesmo. Recordemos, nesse momento, a presença da tia na infância, que operava como um objeto provedor de gratificação e, ao mesmo tempo, sustentava a desmentida ligada ao abandono materno. Essa defesa, que parece ter funcionado de forma exitosa na infância, na vida adulta não consegue neutralizar a sua angústia. Nas viagens em que não consegue encontrar um objeto que obture o sentimento de abandono, o fracasso da desmentida se torna evidente, produzindo o retorno dos estados infantis de tristeza.

Opostamente, Isidro sente-se insatisfeito nos momentos em que se instala certa estabilidade ou rotina numa relação amorosa que iniciou apaixonada. Nessa situação, sente estar perdendo algo e progressivamente vai se apoderando dele um sentimento de impaciência que se expressa em discussões e disputas que parecem preludiar uma separação. A partir desse ponto é possível detectar o começo da desesperação, quando o objeto até então supostamente controlado e abandonado por ele se torna abandonador. Esse movimento, que nos remete ao jogo do carretel (Freud, 1976d), expressa a tentativa da criança de sair da posição passiva por meio da transformação passivo-ativa do trauma, colocando o outro (carretel/ Tatiana) no lugar do abandonado.

No entanto, a ilusão de sustentar-se em uma posição ativa fracassa no caso de Isidro, deixando-o no mesmo lugar passivo em relação a uma mãe que se afasta. O fracasso desse movimento que Isidro repete compulsivamente constata-se na supervalorização que tem para ele qualquer sinal perceptivo da presença do objeto, como exemplifica quando diz que é suficiente ver o nome de Tatiana em seu celular para acalmar seu desborde de angústia.

Essas manifestações parecem ter origem em uma corrente psíquica conduzida pela desmentida como defesa, tendo como objetivo o de dominar um trauma relacionado com a oralidade secundária. É provável que se possa reconstituir esse trauma a partir dos dados sobre a história infantil, quando foi oferecido a Isidro um substituto (tia) para eludir o que, na realidade ocorreu: a entrega de um filho. Essa entrega foi realizada pelo pai de Isidro em favor de sua irmã, como expressão da submissão de um homem a uma mulher que lhe exige um sacrifício por amor. A partir dessa ideia, é possível pensar o pai como figura de identificação de Isidro, promovendo uma posição passiva. Não obstante, nesse suceder da história infantil de Isidro, precisamos também considerar o papel materno como participante necessário e suas condutas vividas pelo filho como abandono.

Aparentemente, a partir dessa combinação, derivou-se um problema identificatório, uma vez que as duas figuras parentais ofereceram ao filho um modelo configurado na passividade. Na tentativa de uma reconstrução, poderíamos conjecturar uma cena infantil na qual a criança, iludida no primeiro momento com a promessa de obter uma grande satisfação na casa da tia (comidas gostosas, atividades prazerosas), logo se defrontava com a dor pela perda e a saudade da casa materna, equivalente à nostalgia pela perda do paraíso. Na atualidade, parece repetir-se essa situação nos momentos em que deixa de lado um relacionamento porque acredita, ilusoriamente, que irá obter a satisfação como uma nova namorada, mas acaba caindo mais uma vez em um estado de desesperação pela saudade do que sente como perdido.

O circuito repetitivo em que se desenvolve a vida de Isidro sustenta-se na crença de que é ele que garante o vínculo com o objeto (da mesma forma da criança com o carretel, conforme Freud), o que outorga a ilusão de onipotência do ego prazer, mas esse funcionamento defensivo tem um efeito transitório, durando apenas o tempo em que a desmentida se mantém exitosa. Quando essa defesa fracassa, retorna o desmentido, quer dizer, a perda do objeto que retrotrai a perda do ego, quando, então, surge o afeto característico da etapa oral secundária, que é a forma que assume a angústia nesses pacientes: a desesperação. Queremos destacar que a fixação nessa erogeneidade também gera a atitude altruísta demonstrada por Isidro no assessoramento gratuito a pequenos empresários. Esse gesto deve ser entendido como atos reparatórios frente à condenação imposta pelo superego em função de sua voracidade, representada pelos elevados ganhos obtidos de diversas maneiras, incluindo o jogo.

COMENTÁRIO

O caso descrito possui uma riqueza que supera os objetivos deste capítulo; no entanto, levando em consideração a referência sobre a importância na clínica do conceito de correntes psíquicas, aproveitamos para mencionar que, no material apresentado, é possível identificar outras fixações erógenas, em particular as que respondem ao erotismo fálico uretral e ao complexo fraterno. Lembremos, inicialmente, que Isidro elege o objeto de desejo segundo a idealização de uma mulher poderosa que se mantém onipotente e que corresponde a um duplo que ele gostaria de ser. Podemos imaginar que esse duplo foi construído a partir da irmã valorizada por ser o que ele não conseguia ser: uma pessoa desafiante e enfrentadora.

Em sua vida atual, encontramos Isidro elegendo uma mulher que se coloca em um lugar segundo o ideal dessa irmã ativa, mas quando supõe que ela se encontra submetida por amor a ele, reage com desinteresse por ela porque cai a sua imagem e o objeto/duplo idealizado transforma-se em um duplo anterior que depende amorosamente do objeto. Ao mesmo tempo, essa eleição de objeto amoroso também o coloca na passividade no que diz respeito ao componente sexual. Em outras palavras, remete-o à época escolar quando era considerado "mulherzinha" e sua irmã "homenzinho". Isidro necessita refutar veementemente esse juízo, transfigurando-se em um Don Juan, para quem a conquista de mulheres obtura a rivalidade com uma mulher fálica e o sentimento de vergonha e a humilhação concomitantes. Através desse aporte, é possível constatar o interjogo de diferentes fragmentos psíquicos em um mesmo paciente. No caso de Isidro, um com maior predominância na infância e na adolescência, correspondendo a uma fixação fálico-uretral, responsável por suas inibições ao obturar o desejo de aventurar-se na conquista de novos territórios, como o social e o heterossexual.

Outro fragmento psíquico enfocado neste capítulo é o que expõe o sentimento de perda e abandono quando desaparece a percepção do objeto. O foco que sustenta o sintoma atual parece estar relacionado com esse fragmento e corresponde à dependência amorosa que Isidro tenta desmentir com suas fracassadas tentativas de sair da passividade. Dessa forma, suas vicissitudes vinculares parecem responder à tentativa de elaborar um trauma oral secundário e, em que pese, em alguns momentos, através de uma desmentida exitosa, acreditar que tem o controle que lhe permite sustentar uma identificação, logo o fracasso dessa defesa faz com que seja invadido por uma angústia desbordante, que tem o matiz da desesperação.

17

UM CORPO ESTRANHO NA MENTE
(Caso Júnior e Vera)

Gley P. Costa e Gildo Katz

®ESUMO

Estudo sobre os aspectos teóricos e técnicos do tratamento de casais cujos membros passaram por experiências traumáticas na infância, ilustrado com um caso em que chama a atenção o apego a um mundo no qual as frequências e as quantidades encontram-se no lugar das qualidades diferenciais.

A clínica psicanalítica contemporânea nos tem revelado um tipo de relacionamento no qual se encontra implicada uma experiência traumática que atua na mente do indivíduo como se fosse um corpo estranho, encapsulado, que obstrui o funcionamento psíquico e que não pode ser expresso em palavras, pois não passou pelo processo de simbolização.

Esse corpo estranho, muitas vezes, constitui a base dos conflitos de determinados casais que nos relatam, em suas histórias, vivências traumáticas.

Sabemos que, para o funcionamento mental desenvolver-se plenamente, é indispensável que o afeto e a representação estejam de alguma forma integrados. A *vivência traumática* acontece quando se produz uma desarticulação entre o afeto e a representação decorrente de um acontecimento que impacta e penetra de forma forçada na mente, desencadeando uma angústia automática.

A angústia automática, na sequência, desencadeia três tipos de vivências: a do vazio, a do desvalimento e a do desamparo. A *vivência do vazio* corresponde a uma percepção de que o aparelho mental dá conta de um vazio que não poderá ser representado em um âmbito regido pela exigência psíquica de metabolizar aquilo que afeta a mente. (Na vivência de vazio há o registro de uma falta da trama vivencial.) Na *vivência de desvalimento*, o sujeito percebe sua própria incapacidade de elaborar o acontecimento traumático. Por último, a *vivência de desamparo* corresponde à percepção de que o mundo interno não ampara o sujeito por ações do mundo externo.

Esses três tipos de vivências constituem, junto com a internalização forçada do fato traumático e a angústia automática, os componentes básicos do *"complexo traumático"*.

A experiência que resulta da ação desse evento externo é chamada de experiência traumática. Como acontece essa experiência?

Em princípio, o aparelho psíquico que sofre um impacto de um acontecimento externo capaz de paralisar o seu funcionamento dispõe de recursos protetores para evitar que seus efeitos não se expandam a ponto de destruir a psique. Esses mecanismos supõem um funcionamento análogo ao de um disjuntor elétrico: isso significa que, embora ocorra, em um primeiro momento, uma inundação do aparelho psíquico, também pode haver uma mobilização de recursos que limitam a vivência traumática a um determinado ponto, circunscrevendo-o.

E essa vivência será traumática, portanto, somente quando os mecanismos defensivos não forem capazes de receber e assimilar o impacto da angústia a fim de elaborar o evento externo desarticulador. Além disso, pode-se dizer que a experiência traumática não depende apenas do fator quantitativo, mas, principalmente, do peso qualitativo outorgado ao que foi vivenciado.

Esse peso qualitativo recai no fato de que a vivência será traumática não por ser penosa ou dolorosa em si, mas por estar conservada a percepção da existência do afeto e da representação de modo não articulado.

No trauma, ao contrário, não existe a percepção dessa falta de articulação, uma vez que a mente ficou arrasada pelo efeito que acarreta o evento. Sendo assim, é possível considerar os dois processos psicopatológicos já mencionados diante de um evento traumático: no início, a *vivência traumática* (circunscrito); na falha dos mecanismos, a irrupção do *trauma* (disseminado).

O destino da vivência traumática é não ser expulsa do aparelho psíquico nem ser integrada. Fica no interior da pessoa em um estado de exterioridade, como um cisto, ao que Ferenczi (1955) chama de *teratoma*. Teratoma, como sabemos, é um tecido que aparece na trama de outro tecido, de características absolutamente heterogêneas, tendo como ação patogênica a obstrução dos processos psíquicos.

Esse cisto incrusta-se com violência no psiquismo. Ao contrário da introjeção, que é um processo ativo, ele é passivo, daí a impossibilidade de incorporação do evento externo no psiquismo. Em consequência, o sujeito converte-se em objeto passivo de uma realidade avassaladora, ou seja, predomina a perda da subjetividade e a atividade mental está fadada a uma repetição em ato sem possibilidades de elaboração da experiência.

Nessas circunstâncias, a pessoa, sem perceber, repetitivamente vai ao encontro de situações penosas que lhe causam dor, sem a respectiva vivência do estado doloroso, ou vive em um estado de constante desassossego, que pode desencadear um quadro somático, uma afecção psiquiátrica decorrente do fato de que o evento não pode ser colocado em palavras, pois não há inscrição psíquica, memória.

A diferença desses casos com conflitos infantis não elaborados é que estes têm uma inscrição na mente – vivência afetiva – e podem ser recuperados pela análise da transferência. Já no tema que estamos abordando, como inexiste inscrição psíquica ou está rompida a articulação entre o afeto e a representação, não ocorre o processo de elaboração. Os acontecimentos são vivenciados tal como uma espécie de alucinação, como uma sensação de um acontecimento externo atual, seja diante de uma contrariedade, seja como se estivessem ocorrendo no momento em que estão sendo narrados.

O indivíduo interpreta qualquer situação externa como algo similar ao evento responsável pelo trauma. Esse é um fato que a sabedoria popular não deixa de registrar: "Aquele que se queima com leite vê uma vaca e chora". Esse choro ou a impotência diante dos acontecimentos leva o indivíduo a tentar sair da apatia, do estado mental desarticulado por diversos caminhos. Um deles é a busca de um cônjuge, a qual tem dois propósitos:

- o primeiro baseia-se na fantasia de que o outro irá magicamente salvá-lo do estado de perturbação, de desorientação ou de um temor de aniquilação;
- o segundo corresponde a uma tentativa de elaboração de seus traumas. Mas, como esse propósito geralmente fracassa, o indivíduo acaba por repetir o acontecimento fático que motivou a vivência traumática.

Um dos motivos do fracasso é o fato de o outro participante da dupla ter o costume de apresentar características semelhantes, o que torna a relação extremamente instável, mas circunscrita a conflitos relativamente comuns. Caso os problemas persistam e se agravem, pode ocorrer um desenlace trágico para o casal. Nessa circunstância, a vivência traumática, antes circunscrita, evolui para algo disseminado: o *trauma* (angústia automática).

> Júnior nasceu com um tumor na face. Sua mãe tinha pouco contato com ele e depois de amamentá-lo dizia: "Tirem esse monstro daqui!". Sem o afeto e o carinho da mãe, aliado ao fato de ser gordo e desengonçado, era vítima de abusos de colegas e quase não tinha amigos. Seu pai era um funcionário do governo desinteressado pela família. Vivia viajando e envolvido em propinas e jogos que o deixavam periodicamente arruinado. Quando Júnior reclamava da desordem da casa, sua mãe respondia que a casa se parecia com ele, um deformado. Talvez por isso, talvez por um dote natural, desenvolveu um senso estético que acabou por transformá-lo em um dos mais respeitados designers do país, reconhecido em várias partes do mundo.

Quando ganhou o seu primeiro dinheiro, realizou a cirurgia que extraiu o tumor. Mas a melhora de sua apresentação estética e o seu sucesso profissional não retirou o teratoma que permanecia intacto em alguma parte de sua pessoa.

Foi no período de maior projeção profissional que conheceu e se vinculou com Vera, uma mulher de extrema beleza que trabalhava como recepcionista em uma feira na qual Junior apresentou um trabalho premiado. Uma característica particularmente interessante era que o trabalho de Vera era chamar os frequentadores da feira, dizendo com uma voz muito suave: "Venha para cá!". E Junior acabou indo, apaixonando-se pela beleza e pela voz da moça.

A história de Vera não era menos complicada. Filha de uma prostituta que a abandonara na casa de uma amiga, foi abusada sexualmente pelo marido desta "tia" desde que contava onze anos de idade. Aos quinze, fugiu com um circo, e graças às suas habilidades artísticas pôde se manter economicamente, estudar e morar em um apartamento próprio. Vivia isolada e era extremamente arredia aos homens. Quando assediada, tinha crises de angústia que possivelmente não apenas lembravam o abuso, mas, tal como um teratoma, o assédio era vivenciado como o próprio abuso.

Por que e como Junior e Vera se casaram? Junior apenas queria olhar para aquele monumento estético e ouvir dela: "Venha para cá!". Ela, aliviada pelo aparente desinteresse sexual do companheiro, era regiamente presenteada com bens materiais, ainda que frequentemente se endividasse como o pai de Junior, pois era assídua frequentadora de casas de bingo e de cartas. O casamento aparentemente parecia estável porque as vivências traumáticas eram evitadas: sem sexo, sem rechaços. Não obstante, o vínculo não evoluiu. Era como se estivesse parado, estancado, criando um mal-estar em Junior que, por indicação de um amigo, procurou análise.

Durante a análise, Junior, após um descrédito e a hostilidade inicial, passou a aceitar o tratamento e manifestou o desejo de ter um filho. É claro que o tema da sexualidade passou a ocupar o campo analítico e culminou na repetição da vivência traumática, quando Junior procurou Vera para ter a primeira relação após quase três anos de relacionamento. Ela, em uma crise de angústia, gritou "Sai daqui!", o que desencadeou, por conseguinte, um quadro de angústia no marido que o levou a um pronto atendimento cardiológico: o monstro estava de volta. A partir daí, o relacionamento se transformou em desconfianças e agressões mútuas, em ataques de angústia de ambas as partes que frequentemente acabavam em manifestações somáticas. O circunscrito tinha se disseminado.

Embora o analista já tivesse cogitado, foi Junior que sugeriu que ele e Vera fossem atendidos em conjunto. No primeiro encontro, após ouvir as duas versões que acabavam confluindo nas vivências traumáticas de cada um, o analista assinalou que, se de um lado o casamento estivesse em crise, esta indicava que eles estavam melhores, que eles estavam procurando se aproximar. Isso causou um profundo alívio na dupla porque eles não queriam a separação. O medo do rechaço por parte de um e o horror ao abuso do outro passaram a ser o tema das sessões em conjunto que se seguiram e seguem há mais de dois anos com resultados satisfatórios.

Em resumo, o casamento saiu da paralisia e tornou-se mais rico psiquicamente. Como salientou Maldavsky (2011), em um trabalho inédito, a vivência traumática e o trauma subjacente lentamente começaram a ser "desgastados".

Podemos observar, nessa crise do casal, todos os componentes do complexo traumático que culminam na internalização forçada, sempre presente nas cenas em que aparecem as aproximações e a emergência de fenômenos automáticos que arrasam a subjetividade: "Esse não sou eu", costumavam repetir em muitas das sessões nas quais apareciam os elementos provocadores de angústia. Às vezes, diziam que só deveriam pensar no futuro, e o resto que ficasse soterrado nas ruínas de suas histórias.

Mas, por mais que falassem de "futuro", faziam desse futuro um monte de ruínas, pela impossibilidade de elaborar os acontecimentos carentes de articulação entre afeto e representação.

Cabe ressaltar que não podemos nos apressar em pensar que, somente pelo fato de os pacientes terem narrado as situações traumáticas, estas estariam sendo simbolizadas e sentidas.

Elaborar, nesse caso, significava apropriarem-se de seu passado – das próprias histórias, que conheciam apenas como um saber fático, sem articulação, convertidas em um conjunto de elementos, o que os impedia de organizar uma vivência emocional. Por isso que, antes de elaborar o que pertence ao psíquico, torna-se necessário, como assinalou Maldavsky, desgastar o trauma, trabalhando com o consciente do indivíduo.

Como podemos trabalhar com o consciente do indivíduo?

Por meio da compreensão de que o importante, nesse tipo de paciente, não é o conteúdo do relato, mas o fato de que seu psiquismo não pode significar o desvalimento psíquico – apesar de dispor de um desenvolvimento adequado de capacidades para tanto. Em outras palavras, a elaboração da vivência traumática não objetiva suprimir a vulnerabilidade psíquica, mas, ao contrário, representá-la. E, mesmo assim, a vivência não perderá sua qualidade patógena quando perder sua estranheza. Isso só irá ocorrer quando o aparelho psíquico puder aceitar que transitou pelas cinco etapas do complexo traumático: vivência do vazio, vivência do desvalimento, vivência do desamparo, percepção da internalização forçada do fato e percepção da angústia automática decorrente.

Incluir a desarticulação como parte da trama vivencial, sem perder a integridade psíquica, é a meta principal do tratamento. A ferida não desaparece, fica como uma cicatriz que não é o mesmo que chaga em carne viva da vivência traumática.

Esse não é trabalho fácil, pois existe grande dificuldade em tais pacientes de buscar um sentido para preencher o buraco na trama vivencial que não conhecem nem sabem expressar pela falta de inscrição na rede vivencial. Por esse motivo, a *vivência traumática* aparece em termos negativos, como se não fosse possível uma abordagem em outros termos: "Há algo que não posso expressar"; "Não creio poder explicar-me"; "Não encontro palavras"; "Sei que não vai me entender".

O fato de o paciente não acreditar que possa ser entendido acarreta sérios problemas na relação analítica. O sujeito mostra-se cronicamente cético quanto às vantagens de compartilhar o que lhe ocorre e quanto aos eventuais benefícios de elaborar suas vivências – apesar de seus reiterados fracassos em processá-las em solidão. De outra parte, a vivência da desvalia pode se constituir uma *afronta à onipotência narcísica* e desencadear uma atitude hostil, porque confunde o analista com o externo causador de sua vivência de desarticulação psíquica.

De todos os modos, é preciso persistir na tentativa de esclarecer aos pacientes que eles transitaram por todas as etapas do complexo traumático de maneira silenciosa e com processos clinicamente difíceis de reconhecer. A percepção da não articulação favorece a incorporação da vivência ao psiquismo e a possibilidade de desenvolver, mais adiante, um processo analítico padrão.

ASPECTOS TÉCNICOS

Nesta exposição, procuramos salientar as características principais de pacientes que apresentam patologias traumáticas. Tais pacientes carecem de vida simbólica e nos chamam a atenção pela ausência de afeto em seus relacionamentos e pelo apego a um mundo no qual as frequências e quantidades se encontram no lugar das qualidades diferenciais. Como decorrência disso, apresentam-se com um pensamento desprovido de valor libidinal e que não permite a exteriorização da agressividade. Podemos considerar tal pensamento como uma modalidade do processo secundário em virtude de sua orientação para a realidade objetiva e do afã da casualidade, da lógica e da continuidade.

Essa forma de pensamento secundário, que se aferra a coisas e não a conceitos abstratos nem a produtos da imaginação, sugere a precariedade da conexão com as palavras desses pacientes em função do isolamento do inconsciente, assim como a existência de fixações em níveis arcaicos de desenvolvimento. Nossa hipótese é que o problema remonta aos primeiros quarenta dias de vida do indivíduo, durante os quais não pode contar com a ajuda de um ambiente empático para dar conta tanto dos estímulos internos (patologias tóxicas) como dos externos (patologias traumáticas).

Do ponto de vista teórico, essas patologias diferem das neuroses, psicoses e perversões, e, para dar conta delas, impõe-se a necessidade de um novo paradigma capaz de ampliar a psicanálise para uma mente cuja lógica não seja a do prazer-desprazer de uma erogeneidade representada, mas a da tensão-alívio de descargas, destituída de subjetividade. Trata-se, portanto, de patologias do consciente, o que implica uma abordagem diferente.

Nesse particular, como procuramos ilustrar com o caso clínico, não podemos nos apressar em pensar que somente pelo fato de o paciente narrar uma situação tóxica como uma manifestação somática ou uma vivência traumática estas estejam sendo simbolizadas e sentidas.

Por esse motivo, interpretações que levam em conta a possibilidade de encontrar um sentido simbólico não surtem qualquer efeito ou até mesmo soam como algo estranho ao paciente. Diante disso, seria necessário complexizar a questão da técnica a ser empregada, uma vez que tais pacientes não se beneficiam com o modelo tradicional, baseado no eixo transferencial-contratransferencial.

De fato, nesses casos não há o que interpretar porque não se trata de representações que sucumbiram à repressão, mas de representações rompidas, destruídas, sem qualquer compensação ou simplesmente ausentes. Em vez de interpretar, pedimos ao paciente que dê nome ao que experimenta em relação ao seu corpo e à sua relação com os outros, que descreva reiteradamente o evento traumático, além de elementos da sua história, da atividade profissional, e assim por diante.

Com isso, busca-se não apenas o tranquilizar, mas o servir de complemento para aquilo que ele não dispõe: um aparelho para sentir os sentimentos. Em outras palavras, o indivíduo dominado pela pulsão de morte necessita de alguém que o auxilie empaticamente a processar o excesso de energia que arrasou a sua subjetividade e a quebrar o ciclo de tensão-alívio.

O objetivo, portanto, é modificar a situação econômica, a fim de restaurar o predomínio de Eros e da pulsão de autoconservação, para que o paciente acumule energia de reserva para realizar ações específicas, e a vida volte a tramitar em seu interior. Nessas situações, o trabalho da vida psíquica que se inicia consiste em um progressivo processo de recursos para realizar novos investimentos emocionais.

Em 1933, Freud chamou de *pulsão de cura uma manifestação de Eros,* o principal aliado dos esforços do analista durante o tratamento de qualquer paciente. Freud consignou que a pulsão de curar pode ser complementada pelas intervenções oportunas do analista, formando uma aliança de trabalho em que tais intervenções estão dirigidas ao consciente do paciente, a fim de favorecer o desenvolvimento desse processo que ocorre no domínio da repetição. Isso será possível porque tanto as patologias somáticas como as traumáticas não estão constituídas apenas de um elemento, mas de um conjunto deles, como o complexo traumático nas patologias traumáticas e o excesso de investidura nos órgãos resultantes da falta de um contexto acolhedor que leve à desvitalização nas patologias tóxicas.

O trabalho analítico nas patologias tóxicas e traumáticas consiste, portanto, na substituição de alguns desses elementos por outras modalidades de intercâmbio cujo modelo é estabelecido na relação terapêutica. O que deixa surpreso o analista é descobrir que suas intervenções, de alguma maneira, são do conhecimento do paciente, mas se encontram desarticuladas. Por isso, a meta não é fazer consciente o inconsciente, mas valorizar os pensamentos conscientes e pré-conscientes existentes. Esse incremento do pensamento constitui parte da pulsão de cura do paciente, aliada ao trabalho do analista.

Desse modo, pelo caminho do pensamento, o paciente pode dispor de recursos que lhe permitam destinar a atenção àquelas situações nas quais não levam em conta suas manifestações corporais ou a determinados eventos que desencadeiam uma vivência traumática que o levam a situações repetitivas a serviço da pulsão de morte. Um desses recursos é a antecipação de problemas futuros, que o deixarão com uma crise hipertensiva ou um ataque de pânico.

Entre os problemas passíveis de previsão, podemos lembrar reações de aniversário relacionadas com a perda de um ente querido ou um vínculo conjugal que estimula as manifestações tóxicas e traumáticas, como as expostas no caso clínico ou em outras em que o objeto escolhido contagia o outro com estados de hiperglicemia, ainda que a pessoa não sofra de diabetes.

O corpo, a vida somática e o trauma interessam à análise, principalmente na medida em que são capazes de se fazerem representar enquanto objeto psíquico. Um mundo que se pode explicar, ainda que com maus argumentos, diz Camus, citado por McDougall (1983), pelo menos é um mundo familiar. Pode ser, como salientou a autora, que o analista reaja ao inexplicável soma ou teratoma de seus analisandos como uma afronta à sua onipotência interpretativa, o que o expõe ao perigo de subestimar o psicossoma quando o soma se comporta de maneira a colocar-se fora da influência do processo analítico, ou do seu domínio, dando a impressão de que é inacessível a métodos tão bem-sucedidos em relações a outras patologias de características neuróticas, psicóticas ou perversas. Daí o perigo da surdez empática.

Por que procurar no escuro um gato que não está aí?, pergunta McDougall (1983). Ora, prossegue, se o analista mantiver a função clássica de superfície refletora diante das dimensões falhas ou ausentes da experiência psíquica e das vivências somáticas e traumáticas de seus pacientes – isto é, se ele se obstinar em manter o espelho sempre no mesmo lugar e ângulo –, não poderá refletir senão o nada constituído pela representação ausente e pelo afeto sufocado. Convém, portanto, distinguirmos a falta capaz de significação, que induz ao desejo e à criatividade desse nada irrepresentável, indizível, metáfora da morte: terreno do limite do analisável.

COMENTÁRIO

Não podemos subestimar a realidade de que a análise desses casais é muito complexa pelas dificuldades impostas pelos próprios cônjuges. Além da incapacidade de resolver seus problemas – embora geralmente manifestem conhecimento desses problemas (*vivência de desvalia*) –, recusam-se a receber ajuda pela extrema desconfiança em relação ao analista e faltam frequentemente (*vivência de desamparo*), situação que se complica ainda mais porque não encontram palavras para formular o que se passa com eles, não sabendo se serão entendidos ou até mesmo não sabendo quem são (*vivência de vazio*).

A desarticulação entre o afeto e a representação, o saber fático sem articulação, converte as histórias dos pacientes em um conjunto de elementos que não conseguem organizar em uma vivência. Por isso, antes de elaborar o que pertence ao anímico, faz-se necessário dominar a repetição tóxica ou traumática.

O importante, portanto, é prosseguir o nosso trabalho consciente da existência de situações não estruturadas que provocam cortes em nossa atividade e no psiquismo do paciente, seja pelo estancamento da libido (*patologia tóxica*), seja pelo seu estrangulamento em função de um tecido que obstrui a circulação da libido (*patologia traumática*).

Como ponto final, queremos alertar que essas características vinculares observadas nas patologias tóxicas e traumáticas não se restringem ao paciente e ao seu cônjuge; elas incluem as relações familiares e profissionais, além, obviamente, do contexto com o analista. Como resultado, no atendimento desses pacientes, pode-se observar no analista uma série de manifestações, tais como sonolência durante a sessão, insônia noturna, taquicardia, súbitos ataques alérgicos, estados de esgotamento, tonturas, sentimentos de fúria contra o paciente e surpreendente indiferença incrédula quando o paciente descreve situações penosas e intervenções banais, o que corresponde a deixar o paciente à sua própria sorte.

18

SOFRIMENTO REFERIDO, MAS NÃO SENTIDO

(Caso Marlene e Luiz Antônio)

Gley P. Costa e Gildo Katz

®ESUMO

Estudo sobre relacionamentos conjugais em que um ou ambos cônjuges apresentam sintomas psicossomáticos e/ou manifestações de fúria e violência, ilustrado por um caso em que predomina um vínculo tóxico fusional e adesivo, o qual sustenta uma frágil ilusão de existência.

Para abordar psicanaliticamente os vínculos tóxicos, faz-se necessário estabelecer de início uma diferença entre os conceitos de intersubjetividade e transubjetividade.

A *intersubjetividade* faz referência à transcrição subjetiva do que se intercambia entre os sujeitos. Implica um espaço de transformação e, ao mesmo tempo, o reconhecimento de uma espécie de barreira que sustenta a diferença entre duas pessoas.

Em troca, no caso da *transubjetividade,* o que se produz é uma abertura máxima, de modo tal que ficam parcial ou totalmente abolidos os limites que diferenciam os sujeitos. Assim sucede, por exemplo, nos casos de pânico ou histeria coletiva, quando se produz um atravessamento que borra os limites do *self* e do objeto. Trata-se, portanto, de um funcionamento narcisista que gera relacionamentos fusionais e adesivos, nos quais as individualidades se tornam indefinidas ou desaparecem. Não configuram uma relação, que implica duas individualidades, mas vínculos que se caracterizam por um verdadeiro aferramento a um parceiro indiferenciado, do qual não pode se separar porque esse tipo de ligação permite sustentar uma frágil ilusão de existência.

Em outras palavras, podemos dizer que essa forma de vínculo denuncia um fracasso na formação do sentimento de identidade e opera como uma tentativa de substituição deste sentimento mediante a aderência a um corpo alheio, no qual são captados, principalmente, seus ritmos pulsionais, entre os quais a respiração e os batimentos cardíacos. Deve-se chamar a atenção para o fato de que esse modelo de vinculação se relaciona com uma forma da percepção que não discrimina traços diferenciais entre os indivíduos, configurando uma percepção sem consciência. Essa condição resulta de uma falha na captação da afetividade nas primeiras semanas de vida, devido a ausência de um outro capaz de sentir. Isso quer dizer que para a criança sentir um afeto é preciso que a mãe inicialmente sinta por ela. Quando não se constitui esse primeiro conteúdo de consciência, o desenvolvimento emocional do indivíduo fica prejudicado devido a uma falha nas bases da subjetivação, tendo em vista que é a consciência* que cria a subjetividade.

Conforme Maldavsky (1996), nos casos mais regressivos a pessoa se liga à outra como se fosse uma *ventosa* (de acordo com o modelo orgânico respiratório) ou como uma *sanguessuga* (de acordo com modelo orgânico cardiocirculatório), representando um apego mediante o qual o indivíduo procura apropriar-se da vitalidade do outro. Quando essa forma de apego se desestrutura, é frequente aparecer uma "hemorragia" libidinal extrema que mergulha o anímico do indivíduo em uma situação de dor não qualificável, sem fim. Essa condição se expressa por um ataque de angústia do tipo automática, segundo Freud (1976k), que culmina em um estado de apatia duradoura em virtude da perda de energia que ocorre nesses ataques. Como veremos a seguir, essa situaçãose afigura muito tipicamente nos casais em que um dos membros apresenta manifestações psicossomáticas.

Por meio das histórias que esses casais nos contam, tomamos conhecimento de que o membro que tem um componente psicossomático se queixa que o outro é uma pessoa integralmente voltada para as suas necessidades e para os seus desejos, portanto, não lhe presta atenção. Apesar disso, paradoxalmente, refere manter condutas servis e submissas, porém, sem o registro subjetivo dessas ações. Esse padrão de relacionamento, que tende a se reproduzir reiteradamente, costuma gerar no psicossomático uma mistura de cansaço, impotência, sensação de estar sem saída e profundo incômodo. No entanto, não se observam juízos críticos a esse respeito, apenas a

---

* Não se trata, no caso, da consciência oficial, que Freud denominou de cogitativa secundária, implicada na formulação "fazer consciente o inconsciente", relacionada com as patologias neuróticas e psicóticas, mas uma consciência originária, anterior às marcas mnêmicas e às representações, a qual chamou de neuronal, que consiste na captação da vitalidade pulsional como fundamento da subjetividade (Freud, 1895, 1896).

descrição de realidades cotidianas, nas quais a parte do indivíduo que sente parece ter desaparecido. Pode-se dizer, então, que nesses casos o vínculo está acompanhado de uma falta de registro daquilo que remete ao subjetivo: o mundo dos afetos. No entanto, essas cenas carentes de afeto podem repercutir na transferência, produzindo no analista aquelas respostas anímicas que os pacientes não registram em si mesmos, como raiva, sentimento de humilhação, angústia, etc. A dúvida que aqui justificadamente se levanta é se existe, nesses casos, uma relação transferencial de fato, como foi descrita classicamente, ou nos encontramos diante de outra forma de transferência, como nos inclinamos a pensar.

O lugar que aquele que sofre a patologia orgânica ocupa no vínculo é o de quem carece internamente de um objeto empático, e quando nos questionamos sobre quem é o(a) parceiro(a) do(a) paciente psicossomático(a), nos damos conta de que se trata de um personagem idealizado, com características tirânicas e irracionais, o qual Maldavsky (1992) denomina de "déspota louco",* ou seja, que impõe a sua vontade e não leva em consideração a realidade, representando uma parte projetada do próprio indivíduo. Em outras palavras, o(a) psicossomático(a) repete com o(a) parceiro(a) a relação infantil com uma mãe não empática. Portanto, é a partir dessa posição que ele(a) mesmo(a) se sustenta e sustenta o lugar do(a) parceiro(a), a quem nos apresenta como um objeto que, em que pese não satisfazê-lo(a) e maltratá-lo(a), proporciona-lhe um precário sentimento de existência. Na verdade, esses casais procuram estabelecer um nível de equilíbrio mediante o qual buscam restaurar as falhas subjetivas de cada um dos integrantes. No caso do psicossomático, a manutenção desse equilíbrio implica que tais vínculos estejam marcados por um apego que Maldavsky (1995b) chama de "desconectado".**

Ao mesmo tempo, verificamos que aquele a quem o psicossomático se adere encontra-se colocado por ele no lugar de um duplo, através do qual consegue criar uma espacialidade que permite a projeção de uma imagem ilusória de onipotência. Na medida em que consegue sustentar o vínculo, sofrendo na carne sem sentir, garante uma falsa segurança para o ego. Por outro lado, o(a) parceiro(a) demonstra ser uma pessoa dependente que também encontra neste vínculo uma sustentação e que se mostra igualmen-

---

*Trata-se de como o autor se refere à mãe não empática, um personagem situado na mente do paciente como superego ou como realidade que almeja lhe suprimir como pessoa, mas do qual depende absolutamente, conforme descrevemos o psicossomático.
**"A desconexão implica dotar a superfície sensível com uma capa viscosa, na qual não tem eficácia a impressão sensorial, e quando um estímulo atravessa esta região de indiferença hostil, é captado como uma intrusão, como um golpe, e não como uma excitação qualificável". (Maldavsky, 1995b, p. 36).

te vulnerável a vir a apresentar doenças psicossomáticas e, na prática, frequentemente apresenta, pois nessas ligações, como frisamos anteriormente, as individualidades se tornam indefinidas ou desaparecem, configurando uma transubjetividade, na qual ficam parcial ou totalmente abolidos os limites que diferenciam os sujeitos. Tratam-se, portanto, de vínculos narcisistas com graves falhas na constituição da subjetividade, em que cada um dos membros do casal, passivamente, se oferece às descargas pulsionais do outro sem que exista intersubjetividade, ou seja, circulação de libido, resultando, por fim, em um estado de permanente toxidade.*

Outro exemplo de vínculo tóxico encontramos em pacientes que costumam descrever situações de fúria e violência em relacionamentos conjugais. Antecedendo essas situações, é comum identificarmos dois eventos que geralmente ocorrem em sequência: o primeiro consiste na captação de um estado de desvitalização do outro; o segundo, em uma crise de angústia diante da desvitalização captada no outro. O ataque de fúria que se desencadeia como consequência da crise de angústia representa uma tentativa, geralmente fracassada, de se recuperar e/ou recuperar o outro da desvitalização, mediante uma "tonificação" promovida pela violência. Essa forma de "tonificação", algumas vezes, é buscada por uma violência explícita, outras vezes por práticas promíscuas, pelo consumo de álcool ou drogas, por uma hipertonia de longa duração, com as correspondentes "dores de coluna", ou, ainda, por meio de comilanças, apostas de dinheiro, etc. Várias atividades profissionais e esportivas, velada ou declaradamente, visam obter um efeito estimulante, algo semelhante a uma injeção de adrenalina. Esses procedimentos defensivos se fazem mais evidentes nos jogos de azar, servindo de exemplo um casal que mesmo tendo perdido quase integralmente a sua fortuna em negócios malsucedidos, arriscava o pouco que restara em máquinas caça-níquel.

Os estados de desvitalização se caracterizam por astenia, apatia, depressão – no caso, uma depressão sem tristeza** – e resultam da ação da pulsão de morte, a qual busca extinguir toda a tensão vital, o que quer dizer

---

* Nos estados tóxicos, a libido não se desloca para as zonas erógenas periféricas, como caminho para estabelecer uma circulação pulsional intersubjetiva, permanecendo aderida ao próprio corpo. Nas situações em que essa fixação é prevalente, observa-se uma tendência a processar os conflitos mediante a alteração interna, o que quer dizer, através de uma mudança na economia pulsional, a qual permanece em um estado de estancamento. A libido estancada se torna tóxica porque não pode ser descarregada nem ligada psiquicamente, ou seja, não existem representantes de desejos inconscientes para o seu processamento, quer dizer, não há acesso à representação de objetos e metas e, tampouco, acesso ao outro representante pulsional que é o matiz afetivo (Maldavsky, 1998).
** Um estudo dessa patologia encontra-se no Capítulo 9.

impedir ou arruinar a energia de reserva. A ausência da energia de reserva impede o indivíduo de realizar ações específicas para tramitar sejam as próprias exigências pulsionais amorosas ou hostis, sejam as do outro. Essa impossibilidade de processar as exigências pulsionais próprias ou alheias desperta no ego uma angústia automática, a qual é a responsável pelos estados de desvitalização. Desde essa perspectiva, a excitação sexual, própria ou alheia, torna-se um estímulo molesto porque não pode ser processado como consequência do aniquilamento da energia de reserva.

Resumidamente, esses pacientes se apresentam mergulhados em uma das seguintes condições: apáticos, sem vitalidade; apavorados, com uma crise de pânico sem enlace simbólico, fruto da angústia automática; ou dominados por um ataque de fúria. Eventualmente, algum paciente nos relata ter percorrido o caminho inteiro, e, não raro, encontramos situações em que um dos cônjuges se apresenta como desvitalizado e o outro como colérico, tentando resgatar-se ou resgatar o primeiro da inércia pela mencionada tentativa de "tonificação". São casais em que as provocações, as mais variadas, são frequentes, e visam gerar energia para sobreviverem. Em alguns casos, somente após uma briga envolvendo, inclusive, violência física, é que conseguem forças para manterem uma relação sexual.

> Marlene tem 36 anos. Vive com Luiz Antônio, 32 anos, há quatro. Ambos são biólogos: Marlene é funcionária concursada de um órgão público e Luiz Antônio, no momento, é bolsista de pós-graduação. Por conta disso, os ganhos de Marlene são mais elevados, razão pela qual arca com a maior parte das despesas do casal. No entanto, não existe uma proporcionalidade nessa distribuição, situação de que se queixa permanentemente Marlene, que acaba de concluir a reforma, várias vezes adiada, do apartamento em que vivem sem conseguir que Luiz Antônio contribuísse, segundo suas palavras, com um único tostão. Ele justifica sua omissão dizendo que, afora não concordar que a reforma fosse necessária, o apartamento não lhe pertence, foi Marlene que o adquiriu. Marlene procura mostrar que não se trata de uma conduta isolada e, com esse objetivo, descreve diversas situações em que Luiz Antônio demonstra não estar disposto a assumir qualquer responsabilidade relacionada com a casa. Diz ela, por exemplo: "Quando estraga o ar condicionado do quarto, Luiz Antônio não toma nenhuma iniciativa, simplesmente passa a dormir no sofá da sala. Precisa que eu providencie o conserto do aparelho para ele voltar a dormir no quarto". Ela também reclama que Luiz Antônio deixa suas roupas espalhadas por toda a casa, as portas do seu roupeiro estão sempre abertas e que se recusa a secar o piso do banheiro após o banho e lavar o louça que utiliza pela razão de que contam com o auxílio de uma faxineira um dia por semana. Ele também costuma despender grande parte do tempo em que se encontra em casa ocupado com joguinhos no computador, sem falar com ninguém e nem mesmo alimentar-se, parecendo encontrar-se desligado do mundo. Marlene diz que essa situação a incomoda e agride Luiz Antônio até que ele se enfureça e abandone o computador. Outros momentos, ele se encontra estudando e igualmente não

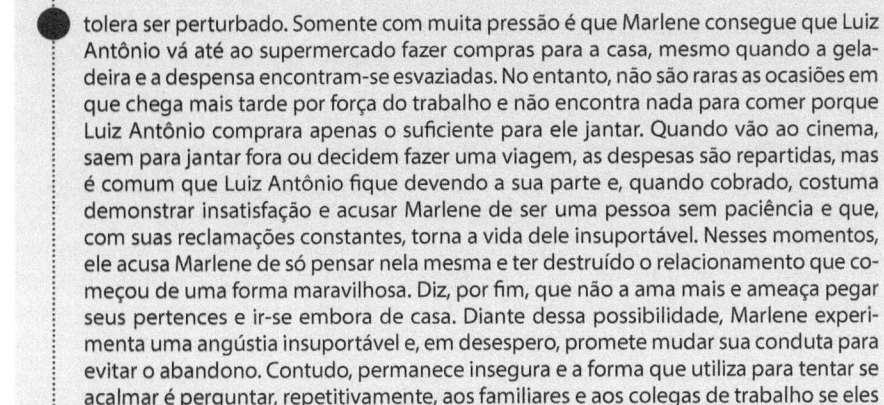

tolera ser perturbado. Somente com muita pressão é que Marlene consegue que Luiz Antônio vá até ao supermercado fazer compras para a casa, mesmo quando a geladeira e a despensa encontram-se esvaziadas. No entanto, não são raras as ocasiões em que chega mais tarde por força do trabalho e não encontra nada para comer porque Luiz Antônio comprara apenas o suficiente para ele jantar. Quando vão ao cinema, saem para jantar fora ou decidem fazer uma viagem, as despesas são repartidas, mas é comum que Luiz Antônio fique devendo a sua parte e, quando cobrado, costuma demonstrar insatisfação e acusar Marlene de ser uma pessoa sem paciência e que, com suas reclamações constantes, torna a vida dele insuportável. Nesses momentos, ele acusa Marlene de só pensar nela mesma e ter destruído o relacionamento que começou de uma forma maravilhosa. Diz, por fim, que não a ama mais e ameaça pegar seus pertences e ir-se embora de casa. Diante dessa possibilidade, Marlene experimenta uma angústia insuportável e, em desespero, promete mudar sua conduta para evitar o abandono. Contudo, permanece insegura e a forma que utiliza para tentar se acalmar é perguntar, repetitivamente, aos familiares e aos colegas de trabalho se eles acreditam que Luiz Antônio poderá voltar a amá-la e permanecer com ela. Chama a atenção que esses questionamentos não visam uma troca de ideias ou a busca de um esclarecimento, um entendimento ou uma lógica que possibilite lidar melhor com a situação. Aparentemente, o objetivo de Marlene não é compartilhar o seu problema com outra pessoa, mas simplesmente arrasar a parte da mente que aloja o problema. Apesar disso, nesses momentos ela se sente confusa, acusa-se de ter perdido a oportunidade de ter alguém ao seu lado que a ama e não consegue fazer nada, inclusive trabalhar: passa o dia na cama chorando. Lamenta-se, particularmente, da falta que o companheiro lhe faz durante a noite, como se a sua respiração lhe acalmasse e lhe permitisse dormir. Como sempre, após alguns dias, Luiz Antônio acaba concordando que sua conduta voltou a ser a mesma do início do relacionamento, que a está amando novamente e promete permanecer com ela. Essa sequência costuma repetir-se diversas vezes ao longo do ano, sem que o casal, em algum momento, examine a situação ou reflita sobre ela. Trata-se, na verdade, de um *modus vivendi*.

Marlene reconhece passar o tempo inteiro se queixando de Luiz Antônio, assim como a exigir dele muitas coisas que ela também não consegue fazer, como limpar e arrumar a casa, guardar suas roupas, etc. Na verdade, é quase nada o que consegue fazer, além de exercer suas funções em uma autarquia no turno da tarde, período em que se sente mais desperta. Apesar de dispor das manhãs para si, acaba não as aproveitando, pois não consegue sair da cama devido ao desânimo e, relacionado com este estado, experimenta uma angústia muito grande, que tenta aplacar voltando a dormir, eventualmente com a ajuda de soníferos. É frente a esse estado que Luiz Antônio cumpre a função que Marlene considera a mais importante: dispender um tempo passando a mão em seu corpo até que se acalme e se sinta animada para levantar-se e arrumar-se para trabalhar. Ela tem claro que depende de Luiz Antônio para viver, embora não sinta por ele desejo sexual ("nem por ele nem por nenhum outro homem", esclarece) e não o valorize: considera-o como se fosse uma criança mimada pelos pais, que se ocupam de vários de seus afazeres, como realizar pagamentos em bancos, levar o carro para arrumar e, entre outros, eventualmente, dobrar suas roupas e guardar no roupeiro, aproveitando-se de uma visita em sua casa. Aparentemente, Luiz Antônio procura repetir com Marlene a relação que mantém com os pais e dependa tanto dela quanto ela dele. Contudo, em seus respectivos desamparos, Marlene e Luiz Antônio não se dão conta dessa realidade.

Marlene consulta um grande número de médicos, muitas vezes sem nenhum sintoma significativo, movida apenas por uma suspeita de se encontrar com algum problema físico. Contudo, costuma adiar e, quando marca, cancelar a realização dos exames solicitados. Independentemente disso, ela costuma apresentar dores gástricas e dores constantes nas costas, determinadas por contração muscular, e um quadro quase anoréxico, causado por falta de apetite e mal-estar com a ingestão mesmo de pequenas quantidades de alimento. Por conta disso, encontra-se em um permanente estado de fraqueza muscular. Luiz Antônio sofre de psoríase e outras doenças de pele, com lesões que se agravam em momentos de maior tensão. Apesar da insistência de Marlene, não procura tratamento, mesmo quando apresenta piora dos sintomas.

As histórias familiares de Marlene e Luiz Antônio são bastante reveladoras. Luiz Antônio, como referimos, foi sempre muito dependente dos pais, com os quais viveu até juntar-se com Marlene. O pai, aposentado, é obeso e se dedica às lidas domésticas, enquanto a mãe, que segue trabalhando e tem salário mais elevado, parece ser quem cuida e comanda a família, que inclui uma filha, aparentemente promíscua, cujos filhos encontram-se sob a guarda dos avós. Marlene é a mais jovem de uma prole de seis filhos, sendo a única que conseguiu uma condição de vida melhor do ponto de vista profissional, social e econômico. Pelo menos em relação a quatro dos cinco irmãos, pode-se dizer que essa melhor condição ainda inclui, marcadamente, o ponto de vista emocional, em que pese todas as dificuldades referidas. Apenas um se casou e nenhum teve filhos. Com exceção de Marlene e a irmã, seguem vivendo na minúscula cidade em que nasceram e se dedicam a trabalhos braçais bastante monótonos. A mãe de Marlene é descrita como uma pessoa sem instrução, dedicada ao trabalho doméstico, sem qualquer interesse pelo mundo e com dificuldades de aprender coisas simples como manejar o controle da TV. Acha "uma pouca vergonha" os atores de novela se beijarem e vira o rosto para não ver essas cenas. Relacionado com isso, Marlene refere não se lembrar de ter recebido um único beijo ou qualquer outra forma de carinho da mãe ao longo da vida. Não obstante, ela considera que a mãe é atenciosa com ela, preocupa-se com a sua magreza e, apesar referido distanciamento, teme perdê-la. O pai, alcoolista, é falecido. Marlene viveu na casa dos pais apenas até os sete anos, quando foi morar em uma cidade maior, próxima da sua, com uma idosa sozinha para ajudá-la e estudar. Mais adiante, morou com a irmã, mais velha e solteira até hoje, obesa e duas vezes internada em hospital psiquiátrico em consequência de agravamento de um quadro de bipolaridade. Por último, após concluir a faculdade, Marlene passou a morar sozinha. Durante todo esse tempo, trabalhou para se manter e estudar. Os sete anos vividos na casa dos pais foram de absoluta pobreza, sem uma única boneca para brincar. Desse período, lembra-se das noites em que se acordava com os ruídos provocados pelos pais em uma relação sexual forçada pelo pai alcoolizado e recusada pela mãe que sempre disse à filha considerar o sexo uma violência contra a mulher. Embora não pense dessa forma, muitas vezes se sente violentada por Luiz Antônio quando, sem nenhuma vontade, submete-se ao desejo do companheiro.

ANÁLISE DO CASO

Marlene e Luiz Antônio formam um casal que caracteriza tipicamente uma estrutura vincular tóxica, representada pelos aspectos psicossomáticos e pela desvitalização de ambos, na qual observamos um atravessamento sem barreira entre dois corpos, configurando uma ligação fusional e adesiva que suprime os limites que diferenciam os sujeitos.

Faltam forças à Marlene, e Luiz Antônio busca o esvaziamento de tensão mediante uma conduta autocalmante, expressa pelos jogos de computador, quando permanece por várias horas desligado das demandas da realidade, tanto externas quanto internas. Nessas ocasiões, Marlene procura tirá-lo desse estado de desligamento através de ataques que provocam nele uma reação furiosa, como se fosse uma revitalização que acalma Marlene. Não obstante, quando esta incitação mundana ameaça retirá-la da desconexão afetiva, mediante, por exemplo, um desejo de relação sexual por parte do companheiro, Marlene vive esta experiência como uma estimulação carente de significação, um aturdimento, uma intrusão violenta, como percebia sua mãe a relação sexual, por vezes pânico, podendo cair em um estado de total apatia provocada pela angústia automática geradora da hemorragia pulsional. Trata-se, portanto, de uma forma de apego paradoxal, que junta adesividade e desconexão. A adesividade implica um nexo vincular que somente pode consumar-se mediante uma demanda sensorial muito pequena, como a massagem nas costas que Marlene pede que Luiz Antônio lhe faça ao sair pela manhã do adormecimento induzido por soníferos. Esta mesma adesividade a um corpo alheio observamos durante a noite, quando consegue se acalmar e dormir ao som da respiração do companheiro. Paralelamente, a desconexão, ou seja, o apego desconectado, funciona como um complemento da adesividade ao assegurar a ausência da atenção psíquica que possibilitaria conferir coerência aos registros sensoriais diferenciais. Destaca Maldavsky (1995b) que nesse processo predomina uma percepção carente de consciência, onde a atenção psíquica não tem cabida, ou tem apenas um caráter reativo, sendo despertada mais por um estímulo incitante do que por um movimento libidinal dirigido ao mundo.

Além dessas características, também constatamos, neste caso, as peculiaridades dos discursos que prevalecem nas ligações vinculares tóxicas. Maldavsky (1995b) os denominou de catártico, inconsistente e especulador ou numérico, os quais são possíveis de serem identificados nas manifestações do casal, em particular de Marlene. O primeiro, expresso em seus contatos com familiares e colegas de trabalho quando se vê ameaçada de ser abandonada pelo companheiro, caracteriza-se não apenas pela tendência a expulsar o problema que descreve, como foi dito, mas também eliminar o interlocutor que poderia escutá-la reflexivamente e o sujeito, ela mesma, que poderia enfrentar a reflexão. O segundo se caracteriza pelo sujeito não se fazer representar em seu próprio discurso, ou seja, falta ao falar uma sustentação identificatória, razão pela qual este discurso também é denominado de insincero: observamos esta modalidade nas reclamações de maus-tratos de Marlene em relação a Luiz Antônio. Por fim, o terceiro evidencia-se nas contas persistentemente referidas por Marlene, refletindo o predomínio em sua vida mental do quantitativo em detrimento da qualificação e da significação. Evidentemente, esses mesmos discursos podem ser observados em Luiz Antônio, que na constelação de condutas do casal, cumpre um papel que muitas vezes é intercambiado.

Além de uma dependência materna continuada na relação com Marlene, Luiz Antônio permanece aferrado a esse vínculo pela possibilidade que a companheira, por suas dificuldades, lhe proporciona de se manter afastado da realidade, em um mundo próprio, sustentado por um afeto desconectado. A falta de circulação de libido na vida mental e física de ambos, estabelece a toxidade do relacionamento.

Falhas identificatórias são observadas nos dois e parecem refletir uma experiência infantil marcada por déficits relacionais significativos. Do lado de Marlene, chama a atenção uma mãe "desencantadora" da vida, incapaz de proporcionar afeto aos filhos, que reage a todas as formas de obtenção de prazer e que demonstra limitações cognitivas importantes. Além disso, Marlene descreve uma infância sem brinquedos e sem brincar, ou seja, sem fantasias, o que limitou sua capacidade de simbolização e a criação de uma subjetividade. Essa pobreza afetiva e fantasmática, aparentemente, também compromete o mundo anímico dos irmãos de Marlene, que revelam apatia, manifestações psicossomáticas e doença mental grave. Do lado de Luiz Antônio, chama mais a atenção a falta de discriminação e individuação dos integrantes da família, que ainda mostram apatia, manifestações psicossomáticas e promiscuidade, condições encontradas nos estados de desvalimento, que reúnem angústia automática, desvitalização, apatia, percepção sem consciência e apego desconectado (que reúnem angústia automática, desvitalização, percepção sem consciência e apego desconectado).

Tendo em vista as inúmeras insatisfações de parte a parte, a pergunta que surge ao lermos o relato do relacionamento de Marlene e Luiz Antônio é por que eles permanecem juntos. Cabe aqui nos reportarmos à configuração deste vínculo que caracterizamos como tóxico. Em *Além do princípio do prazer*, Freud (1976d) se perguntou como nasce a tensão inerente a Eros, em oposição à pulsão de morte, que tende à inércia inorgânica. Ele levantou a hipótese de que a substância viva surgiu imersa em um universo onde imperam as forças mecânicas próprias dos corpos inertes. Contudo, esta substância viva retornava rapidamente ao mesmo estado inerte por um caminho específico: a autointoxicação. Ou seja, a substância viva morria imersa em seus próprios dejetos tóxicos. Esta situação, contudo, conseguiu superar-se por um meio: a união desses componentes vivos elementares com outros, diferentes, mas quimicamente afins, para os quais os dejetos dos primeiros têm um valor trófico. Dessa maneira, teria se criado uma aliança intercelular antitóxica determinada pelo encontro de elementos diferentes, mas afins, que se converteu na origem de uma tensão interna engendrada por complexização estrutural. Portanto, para Freud, este seria o fundamento da tensão vital inerente a Eros, incluindo a sexualidade, que constitui um modo de aspirar o encontro com o diferente. De acordo com Maldavsky (1996), podemos agregar que, enquanto o excesso de semelhança conduz à intoxicação, o excesso de diferença e consequente falta de afinidade conduz ao arrasamento de um dos elementos por outro, que dessa maneira fica aniquilado ou absorvido, o que vai gerar uma mudança em sua organização. No caso em apreço, parece que nos encontramos diante de uma situação em que se constata tanto um excesso de semelhança, que leva à intoxicação, como foi definida inicialmente, quanto uma escassez de afinidade, devido ao egoísmo que se verifica nesse tipo de vínculo, do qual ambos se queixam. Não obstante, não conseguem se separar porque, apesar de tudo, mediante este vínculo, os dois obtêm um precário sentimento de existência, algo muito mais fundamental do que as faltas de que se queixam mutuamente, as quais são referidas, mas não verdadeiramente sentidas, devido a uma falha na constituição da consciência original, que tem como seu principal conteúdo o afeto. Esse sentimento de existência depende do quanto um sustenta no outro a ilusão narcísica de onipotência, fundamental nesses casos.

COMENTÁRIO

Situamos os vínculos tóxicos na linha conceitual freudiana das neuroses atuais, entendendo, portanto, que suas manifestações clínicas não possibilitam um enlace com formações simbólicas como representantes de desejos inconscientes, mas remetem diretamente a um estado de estancamento ou esvaziamento libidinal relacionado com a falta de um contexto empático no início da vida. Como resultado, a abordagem clínica desses pacientes não deve se centrar na interpretação dos derivados dos desejos reprimidos e também não deve ser coincidente com a análise das patologias narcísicas, como as depressões, ou das psicoses, embora se aproxime mais dessas últimas.

Em outras palavras, precisamos modificar a técnica analítica no que diz respeito à associação livre por parte do paciente e à atenção flutuante por parte do analista. O mais adequado seria enfocar as manifestações de apatia, angústia ou fúria antes referidas e, a partir desses relatos, procurar evocar seus antecedentes. Com isso, não estamos sugerindo que se abandone integralmente a técnica clássica, uma vez que é possível que esses pacientes também descrevam situações que revelem conflitos neuróticos, configurando uma combinação de patologias que Freud (1972c) denominou de *correntes psíquicas*. No entanto, precisamos estar atentos à possibilidade dessas manifestações "neuróticas" não passarem de uma forma de dissimular um estado encoberto de desvitalização.

Ainda deve-se levar em consideração de que, nas patologias tóxicas, partem dos órgãos as manifestações clínicas, das quais, por essa razão, não se pode fugir. Por conta disso, elas exigem, para serem aliviadas, uma ação específica que é proporcionada no início da vida por um contexto empático, razão pela qual se fala nesses casos de "perda de contexto" em oposição à "perda de objeto" das patologias neuróticas e psicóticas. Esse é mais um aspecto desta clínica que deve ser levado em consideração em nossa compreensão e em nossas interpretações.

Por último, cabe enfatizar que a opção por descrever um caso de casal decorre do fato de que estamos diante de uma patologia em que não se pode falar de um indivíduo que se relaciona com outro indivíduo por meio de trocas intersubjetivas, mas que se encontram ambos apegados de uma forma que cabe a alusão à frase bíblica "sangue de meu sangue, carne de minha carne", acrescido de um atravessamento possibilitado pela precariedade ou arrasamento da barreira de contato, devido a experiências não empáticas ou traumáticas na infância precoce.

19

CARNE DE MINHA CARNE

(Casos família Silva e família Oliveira)

Gley P. Costa, Nilda E. Neves e Cynara Cezar Kopittke

RESUMO

Estudo sobre o desvalimento no contexto das relações familiares, ilustrado com dois casos que denunciam uma forma de circulação libidinal intragrupo paradoxal, porque se caracteriza, de um lado, por um apego excessivo entre os membros da família e, por outro, por uma total desconexão afetiva.

RELAÇÕES FAMILIARES: FUNDAMENTOS TEÓRICOS

A estrutura familiar, que representa a unidade indispensável de toda organização social, foi constituindo na história da humanidade uma trama complexa, resultado da articulação entre as necessidades e os desejos de seus integrantes, das exigências da realidade na qual se encontra inserida e do conjunto de valores, tradições e ideologias que a atravessam ao longo das gerações. Diferentes disciplinas, com seus múltiplos pontos de vista – jurídico, sociológico, biológico, antropológico, religioso, entre outros –, têm como objeto de interesse o estudo das diversas estruturas vinculares: casais, famílias, grupos e instituições. Entre essas abordagens, a psicanálise propõe o seu marco teórico e as suas categorias conceituais específicas. Considera essas configurações um efeito de processos diversos que requerem, para a sua produção, o desenvolvimento de um conjunto de estruturas psíquicas individuais e interindividuais. A partir da perspectiva psicanalítica, uma função fundamental da organização familiar é a constituição do psiquismo, terreno no qual está implicada necessariamente a dimensão vincular, dada pela presença, coexistência e intercâmbios entre psiquismos já constituídos e outros em vias de constituição. Além disso, os psiquismos já constituídos não são organizações fechadas e enclausuradas, mas abertas e transformáveis, e no processo constitutivo há reciprocidade: transformar-se em pai, mãe ou filho, entre outros lugares de parentesco, pressupõe marcos fundantes no devir subjetivo.

A maior parte das conceituações aqui presentes remete ao livro *Processos e estruturas vinculares*, publicado por Maldavsky (1991), que, retomando desenvolvimentos freudianos e aportes de autores contemporâneos, aborda diferentes manifestações interindividuais em configurações diversas – casal, família, grupos e instituições. Maldavsky propõe que esses processos estão regidos por diversos mecanismos: alguns de aliança, outros defensivos e outros projetivos e introjetivos. Enfatiza, seguindo a conceituação freudiana, que o fator mais importante que exige tramitação interindividual é a pulsão, sobretudo a sexual, e que a erogeneidade é processada por lógicas sumamente diferentes na relação com os semelhantes. Sob essa perspectiva, as diversas ligações interindividuais têm em sua meta principal o processamento da pulsão, e os enlaces entre os indivíduos podem se tornar mais complexos em função de que se alcance a transformação da voluptuosidade pulsional em vínculo terno graças à renúncia à satisfação libidinal direta.

O processamento anímico e vincular da pulsão brinda, como um dos seus efeitos, o acesso a uma identificação determinada. Os processos identificatórios estão indissoluvelmente ligados aos projetivos, e estes, por sua vez, derivam, na constituição de espacialidades psíquicas, de diferente grau de complexidade. Algumas projeções têm um caráter interrogativo acerca da própria subjetividade e a sua função consiste em abrir-se para o encontro com os objetos do mundo, graças aos quais serão elaboradas as respostas para esses interrogantes, mediante uma identificação que permita apoderar-se do projetado. Desde essa perspectiva, podemos analisar o valor que adquirem os atos, os discursos e os desejos dos outros na plasmação do ego e do ideal de cada um. Cada tipo de estrutura interindividual gera, por sua vez, uma dupla extraterritorialidade: uma delas para o mundo exterior, mais abrangente, com relação à qual se desdobram projetos diversos, e outra interior, menos extensa, como, por exemplo, uma família que, ao mesmo tempo que tem vínculos com o exterior, contém no seu interior uma relação de par/casal e um nexo filial, que em suma implica uma articulação entre os diversos critérios para o processamento da sexualidade.

Dissemos anteriormente que o enfoque psicanalítico entende o vínculo de casal e de família como uma trama complexa: produto de transações entre desejos, ideais e juízos. Isto é, como formação promovida pela impulsão pulsional e desiderativa, e demarcada pelas tradições, pelas exigências conceituais e pelas restrições de cada integrante. Nesse sentido, é possível pensar a estrutura familiar do modo como Freud considerava o ego: como resultado da agregação de diferentes elementos em relação, num esforço nunca alcançado por completo de obter uma síntese. No paralelismo colocado em torno da tripla servidão familiar, é necessário reiterar que as relações interindividuais têm como meta principal o processamento da realidade pulsional e, numa posição secundária, a obrigação de submeter-se aos mandatos do superego e da realidade exterior.

Freud sustentou, em 1930, que nas origens da civilização produziu-se uma mudança que derivou não somente de uma ação histórica contextual, mas de uma alteração no psiquismo dos indivíduos, a qual permitiu inibir certas metas pulsionais libidinosas em benefício da atividade produtiva. As pulsões de autoconservação que impuseram essas mudanças marcaram um caminho na distribuição libidinal, sendo que uma das consequências é a instalação do superego. Do ponto de vista da perspectiva psicanalítica, esse é o fundamento para se entender a origem de uma família, de um casal ou de um grupo e as relações entre seus integrantes. Os destinos impostos à pulsão em cada uma dessas configurações estão ligados ao processamento psíquico que é exigido ao indivíduo para inserir-se nesses diferentes contextos. O critério que liga os membros de um casal entre si é o contrato sexual, afetivo, econômico, social e político. Na trama familiar, acrescenta-se outra lógica que, nas palavras de Maldavsky (1991), poderia responder à expressão "carne da minha carne". O enlace nos grupos extrafamiliares exclui esse critério, assim como o que implica aos modos de satisfação direta, já que sua forma de funcionamento exige um grau maior de inibição das metas pulsionais.

Os processamentos anímicos que demandam as relações interindividuais regem-se por um conjunto de leis que respondem a diferentes lógicas, que outorgam maior ou menor refinamento à distribuição, inibição e consumação da pulsão. Sendo a trama familiar heterogênea, a relação entre pais e filhos não pode ser definida num sentido único, tampouco se entender somente como uma causalidade circular de influxo recíproco, mas deve ser pensada com um grau de maior complexidade, que contemple que a criança gera os seus próprios moldes a partir de certas leis de estruturação psíquica, que também configuram uma exterior, para o qual os estímulos provenientes dos pais têm um valor e eficácia ao serem reordenados como conteúdos para o seu aparelho psíquico, segundo essas leis.

No desenvolvimento da estrutura familiar, geram-se sistemas defensivos complexos como combinatória de certos mecanismos presentes nos diferentes membros da família e que podem se constituir em formações transacionais diante das diferentes exigências colocadas pela pulsão, pela realidade exterior ou pelo superego. De outra parte, cada indivíduo estabelece um vínculo com os outros não só com uma corrente psíquica, senão com várias simultâneas, para cada uma das quais o outro tem um valor transicional com relação aos processos inconscientes. As situações que configuram a clínica vincular colocam de manifesto o fato de que em determinados grupos não se conseguiram tramitar as exigências pulsionais e/ou as da realidade ou dos mandatos superegoicos, aos quais o grupo familiar esteve submetido no âmbito dos seus vínculos interindividuais. O grau e modalidade das falhas nas dificuldades dessa tarefa múltipla dará origem a diversas perturbações, as quais podem se conectar com categorias psicopatológicas de diferentes características e de maior ou menor gravidade.

Do privilégio e da peremptoriedade que os vínculos interpulsionais demandam na trama familiar derivam efeitos diversos. Em muitos casos, evidencia-se que as possibilidades de tramitação anímica claudicaram para realizar o processamento pulsional requerido para satisfazer tanto as pulsões sexuais como as de autoconservação. Nesses casos, as manifestações que aparecem encontram-se ligadas a processos tóxicos do tipo das doenças psicossomáticas, nas quais o corpo aparece como principal expressão de estímulos internos que não encontram forma de tramitação psíquica.

Em outras situações, a realidade que se converte em uma incitação violenta, impossível de qualificar, poderá dar lugar a processos traumáticos do tipo das acidentofilias. De qualquer forma, surgem no indivíduo e na trama vincular afetos desbordantes, à semelhança da descrição que Freud fez da angústia automática, permanecendo a mesma característica: diante da magnitude das cargas pulsionais e/ou mundanas, a consciência fica inundada e prejudicada em sua função de registrar os matizes afetivos. A falta de processamento psíquico para a pulsão e a consequente degradação em seus modos de satisfação podem resultar em uma única possibilidade de obter um permanente gozo orgânico, para desembocar, finalmente, em catástrofes comunitárias ou familiares, nas quais reinam processos desintegradores de caráter tóxico ou traumático. Nesses casos, dissolvem-se identificações, projetos, tempos e espaços que expressam a erogeneidade como linguagem nos diferentes âmbitos interindividuais.

Quando predominam esses processos desconstitutivos, o objeto para a pulsão não se diferencia de um estímulo desmesurado, como uma droga ou um golpe. Em lugar de certas qualidades subjetivas, como poderiam ser a ternura ou a beleza, importam outros traços, como o poder econômico, às vezes mesclado com o cognitivo ou o jurídico-político. Esses traços constituem um precário revestimento para o núcleo letárgico, desvitalizado, protegido por uma muralha colérica dessas situações (Maldavsky, 1996).

Já foi referido que o determinante de um vínculo de casal ou de família não é somente um conjunto de desejos, mas sim seu processamento psíquico mediante um conjunto de transações em que derivam as distintas manifestações mais ou menos estáveis, mais ou menos alcançadas. Nessas transações, o fator eficaz para promover a distribuição de posições interindividuais e identificações é a defesa, a qual constitui um dos pilares da organização particular construída pelo grupo. Freud (1976o) entende as defesas como comutadores que distribuem a circulação pulsional em certa direção e inibem outros caminhos alternativos. Cada defesa promove determinada distribuição intrapsíquica da libido, porém também a faz circular de diferentes modos nos vínculos interindividuais. A defesa é um fator distribuidor das posições que adotam os integrantes de uma família nos vínculos com os demais, independentemente de quais sejam as erogeneidades que predominam em cada um deles. Por outro lado, cada aparelho psíquico pode gerar defesas muito diferentes, não só com relação a determinados integrantes da família, como também com algum deles em particular. Além disso, é necessário discriminar as distribuições posicionais realizadas a partir de um ego das que outro ego assume, que podem ter fundamentos diferentes. Apesar de, na prática, se chegar a uma solução de compromisso interindividual de maior ou menor fixidez, as determinações particulares pelas quais os integrantes do vínculo chegam a ele podem ser diversas. Sabemos que em todo aparelho psíquico coexistem várias defesas, embora uma delas possa passar a predominar de forma momentânea ou permanente. As modificações contextuais podem adquirir importância para que ocorra uma mudança no uso de uma defesa.Costuma ocorrer que as defesas predominantes nos membros de uma família tenham certa autonomia com relação aos outros, ou que o aparecimento ou a hegemonia de alguma defesa seja promovida pelos outros, fundamentalmente pelos pais aos filhos.

Freud (1974i) valoriza o processamento da pulsão mediante defesas normais e patógenas como determinantes das posições do ego perante os outros. No contexto da família, esse desdobramento da defesa na intersubjetividade promove, sobretudo, uma distribuição posicional. Desse modo, aquele desejo que no ego de um integrante da família é reprimido, no ego de outro integrante se satisfaz de um modo transgressor, e aquilo que um membro infrator desmente e desafia fica acatado em outro, acusado pelo primeiro de ingênuo. Como exemplo, poderíamos conjeturar que, quando o ego de um psicótico desestima uma realidade, se coloca numa posição que permite o desenvolvimento da desmentida em outro membro do grupo. Enquanto isso, um terceiro pode reprimir aquele desejo que o infrator consuma. Por sua vez, um psicossomático que carece de vida de fantasia pode projetar em outro membro da família esse setor do próprio ego (o fragmento neurótico), no qual se desenvolve a fantasia. Ao mesmo tempo, a corrente que desestima (fragmento psicótico) é projetada em outro membro, o que lhe permite estabelecer um vínculo com um suposto especulador, ao qual se submete pagando com o seu próprio corpo. Em outras palavras, uma parte do corpo é entregue como uma oferenda para apaziguar a um déspota.

Diversos autores têm trabalhado os conceitos de alianças inconscientes nos casais e nas famílias. Entre os argentinos, J. Puget e I. Berenstein (1988) posicionam os pactos e acordos inconscientes nos casais como constituintes de um contrato igualmente inconsciente. Definem esses conceitos como: conjunto de estipulações inconscientes das quais pelo menos dois "eus" regulam os intercâmbios daqueles aspectos compartilháveis de cada um, para efeitos de criar o mais desejado, o mais proveitoso e o menos proibido para cada ego, numa composição com caráter de estrutura mais ou menos estável. Constituem, assim, uma unidade que implica e supera a mera soma dos aportes de cada *eu*, em uma combinatória que articula as constelações objetais individuais.

A tradição francesa no estudo clínico de casais, famílias e grupos outorga um valor fundamental ao conceito de alianças inconscientes. Entre os estudos, incluem-se os desenvolvimentos de P. Aulagnier (1977) e R. Kaes (1976) referentes ao contrato narcisista e ao pacto denegativo, conceitos de grande utilidade na compreensão dos processos intersubjetivos, tanto funcionais quanto patológicos.O contrato narcisista, expõem os autores, corresponde aos vínculos que duas ou mais pessoas constroem diante de um compromisso recíproco, na tentativa de sustentar a existência mesma da relação e, ao mesmo tempo, a subjetividade dos sujeitos intervenientes. Implica a investidura libidinal de certos valores e crenças em comum, assim como as recíprocas entre os membros do casal ou do grupo familiar. Esses laços contribuem para o desenvolvimento dos sentimentos de filiação e afiliação, ao mesmo tempo que estão na base de possíveis conflitos derivados da sujeição narcisista proposta desde o seu fundamento. Com respeito ao pacto denegativo, consiste em um acordo inconsciente sobre o inconsciente que se impõe para que o vínculo se organize e se mantenha graças à expulsão daqueles conteúdos conflitivos que poderiam pôr em perigo a sua manutenção. Constitui a contracapa e o complemento necessário do contrato narcisista. Cria um espaço não significável que mantém o sujeito alheio à sua própria história. Sustenta, fundamentalmente, o destino da repetição, e os seus efeitos podem obrigar o pensamento a atacar a si mesmo ou a tentar destruir certos aspectos da vida psíquica nos outros. É aquilo que se impõe no espaço interno de cada sujeito para ser consagrado à repressão, à desmentida e à desestimação, tendo como fim a manutenção da aliança inconsciente.

Sabemos que o particular encaixe defensivo, com o qual cada sujeito processa tanto as vicissitudes da sua vida pulsional quanto as exigências da realidade e do superego, produz efeitos na construção e na manutenção de seus vínculos. Poderíamos dizer que o contrato narcisista e o pacto denegativo representam dois modos de desdobrar o conceito de defesa exitosa em termos vinculares (Maldavsky, 2007). Em todos esses processos, a distribuição das pulsões e das defesas intrapsíquicas é a que permite entender a lógica dos intercâmbios vinculares. Cada pulsão, combinada com alguma defesa, conduz ao desdobramento de vínculos específicos com o outro. Naqueles grupos familiares nos quais predominam processos tóxicos e traumáticos, falamos de situações nas quais claudicou a possibilidade de tramitação interindividual das exigências pulsionais e da realidade. Dito de outro modo, as alianças interindividuais fracassam em sua função antitóxica ou na produção de uma couraça de proteção antiestímulo de uma forma temporária ou duradoura. Podemos conceber que, em certas ocasiões, quando não há contexto familiar ao qual apelar na função de contenção e desintoxicação, geram-se as condições para que o estancamento libidinal perdure (se transforme em permanente), chegando ao ponto de afetar as pulsões de autoconservação e promover (com o que ficam colocadas, assim, as condições para) patologias muito severas, que põem em risco a vida psíquica e biológica. Nesses casos, as formas de circulação pulsional na família podem alcançar um tipo de processamento tóxico que corresponde ao descrito por Freud (1976c) com relação às *Neuroses atuais*, cujas hipóteses tornaram-se extensivas, posteriormente, a outros quadros, entre os quais as afecções psicossomáticas, as adições, as epilepsias e a violência familiar. Freud sustentou que a toxicidade da pulsão deriva de uma impossibilidade de tramitação orgânica e psíquica de determinada exigência endógena, e que o referido estancamento conduz à falta de qualificação dos estados afetivos, substituídos por estados de sopor e apatia, por vezes interrompidos (às vezes) por explosões violentas.Quanto às defesas desenvolvidas nesses vínculos, costuma predominar uma combinação entre desmentida, desestimação da realidade e da instância paterna e desestimação do afeto. Essas defesas requerem um suporte no mundo, demandam intersubjetividade, já que o outro passa a ser o destinatário de uma vingança, de um sacrifício, de falsidades e mentiras ou de tentativas de obter um ganho de prazer somático e/ou de dinheiro. É frequente que a desmentida se desdobre em um dos integrantes da família, e a desestimação do afeto, em outro.

Por último, consideramos de particular valor para esta apresentação geral do tema das relações familiares a inclusão dos aportes recentes de investigação em situações nas quais imperam vínculos tóxicos e traumáticos. Muito embora esses estudos tenham sido feitos com casais, a elaboração teórica dos resultados obtidos pode ser aplicada a outras situações de vínculo, como são as familiares. Com este objetivo, temos utilizado um método de investigação sistemática em psicanálise, o Algoritmo David Liberman (ADL), que integra um conjunto de instrumentos para investigar o discurso dos pacientes nos diferentes níveis em que a subjetividade se manifesta. Estes são: o relato, atos da fala e palavra (Maldavsky, 2004, 2010, 2014).

A seleção da amostra corresponde a casais nos quais em algum dos seus membros aparecem manifestações do tipo da apatia, da astenia ou da depressão essencial. O estudo realizado mostra que, em um grupo de pacientes que descreve cenas vinculares nas quais predominam a violência desmedida, é possível advertir episódios prévios às ditas cenas, que determinam uma sequência: (1) captação de um estado de desvitalização em outro; (2) crise de angústia como reação diante de uma identificação com a desvitalização alheia, infiltrada no próprio corpo. O ataque de fúria resulta um efeito da crise de angústia, como tentativa fracassada de se recuperar da identificação prévia. A desvitalização parece ser o efeito de uma defesa contra Eros, aquela que Freud (1920b) atribui à pulsão de morte, que consiste em extinguir toda a tensão vital, ao impedir ou arruinar a energia de reserva. Essa impotência para processar as exigências pulsionais próprias e alheias desperta no eu uma angústia automática, a qual surge como efeito do registro da desvitalização que poderia desembocar na aniquilação do eu. A violência parece corresponder à tentativa de revitalização ou de tonificação para se recuperar e recuperar o outro da desvitalização anterior. Em algumas ocasiões, a busca de tonificação implica a violência explícita, verbal ou física; em outros casos, condutas promíscuas, consumo de álcool ou drogas, ingestão excessiva de comida, prática de jogos de azar, etc. Trata-se de soluções em dois tempos: no primeiro, alcança-se o efeito procurado e, no segundo, a consequência paradoxal observada é o incremento da desvitalização em decorrência do predomínio do processo defensivo patógeno.

CASO FAMÍLIA SILVA

Procurou tratamento um casal formado por Marise, 54 anos, e Osvaldo, 58 anos. Ele é formado em Administração de Empresas, e ela, em Economia. Ambos possuem pós-graduação em suas áreas. Eles dirigem uma rede de lojas com sede em um estado do centro do país, que a família de Osvaldo fundou há muitos anos. No momento, estão em processo de encerramento progressivo das atividades, pois a empresa vem acusando elevados prejuízos, o que os levou a morar na cidade de origem de Marise, onde ainda vive sua mãe. Marise recebeu de herança do pai uma fábrica, que ela pretende reativar e administrar. Osvaldo mostra-se cético em relação a essa possibilidade, dando a impressão de que considera esse trabalho desvalorizado.

Na consulta inicial, marcada por Marise, surpreendentemente, não compareceram ela e o marido, como o analista aguardava, mas ela e a mãe, uma senhora elegante e falante, também de nome Marise, 78 anos. A paciente logo explicou que a escolha do analista resultara de uma indicação feita a ela muitos anos antes para um filho com transtorno de conduta e drogadição, então adolescente, que, por engano, acabara no consultório de outro profissional.

Mãe e filha falaram abundantemente, uma encadeando a conversa a partir da outra, de uma forma que não ficava claro ao analista se o referido era o filho de Marise mãe ou de Marise filha. Além disso, não estabeleciam uma nítida cronologia dos fatos relatados e, por vezes, intercalavam histórias relacionadas a outros dois filhos de Marise filha. Ao final, o analista sugeriu que o próximo encontro fosse com Marise filha e Osvaldo, sobre o qual nenhuma palavra havia sido dada, em que pese a solicitação do atendimento ter sido para o casal.

Ao abrir a porta da sala de espera no horário combinado para o segundo encontro, o analista deparou-se com três pessoas: Marise, Osvaldo, o marido, e Pedro, um filho de 26 anos. Disse Marise: "Trouxe junto este filho, ele também tem problemas". A consulta iniciou com Osvaldo falando de uma forma bastante pueril sobre suas viagens pelo mundo, da boa vida que o casal sempre levou, da bela casa que possuíam na cidade em que haviam morado, aparentemente procurando minimizar os problemas emocionais dos filhos, com os quais referiu ter pouco ou nenhum conflito: Marcelo e Pedro, citados, Marcos, 28 anos, e Elisa, 24 anos, que desde os 19 vive e trabalha no exterior como designer e vem muito raramente ao Brasil visitar a família. Sobre esta filha, praticamente nada mais foi relatado, deixando transparecer, em relação a ela, certo nível de insatisfação e rechaço pelo fato de viver longe da família.

Osvaldo descreveu parcialmente sua infância e juventude, marcadas por uma vida de ostentação (fez parte dos estudos na Suíça), mas distante dos pais. Não tanto do pai, apesar de ele trabalhar muito e ficar pouco tempo em casa, mas principalmente da mãe que, nas palavras de Marise, mesmo em idade avançada, sempre se comportou como uma "menina mimada", dando pouca atenção aos filhos. Seus pais é que haviam fundado a empresa que manteve com opulência a família por muitos anos e que, agora, nas mãos de Osvaldo e Marise, estava sendo encerrada.

Em que pese relatar todos os fatos sem nenhuma modulação afetiva, diferentemente de Osvaldo, Marise é quem se mostra mais consciente da realidade, além de ser quem toma as decisões, como buscar tratamento, cuidar do financeiro da empresa e controlar o dinheiro da família.

Além disso, mostra-se muito sensibilizada com pessoas pobres e animais abandonados. Sempre fornece roupas e alimentos a moradores de rua e não passa um mês em que não pegue na rua um gatinho ou um cãozinho adoentado, que leva para casa e, depois de curá-lo e alimentá-lo bem, procura alguma ONG que o receba para adoção. Eles não discutem durante a entrevista, mesmo quando Marise diz que Osvaldo não tem iniciativa, é muito "mole" com os filhos, parece viver em outro mundo, encontrando-se apático, pondo dúvida em tudo o que ela pretende fazer.

Marise relata que Marcelo, ao nascer, "era a criança mais linda que já vira na vida", mas logo apresentou um problema inflamatório nas articulações, cujo diagnóstico nunca foi estabelecido. Como consequência, nos primeiros anos de vida, não brincava com as outras crianças, mantendo-se sempre com os pais, que lhe carregavam no colo. Melhorou por volta dos 7 ou 8 anos, quando então ingressou na escola, mas nunca pôde praticar esportes. Devido a essa limitação e ao uso de lentes grossas para compensar uma miopia congênita, mais tarde corrigida cirurgicamente, sentia-se humilhado em relação aos colegas.

Marcelo formou-se em administração de empresas e depois foi mandado pelos pais ao exterior para fazer uma pós-graduação, mas retornou ao final de seis meses aparentemente sem fazer nada, apenas se drogando. Nunca teve namoradas. Atualmente, pelo que disseram, não usa mais drogas, mas não trabalha, gasta excessivamente, faz dívidas em bancos, usa o cartão de crédito do pai abusivamente, veste-se de forma bizarra, como um "adolescente da periferia", envergonhando os pais, principalmente a mãe. É homossexual e somente se relaciona com pessoas de baixo nível social.

O irmão de Marise teria feito uma trajetória parecida, embora, atualmente, se encontre morando no exterior, onde vive com uma mulher e desenvolve uma atividade acadêmica. Interessante destacar que Osvaldo também possui um irmão que, embora tenha formação universitária, nunca conseguiu trabalhar. Ele é casado com uma anoréxica e sempre viveu de uma mesada propiciada pela família.

Como é notório, todas as pessoas citadas realizaram carreira universitária brilhante, prometendo uma vida profissional de grande sucesso, mas acabaram fracassando. Pedro não foge à regra: formado no ano passado em Economia e Administração, até o momento não teve nenhuma iniciativa no sentido de trabalhar. O casal teme que ele repita a trajetória de Marcelo. O caso de Marcos, o filho do meio, é um pouco diferente. Formado em Direito, conquistou o primeiro lugar em concurso nacional e optou por se estabelecer em um estado distante. Foi descrito pelos pais como uma pessoa arrogante, principalmente com as mulheres da sua faixa etária, preferindo as bem mais velhas, geralmente divorciadas e com filhos. Segundo eles têm informação, assim como Marcelo, Marcos também é homossexual.

Marcelo, Marcos e Pedro se encontram em tratamento psiquiátrico com diferentes profissionais, mas a maior preocupação do casal é com Marcelo. Eles discordam em relação ao que deve ser dado em dinheiro ao filho. Marise pensa que deveria ser suspensa qualquer forma de ajuda para que ele se sinta forçado a trabalhar. Recentemente, em uma discussão dessas diante de Marcelo, este pegou o revólver do pai, carregado de balas, engatilhou e o apontou para a própria cabeça. Quanto à sequência desse episódio, existe controvérsia. Marise diz que o filho lhe pedia que ela o olhasse se matar, enquanto apontava a arma para a cabeça. Osvaldo refere que o filho ameaçava se matar para forçar a mãe lhe olhar, gritando: "Olha para mim, você não vê que eu estou desesperado?". Ato contínuo, Marise "perdeu os sentidos e caiu desmaiada no chão". Marcelo passou a atirar contra o roupeiro da mãe, furando com bala as suas roupas. Em que pese o analista ter se sentido chocado e apreensivo pela possibilidade de uma catástrofe familiar, o episódio foi descrito pelo casal sem nenhuma emoção, como se não tivesse consciência de se encontrar em uma situação de risco.

Interrogados a respeito de doenças orgânicas, Marise contou ter sido operada poucos meses antes de um câncer recidivado e sabidamente de prognóstico muito reservado. Ficou claro para o analista que essa situação, igualmente de risco, se ele não tivesse perguntado, seria omitida pelo casal, pois nem um nem outro demonstrou preocupação com a evolução da doença. O casal deixa transparecer uma vida abastada, mas ao mesmo tempo procura dar uma ideia de que está sem dinheiro e que se pergunta se poderá pagar os honorários do analista.

CASO FAMÍLIA OLIVEIRA

Os Oliveira foram encaminhados pelo terapeuta de Paula, que é tratada em um ambulatório de transtornos do comportamento alimentar por comer compulsivo. Além da filha Paula, 30 anos, fazem parte da família os pais Ênio, 54 anos, Olga, 52 anos, e Rosa, 32 anos, a filha mais velha do casal. O filho menor, Edu, 28 anos, estuda em outro país desde os 16 anos. Pelo que foi levantado, Ênio bebe em excesso e faz uso regular de ansiolíticos para controlar crises de pânico; Olga tem obesidade mórbida; Rosa sofre de doença renal crônica; e Edu é usuário de maconha e tem vida sexual promíscua.

A primeira sessão com a família Oliveira iniciou com Paula desfiando, monotonamente, uma série de acusações ao pai, referindo-se a ele como alguém que só faz o que quer e que não considera as necessidades dos outros. Durante os vários minutos em que Paula falou sozinha, Olga e Rosa demonstraram alguma tensão, mas Ênio aparentava estar "desligado", alheio ao que acontecia. A situação só se modificou quando Paula, em um acesso de fúria, insultou o pai aos gritos, momento em que Ênio, aparentemente, conectou-se com o ambiente e, sem se reportar ao que a filha dissera, começou a falar da sua infância, destacando que desde muito pequeno precisava se "virar sozinho", fazer a sua própria vida, porque sua mãe era uma mulher retraída e de escasso contato afetivo. Sentia mais proximidade com o pai, que, no entanto, ficava pouco em casa, vivendo na boemia. Para estar perto do pai, Ênio se escondia no banco de trás do seu carro, indo aonde ele ia, sobretudo aos prostíbulos. Quando o pai o descobria, acabava deixando-o aos cuidados das prostitutas, que o acolhiam com carinho. Ênio afirmou que suas únicas lembranças de aconchego e calor humano vêm do contato com elas.

Nesse momento, Olga interveio, dizendo que a mãe de Ênio, ainda hoje, é uma pessoa fria, com olhos para si, parecendo não se importar com ninguém. Dito isso, Ênio seguiu contando um episódio ocorrido quando tinha entre 3 e 4 anos: sentiu vontade de encontrar as mulheres que lhe davam colo e saiu a esmo pelas ruas, acabando por se perder. À noite, dormiu num terreno baldio, e só foi encontrado na manhã seguinte. Esse relato foi feito sem modulação de afeto e escutado com aparente indiferença por Olga e pelas filhas.

Na sessão seguinte, a analista foi surpreendida pela ausência de Ênio, que mandou avisar que não participaria do tratamento familiar. Naquele momento, o ato de Ênio pareceu incoerente e sem sentido para a analista, pois ainda repercutia nela a emoção provocada pelo relato de seu drama infantil. Olga comentou que, para Ênio, era banal contar sua história, como se não significasse nada para ele. Embora ausente, ele permaneceu sendo alvo das acusações da mulher e das filhas, que o descreveram como alguém autoritário, egocêntrico, que só enxerga a si próprio. Enfatizaram que toleravam seus desmandos porque temiam que se tornasse violento. Relataram situações de verdadeiros ataques de fúria em meio a um estado do mais absoluto desligamento da realidade. Além disso, ainda nesse segundo encontro, informaram que Ênio estava dependente dos ansiolíticos usados para controlar os ataques de pânico que o acometem, sobretudo quando, por força de seu trabalho, precisa entrar em contato com desconhecidos. Previne-se desse tipo de angústia carregando comprimidos nos bolsos. Soma-se a isso o uso abusivo de bebidas alcoólicas, principalmente nos finais de semana.

Olga engravidou de Rosa na vigência de um relacionamento insipiente com Ênio, que mantinha afastado de sua família porque sentia vergonha de sua inferioridade social, econômica e intelectual. A notícia da gravidez foi recebida sem nenhum envolvimento afetivo de Ênio e com rechaço pela família de Olga, que passou os nove meses sem sair de casa e sem contato com Ênio. Somente após um ano do nascimento da filha, eles se reencontraram e foram viver juntos, sob a tutela da madrinha de Olga, uma amiga de sua mãe que nunca casou nem teve filhos e que, desde o primeiro dia de vida de Rosa, dedicou-se ao cuidado da criança em substituição à Olga que, aparentemente, fez uma depressão puerperal. A Dinda, como é chamada por todos, é uma figura discreta, mas muito responsável e onipresente na vida deles, como se fosse uma avalista que garantisse alguma representatividade à família.

Rosa, que administra as finanças da família, aos 16 anos recebeu o diagnóstico de glomerulonefrite, quadro que evoluiu para uma insuficiência renal crônica terminal, já tendo se submetido a dois transplantes e à rotina da hemodiálise no intervalo entre eles. A rejeição aos órgãos doados havia se desencadeado por um processo imunológico. O primeiro rim foi doado pela mãe e o segundo pela irmã. O terceiro transplante deveria ocorrer com um rim doado pelo irmão Edu que, no entanto, chegou do exterior dias antes da cirurgia, comunicando que poderia estar contaminado por HIV. Isso desencadeou uma forte comoção familiar, sobretudo em Rosa, que tinha nessa oportunidade sua última chance, pois fora advertida pelos médicos de que não suportaria outro transplante depois desse. Somou-se a isso a confissão de Edu à família sobre sua homossexualidade, segredo que até então compartilhara somente com Rosa.

Nessa ocasião, Edu compareceu pela primeira vez à sessão familiar, em meio a intensos conflitos e brigas que se sucederam, sobretudo entre ele e Rosa, que não aceitou o fato de o irmão não lhe ter informado imediatamente sobre a possibilidade de se encontrar com aids. Segundo Edu, a contaminação teria ocorrido numa condição de promiscuidade em que, alcoolizado e drogado, não se lembrava com quem mantivera relações. Quando acordou e deu-se conta do que ocorrera, foi a um ambulatório especializado em HIV, onde lhe informaram que só poderia ter certeza de seu estado depois de seis meses. Nesse momento, em lugar de avisar a família sobre esse fato, viajou em férias, mantendo Rosa na expectativa de fazer o transplante.

O argumento de Edu para essa atitude foi o temor à reação da família quando revelasse sua homossexualidade. Contudo, Rosa rechaçou a justificativa, pois isso não era segredo entre os dois e, mesmo que não quisesse expor o ocorrido, bastaria que justificasse a impossibilidade da doação com qualquer mentira, contanto que ela não se mantivesse com expectativa. Por fim, Edu procurou se colocar como vítima de uma doença grave e terminal, mas Rosa reagiu com ironia, deixando claro que a única vítima ali presente era ela. Isso desencadeou um acesso de fúria em Edu, que saiu abruptamente da sessão.

Todos esses desenlaces ocorreram sem a participação de Ênio, que foi informado apenas de que o transplante não poderia ser feito devido a um "probleminha no fígado" de Edu. A cirurgia foi adiada em seis meses, tempo em que Ênio, ultima opção de Rosa, passou a ser preparado para a doação. Rosa expressava desconforto em acolher o órgão do pai, ao mesmo tempo que este se mantinha desinteressado em relação à doença da filha, sendo necessária a interferência de Olga para que ele aderisse ao processo e seguisse as orientações da equipe médica, que implicavam diminuir a ingesta de álcool e melhorar suas condições físicas.

A família Oliveira possui uma fábrica de adesivos, herdada por Olga, na qual trabalham e da qual dependem todos. Ao longo do período que antecedeu ao transplante, Olga e Paula organizaram reuniões com Rosa com o intuito de serem inteiradas do sistema financeiro da empresa, totalmente controlado por ela. No entanto, esses encontros resultaram infrutíferos, porque Rosa não conseguia objetivar as informações necessárias para que a mãe e a irmã se inteirassem do sistema financeiro da empresa. Pelo que foi dito, não existe um ganho definido para cada um e ninguém sabe o quanto lhe é pago pelo que faz. A prática é a seguinte: na medida em que vão necessitando de aporte para pagar suas contas, solicitam à Rosa, que então lhes repassa o dinheiro necessário.

COMENTÁRIO

Apesar de suas particularidades, as famílias Silva e Oliveira possuem diversos pontos em comum, possibilitando que se estabeleçam equivalências entre seus membros, os quais apresentam, tipicamente, um funcionamento adesivo e indiferenciado. O contraste entre o não sentir dos dois grupos familiares e o sentir dos analistas no relato – por exemplo, do episódio de infância de Ênio e dos tiros de Marcelo contra o roupeiro da mãe – denuncia uma forma de circulação libidinal intragrupo aparentemente paradoxal, porque se caracteriza, de um lado, por um apego excessivo entre os membros da família e, por outro, de uma total desconexão afetiva. Maldavsky (1995b) chamou essa forma de vínculo entre dois ou mais indivíduos de "apego desconectado", que opera à maneira de uma ventosa ou de uma sanguessuga: os corpos aderidos um ao outro por uma sensorialidade monótona que capta os processos intrassomáticos alheios.

Resultado da percepção sem consciência e do desinvestimento da atenção, essa maneira de ligar-se ao outro se mantém às expensas de um desligamento do universo sensível. Como destaca Maldavsky (1995b), o desligamento implica dotar a superfície sensível do ego com uma capa viscosa, na qual a impressão sensorial não tem eficácia. Quando um estímulo consegue atravessar essa capa de indiferença, não é captado como uma excitação qualificável, mas como uma intrusão, um golpe a que o indivíduo responde com hostilidade. Esse critério de contato é possível detectar nos membros das duas famílias estudadas, nos quais, por falta de qualificação, o universo sensível se mantém brumoso e indiferenciado, sendo marcado pela captação de frequências, golpes, vertigem, como no caso de Marise, provocada pela ameaça do filho de dar um tiro contra ele ou contra ela, e intrusões dolorosas. A atenção somente é despertada por estímulos incitantes e não por um movimento libidinal dirigido para o mundo exterior. Esse funcionamento fica bastante evidente quando, na entrevista inicial com a família Oliveira, Paula, num acesso de fúria, insultou o pai aos gritos, fazendo com que saísse do estado letárgico em que se encontrava e se conectasse com o ambiente, o que conseguiu em parte, pois ele se mostrou indiferente às acusações, dando início a uma descrição de suas experiências infantis.

Outro aspecto a destacar é como se encontra organizado o pré-consciente desses dois grupos familiares, o qual se revela na linguagem dos seus integrantes. Serve de exemplo o início do primeiro encontro com a família Oliveira, por meio da fala de Paula, ao referir-se ao pai, mas também pela fala de Marise, da família Silva, referindo-se ao filho Marcelo. Essas falas, caracterizadas pela monotonia, devido à ausência de modulação afetiva, configuram o chamado "discurso catártico", mediante o qual o indivíduo visa livrar-se de determinado conteúdo sem deixar espaço para a intervenção do outro, que pode ser o cônjuge, outro familiar ou mesmo o analista. Ele não se questiona sobre o que o outro pode estar pensando ou sentindo, pois sua meta não é compartilhar o seu problema, mas arrasar a parte da mente que aloja o problema, como se, pela linguagem, procurasse dessubjetivar-se, ou seja, deixar de ser sujeito.

Nas duas situações tomadas como exemplo, observamos que tanto Paula quanto Marise retornavam repetidas vezes ao mesmo fato e relatavam muitas vezes uma sucessão de situações muito parecidas. Esse procedimento representa, de um lado, uma tentativa de investir o problema com a atenção do ouvinte e, de outro, o impedimento de que este realize um processamento psíquicocomplexizante do material exposto. Como vimos na família Silva, em Marcelo, e na família Oliveira, em Paula, inicialmente, e depois em Edu, seu irmão caçula, é comum que o discurso catártico, característico dos processos tóxicos e traumáticos, inclua-se em um clima passional, predominando estados ansiosos e reações de cólera decorrentes desses estados. Esse clima pode se completar com uma atitude queixosa ou de autocompaixão, cujo objetivo é provocar o sentimento de pena no interlocutor. Essas atitudes se devem ao fato de ser muito penoso para o indivíduo sair de um estado crepuscular e investir em um mundo sensível ou perder um vínculo fundamental de apego presumidamente amoroso – a atitude de Marcelo, ao ameaçar dar-se um tiro na cabeça, parece expressar muito precisamente esse sentimento desesperador. Contudo, adverte Maldavsky (1995b) que as reações coléricas também podem resultar da sensação de separação de um vínculo fusional, do qual o indivíduo se sente expulso, exatamente como na família Silva, de acordo com o relato do pai, no episódio em que o filho gritava ameaçando se matar, ou como relatou a mãe, matá-la: "Olha para mim, você não vê que eu estou desesperado?".

Ao lado do discurso catártico, no relato de Ênio sobre a sua experiência infantil, após ser provocado aos gritos pela filha para que falasse, identificamos o discurso inconsistente ou sobreadaptado, que se caracteriza pela adequação do paciente aos supostos interesses do interlocutor. Trata-se, portanto, de um discurso que não é representativo da subjetividade do sujeito. Dessa forma, Ênio não falava de um lugar de sujeito que se percebe representado naquilo que diz de si mesmo. Tustin (1992) empregou o termo *insincero*, em uma alusão à tentativa que esses pacientes fazem de compensar ficticiamente uma falta de significado em seu pensamento. Os fatos relatados não apresentam um enlace com os processos psíquicos. Em outras palavras, não se observa uma conexão simbólica com a própria realidade dolorosa por falta de respaldo identificatório desde a vida pulsional. A desestimação do afeto, atuante nesse discurso, opõe-se à emergência de um matiz afetivo e ao desenvolvimento de sentimentos, sobretudo de tristeza, mas também de raiva e de angústia, substituídos por estados de apatia.

O universo sensorial dos dois casos, caracterizado pela falta de qualificação, revela alguns traços de caráter que podemos observar em seus integrantes, com maior ou menor expressão em um ou em outro, correspondendo a uma falha na constituição da consciência original pela falta de uma mãe empática, situação configurada na relação de Matilde com Marise, e desta com Marcelo (família Silva), assim como da mãe de Ênio com o filho e de Olga com Paula (família Oliveira), configurando uma patologia transgeracional. Um desses traços de caráter é a viscosidade, resultante da necessidade de se apegar a um mundo imediato e sensível que aparece sob a forma de uma docilidade lamuriosa, mediante a qual, como vimos particularmente em Paula, o indivíduo procura despertar a compaixão do outro que se sente colocado em um universo relacional esterilizante e suficientemente frustrante para gerar impulsos raivosos contra o paciente e o desejo de se ver livre dele, conforme referiu a analista. Essa situação expõe o mundo interno do paciente dominado por um "déspota louco", como referiu Maldavsky (1995b), mas que aspira dele se livrar, refletindo a ausência de uma mãe capaz de receber, conter e atenuar a angústia de morte do bebê.

O outro traço de caráter é o cinismo, que verificamos especialmente em Osvaldo (família Silva), que frustra a possibilidade de gerar ilusões, condenando todo o projeto vital à aniquilação, visando a um gozo por se deixar morrer como resultado da identificação com um objeto ominoso que destitui a relação de subjetividade. É comum observarmos nesses pacientes uma fachada sarcástica, de falsa felicidade, com a qual procuram encobrir a própria desgraça, no caso o fechamento de uma tradicional rede de lojas fundada pelos avós, o que consiste em viver sem projetos e sem esperança.

Por último, temos o traço de caráter abúlico, mais evidente em Ênio (família Oliveira), que aparece em pacientes em estado final, quando a pulsão de morte impõe a monotonia e sua tendência à inércia. Esses pacientes mostram-se desvitalizados, verdadeiros mortos-vivos, embora, por vezes, possam manifestar reações exacerbadas de fúria, como referido pela família em relação a Ênio. O traço abúlico relaciona-se a circunstâncias em que o ego se defronta com situações – de abandono, no caso de Ênio – que suplantam a capacidade de elaboração do ego, que, não podendo fugir, deixa-se morrer. Como referiu Freud (1923), viver tem o significado de ser amado pelo superego, correspondendo, na infância e em certos momentos da existência, a merecer o amor da realidade, a qual representa o id e se encontra representada pelos poderes protetores objetivos. Quando falta essa proteção, o ego não encontra outra saída que não seja abrir mão da vida. Esse "deixar-se morrer", causado por um trauma, corresponde a um desinvestimento do ego pelo narcisismo e pela autoconservação, pondo à mostra a eficácia da pulsão de morte. Maldavsky (1996) salienta que esse traço caracterológico pode se transmitir ao longo de gerações, configurando uma "linhagem abúlica", como resultado de processos tóxicos e traumáticos vinculares. Essa transmissão, contudo, não se faz apenas pela via transgeracional, mas também entre gerações adjacentes, quando os vínculos entre pais e filhos se constituem com pouca ou nenhuma capacidade de diferenciação, estabelecendo laços adesivos, ao modo de ventosas ou sanguessugas, como se configuram os enlaces dos membros das famílias Oliveira e Silva. Nesta última, como destacamos anteriormente, Osvaldo tenta se defender de uma situação traumática, recorrendo ao cinismo, mas também se encontra em um estado letárgico, de uma entrega à ação da pulsão de morte, representado pelo câncer da esposa, cuja malignidade é desestimada pela família.

Aparentemente, os vínculos intersubjetivos na família Oliveira se organizaram em torno de um núcleo traumático do pai, suposto pela história de desamparo afetivo devido à ausência de um vínculo primário empático e suficientemente bom. Agrega-se a isso a relação simbiótica de Olga com a própria família, como revela o início do seu relacionamento com Ênio, e que mantém até hoje pelo vínculo com a empresa que pertenceu a seus pais. Tudo indica que foi a presença da Dinda que conferiu alguma representatividade à família, que se constituiu com o nascimento da primeira filha.

A transmissão intergeracional de um trauma decorre de uma combinatória de mutismo e falta de empatia, substituída por um estado de sopor que interfere nos processamentos anímicos e conduz a uma passividade letárgica. Trata-se de uma transmissão marcada pelo trabalho do negativo, como postula Green (1993), com predomínio da desmentida e da desestimação do afeto. Consequentemente, a matéria psíquica que se transmite às gerações seguintes é o que ficou esvaziado de significação, impossibilitado de ser ligado a representações pensáveis. A segunda geração sofre não exatamente uma repetição do trauma, mas um processo tóxico que pode resultar em uma manifestação psicossomática, em um transtorno alimentar ou em uma adição. Para Maldavsky (1996), a transmutação do trauma da primeira geração em um transtorno tóxico na segunda deriva de uma tentativa de alterar uma incitação mecânica (externa) em uma química (interna).

O somatório de trauma e toxidade que compõe a equação etiológica da estruturação da família Oliveira implica um modo de processamento pulsional intragrupo de caráter adesivo que não permite a diferenciação entre os organismos, mantendo-se um nexo intercorporal primitivo, desencadeante de patologias do desvalimento, como a adição de Ênio à bebida e aos ansiolíticos, de Olga e Paula à comida, assim como a promiscuidade e o abuso de álcool e drogas manifestado por Edu. A doença crônica de Rosa também se enquadra nos quadros de desvalimento, tanto pelo que implica em termos orgânico e psíquico quanto pela faceta psicossomática relacionada aos processos imunológicos de rejeição aos órgãos doados. Um dos fundamentos desse modo de processamento está no fracasso da função antitóxica ou na construção de uma couraça antiestímulo vincular. Nessa condição, um ou mais dos integrantes acaba ocupando o lugar de descarga dos excessos dos outros, ou de couraça antiestímulo, servindo de filtro para a toxidade dos demais, função predominantemente cumprida por Rosa.

Esse critério adesivo intrafamiliar, no caso da família Oliveira, estende-se ao âmbito profissional, configurando um *modus vivendi* em que se mantêm agregados numa unidade indiscriminada, como se fizessem parte de um corpo único, não se reconhecendo em sua individualidade. Como foi dito, o casal e as duas filhas trabalham numa empresa que foi da família de Olga, que cuida do setor administrativo, enquanto Paula, do setor comercial, e Rosa, do financeiro. Ênio tem uma função indefinida, fazendo o que quer e quando quer. A mulher e as filhas se queixam da ingerência de Ênio, tumultuando o trabalho de cada uma. O único espaço ao qual nem ele nem mais ninguém têm acesso é o setor financeiro, "guarnecido" por Rosa, que é economista e tem pós-graduação em finanças e, como foi relatado, controla o dinheiro tanto da empresa quanto, individualmente, dos pais e dos irmãos.

Situação semelhante encontramos na família Silva, através de Marise, igualmente economista e responsável pelas finanças da empresa e da família. A dedicação de ambas aos problemas dos familiares indica tratar-se de personalidades sobreadaptadas, caracterizadas pela relação com os números e pela tendência a somatizações. De acordo com Liberman (1982b), os sobreadaptados são pessoas que procuram se ajustar às demandas alheias, sem levar em consideração suas necessidades e capacidades, tanto emocionais quanto físicas. As doenças psicossomáticas devem ser encaradas como um fracasso da sobreadaptação e, ao mesmo tempo, um grito desesperado de um corpo sem inscrições psíquicas, gerando um sentimento de vazio, que busca desesperadamente através do outro estabelecer um nexo com o mundo sensível. O funcionamento desses indivíduos, segundo Marty e M'Uzan (1963), é do tipo "operatório", que encontram nos números e nos cálculos um meio de se atribuir um valor, como se a quantidade pudesse substituir a qualidade.

O valor dos números nos processos tóxicos é salientado por Maldavsky (1992) com base na abordagem lacaniana das patologias psicossomáticas, nas quais os números encontram-se no lugar das palavras. Nesse caso, o que cobra eficácia na vida mental não é o mundo das representações, mas uma forma mais elementar de organização da percepção que capta apenas números e frequências. O *status* dos números nos pacientes psicossomáticos denuncia uma regressão do universo representacional da economia pulsional ao meramente quantitativo, carente de qualidades, onde funciona, como foi dito, um tipo de sensorialidade que só registra quantidades.

No entanto, em momentos críticos, a atividade numérica como forma de manter um apego desconectado afetivamente pode fracassar e, como adverte Maldavsky (1995b), o indivíduo pode sentir que não representa nada mais do que um número para as pessoas, até se tornar um zero à esquerda, como expressão máxima do princípio de inércia. No caso da família Oliveira, percebe-se que a estratégia especuladora de Rosa, com a desculpa do irmão para não lhe doar o rim, colocou-a em uma posição de refúgio da economia pulsional do outro, condição de desvalimento que pode colocá-la em um anunciado estado de sopor como expressão de uma dor carente de qualidade, de consciência, ou seja, uma dor sem sujeito que a sinta, sobretudo por falta de interlocutores empáticos.

O discurso, cuja característica é trazer de volta a relação do mundo psíquico com os números e as frequências, por isso também chamado de discurso numérico, tanto em Rosa (família Oliveira) quanto em Marise (família Silva), configura-se ganancioso ou especulador. Manipular os ganhos e os gastos familiares funciona como uma identificação com o poder econômico, com a qual o indivíduo procura sentir-se alguém valioso como defesa contra um estado de inermidade anímica. No lugar do universo simbólico das palavras, prevalece o mundo dos números, servindo para desenvolver uma atividade auto-hipnótica ou uma sensorialidade autoengendrada consoladora. Dentro dessa lógica, a pessoa estabelece um vínculo mercenário com o próximo, conforme o qual importam mais os interesses em jogo do que o significado decorrente de um intercâmbio identificatório entre os membros da família. Com o acúmulo e o manejo do dinheiro, particularmente Rosa, mas também Marise, procuram tornar-se alvo da ganância dos familiares com o objetivo de eludir o sentimento de não possuir valor e, ao mesmo tempo, projetar neles o seu próprio desvalimento. Igual significado encontramos na tendência observada em Marise de identificar-se com seres carentes, no caso, moradores de rua e animais abandonados.

Maldavsky (1996) denominou o tipo de funcionamento das famílias Silva e Oliveira de "carne de minha carne",* condição em que o grupo funciona como se os seus integrantes estivessem ligados por um cordão umbilical, ou como se um fosse a placenta do outro, e um, em certos casos alternadamente, ocupasse o lugar de filtro ou descarga para os outros. Um exemplo disso está na forma como Rosa (família Oliveira) administra a economia familiar, funcionando como se fosse um rim que filtra os ingressos financeiros para atender às demandar da empresa e da família, sobrecarregando-se com uma tarefa que visa controlar as pulsões do grupo, principalmente as destrutivas, representadas por gastos excessivos. Na família Silva, aparentemente, essa função é exercida por Marise, que já não consegue mais manter o controle da situação, resultando na falência econômica do grupo. Ambas, contudo, encontram-se diante de um esgotamento de suas capacidades físicas e da morte, se alguma medida não for tomada para a proteção de ambas.

Precisamos, portanto, estar atentos, pois nos vínculos do tipo "carne de minha carne" qualquer mudança significa uma ruptura que pode levar a estados pulsionais hemorrágicos, exigindo a aderência imediata a outro corpo para obturar essa drenagem desmesurada, que parece ter ocorrido quando Marise pretendeu modificar o suprimento econômico ao filho, que claramente compensava suas carências afetivas.

Talvez a presença até hoje da Dinda na família Oliveira, inerte e sem projetos vitais, seja uma garantia de manutenção da necessária e indispensável adesividade do grupo. Chama a atenção que, em cada família, um dos

---

* Referência ao texto bíblico: Então exclamou Adão: "Esta sim, é osso dos meus ossos e carne de minha carne! Ela será chamada mulher, porquanto do homem foi extraída". (Gênesis, 2:22)

membros, justamente o mais jovem, com idades aproximadas, tenha tomado a iniciativa de afastar-se, provavelmente em busca de uma identidade própria. No caso de Elisa (família Silva), que aparentemente vive às suas próprias custas e mantém um contato escasso com a família, é provável que tenha conseguido um nível satisfatório de independência e autonomia, tornando-se, por conta disso, alvo do rechaço do grupo familiar. No caso de Edu (família Oliveira), dependente do dinheiro da família, que lhe é repassado pela irmã e que, por conta disso, lhe cobrou a doação de um rim, a situação mostra-se bastante precária. Aparentemente, Edu inventou uma história, baseada no risco que efetivamente corre, para não entregar à irmã um pedaço do próprio corpo, a fim de evitar o colapso final e total do seu narcisismo.

CONCLUSÃO

A procura dos Oliveira foi para um atendimento de família, enquanto a dos Silva foi para um atendimento de casal. Contudo, como foi descrito, no primeiro encontro não foi o casal que compareceu, mas apenas a esposa e sua mãe, ambas com o mesmo nome. Embora a procura não tenha ocorrido à época, o analista havia sido indicado para o tratamento de um irmão da demandante da consulta, a esposa do casal. Mais recentemente, por esta ter um filho com problemas semelhantes aos do tio, acabou buscando efetivamente o analista. No segundo encontro, seguindo orientação do analista, que buscava estabelecer o atendimento solicitado, compareceu o casal, mas trouxe junto não o filho de que se havia falado, mas outro, também com sérias dificuldades. Ficou claro nesse momento para o analista que não existia um casal, mas um grupo familiar indiferenciado.

A ausência de distância entre os indivíduos, observada nas famílias Silva e Oliveira, faz com que o espaço da intimidade, onde se daria o contato pele a pele com respeito à sensorialidade recíproca e à ternura, seja ultrapassado por uma forma de contato em que um corpo se introduz no outro. Isso decorre de uma hipertrofia libidinal que, em lugar de investir estímulos mundanos, toma como objeto parte do corpo alheio. A origem desse critério de contato pode estar nos primórdios do desenvolvimento psíquico, quando o ego ainda não se discriminou do id e a libido investe órgãos e zonas erógenas, pois a sensorialidade dirigida ao mundo externo ainda não está investida. Nesse momento, tanto uma atitude intrusiva quanto o excesso de distância podem ter o mesmo efeito de promover magnitudes voluptuosas hipertróficas em vez de registros sensoriais, o que configura uma vivência traumática. No caso de Ênio (família Oliveira) e de Osvaldo (família Silva), parece ter havido um excesso de distância no vínculo materno, enquanto com Olga e com Marise, respectivamente, pelo contrário, uma simbiose familiar.

A impossibilidade ou precariedade de tramitação intersubjetiva das exigências pulsionais e da realidade, condição inerente ao tipo de nexo vincular dos Silva e dos Oliveira, tende a desencadear uma estase da libido que Freud (1976k) relaciona com os estados tóxicos e com a angústia automática própria do trauma. A magnitude de afeto desbordante que decorre da estase pulsional interfere no sentido de que a erogeneidade periférica, em vez de se ligar à sensorialidade, invista órgãos ou funções corporais. Consequentemente, em lugar da projeção geradora de sensorialidade, ocorre uma introjeção orgânica, como o que se supõe como fundamento dos transtornos psicossomáticos, ou uma incorporação, como no caso das adições (Maldavsky, 1996). Os matizes afetivos acabam substituídos por estados de pânico, de sopor ou por crises de fúria, pela ausência de sujeito para sentir. Tal é a condição em que encontramos essas duas famílias.

20

EU NÃO EXISTO SEM VOCÊ
(Casos Mariana, Zilá, Arlete e Isaura)

Gley P. Costa, Sebastián Plut e José Facundo Oliveira

RESUMO

Estudo sobre infertilidade e suas consequências emocionais, com ênfase na adoção e nos métodos, em voga na atualidade, de reprodução medicamente assistida. A importância do tema decorre da mobilização de um grande número de conflitos gerados por essas soluções que interferem diretamente no relacionamento precoce entre pais e filhos, origem de uma série de psicopatologias que configuram a clínica psicanalítica contemporânea.

No mundo atual, de um lado, a prioridade concedida à carreira profissional por homens e mulheres, retardando a concepção de filhos, e, de outro, os grandes avanços da medicina na área da reprodução humana colocaram em destaque na clínica psicanalítica o tema da infertilidade que, como se sabe, aumenta progressivamente com a idade da mulher.*

Contudo, diante da impossibilidade de gerar um filho, desde tempos remotos, a humanidade recorreu à adoção; porém nos últimos anos, os métodos de fertilização não natural medicamente assistidos ampliaram as possibilidades de a mulher superar essa dificuldade, exigindo o aporte de novos interrogantes a respeito da maternidade, em particular, e da psicologia feminina como um todo. Assim como ocorre com outros desafios da pós-modernidade, a psicanálise vê-se diante da necessidade de revisar seus conceitos e da exigência de buscar uma melhor compreensão dos conflitos mobilizados pelos referidos procedimentos, visando evitar um desgaste epistemo-

---

* A incidência de infertilidade na população, em geral, é em torno de 10 a 15%, mas os casos de infertilidade são muito mais frequentes quando a idade da mulher é mais avançada. Segundo a ESRHE (1996), entre mulheres de 30 a 34 anos, a taxa de infertilidade é de 1/7 casais; de 35 a 39 anos, é de 1/5; e de 40 a 44, é de 1/4.

lógico decorrente do emprego de um referencial conceitual insuficiente ou inadequado.

Nesse sentido, uma iniciativa vem sendo desenvolvida na Sociedade Brasileira de Psicanálise pelo grupo de Estudos Pró-Criar,* que acaba de publicar os resultados de uma pesquisa qualitativa (Araújo et al., 2013), na qual entrevistou 11 mulheres entre 20 e 41 anos que se submetiam ao tratamento de reprodução assistida em um hospital público de Porto Alegre. Esse estudo constatou uma atividade mental marcadamente pré-edípica das entrevistadas, um discurso revelador de pouca subjetividade, uma representação paterna com características falhas e uma representação idealizada do filho, em poucos casos aparentando remeter ao desejo de constituir família.

Embora as pesquisadoras concluam que os aspectos emocionais inconscientes das mulheres que se submetem à fertilização assistida fazem parte do mesmo leque de fantasias a respeito de sexualidade, feminilidade e maternidade de toda mulher, não se pode desconsiderar as características predominantes do funcionamento psíquico do grupo estudado, configurando um estado defensivo prévio ou determinado pela constatação da esterilidade. Nessa linha, faz sentido o questionamento que elas mesmas fazem: "Seria a infertilidade o representante de uma fratura narcísica de tal magnitude que deve ser negada a qualquer preço, buscando-se a tecnologia como um recurso salvador a um equilíbrio psíquico frágil e ameaçado?". Quem responde é Kopittke (2013), ao afirmar que, de fato, a frustração do desejo de conceber um filho representa um ataque violento ao narcisismo, afetando a autoimagem, a autoestima, a sexualidade e vida social, não só da mulher como do casal. O sentimento de fracasso por não ser capaz de gerar filhos como os pais, os irmãos e os amigos mobiliza angústias, sentimentos de rivalidade e fantasias muito perturbadoras que podem levar o casal ao isolamento social e a desajustes em seu relacionamento. Enfatiza a autora que o sofrimento frente ao não cumprimento do mandato filo e ontogenético de dar continuidade à espécie humana e à cadeia geracional faz com que o sentido da vida passe a ser "obter um filho a qualquer preço". As técnicas de reprodução assistida representam, em muitos casos, uma redenção para esse sofrimento, ao mesmo tempo que rompem com o paradigma de que um ser humano é gerado através de relações sexuais entre um homem e uma mulher. Dessa forma, o ato natural e espontâneo de desejo e prazer privado transforma-se em um ato médico, programado e observado por terceiros. Para Kopittke, no imaginário do casal, a equipe técnica representa a figura parental que lhe autoriza a ter seus próprios filhos, passando a ocupar a posição idealizada de quem possibilita e abençoa a inclusão no mundo adulto

---

* O grupo Pró-Criar é constituído pelas psicanalistas Katya de Azevedo Araújo, Mara Horta Barbosa, Maria Isabel Ribas Pacheco, Patrícia Poerner Mazeron e Renata Viola Vives.

procriativo. Salienta, no entanto, que as repetidas tentativas, aliadas ao alto custo do tratamento, podem deslocar os profissionais da condição idealizada para a posição de quem especula à custa dos casais inférteis, sem um interesse genuíno em sua tão almejada meta.

ADOÇÃO

A retirada de Moisés das águas do Nilo pela filha do faraó, que Rafael retratou em belíssimo afresco que pode ser visto no Vaticano, representa um marco bíblico da adoção praticada desde a Antiguidade pelos hindus, egípcios, persas, hebreus, gregos e romanos, constando, inclusive, no Código de Hamurabi, de aproximadamente 1700 a.C. A adoção no tempo da religião doméstica tinha um grande valor porque representava a possibilidade de dar continuidade ao culto aos antepassados. No entanto, na Idade Média, por influência da Igreja, a adoção praticamente caiu em desuso, mas foi resgatada na França pelo Código Napoleônico, de 1804.

No Brasil, inicialmente, foram seguidos os hábitos de Portugal, em que eram comuns os chamados "filhos de criação", cujo caráter era principalmente caritativo, sendo que o ato não seguia nenhuma regulamentação legal, o que somente foi ocorrer com o Código Civil de 1916, a partir do qual o processo de adoção evoluiu até a Constituição de 1988, quando foram equiparados os direitos entre filhos biológicos e filhos adotados. As questões relacionadas à adoção no Brasil ainda foram tratadas pelo Estatuto da Criança e do Adolescente (1990) e pela Lei 12.010, de 2009, que acelerou os processos de adoção para impedir que crianças e adolescentes permaneçam mais de dois anos em abrigos públicos. Essa lei permite a todas as pessoas com mais de 18 anos a adoção de uma criança ou de um adolescente, independentemente de seu estado civil, desde que o adotante tenha pelo menos 16 anos a mais que o adotado, quando a adoção for individual, e permite também aos filhos adotivos conhecer seus pais biológicos e obter informações sobre eles quando completarem 18 anos de idade (Brasil, 2009).

CASO MARIANA

As motivações profundas de gerar e, fundamentalmente, criar um filho encontram suas raízes na biologia, no processo de identificação com os pais e na transitoriedade da vida. Os filhos, além de mitigarem a perda dos próprios pais, ajudam a elaborar o luto relativo à própria morte. É comum os casais sem filhos apresentarem uma limitada expectativa em relação ao futuro. A falta de um filho faz com que vislumbrem um ponto final em suas vidas e determina que vivenciem antecipadamente a solidão que a morte do outro representará. Foi o que disse Mariana, 52 anos, casada há 30, quando Carlos, o marido, 58, professor universitário e pesquisador como ela, teve o diagnóstico de câncer avançado de próstata: "Comecei a pensar na tristeza que será a minha vida se o Carlos morrer. Eu sempre pensei em ir antes dele para não ficar sozinha. Arrependo-me de não ter adotado uma criança quando tomamos conhecimento, por volta dos dez anos de casamento, de que não poderíamos ter filhos. O Carlos queria adotar, mas na época eu encarava a adoção como o reconhecimento de um fracasso e, pretensiosamente, pensei: 'Se não é meu, então eu não quero', sem levar em conta a falta que faz um filho, principalmente quando envelhecemos e enviuvamos. Na época, eu usei a carreira profissional e as viagens para me iludir, mas hoje, na mesma situação, eu não hesitaria em adotar uma criança. Um filho, mesmo adotado, preenche um vazio que eu acho que nós carregamos desde que nascemos e que aumenta ainda mais no fim da vida". Mesmo sem se dar conta, em seu lamento, Mariana colocou em palavras mais um sentido para o anseio do ser humano de gerar filhos que é o resgate do sentimento de unidade e segurança proporcionado pelo claustro uterino, perdido por ocasião do nascimento. Na relação com os filhos, o indivíduo busca reviver essa experiência indescritível de prazer que todas as religiões nos prometem proporcionar depois da morte. Duas esculturas de Michelangelo expressam a necessidade de preencher o vazio experimentado por Mariana: *Nossa Senhora com o Menino* (1498/1501), que se encontra na Igreja do Amparo, em Bruges, na Bélgica, que mostra o filho deixando a proteção do manto materno e saindo para a vida; e a famosa *Pietà* (1499), considerado o mais belo mármore de toda a Roma, que se encontra na Basílica de São Pedro, que mostra o filho morto novamente protegido pelo manto materno.

CASO ZILÁ

A mitologia, a literatura e a história nos oferecem um grande número de exemplos que ilustram a peremptoriedade do ser humano de satisfazer o desejo, profundamente arraigado, de realizar na vida adulta o anseio de maternidade e paternidade pela adoção, quando os condicionamentos biológicos inviabilizam a consanguinidade da relação parental. Entretanto, essa decisão pode mobilizar, como no caso relatado, um sentimento de fracasso, mas também de desvalimento e, não raro, de culpa. Uma defesa frequente contra esses sentimentos consiste em o casal estéril registrar um recém-nascido em seu nome, supostamente para "preservar" a criança do conhecimento de sua condição de adotado, ou decidir aguardar o momento "adequado", que nunca chega, para revelar a verdade sobre a sua origem.

Essas desculpas para evitar a realidade não deixam de ter um caráter humano, mas se vinculam diretamente com o narcisismo do casal, que busca na adoção muito mais esconder uma intolerável incapacidade física do que propriamente dar e receber amor de outro ser em todas as suas etapas do desenvolvimento. Um caso exemplar dessa verdadeira patologia da adoção foi protagonizado por Zilá, 36 anos, uma profissional da área da saúde que simulou todas as etapas de uma gestação, superpondo ao ventre volumes progressivamente maiores e, ao aproximar-se a suposta data do parto, viajou a outra cidade e lá se internou no hospital onde nasceria a criança que combinara previamente adotar.

O toque mais caricato dessa triste pantomima revelou-se nas fotografias batidas no leito hospitalar. Numa delas, a que serviu depois para decorar o quarto da criança, a falsa mãe biológica recebia o recém-nascido dos braços de uma enfermeira, aparecendo atrás da cama um tubo de oxigênio ali propositalmente colocado. O desejo de Zilá era esconder a sua infertilidade, mas ao colocar o tubo de oxigênio atrás de cama em que se encontrava deitada com esse objetivo, ela acabou revelando a sua vivência de desvalimento diante da incapacidade de gerar um filho. De outro lado, esse detalhe que objetivava apagar qualquer suspeita de uma adoção aponta para a ausência do verdadeiro sentido da maternidade que não se superpõe necessariamente à concepção, tendo em vista que, ao levar em consideração uma suficientemente boa relação mãe-bebê, como adverte Winnicott (1945), deveríamos reconhecer como verdadeira a "mãe de criação", coincidindo ser ela também a "mãe biológica" ou não.

A conduta de Zilá constitui uma defesa contra um narcisismo ferido pela impossibilidade de engravidar, resultado de um ideal do ego implacável. A simulação se explica pelo fato de ela precisar resgatar a perfeição perdida na imagem de um filho que tenha sido gerado em suas entranhas e que possa ser tomado como parte dela ou como um espelho que reflita sua imagem idealizada. Essa solução defensiva também se verifica no papel reservado à criança quando, nela, a mãe projeta sua imagem desvalorizada pela infertilidade. Ela terá de ser alguém importante para que a mãe, através dela, recupere o amor de seus pais, o qual considera perdido por tê-los decepcionado devido à infertilidade. Esse sentimento pode e costuma ser compartilhado pelo marido, mas a frustração que geralmente o homem enfrenta diante da impossibilidade de gerar um filho com sua mulher se relaciona, predominantemente, com a questão do nome, ou seja, da continuidade, correspondendo à fantasia de eternidade que a descendência confere.

Ao descrever o caso de Zilá, procura-se chamar a atenção para uma série de dificuldades relacionadas à psicologia do casal que cercam o processo de adoção, gerando e potencializando a problemática do adotado. Quando a adoção equivale a uma defesa, o resultado não costuma ser satisfatório porque as expectativas em relação ao adotado tornam-se rígidas e muito elevadas. Por conta disso, em muitos casos, as dificuldades emocionais apresentadas pelos filhos adotados têm mais a ver com as demandas internas dos pais adotivos do que com os inevitáveis conflitos vinculados às suas origens.

Não é apenas o adotado, contudo, que sofre as consequências de uma atitude inadequada dos pais adotivos, mas também o próprio casal, como acontece quando ele decide manter escondida a verdade sobre a origem do filho. A característica mais marcante dessas situações é a tensão que, no caso do adotado, pode provocar o surgimento de dificuldades escolares, de transtornos psicossomáticos, como obesidade, distúrbios de conduta, incluindo o uso de drogas, a delinquência e outras psicopatologias mais ou menos graves.

No lado do casal, a tensão gerada pelo segredo acaba despertando a desconfiança de que alguém diga ao filho que ele é adotado. Trata-se de um temor que se renova diariamente, envolvendo parentes, vizinhos, amigos e colegas de aula do adotado. Depois de algum tempo, o próprio cônjuge torna-se alvo da suspeita. Portanto, o casal sente-se permanentemente ameaçado – de dentro e de fora – de que a ferida narcísica, fechada com a mentira, venha a ser reaberta. Comprometido com o controle dessa situação, a tendência do relacionamento do casal é empobrecer-se progressivamente. Contudo, esse não é o único problema que o casal se defronta quando decide esconder a condição de adotado dos filhos. Tal atitude pode instalar na mente dos adotantes o sentimento de ter roubado os filhos de seus pais biológicos e, por conta disso, tornarem-se presas do temor de eles entrarem em contato com os adotados e esses, decepcionados por terem sido enganados, queiram retornar à sua família de origem.

Provavelmente, um dos sintomas mais frequentes de homens e mulheres frente à infertilidade é sentir-se desvalorizado. Marido e mulher, ao tomarem conhecimento da impossibilidade de gerar um filho, revivem a experiência infantil de se sentirem prejudicados em relação aos pais que, de acordo com o pensamento da criança, são onipotentes e podem fazer tudo o que desejam. Entre esses valorizados e exclusivos prazeres dos pais, manter relações sexuais e gerar filhos ocupa o primeiro lugar na mente da criança que, na melhor das hipóteses, deve conformar-se com a expectativa e, no futuro, quando já tiver crescido o suficiente, vir também a desfrutá-los.

No entanto, nem sempre a criança aceita essa "inferioridade", ainda que temporária, podendo estabelecer com os pais uma intensa rivalidade que se mantém latente durante o desenvolvimento. Ao sentir-se mais uma vez "derrotado" pelos pais por não poder, como eles, gerar um filho, o indivíduo busca uma solução mágica para essa situação pela adoção de uma criança. Não obstante, esse sentimento, apesar de comum, quem sabe possa não resultar nas maiores dificuldades na relação dos pais com os filhos adotivos. O problema torna-se mais sério quando, pela adoção, o casal procura aplacar sentimentos infantis exagerados de inveja em relação aos próprios pais, os quais são reativados pela constatação da infertilidade e, posteriormente, vividos em relação aos pais biológicos da criança adotada.

Freud (1916) escreveu o artigo *Alguns tipos de caráter encontrados no trabalho analítico*, em que se refere aos "criminosos por sentimentos de culpa", assinalando que os atos delituosos de alguns indivíduos objetivam apaziguar a cobrança de um superego punitivo mediante o castigo que lhe é imposto. Uma adoção pode seguir esse caminho, engendrado na relação com o adotado pela omissão da sua condição, pela falsidade dos relatos sobre a sua origem e pela falta de limites, muitas vezes observada com filhos adotivos, representando uma forma de compensá-los por terem sido abandonados pelos pais biológicos. Nos casos de pessoas que, inconscientemente, buscam o castigo, os filhos podem ser "preparados" para desempenhar o papel punitivo do superego. Evidentemente, essa solução dos conflitos infantis também pode ser buscada com os filhos biológicos, mas, no caso da adoção, o processo é facilitado pela dinâmica psicológica do adotado que, muita vezes, busca degradar os pais adotivos para atenuar os sentimentos de culpa em relação à sua origem.

Não raro, a esterilidade é negada com o uso de defesas maníacas, quando o indivíduo substitui a dolorosa realidade de não poder gerar um filho pela desvalorização da concepção e a correspondente idealização da adoção. Para esses pais, os filhos adotivos são melhores dos que os que não foram adotados, e eles mais felizes do que os outros pais. O habitual insucesso dessas adoções decorre do fato de que não existe uma elaboração do luto pela incapacidade de procriar, encontrando-se, nesses casos, negada. Na falta desse trabalho psíquico, o indivíduo não se capacita para o que Lisondo (2005) chama de "filiação simbólica", em oposição à "filiação diabólica", situação em que a criança adotada é tomada como um substituto do luto pela infertilidade que deveria ser realizado.

Independentemente do comportamento dos adotantes, os filhos adotivos possuem uma psicologia própria, decorrente do fato de não terem sido criados pelos pais que os conceberam e por manterem vínculos afetivos com duas duplas parentais, embora, na maioria das vezes, uma habitando o mundo da realidade e a outra o mundo da fantasia. Como resultado, eles podem experimentar um medo exacerbado de vir a serem abandonados pelos pais adotivos e, mais cedo ou mais tarde, apresentarem, por conta disso, um conflito de identidade. Sendo assim, o medo do abandono e o conflito de identidade são duas questões que todos os que lidam com adotados devem ter sempre presentes, a começar pelos pais adotivos, pois os adotados costumam levar muito tempo para adquirir a segurança de que não vão perder os pais novamente e constituir uma identidade estável.

Freud (1908) referiu-se ao "mito do adotado", correspondendo à fantasia infantil universal de não sermos filhos legítimos do casal que nos cuida, a qual, para a psicanálise, resulta da competição com os pais e das frustrações que a relação entre eles acarreta à criança. Essa ideia de uma dupla paternidade, que para a maioria das crianças é uma fantasiosa indagação que a realidade se encarrega de retificar, para o adotado constitui uma permanente fonte de dúvida, a qual sustenta uma constante e ameaçante vivência de abandono, que mobiliza tanto a raiva quanto a culpa que nela tem origem. Eventualmente, essa vivência é reforçada pelas naturais dificuldades da mãe adotiva, à qual faltam as experiências de relacionamento com a criança durante a gestação e os primeiros momentos após o parto.

O outro lado a considerar na adoção é que a dupla parentalidade coloca o adotado diante de uma realidade humana particularmente complexa. Embora o precoce estabelecimento da verdade possa abrandar os conflitos internos e de relacionamento com os pais adotivos, na prática observa-se que esse desejável gesto não extingue o anseio do adotado de conhecer seus pais biológicos. Não obstante, nem sempre ele revela esse desejo aos pais adotivos pelo receio de magoá-los e, frequentemente, evita realizá-lo pelo medo de perdê-los. Portanto, ao mesmo tempo, ele quer e não quer conhecer os pais biológicos, podendo essa ambiguidade pautar a trajetória da vida do adotado, como foi retratado por Sófocles em *Édipo Rei*.

No entanto, essa inquietante busca de si mesmo é o doloroso e inevitável destino do adotado, que não pode nem deseja abandonar a busca da sua verdadeira identidade. Busca essa que vai caracterizar a personalidade do adotado e que pode dar margem a variados distúrbios emocionais, principalmente naqueles casos em que os pais adotivos estabelecem um conluio com a criança de omitirem a verdade sobre a sua origem. Esta omissão que, supostamente, visa poupar o adotado do sentimento de ter sido abandonado pelos pais biológicos, impõe ao mesmo o oposto: a culpa por tê-los abandonado. O sentimento de culpa em relação aos pais biológicos costuma ser a causa de uma série de manifestações, entre as quais: desinteresse pelos estudos, uso de drogas e condutas agressivas com os pais adotivos. Essas manifestações podem ter o objetivo de frustrar as expectativas dos pais adotivos e fazê-los fracassar diante dos pais biológicos. Por essa razão, os pais adotivos deveriam, de alguma maneira, deixar bastante claro para os filhos que aceitam naturalmente o desejo de conhecerem seus pais biológicos e que, se forem solicitados, estão dispostos a ajudá-los nessa tarefa.

Sem dúvida, o caminho da saúde mental do adotado e do seu melhor relacionamento com os pais adotivos passa, necessariamente, pelo conhecimento de sua condição de adotado e pela liberdade de procurar e conhecer os pais biológicos. Enquanto a mentira gera a desconfiança e a raiva em relação aos pais adotivos, sentidos pela criança como pessoas interessadas apenas em satisfazer suas necessidades narcísicas de possuírem um filho, a verdade estabelece um padrão de confiança e de sinceridade neste relacionamento geralmente cercado de muitas dúvidas. Os pais adotivos, ao abrirem mão do desejo de aparentarem uma descendência verdadeira, despertam um consistente sentimento de gratidão na criança que, ao mesmo tempo, vendo seus pais biológicos reconhecidos e valorizados, aumenta sua autoestima e o seu sentimento de identidade.

Um aspecto que frequentemente inquieta pais adotivos bem intencionados quanto à questão de informar ao filho a sua condição de adotado é a época em que tal revelação deve ser feita. Igual preocupação também demonstram alguns autores, indicando assim que haveria um momento mais adequado para a revelação. No entanto, não existe um momento definido para esse esclarecimento, assim como inexiste um momento para informar um filho não adotado sobre a sua legitimidade, porque ele pode ter dúvidas a esse respeito, como vimos que de fato tem.

A indecisão desaparece se os pais adotivos aceitam a realidade de que não são os pais biológicos da criança e que a tomaram para criá-la. Ou seja, o problema crucial a ser enfrentado não é o da época da revelação, mas a injúria narcísica que ela representa àqueles indivíduos que se recusam a aceitar a sua impossibilidade de gerar um filho. O que não deve ser esquecido é que uma verdade só precisa ser revelada quando paira uma inverdade, caso contrário ela estará sempre presente.

São muitas as particularidades que cercam o tema da adoção, mas elas não deveriam levar ninguém a ter a falsa impressão de que, quando um casal chega à conclusão de que é estéril, qualquer iniciativa no sentido de tomar uma criança para criar é prenúncio de inevitáveis dificuldades. Não é o que acontece em grande número de casos, principalmente aqueles em que o casal procura enfrentar os sentimentos de perda inevitavelmente relacionados com a adoção e se relaciona com a criança dentro da realidade. As incertezas com a adoção são muitas, mas o que devemos fazer é enfrentá-las. Afinal, um filho biológico também não representa muitas incertezas?

A descendência, afora conceder um motivo para os esforços dos pais e enriquecer sua existência, representa a única forma de seguir vivendo após a morte. Contudo, o sucesso da adoção depende de um grande número de fatores, mas estará menos exposta a conflitos se as duas partes, o casal estéril de um lado e a criança desprotegida de outro, reconhecerem o mútuo benefício desse encontro. Sentindo-se compensados em seu sofrimento, capacitam-se para uma maior dose de tolerância e mais facilmente conseguem demonstrar seus sentimentos de gratidão. Em outras palavras, nem a criança precisa exigir que o casal adotante seja melhor que aquele que lhe gerou, nem os pais adotivos necessitam que a criança adotada lhes proporcione mais satisfações do que um filho biológico.

O aspecto mais difícil de enfrentar nas adoções – a realidade – constitui o elo mais forte da relação afetiva entre pais e filhos adotivos e o pilar fundamental do desenvolvimento emocional do adotado. É indispensável que o casal adotante esteja plenamente convencido de que o traumático para a criança é o mistério sobre a sua origem, e não a realidade, a qual desmitifica o passado e abre as portas para o futuro. Quando o adotado é alguém cuja missão não é resolver o problema de um casal infeliz, mas completar a felicidade de um casal consciente de sua limitação, e possa ver nesse casal uma oportunidade de possuir uma família, a adoção pode representar um maravilhoso projeto de vida.

O verso final de uma linda canção de Vinicius de Moraes – cujo título é também o deste capítulo – que diz "Não há você sem mim, eu não existo sem você", configura a dura e, ao mesmo tempo, humana realidade da relação entre casais estéreis e indivíduos adotados, capaz de gerar o mais puro e sincero amor entre pais e filhos. Portanto, devemos considerar como a base sadia da relação entre pais e filhos adotados o mútuo e pleno reconhecimento da falta, sem o qual se abre o caminho para o estabelecimento de um relacionamento patológico.

REPRODUÇÃO ASSISTIDA

A reprodução medicamente assistida como solução para os problemas de fertilidade, em voga na contemporaneidade,* tem uma longa história, cuja data mais significativa é 25 de julho de 1978, dia em que nasceu na Inglaterra Louise Brown, fruto da primeira fertilização *in vitro* bem-sucedida no mundo. Mas a ambição do ser humano em encontrar meios para lidar com a infertilidade já se evidencia na segunda metade do século XVIII, quando teria ocorrido a primeira inseminação artificial de uma mulher usando sêmen do seu marido; em 1878, quando foi registrada a primeira tentativa de realização de uma fertilização *in vitro* com gametas de mamíferos; em 1884, quando foi feita a primeira tentativa de usar sêmen de doador em uma inseminação intrauterina; no período 1920/1930, quando foram identificados os hormônios essenciais para a fertilidade, foi estudada a ação do LH e do FSH sobre a ovulação e feitas as primeiras tentativas de obter gonadotrofinas naturais para usar em mulheres inférteis; em 1958, quando foi realizada a primeira indução da ovulação artificial com gonadotrofinas extraídas da glândula pituitária humana; e, em 1962, quando nasceu a primeira criança com a indução artificial de ovulação.

Em anos mais recentes, registra-se o nascimento do primeiro bebê com óvulos doados e também o primeiro nascimento com embriões congelados

---

* De acordo com reportagem especial de *Zero Hora*, de 23/02/2014, assinada por Kamila Almeida, 50.775 bebês nasceram de reprodução assistida no Brasil de 1990 a 2011. A matéria registra o 25º aniversário da primeira criança nascida em um hospital do Rio Grande do Sul pelo método GIFT (transferência intratubária de gametas), método atualmente em desuso. O jovem tem gravado no lado esquerdo do peito a seguinte frase: *Una buona madre vale piú di um centinaio di insegnanti. Grazie Mamma.*

(1983), e noticia-se a primeira gravidez usando a técnica de injeção de espermatozoide diretamente no óvulo (1992).* Atualmente, a reprodução assistida inclui vários métodos: inseminação artificial intrauterina (IUI), fertilização *in vitro* (IVF), transferência intratubária de zigotos e gametas (ZIFT/GIFT), maturação *in vitro* de óvulos (IVM), microinjeção intracitosplasmática de espermatozoides (ICSI), criopreservação de espermatozoides, óvulos e embriões (congelamento), diagnóstico genético pré-implantacional (DGPI) e a maternidade de substituição (barriga de aluguel).

Os métodos mais utilizados na atualidade são a inseminação artificial e fertilização *in vitro*, as quais podem ser homólogas ou heterólogas, entre quais se inclui a ovodoação, tema de uma pesquisa realizada por Oliveira (2013), que enfocou particularmente os relatos sobre o tratamento realizado e o fato de essas mulheres pensarem ou não em contar a seus filhos sobre o processo de ovodoação. Entre as mulheres que fizeram parte da pesquisa, duas (Arlete e Isaura) terão o material de suas entrevistas analisados pelo método de investigação psicanalítica ADL (Algoritmo David Liberman).**

Obviamente, existem outros aspectos relevantes que podem ser estudados sobre as características psicológicas de mulheres que recorrem à ovodoação, e cada um deles poderia ser objeto de estudo específico. Por exemplo, a relação com o tratamento e os profissionais, problemas institucionais, vínculos familiares e sociais (com cônjuges, filhos, pais, amigos, etc.), a relação entre maternidade e vida profissional, dentre tantos outros. Também é possível se perguntar quais seriam as problemáticas afins ao tema da ovodoação, nas quais se podem incluir os diferentes trabalhos referentes à multiplicidade de técnicas de fertilização assistida, assim como, da mesma forma, os estudos sobre esterilidade.*** Afora isso, podemos considerar que existem

---

* Dados levantados pelo INVIDA (invida.med.br).
** Método de investigação psicanalítica desenvolvido por David Maldavsky que analisa palavras, relatos e atos de fala do discurso.
*** Poder-se-iam também acrescentar estudos sobre as receptoras e doadoras. Em uma investigação sobre essas últimas, Barón, Koreck e Lancuba (2006) buscaram alcançar os seguintes objetivos: (a) conhecer as motivações que levam as doadoras a tomar a decisão de entrar em um programa da OVD com remuneração financeira, (b) avaliar a necessidade de realizar uma entrevista psicológica diagnóstica, a fim de descartar patologia psicológica (em doadoras), (c) considerar a necessidade de levar a cabo uma entrevista psicológica posterior à OVD (doadoras). Neste estudo, observaram que, se as doadoras já têm filhos, diminui o temor de ter "um filho próprio em mãos alheias" e, portanto, diminuem os sentimentos de inveja. Na análise dos casos, veremos que, em certa proporção, que as receptoras podem apresentar o temor inverso, isto é, "ter um filho alheio em suas mãos" (a cena fantasmática que constrói cada uma das mulheres – doadora e receptora – parece ser uma o complemento da outra).

outras áreas de investigação que, em parte, se aproximam do objeto deste estudo, tais como a adoção, o transplante de órgãos, entre outras.*

Quanto aos aspectos significativos da ovodoação, são relevantes os fatores que favorecem ou obstaculizam a possibilidade de a mulher legitimar-se como mãe, as ações eficazes dos profissionais envolvidos que podem incluir preconceitos, crenças, influências do imaginário social, etc.,** os critérios para determinar o investimento na procriação de um filho, o luto pela fertilidade, as consequências por reduzir a prática de ovodoação a um ato médico,*** o impacto das tecnologias, os problemas de ética (p. ex., ligados à barriga de aluguel ou à criopreservação de embriões), mudanças nas formas vinculares e de parentalidade, problemas de gênero,**** etc.

Cada um desses subtemas, por sua vez, reúne em si múltiplas temáticas. Por exemplo, sobre as questões vinculares, verifica-se que a gravidez passa a ser algo conduzido a três mãos, pela inclusão do médico e da tecnologia (Abraham de Cúneo, 1997), ou também, como destaca Losoviz (1995), que uma criança poderia ter até cinco progenitores: mãe ovular, mãe gestante e mãe social; pai genético e pai social. Quer dizer, torna-se imperativo investigar que tipos de mudança, complexidades e conflitos são introduzidos nas configurações vinculares a partir das famílias que se desenvolvem com o auxílio das técnicas de fertilização assistida. Ao mesmo tempo, isso tudo está ligado aos problemas éticos e à questão do significado do desejo de ter um filho.

---

* Diferentemente da adoção, na ovodoação a receptora de oócitos tem a experiência da gravidez e, diferentemente de outras técnicas de fertilização, a carga genética, por exemplo, é alheia.
** Báron, Koreck e Lancuba (2006), perguntam-se, por exemplo, por que o fato de se tratar de material genético feminino gera conflito, enquanto o banco de esperma é aceito há varias décadas.
*** Algo semelhante foi levantado a respeito do processo de adoção, quanto a não limitá-lo a um mero trâmite burocrático (Beramendi, 2003). Esse problema pode relacionar-se com as intervenções médicas para transplante de órgãos. Efetivamente, sabemos que o sucesso médico não é suficiente para que o desejo de viver (ou os componentes de Eros) neutralize a eficácia da pulsão de morte.
**** Alvarez-Díaz (2006) desenvolveu um estudo – com casais que haviam realizado tratamento de fertilização assistida – cujo objetivo foi explorar os tipos de ansiedade diante da doação hipotética de embriões. Dos resultados, podemos destacar especialmente dois. De um lado, que a doação de embriões com o propósito de investigação fica mais prejudicada do que se realizada pelo desejo de ter um filho. De outro, houve uma diferença ao dividir os resultados segundo o gênero: os tipos de ansiedade mais comuns para o gênero masculino foram culpa, vergonha e separação; e, para o feminino, culpa, separação e vergonha.

No entanto, também devemos considerar uma perspectiva parcialmente diferente. A rigor, muitos desses problemas não são exclusivos da procriação por esses métodos, mas também inerentes às famílias convencionais. Nesse sentido, talvez devamos pensar que agora se tornam mais visíveis ou viáveis aos profissionais. Mais ainda, podemos nos perguntar se alguns preconceitos não são expressão de como se escotomiza a percepção de certas características maternas (ou de vínculos entre pais e filhos) quando entre elas há laços biológicos, e que só as percebemos nos casos em que esses laços estão ausentes.* A fecundação excluída do ato sexual, sendo realizada com a participação de terceiros, deu continuidade à biologia contraceptiva, mas cabe destacar que, enquanto na contracepção a dissociação é funcional e voluntária, na infertilidade é um sofrimento. Sobre a delimitação entre procriação e sexualidade, acrescentamos que, assim como Freud apresentou um conceito mais amplo e abrangente da sexualidade, que não se restringe à reprodução, agora também temos a situação inversa: meios para reprodução que transcendem o âmbito da sexualidade.

Alguns conhecimentos psicanalíticos são de utilidade para o estudo dos aspectos psicológicos das mulheres que recorrem à ovodoação. Em primeiro lugar, consideramos os conceitos centrais – pulsão e defesa –, que nos permitem identificar as correntes psíquicas que operam nesses casos. Estudar as correntes psíquicas leva a detectar, em cada caso, a posição do ego ante o id, a realidade e o superego. Mesmo que não nos proponhamos a fazer um desenvolvimento contextual extenso, podemos acrescentar que, embora façamos referência à pulsão sexual, é pertinente levar em conta as polaridades da pulsão de autoconservação: conservação de si e da espécie. Também, na fronteira dos conceitos relativos à teoria dos vínculos, será de grande valia a teoria freudiana das posições psíquicas: modelo, objeto, auxiliar, rival e duplo. Então, abordaremos brevemente a questão das pulsões egoicas, ou mais precisamente a concepção freudiana do corpo, não tanto sob a perspectiva representacional, mas melhor compreendida como fonte química da pulsão.

Citando Maldavsky: "Mesmo que a pulsão de autoconservação mantenha mais claramente uma raiz no soma do que a pulsão sexual, esta não pode ser desconsiderada por se tratar de um conceito biológico e, por consequência, externo à psicanálise" (1986, p. 27). A rigor, para Freud, toda a pulsão tem componentes somáticos (a fonte) e sua essência consiste em ser um fator estimulante, uma exigência de trabalho para o psíquico. A respeito da pulsão de autoconservação, especificamente, sua meta é definida em função de um dos princípios reguladores da descarga, a constância.

---

* Assim como podemos prejulgar que as gravidezes pelas técnicas de fertilização assistida nem sempre correspondem ao desejo genuíno de ter um filho, também podemos prejulgar ao supor que a maternidade natural seja sempre condizente com esse desejo.

O seguinte gráfico sintetiza as hipóteses de Freud sobre a estrutura pulsional global:

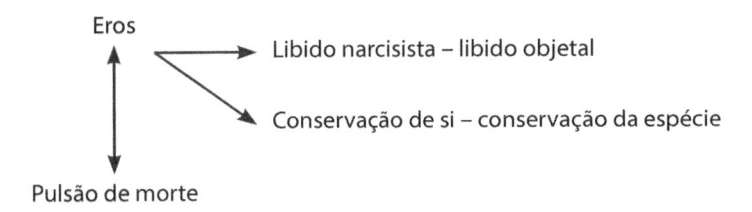

```
        Eros
         ↑  ↘→ Libido narcisista – libido objetal
         │   ↘
         │    ↘ Conservação de si – conservação da espécie
         ↓
   Pulsão de morte
```

Ou seja, no interior do Eros, Freud distingue duas polaridades, e seus termos podem entrar em diversas combinações que, além de tudo, se articulam com outro elemento extrínseco ao Eros: a pulsão de morte.

Quanto à autoconservação (ou conservação de si), Freud destacou que possui dois componentes: de um lado está o registro das próprias necessidades (investidura egoísta do ego) e, de outro, o reconhecimento das condições ilusoriamente objetivas em que essas necessidades seriam satisfeitas (interesse pelo objeto).

Esses componentes da conservação de si (egoísmo e interesse) podem entrar em contradição com a conservação da espécie. A esse respeito, Maldavski (1986) descreve que, no caso da gravidez e do parto, pode ocorrer uma oposição entre conservação da espécie e investidura egoísta do ego.

Por outro lado, Freud (1923, p. 47-48) afirmou que a satisfação genital

> [...] em que se conjugam todas as exigências parciais, libera as substâncias sexuais que são, por assim dizer, portadoras saturadas das tensões eróticas. A repulsão dos materiais sexuais no ato sexual corresponde, até certo ponto, à divisão entre soma e plasma germinal. Daí vem a semelhança entre o estado que sobrevém à satisfação sexual plena e o morrer.

Quer dizer, se apresenta aí certo paradoxo: ao mesmo tempo que a prática sexual priva o indivíduo de um componente ligador, que se desfaz a diferença entre constância e inércia, essa prática também revitaliza o indivíduo, protegendo-o do risco de estados tóxicos.

Desse modo, uma porção da sexualidade deve conservar-se no interior como defesa ante a pulsão de morte dirigida contra o próprio organismo, assim como outra porção, por sua vez, ameaça com a intoxicação, caso não se realize um encontro com o diferente. Vejamos mais detalhadamente sobre a maneira como uma substância viva resiste ao retorno à inércia.

Concretamente, Freud (1920) defendeu que o vivo está constituído por um conjunto de elementos químicos que procura resistir ao retorno à inércia de três maneiras diferentes. Duas dessas maneiras correspondem a um corpo singular, enquanto o terceiro risco de aniquilação do vivo corresponde ao caráter de representante da espécie que tem cada corpo. O primeiro risco, então, é a autointoxicação que se apresenta quando um corpo compõe-se de elementos quimicamente idênticos e, portanto, se satura com seus próprios dejetos. O modo de combater o retorno à inércia por autointoxicação provém do encontro com o quimicamente diferente, mas afim, que toma como trófico os dejetos de outro setor. O encontro com o diferente, mas afim, gera uma tensão que se resolve por complexização estrutural. Essa tensão é essencial para a conservação do vivo e faz resistência à pulsão de morte.

A pulsão de autoconservação, portanto, parece ser o resultado dessa aliança intercelular antitóxica, que impõe, por meio de certos mecanismos, postergar o retorno à inércia* (Maldavsky, 1992, 2002). O nexo entre sexualidade e autoconservação, por sua vez, permite o desenvolvimento de certo sadismo funcional que dirige a agressividade para o exterior do próprio corpo ou para aqueles setores do corpo que ameaçam a harmonia do conjunto (p. ex., desenvolvimentos celulares que não são afins). Nesse sentido, os riscos da falta de neutralização da pulsão de morte são dois: a intoxicação e a autofagocitação (ou autoconsumação). Em ambos os casos, a combinação entre a falta de contribuição de um objeto e a falta de atividade própria, a partir da perspectiva de Eros, conduz a uma crescente desestruturação da economia pulsional.**

O segundo risco provém das excitações mundanas desmedidas, o que torna necessário dispor de um dispositivo para preservar-se dos exageros exógenos. Estas, por sua vez, ameaçam desordenar o sistema, nivelar a tensão vital a zero e eliminar o diferencial, tornando-o idêntico. A fim de proteger-se de tal risco, o vivo gerou uma camada superficial morta, e por isso não excitável: a couraça de proteção antiestímulo. Um terceiro componente, o plasma germinal, consiste na possibilidade de manter a continuidade do vivo, mesmo tendo de descartar um corpo em particular. Ou seja, cada organismo possui um fragmento pulsional que procura a reprodução e, por esse caminho, preserva a espécie. A esse setor, Freud (1940) denominou pulsão

---

* As pulsões de autoconservação são um composto em cujo interior se reúnem certas funções como a respiração, a alimentação, o dormir e também o curar.
** Sobre a autofagocitação, Maldavsky (2002, p. 37) acrescenta: "como tudo, inclui algum tipo de atividade que toma como objeto outro setor do próprio corpo, parecendo derivar da tentativa de processar uma exigência pulsional – como a fome – com o critério da alteração interna, ou seja, com o critério que se processa a pulsão de dormir, a de curar e a de respirar. A autofagocitação leva a consumir a energia pulsional de reserva e deixa o sistema no seu conjunto sem possibilidade de desenvolver ações específicas e, por consequência, inerme também ante o mundo exterior".

de conservação da espécie, e o cumprimento de sua meta requer o encontro com outro corpo diferente, mas afim.

Em síntese, um corpo, como fonte pulsional, possui uma estrutura tripartite: células com uma afinidade e uma diferença química, couraça antiestímulo e plasma germinal. O Quadro 20.1 a seguir resume o que foi exposto:

QUADRO 20.1
O corpo como fonte pulsional

Riscos	Formas de resistir	
Autointoxicação autofagocitação	*Aliança intercelular antitóxica*	*Fonte de tensões vitais*
Intrusão de excitações mundanas desmedidas	*Couraça de proteção antiestímulo*	*Preserva as intrusões exógenas desmedidas*
Que o vivo não se perpetue para além de um corpo singular	*Plasma germinal*	*Aspira à perpetuação do vivo*

RESULTADO DA PESQUISA

Conforme foi dito inicialmente, cada entrevista foi estudada pelo método psicanalítico de análise do discurso, o Algoritmo David Liberman (ADL), que investiga os desejos e as defesas em três níveis: os relatos, os atos de fala e as redes de palavras. Em relação aos desejos, o ADL considera sete: libido intrassomática (LI), oral primária (O1), oral secundária (O2), anal primária (A1), anal secundária (A2), fálica uretral (FU) e fálica genital (FG). Em relação às defesas, estão incluídas tanto as defesas centrais quanto as secundárias – por razões expositivas, só mencionaremos as primeiras: defesa de acordo e afim, criatividade, sublimação, repressão, desmentida, desestimação da realidade e da instância paterna e desestimação do afeto.

Cada uma dessas defesas pode apresentar-se em três estados diferentes: exitoso, fracassado ou misto. A esse respeito, convém esclarecer que cada defesa (tanto as funcionais como as patogênicas) tem duas metas: opor-se a algum dos senhores do ego (pulsão, realidade e superego) e sustentar um equilíbrio narcisista. Nesse sentido, uma defesa é exitosa quando consegue ambas as metas, fracassada quando não alcança nenhuma delas e mista quando alcança uma meta específica (opor-se a alguma das exigências), mas não alcança um equilíbrio narcisista.

O método utilizado, portanto, constitui-se um instrumento sofisticado para detectar tais desejos, defesas e estados nas manifestações de um sujeito – manifestações que se expressam e se organizam em cenas específicas. Para a pesquisa, selecionamos um grupo de mulheres com as quais se realizou uma entrevista com 10 perguntas (aqui iremos expor somente dois casos). Foram vários os temas abordados (relação com o cônjuge, vínculo com sua própria mãe, etc.). Para a análise dos relatos, escolhemos dois temas centrais específicos:

1. tratamento, gravidez e gestação;
2. relação com o filho ou com os filhos.

Para a análise dos atos da fala (cenas exibidas na fala), estudamos particularmente as respostas à pergunta "se pensaram, no futuro, contar a seus filhos sobre o tratamento".

CASO ARLETE

A entrevistada realizou o tratamento de ovodoação em uma idade relativamente avançada, alguns anos depois do falecimento de seu único filho. Referiu que seu marido ignora o tipo de tratamento que realizou. Relata, ainda, que economizou muito dinheiro para fazer o tratamento e que atualmente o faz para o futuro do filho. Quanto aos pensamentos sobre o tratamento e a gravidez, são relevantes suas alusões místicas e convicções sobre o poder de Deus, como se pretendesse convencer-se e induzir em outros a crença de que sua gravidez foi um "milagre". Por meio dessas atitudes, observamos a tentativa de desconhecer as limitações de sua idade, a carga genética alheia e a realidade do tratamento ao qual se submeteu.

O tipo de linguagem em que tudo se expressa é inerente ao desejo oral primário (O1), para o qual a realidade é abstrata ou fruto da ciência, e essa deve ser a ideia que a paciente tem sobre a "criação" de seu filho. Como se ela procurasse acreditar que o filho foi um produto divino, ou talvez de uma realidade gerada pela tecnologia, não tanto pela participação de seu esposo e a doação de um óvulo alheio.* A ideia da gravidez como milagre divi-

---

* Provavelmente, no trabalho com casais que realizam estes tipos de tratamentos, seja necessário encarar um problema vincular específico: o conflito entre a mulher receptora de um óvulo alheio e o homem que contribui com o próprio esperma. Em alguns casos clínicos temos visto que certas mulheres optam pela adoção como uma forma de nivelar esta "desigualdade".

no (combinação entre o desejo O1 e a desmentida exitosa), implica que o médico é visto como o representante do modelo, e ela, como duplo deste e, portanto, coexistindo com o ideal. Da mesma forma, seu marido, e veremos que também o seu filho, estão localizados como auxiliares para o sucesso da iluminação divina. Também é significativa a linguagem correspondente à libido intrassomática (LI), a qual se apresenta por meio de referências ao próprio corpo, à morte de seu primeiro filho e em relatos que colocam em destaque o pensamento numérico, especulativo (dinheiro).

Por exemplo, Arlete afirmou que seu filho é o "patrimônio para a velhice". Pensar no filho como um "patrimônio" talvez dê a entender equiparar o filho a um órgão seu. Em resumo, podemos afirmar que, diante de um corpo (organismo) impossibilitado para uma gravidez natural, Arlete recorre a um número, a uma quantidade, para conservar uma tensão vital. Da mesma forma, seu modo particular de vivenciar a ovodoação consiste na construção de uma ficção (via desmentida) que lhe permite substituir a vivência de um fracasso orgânico e a realidade dos tratamentos por uma convicção religiosa.[*] Com isso, também desconhece o papel de seu marido na gestação e, por sua vez, o próprio marido desconhece o caminho que a esposa percorreu para conseguir a gravidez (também desmente, restando-lhe como valor a aparência física semelhante entre a criança e seu marido).

Com relação ao vínculo com seu filho, em termos de relatos, também ocorre a linguagem oral secundária (O2). Concretamente, nosso estudo constata que a relação de Arlete com seu filho se apresenta como um recurso frente a uma vivência solitária e desamparada. Isso faz supor que o filho não está investido no lugar do objeto, mas sim está colocado na posição de auxiliar (desmentida exitosa). E ainda parece provável que esse filho funcione para Arlete como substituto de seu filho falecido. Acrescentamos, também, que, como ela economizou para o tratamento e também economiza para que o filho estude, ele se constitui um "patrimônio" para Arlete. Nesse sentido, a criança representa ou expressa uma "quantidade" (LI) que permite à sua mãe superar uma vivência de desvitalização e tristeza, bem como estados de impotência orgânica e afetiva.

Paralelamente, analisamos os atos de fala ao responder a seguinte pergunta: "Alguma vez imaginaste contar ao teu filho como ele foi concebido?". A análise da resposta mostra a combinação entre referências místicas (O1) e exageros (FG). Nesse caso, podemos fazer uma distinção de maior precisão: Arlete utiliza um argumento O1 (referências à iluminação divina) e um

---

[*] Em seu trabalho sobre adoção, Beramendi (2003) relata sobre a angústia surgida ao referir-se à existência dos progenitores e considera a eficácia da desmentida, ou seja, de uma defesa para poder suportar os sentimentos provenientes de uma racionalidade na qual a entrega de um filho em doação seja funesta.

recurso expressivo FG (exageros) para desconhecer uma realidade orgânica (LI). Um pouco antes de começar a responder, a entrevistadora lhe pergunta: "E o que vais contar a ele? O que vais dizer?". Ao que ela responde: "Vou dizer que fiz um tratamento e fiquei grávida dele, mas não vou contar a verdade, porque talvez um dia ele queira saber da outra mãe".

Arlete aqui recorre a três atos de fala anal secundária (A2): antecipação de feitos concretos ("vou dizer..."), uma adversativa ("mas não vou contar a ele...") e um enlace causal ("porque talvez um dia..."). A antecipação, então, corresponde a um feito concreto, embora a adversativa aponte a "verdade". Ou seja, Arlete antecipa uma "mentira" (O1). Por sua vez, o argumento que sustenta a objeção combina novamente uma antecipação, mas nesse caso referida a um desejo futuro de seu filho (A2 + FG). Ou, de outro modo, o recurso A2, finalmente, está a serviço de outra cena O1 em que ela antecipa, explica e justifica o porquê de uma mentira. É digna de nota a afirmação de Arlete de que talvez um dia o filho queira saber sobre sua mãe biológica, e isso seja o argumento para explicar por que motivo não lhe contará a verdade. Nesse sentido, consideramos que algumas das manifestações de desejo e exageros (FG) encobrem certa manipulação afetiva (O2). Por exemplo, ela diz: "queria tanto um bebê".

A posição de Arlete, em várias ocasiões, é a de quem recusa não só um personagem que a exige dizer a verdade, mas também outro que questiona a sua maternidade. Ambos os personagens constituem duplos hostis. Se combinarmos esses comentários com as referências místicas a que fizemos menção previamente, talvez possamos conjeturar que seja ela mesma que custa "acreditar" em sua própria maternidade. Aqui, então, nos perguntamos: é só um temor de Arlete que o outro "acredite" que ela não seja a mãe, ou é uma angústia ante a possibilidade de que o outro capte que ela não acredita muito na sua própria maternidade?

CASO ISAURA

Ao falar sobre o tratamento, Isaura refere que decidiu muito rápido. Mesmo assim, conta que durante a gravidez não sentia náuseas ou tinha sintomas, começando a pensar que não estaria grávida, que "não havia bebê". Por outro lado, relata que, durante o período da gravidez, se sentia "rainha", mas que, ao nascerem as gêmeas, se sentiu "um zero à esquerda". Também aponta que contratou uma pessoa para atender a suas filhas, pois não sabia o que fazer com elas. Por fim, relata que leu na internet que é normal que os filhos adotivos queiram saber quem são seus pais biológicos.

Nesse caso, achamos várias semelhanças com o caso precedente. Nos relatos do primeiro caso (tratamento e gravidez), o desejo oral primário (O1) é dominante, acompanhado pela desmentida exitosa. De qualquer modo, podemos destacar dois aspectos relevantes. Por um lado, não há um revestimento místico, mesmo que haja pensamentos (convicções) carentes de sustentação material. Isso se observa, por exemplo, por meio de sequências narrativas, que evidenciam o modo como decidiu a gravidez, prescindindo de uma reflexão concreta sobre suas características. Isaura afirmou que ninguém precisou convencê-la e que acredita ser uma decisão para a qual "não é necessário pensar duas vezes". Quer dizer, ficou evidente o esforço para convencer-se de certos pensamentos. Isso mostra a ausência de uma elaboração concreta sobre o que o tratamento significava emocionalmente para ela.

Por outro lado, outros relatos evidenciam duas faces de uma mesma moeda: a realidade que Isaura consegue captar é uma realidade orgânica, uma tensão somática ou seu equivalente em termos percentuais. Ou seja, se o seu corpo expressa um sintoma (dilatação), ela consegue pensar que está grávida; se não sente nada (em termos orgânicos, não qualificados), ou os percentuais e números não mostrarem, ela acredita que não existe bebê algum.

Os relatos sobre o vínculo entre Isaura e as filhas mostram o que poderíamos denominar uma "maternidade abstrata", já que não quer pensar sobre o tema da carga genética nem vai contar às suas filhas sobre o assunto. Quer dizer, suas filhas não parecem estar enquadradas em um vínculo sujeito-objeto no qual a mãe registre que deva atender às suas necessidades ou desejos. São colocadas na posição de auxiliares (p. ex., durante a gravidez) para que ela conquiste uma identificação e uma postura onipotente ("rainha"). É essa identificação que é destruída para Isaura assim que nascem suas filhas ("um zero à esquerda"). Talvez o mais significativo seja o fato de que a perda de tal identificação tenha destruído também a sua posição materna.

A estratégia que Isaura utiliza para desconhecer a realidade (ovodoação) compõe-se de dois desejos e defesas: evitação (FU) e desmentida (O1). Observa-se que, quando ela não recorre à desmentida, ou seja, a um raciocínio desconectado dos fatos, não consegue uma defesa exitosa.*

As cenas exibidas ao responder "se pensou em contar a suas filhas sobre como foram concebidas" contêm numerosos atos de fala, muitos dos

---

*Melgar (1995, p. 812)) defende que "a mulher que não consegue satisfazer o desejo de dar a vida experimenta a infertilidade como uma perda vital para sua economia narcisista". Já Allegue (2002) propõe diferenciar o "desejo de ser mãe" e vincula o primeiro ao ideal do ego e o segundo ao ego ideal. Ou seja, no segundo caso, a mãe não conseguiria reconhecer o seu filho em um outro senão nela. Essa situação, a rigor, pode apresentar-se não somente nos casos de fertilização assistida, mas também nas adoções e na maternidade natural. A partir do estudo que transcrevemos, nos perguntamos se, em certos casos, não ocorre uma situação inversa, isto é, mulheres que chegam a ter um filho, mas não conseguem sentir-se mães.

quais correspondem a objeções e enlaces causais. Vejamos, então, o que recusa: (a) dizer a verdade a suas filhas; (b) mudar de ideia; (c) o provável desejo de suas filhas (quando se refere a querem saber sobre filhos adotivos); (d) estar equivocada. Quer dizer, Isaura objeta o que sabe (p. ex., de haver lido) e também sua própria possibilidade de pensar. Em resumo, para Isaura, a verdade sobre a ovodoação se oporia ao vínculo materno-filial. Disse que não contará a elas "porque as considero minhas filhas", e acrescenta: "vou dizer que não são minhas?". A frase subjacente às cenas exibidas e ao que ela diz poderia ser formulada do seguinte modo: "essas meninas não são minhas filhas".

CONCLUSÕES

Os resultados dessas análises permitem destacar as seguintes conclusões sobre os dois casos:

- Não conseguiram realizar uma elaboração de acordo e afim com a decisão sobre a gestação.
- Demonstram uma tentativa de desconhecer a carga genética que é identificada como questionamento à sua maternidade.
- Os filhos localizam-se na posição de auxiliares.
- Desconhecimento da própria disfunção orgânica (gravidez e/ou velhice).
- Negação da função do marido como pai de seu filho.
- Combinação entre supor em outra pessoa a negação da própria maternidade e ela mesma não acreditar ser a mãe.
- Substituição de um filho morto (no primeiro caso).

Surge, então, de modo evidente, que, para ambas, a variável "óvulo alheio" não é irrelevante, mas, sim, constitui uma realidade sob a forma de um juízo que quebra seu equilíbrio narcisista.

No *Romance familiar do neurótico*, Freud (1908, p. 219) descreve as fantasias das crianças em torno de quem seriam seus "verdadeiros" pais e cita uma antiga fórmula jurídica: *"pater samper incertus est, mater est certíssima"* ("o pai é sempre incerto, a mãe é certíssima"). Também comenta que, quando ocorre esse pensamento na criança, "o romance sofre uma restrição particular: limita-se a enaltecer o pai, sem duvidar mais do fato, doravante irrevogável, de que o filho descende da mãe".

Neste estudo, é relevante rever essa citação, claro que com duas variações a respeito do uso que Freud faz dela: por um lado, que não estamos investigando a psicologia da criança, mas, sim, das mães; e, por outro, que estas últimas – quando realizam um processo de ovodoação – parecem padecer de uma incerteza sobre o seu papel (o pai não tanto).* Ou seja, os resultados dessa investigação evidenciam que os esforços das mulheres para consumar seu desejo de ser mãe contrapõem-se à dificuldade de elaborar a doação de óvulos e, portanto, adquirir segurança com relação ao seu papel.

A partir disso, fica uma sugestão a todos os profissionais que trabalham com mulheres e/ou casais que exercem esse tipo de prática (ovodoação). De fato, tudo parece indicar que é muito importante ajudar mulheres (ou casais) que realizam esse tratamento a elaborar o conflito entre carga genética e maternidade (ou entre dar vida e ter um filho). Ou, então, ajudá-las a introjetar a possibilidade de que a falta da primeira não suprime a segunda. Mesmo sabendo que cada caso é particular, também é válido procurar estabelecer critérios para configurar tipos de agrupamentos, tal como fazemos no momento de definir um diagnóstico. Também precisamos atentar para possíveis diferenças entre as diversas práticas e maneiras de constituir uma família, como no caso das adoções, por exemplo, com características que se distinguem da procriação por ovodoação.** Não convém, no entanto, descartar a identificação de problemáticas afins ou também observações realizadas em determinados contextos que nos possam ser úteis para compreender fatos desenvolvidos em outros quadros.

Com respeito à adoção, enfatizamos a importância de a criança saber sobre sua origem, já que isso é significativo para a sua identidade. Provavelmente, nos dias de hoje, sejam mais específicas as situações em que os pais adotivos ocultem essa informação de seus filhos, ainda que por muito tempo essa tenha sido a postura mais comum. O estudo aqui exposto parece mostrar que o debate sobre contar ou não a origem de uma gestação se renova com a ovodoação. Ou seja, partindo da análise realizada, destaca-se a importância de auxiliar os casais ou as mulheres a elaborarem as causas e decisões em torno do processo de consumação da gravidez.

Podemos acrescentar que o relato oferecido a um filho sobre como foi concebido (ou adotado) não tem somente a função de responder à pergunta "Quem sou?", mas é também essencial para seu "romance familiar, isto é, para que possa construir uma resposta adequada à pergunta "Quem são meus pais?". Essa pergunta, a rigor, não é mera solicitação de nomes, mas, sobretudo, uma interrogação acerca do modo como foi concebido (ou ado-

---

*Melgar (1995, p. 816) também recorre a este texto freudiano ao falar da fertilização assistida e assinala que "há outra questão que afeta o romance familiar e que merece um pensamento psicanalítico: 'como fica a mãe descentrada da criação das fantasias do ego do filho?'".

**Abraham de Cúneo (1997) pergunta-se se é diferente ser pai ou mãe quando um deles não é o pai ou mãe genético, ao que acrescentamos outra pergunta: se chegamos à conclusão que sim, é diferente, pode-se aceitar esta diferença sem outorgar-lhe um sentido negativo?

tado), sobre quais foram os desejos e as estratégias de seus pais no momento de tomarem essa decisão.*

Algo semelhante apresenta Beramendi (2003, p. 207) quando, a partir do trabalho com um casal que havia adotado dois filhos, se pergunta se estes últimos "sinalizam serem filhos adotivos diante dos adotantes a quem não sentem assumir com firmeza as funções de pai e mãe". Podemos formular de outro modo: em que proporção o conflito é do filho por ser adotado e o quanto é dos pais pelo modo como elaboraram (ou não) as causas e decisões em torno da adoção?** No caso da ovodoação, a questão é similar, já que não se tratará unicamente da aceitação do filho sobre a existência de um óvulo alheio à sua mãe, mas como também será importante o destino psíquico que a mãe (ou casal) dará ao óvulo recebido. Talvez o filho gerado dessa maneira não se questione tanto se é ou não filho de sua mãe, mas, sim, o quanto esta última se sente sua mãe.

Losoviz (1995) se pergunta se as técnicas solucionam os sofrimentos psíquicos da esterilidade, questão a qual nosso estudo contribui com uma resposta, mesmo que parcial. Efetivamente, os dois casos estudados permitiram observar que, diante a uma vivência de fracasso da defesa (infertilidade), o acesso à ovodoação pode conduzir ao restabelecimento do sucesso defensivo, mas à custa de mecanismos patógenos. Evidentemente, não podemos identificar se as defesas patógenas exitosas são anteriores ao tratamento ou ao descobrimento da infertilidade. Não obstante, independentemente do caso, fica ratificada a proposta sobre a necessidade de não considerar o tratamento como um simples ato médico, ou reduzi-lo a uma "medicina de reprodução" (Czyba, 1996).***

---

*Constatamos problemas afins nas dramáticas histórias dos netos que foram devolvidos tendo sido ilegalmente capturados por membros das FFAA durante a última ditadura militar argentina. Ou seja, saber sobre sua história, saber quem são, inclui também compreender como foram "adotados" e por que não estão com seus pais biológicos.
**A experiência clínica, muitas vezes, mostra que pais ou mães adotivos apresentam preocupações sobre se os filhos elaboram ou não sua história, mas é menos habitual expressarem seus próprios conflitos acerca de suas próprias vivências ao decidir pela adoção.
***Melgar (1995, p. 813) chega a uma hipótese similar quando afirma que "a substituição de uma realidade frustrante por outra mais próxima ao desejo conseguida tecnologicamente produz certo estranhamento da realidade". Allegue (2002), por sua vez, considera que o uso da tecnologia conduz a negligenciar o sintoma e passar rapidamente para a solução.

COMENTÁRIO

Algumas das conclusões deste estudo não coincidem com as investigações citadas e apontam novas hipóteses. Contudo, é possível constatar a eficácia de certos desejos e mecanismos de defesa, assim como a importância de contar com uma compreensão psicanalítica complexa sobre o corpo. No entanto, consideramos que o valor de uma investigação não se esgota nos resultados obtidos, mas, sim, nas questões que possam surgir, sejam elas sobre os próprios conceitos ou sobre os fatos clínicos.

Assim sendo, duas perguntas que surgem para estudos futuros serão destacadas. Por um lado, a partir do contraste das duas análises realizadas com as investigações sobre doadoras e receptoras (diferenças entre desejo de maternidade e de filhos, dificuldades para acreditarem-se mães, temor por ter um filho próprio em mãos alheias, etc.), uma hipótese adicional: e se talvez a mulher receptora não se sinta identificada com a doadora de óvulos, no sentido de ter um filho e não poder sentir-se mãe? Por outro lado, a partir das hipóteses de Freud (sobre os componentes da autoconservação, as disputas entre Eros e pulsão de morte e sobre o encontro com o diferente), entendemos que nesse contexto podem desenvolver-se duas formas de nivelar as diferenças: rechaçar a maternidade e homologar como um todo as diversas formas de construir uma família. Ou seja, se aceitamos a hipótese de que a maternidade se fundamenta no desejo de ter um filho e de que essa meta pode ser alcançada por diferentes vias (p. ex., a adoção), surge, então, a seguinte pergunta: com isso são resolvidas as exigências da pulsão de conservação da espécie?

Lebovici (1992) destaca que na mente da mulher um filho representa três diferentes registros:

1. inconsciente (filho da fantasia);
2. pré-consciente (filho da imaginação); e
3. filho da realidade.

O filho da fantasia é o filho do *desejo de maternidade* que a menina, identificada com a mãe, na fantasia, tem com o pai. Em outras palavras, é o filho da situação edípica de toda a menina. Poeticamente, podemos dizer que é o filho dos sonhos da mulher. Diferentemente, no *desejo de um filho* o acento é posto sobre o produto da maternidade, que se chama o filho imaginário. Em outras palavras, o filho da imaginação é o filho da interação entre a mãe e o feto. É o filho dos devaneios da mulher e é, também, o filho portador das mensagens maternas. Contudo, quando a criança nasce, a mulher, finalmente, tem de se confrontar com o filho da realidade, cujo registro entra em cadeia com os registros fantasmático e imaginativo.

Em condições ideais, mediante um ato sexual com o homem que ama, ao engravidar, a mulher satisfaz tanto o seu desejo de maternidade quanto o de ter um filho que não será exatamente aquele dos seus devaneios, com o qual mantinha uma relação ideal, mas o da realidade, de certa forma um "outro", um estranho que, por essa condição, a traumatizará.

As duas pesquisas referidas neste capítulo apontam para a possibilidade de a busca de métodos de reprodução medicamente assistida procurar atender, predominantemente, o desejo de maternidade. Com isso, constata-se que as técnicas medicamente assistidas de fertilização, aparentemente, atendem ao desejo de maternidade, mas não conseguem resolver os conflitos da mulher com a sua infertilidade. A obtenção de um filho por essas tecnologias e, da mesma forma, pela adoção, deveria ter como base uma consistente elaboração do luto pela impossibilidade de satisfazer o desejo de maternidade, representada pela esterilidade.

Tendo em vista as semelhanças possíveis na adoção e na ovodoação, no que diz respeito à dificuldade de aceitação da infertilidade, como ponto final, reproduziremos o comentário que fez ao seu analista um homem, cuja condição de adotado se revelou, por acaso, aos 22 anos de idade: "Será que dizer eu sou Napoleão ou eu sou Deus é muito diferente de uma pessoa afirmar que é mãe verdadeira de uma criança que não gerou? Só não sei por que o destino dos dois não é o mesmo... Ou, na verdade, quem sabe seja, se considerarmos o hospício que era a minha casa".

Esse questionamento expressa uma realidade que não pode ser subestimada em todo o processo de substituição de uma criança que não pode ser concebida naturalmente, devido ao risco de se criar o cenário de uma relação mãe-filho tingida pelo despotismo psicótico e pela falta do genuíno amor ao outro. Nessa condição, não se estabelece um contexto empático favorecedor do desenvolvimento sadio da criança que, por conta disso, para se adaptar ao mundo que o cerca, necessita recorrer a defesas patológicas.

Como ponto final, não será demais advertir, como faz Alkolombre (2008), que as tecnologias de reprodução humana diluem os limites entre a fantasia e a realidade, emergindo problemáticas de grande complexidade que implicam vários campos: médico, psicológico, jurídico, ético, econômico, sociológico e religioso.

No que nos compete, impõe-se o reconhecimento de que o impacto psíquico ante essas novas formas de ascender a uma parentalidade ultrapassam os limites do nosso marco teórico, os quais precisamos articular com novos interrogantes para que possamos dar conta das demandas da clínica psicanalítica contemporânea. Como destaca Alkolombre (2008), essas técnicas proporcionam um retorno às fantasias da criança de que tudo pode ser feito, ou seja, funcionam como um reforço da onipotência do pensamento infantil, a duras custas, se não de todo, parcialmente abandonada ao longo do processo de amadurecimento emocional. Oportunamente, ela lembra Aulagnier (1992) para se referir às novas versões da novela familiar, destacando que, nos dias atuais, a fantasia não consistiria ser uma filha ou um filho de outros pais, mas haver nascido de gens de pais desconhecidos por meio das novas tecnologias de reprodução. Já não se garante mais, como no passado, os laços biológicos na parentalidade e cria-se uma "herança anônima" que será silenciada nas gerações sucessivas.

Também escapa à moldura teórica freudiana a cena primária, que incluiu o terceiro não como observador, mas como participante ativo: a equipe médica. Não é incomum membros da equipe médica, em conversa com a paciente que obteve sucesso com o procedimento, referirem-se ao "nosso bebê". Com razão, enfatiza Tort (1992), que esses avanços médico-tecnológicos sacodem nossas referências simbólicas ao modificar as referências que armazenamos internamente de identidade, parentesco e filiação, perguntando-se: como analisaremos as inevitáveis fantasias que se apoiam na racionalidade científica? Ou, menos do que isso, mas não sem importância: como vamos abordar a relação sexual dos casais no transcurso das técnicas de reprodução assistida por uma equipe médica, ou seja, praticada a "portas abertas"?

Por tudo isso, estamos de acordo com Alkolombre (2008) que, como psicanalistas, precisamos nos preparar para enfrentar essas novas realidades que impactam o trabalho analítico, convocando novos referenciais teóricos para enfrentar questionamentos dos quais já não mais podemos fugir, como exemplifica:

1. que lugar ocupa a criança dentro das regras de parentesco se a sua mãe biológica é uma tia, se foi fecundada no ventre da avó, se nasceu por doação de gameta anônima ou outras variantes?;
2. que sucede se essas situações são faladas ou permanecem sob a forma de segredo?;
3. inauguram-se, dessa forma, parentescos naturais e parentescos artificiais?;
4. estamos diante de uma simples troca de "roupagens" dentro das problemáticas familiares ou existe algo novo introduzido com as técnicas de reprodução assistida?;
5. em que medida essas intervenções sobre o corpo, que mobilizam a concretização de fantasias provenientes de representações arcaicas, são possíveis de ser processadas?;
6. aceitando que a fertilização através de meios tecnológicos intensifica as demandas com predomínio narcisista, podemos considerar alguns casos como de "reprodução narcisista"?;

7. como vamos encarar situações que impliquem inseminação em casais homossexuais, inseminação de mulheres solteiras com sêmen de banco e o uso de "barriga de aluguel" para obter um filho?

Hérrier (1992) sustenta que, ao abordar essas questões, entramos em uma "zona de fronteira" entre os interesses e as responsabilidades individuais, os direitos da criança e as respostas do corpo social, advertindo que nenhum desses aspectos pode ser ignorado. Aos psicanalistas cabe um papel nesse desafio: contribuir com o seu conhecimento, sua experiência e sua reflexão para evitar que as crianças que nascem nesse contexto tecnológico não se tornem meros filhos de demandas bizarras atendidas a alguns setores da reprodução humana que Alkolombre (2008) chama de "medicina do desejo".

REFERÊNCIAS

ABADI, M. Algunas reflexiones sobre la teoría psicoanalítica de las histerias. In: KRELL, I. (Comp.). *La escucha, la histeria*. Buenos Aires: Paidós, 1991.

ABADI, M. Mesa redonda: histeria. *Revista de Psicoanálisis*, v. 43, n. 5, p. 1123-1169, 1986. Tema del número: Acerca de la histeria.

ABRAHAM DE CÚNEO, L. Fecundación asistida y famílias uniparentales. *Actualidad psicológica*, n.241, 1997.

ABRAHAM, K. Un breve estudio de la libido, considerada a la luz de los transtornos mentales. *Psicoanalisis clínico*. Buenos Aires: Hormé, 1959. Publicado originalmente em 1924.

AGAMBEN, G. *O que é contemporâneo? e outros ensaios*. Chapecó: Argos, 2013.

ALEXANDER, F. *Medicina psicossomática*: princípios e aplicações. São Paulo: Artes Médicas, 1989. Publicado originalmente em 1952.

ALKOLOMBRE, P. *Deseo de hijo. Pasión de hijo*: esterilidad y técnicas reproductivas a la luz del psicoanálisis. Buenos Aires: Letra Viva, 2008.

ALLEAU, R. *La science des symboles*. Paris: Payot, 1976.

ALLEGUE, R. Llega la cigüeña... cuarenta años después. Aportes del psicoanálisis a las técnicas de reproducción asistida. *Revista da Asociación Escuela Argentina de Psicoterapia para Graduados*, n. 28, 2002.

ALMASIA, A. *Estudio exploratorio del linguaje en sujetos con apego a Internet*. 2001. Dissertação (Mestrado) – Universid de Ciencias Empresariales y Sociales, Buenos Aires, 2001.

ÁLVAREZ-DÍAZ, J. A. Tipos de ansiedad de parejas tratadas con fecundación asistida frente a la donación hipotética de embriones para investigación en una clínica privada en Lima, Perú. *Gaceta Médica de México*, v. 142, n. 3, 2006.

ALVAREZ, L. Psicossomática e intersubjetividade: família, casal, vínculo terapêutico. *Revista de Psicanálise*, Porto Alegre, v. 10, n. 2, p. 385, 2008.

ANZIEU, D. *A auto-análise de Freud*. Porto Alegre: Artmed, 1999. Publicado originalmente em 1988.

ARAÚJO, K. A. et al. Aspectos psicológicos em mulheres que se submetem às tecnologias de Reprodução assistida. *Psicanálise*: revista da Sociedade Brasileira de Psicanálise de Porto Alegre, v. 14, n. 2, 2013.

AUGÉ, M. *Laguerre des rêves*: exercices d'ethno-fiction. Paris: Seuíl, 1997.

AUGÉ, M. *Non-lieux*: introduction à une anthropologie de la modernité. Paris: Seuíl, 1992.

AULAGNIER, P. *La violencia de la interpretación*. Buenos Aires: Amorrortu, 1997.

AULAGNIER, P. Qué deseo, de qué hijo. *Revista de Psicoanálise con Niños y Adolescentes*, n. 3, 1992.

BARANGER, W.; BARANGER, M. *Problemas del campo psicanalítico*. Buenos Aires: Kargieman, 1969.

BARÓN, L.; KORECK, A.; LANCUBA, S. Evaluación de las motivaciones de un grupo de donantes pagas en un programa de ovo-donación anónima, 2006. Disponível em: < http://revista.samer.org.ar/numeros/2006/n2/9_evaluacion_donantes.pdf>. Acesso em: 28 jun. 2014.

BECKER, J. *Jakob*: o mentiroso. São Paulo: Companhia das Letras, 2000. Publicado originalmente em 1969.

BENYAKAR, M. *Lo disruptivo*: amenazas individuales y coletivas: el psiquismo ante guerras, terrorismos y catástrofes sociales. Buenos Aires: Biblos, 2003.

BERAMENDI, A. Adopción: imaginario social y legitimación del vínculo. *Revista Psicoanálisis de las configuraciones vinculares*, AAPPG, v. XXVI, n. 1, 2003.

BERES, D. Panel sobre "La histeria hoy". *Revista de Psicoanálisis, Psicología y Psiquiatria IMAGO*, Buenos Aires, p. 5-19, 1980.

BETTELHEIM, B. *O coração informado*. 2. ed. São Paulo: Paz e Terra, 1988. Publicado originalmente em 1960.

BIDAUD, E. *Anorexia mental, ascese, mística*: uma abordagem psicanalítica. Rio de Janeiro: Companhia de Freud, 1998.

BION, W. Clinical seminars. In: BION, W. *Clinical Seminars and Other Works*. Londres: Karnak, 1987.

BION, W. *Aprendiendo de la experiência*. Buenos Aires: Paidós, 1966a. Publicado originalmente em 1962.

BION, W. R. *Atención y interpretación*. Buenos Aires: Paidós, 1974. Publicado originalmente em 1970.

BION, W. R. A theory of thinking. *International Journal of Psycho-Analisys*, v. 43, p. 306-310, 1962.

BION, W. R. *O aprender com a experiência*. Rio de Janeiro: Imago, 1991. Publicado originalmente em 1962.

BION, W. *Os elementos da psicanálise*. Rio de Janeiro: Zahar, 1966b. Publicado originalmente em 1963.

BIRMAN, J. *Mal-estar na atualidade*: a psicanálise e as novas formas de subjetivação. 3. ed. Rio de Janeiro: Civilização Brasileira, 2001.

BLEICHMAR, E. D. *O feminismo espontâneo da histeria*. São Paulo: Artes Médicas, 1988. Publicado originalmente em 1984.

BOCK, J.; BRAUN, K. Filial imprinting in domestic chicks is associated with spine pruning in the associative area, dorsocaudal neostriatum. *European Journal of Neuroscience*, v. 11, n. 7, p. 2566-2570, 1999.

BOHLEBER, W. Recordação, trauma e memória coletiva: a luta pela recordação em psicanálise. *Revista Brasileira de Psicanálise*, v. 41, n. 1, p. 154, 2007.

BOKANOWSKI, T. Variações do conceito de traumatismo: traumatismo, traumático e trauma. *Revista Brasileira de Psicanalise*, v. 39, n. 1, 2005.

BOLLAS, C. *Forças do destino*: psicanálise e idioma humano. Rio de Janeiro: Imago, 1992. Publicado originalmente em 1989.

BORGES, E. et al. Fenômenos intrusivos e repetitivos do trauma psíquico. In: JORNADA PAULO GUEDES, 20., 2009, Porto Alegre. *Trabalho*... Porto Alegre: Fundação Universitária Mário Martins, 2009.

BORGOGNO, F. *Psicanálise como percurso*. Rio de Janeiro: Imago, 2004. Publicado originalmente em 1999.

BORRADORI, G. *Philosophy in a time of terror*: dialogues with Jürgen Habermas and Jacques Derrida. Chicago: University of Chicago Press, 2003.

BOWLBY, J. *Attchment and loss*. London: Hogarth Press, 1969. v. 1.

BOWLBY, J. *Uma base segura*: aplicações clínicas da teoria do apego. São Paulo: Artes Médicas, 1989. Publicado originalmente em 1988.

BRASIL. Lei n. 12.010, de 3 de agosto de 2009. Dispõe sobre adoção [...]. Disponível em: < http://www.planalto.gov.br/ccivil_03/_ato2007-2010/2009/lei/l12010.htm>. Acesso em 17 jul. 2014.

BRAUNSCHWEIG, D. A posteriori del debate clínico. In: FINE, A.; SCHAEFFER, J. (Ed.). *Interrogaciones psicosomáticas*. Buenos Aires: Amorrortu, 2000. Publicado originalmente em 1998.

BRENMAN, E. Panel sobre "La histeria hoy". *Revista de Psicoanálisis, Psicología y Psiquiatria IMAGO*, Buenos Aires, p. 5-19, 1980.

BROWN, C. (Ed.). *Novo dicionário internacional de teologia do novo testamento*. São Paulo: Vida Nova, 1981-1983. Publicado originalmente em 1975.

BRUCKNER, P. *A euforia perpétua*: ensaio sobre o dever de felicidade. Rio de Janeiro: Difel, 2002. Publicado originalmente em 2000.

BRUNSWICK, R. M.. La fase preedipica del desarrollo de la libido. *Revista de Psicoanalisis*, v. 37, p. 119, 1980. Publicado originalmente em 1940.

BRUSSET, B. *La bulimie*. Paris: PUF, 1991.

BUSCH, F. O analista trabalhando: modelos e teoria da técnica no momento atual. *Revista Brasileira de Psicanálise*, v. 41, p. 155-160, 2007.

CASSORLA, R.M.S. Do baluarte ao *enactment*: o "não sonho" no teatro da análise. *Revista Brasileira de Psicanálise*, v. 41, p. 51-68, 2007.

CHAPLIN, C. *Minha vida*. 12. ed. Rio de Janeiro: José Olympio, 2005. Publicado originalmente em 1964.

CHODOROW, N. *Psicanálise da maternidade*: uma crítica a Freud a partir da mulher. Rio de Janeiro: Rosa dos Tempos, 1990. Publicado originalmente em 1978.

CYRULNIK, B. *De chair et d'ame*. Paris: Odile Jacob, 2006.

CZYBA, J. C. La Médecine de la reproduction. *Revue Le fait de l'Analyse*, n. 1, 1996.

DE MASI, F. The psychodynamic of panic attacks: a useful integration of psychoanalysis and neuroscience. *International Journal of Psychoanalisys*, v. 85, p. 311-336, 2004.

DEBORD, G. *La société du spectacle*. Paris: Gallimard, 1992.

DEBRAY, R. *Clinique de l'éxpression somatique*. Paris: Delachaux et Niestlé, 1996.

DENIS, P. *Emprise et satisfaction*: le deux formants de la pulsion. Paris: PUF, 1997.

DERRIDA, J. Desconstruindo o terrorismo. In: BORRADONI, G. *Filosofia em tempo de terrorismo*: diálogos com Habermas e Derrida. Rio de Janeiro: Jorge Zahar Editor, 2003. Publicado originalmente em 2003.

DEUTSCH, H. Significance of masochism in the mental life of women. *International Journal of PsychoAnalysis*, v. 11, p.48-60, 1930.

DEUTSCH, H. The psychology of woman in relation to the functions of reproduction. In: FLIESS, R. (Ed.). *The psychoanalytic reader*: an anthology of essential papers with critical introductions. New York: International University Press, 1969a. Publicado originalmente em 1925.

DEUTSCH, H. The significance of masochism in the mental life of women. In: FLIESS, R. (Ed.). *The psychoanalytic reader*: an anthology of essential papers with critical introductions. New York: International University Press, 1969b. Publicado originalmente em 1930.

DOR, J. *Le père et as fonction en psychanalyse*. Paris: Hors Ligne, 1989.

DUBOIS, J. et al. *Rhétorique générale*. Paris: Larousse, 1970.

ETCHEGOYEN, R. H. Las vicissitudes de la identificación. *Revista de Psicanálise*, v. 42, p. 11, 1985. Publicado originalmente em 1984.

EUROPEAN SOCIETY FOR HUMAN REPRODUCTION AND EMBRYOLOGY. *Prevalência de infertilidade em casais*. Beigem, 1996. Disponível em: <ccrh.med.br/infertilidade>. Acesso em: 9 jul. 2014.

FAIMBERG, H. *Gerações*: mal-entendido e verdades históricas. Porto Alegre: Criação Humana, 2001.

FAIN, M.; DAVID, C. Aspects fonctionnels de la vie onirique. *Revue Française de Pychanalyse*, v. 27, p. 241-343, 1963.

FAIRBAIRN, R. Observaciones sobre la naturaleza de los estados histéricos. In: SAURI, J. (Org.). *Las histerias*. Buenos Aires: Nueva Visión, 1975. Publicado originalmente em 1953.

FALZEDER, E.; COMBRIDGE, E. B. (Ed.). *The correspondence of Sigmund Freud and Sándor Ferecnzi*: 1920-1933. Boston: Harvard University, 2000. (v. 3).

FÉDIDA, P. *Depressão*. São Paulo: Escuta, 1999. Publicado originalmente em 1978.

FÉDIDA, P. *Dos benefícios da depressão*: elogio da psicoterapia. São Paulo: Escuta, 2002. Publicado originalmente em 2001.

FELSZÉGHY, B. Panik und Pan-Komplex. *Imago*, v. 1, n. 6, p. 1, 1920.

FERENCZI, S. Confusion of thongues between adults and the Child. In: FERENCZI, S. *Final contributions to the problems and methods of psycho-analysis*. Londres: Hogarth, 1955. Publicado originalmente em 1933.

FERENCZI, S. *Diário clínico*. Buenos Aires: Conjetural, 1988. Publicado originalmente em 1932.

FERENCZI, S. *Psicanálise*. São Paulo: Martins Fontes, 1992. (Obras completas, v. 4).

FERENCZI, S. Psych infantilism and hysteria. In: FERENCZI, S. *Final contributions to the problems and methods of psychoanalysis*. Londres: Hogarth, 1955. Publicado originalmente em 1932.

FONAGY, P. The interpersonal interpretative mechanism: the confluence of genetic and attachement theory in development. In: GREEN, V. (Org.). *Emotional development in Psychoanalysis attachment theory and neuroscience*: creating connections. New York: Brunner-Routledge, 2003.

FORTUNE, C. (Ed.). *The Fereczi-Groddeck Letters*: 1921-1933. Londres: Open Gate, 2000.

FREUD, S. 3 de julho de 1899. In: MASSON, J. M. *A correspondência completa de Sigmund Freud para Wilhelm Fliess (1887-1904)*. Rio de Janeiro: Imago, 1986.

FREUD, S. A cabeça de medusa. In: FREUD, S. *Além do princípio de prazer, psicologia de grupo e outros trabalhos (1920-1922)*. Rio de Janeiro: Imago, 1976a. (Edição standard brasileira das obras psicológicas completas de Sigmund Freud, v. 18).

FREUD, S. *Mais além do princípio de prazer*. Barcelona: Amorrortu, 1920. v. XVIII.

FREUD, S. *A dinâmica da transferência*. Rio de Janeiro: Imago, 1976z. (Edição standard brasileira das obras psicológicas completas de S. Freud, v. 12). Publicado originalmente em 1912.

FREUD, S. A dissolução do complexo de Édipo. In: FREUD, S. *O ego e o id e outros trabalhos (1923-1925)*. Rio de Janeiro: Imago, 1976b. (Edição standard brasileira das obras psicológicas completas de Sigmund Freud, v. 19).

FREUD, S. *O ego e o id*. Rio de Janeiro: Imago, 1976. (Edição standard brasileira das obras psicológicas completas de Sigmund Freud, v. 19).

FREUD, S. A divisão do ego no processo de defesa. In: FREUD, S. *Moisés e o monoteísmo, esboço da psicanálise e outros trabalhos (1937-1939)*. Rio de Janeiro: Imago, 1975a. (Edição standard brasileira das obras psicológicas completas de Sigmund Freud, v. 23).

FREUD, S. *A interpretação dos sonhos (1900)*. Rio de Janeiro: Imago, 1972a. (Edição standard brasileira das obras psicológicas completas de Sigmund Freud, v. 4, parte I).

FREUD, S. *A interpretação dos sonhos e sobre os sonhos (1900-1901)*. Rio de Janeiro: Imago, 1972b. (Edição standard brasileira das obras psicológicas completas de Sigmund Freud, v. 5, parte II).

FREUD, S. A sexualidade na etiologia das neuroses. In: FREUD, S. *Primeiras publicações psicanalíticas (1893-1899)*. Rio de Janeiro: Imago, 1976c. (Edição standard brasileira das obras psicológicas completas de Sigmund Freud, v. 3).

FREUD, S. *Além do princípio de prazer, psicologia de grupo e outros trabalhos (1920-1922)*. Rio de Janeiro: Imago, 1976d. (Edição standard brasileira das obras psicológicas completas de Sigmund Freud, v. 18).

FREUD, S. Algumas consequências psíquicas da distinção anatômica entre os sexos. In: FREUD, S. *O ego e o id e outros trabalhos (1923-1925)*. Rio de Janeiro: Imago, 1976f. (Edição standard brasileira das obras psicológicas completas de Sigmund Freud, v. 19).

FREUD, S. Alguns mecanismos neuróticos no ciúme, na paranóia e no homossexualismo. In: FREUD, S. *Além do princípio de prazer, psicologia de grupo e outros trabalhos (1920-1922)*. Rio de Janeiro: Imago, 1976g. (Edição standard brasileira das obras psicológicas completas de Sigmund Freud, v. 18).

FREUD, S. *Alguns tipos de caráter encontrados no trabalho psicanalítico*. Amorrortu Editores, 1916. v.XIV

FREUD, S. Análise de uma fobia em um menino de cinco anos. In: FREUD, S. *Observações psicanalíticas sobre um caso de paranóia*. Rio de Janeiro: Imago, 1976e. (Edição standard brasileira das obras psicológicas completas de Sigmund Freud, v. 10). Publicado originalmente em 1909.

FREUD, S. As neuropsicoses de defesa. In: FREUD, S. *Primeiras publicações psicanalíticas (1893-1899)*. Rio de Janeiro: Imago, 1976h. (Edição standard brasileira das obras psicológicas completas de Sigmund Freud, v.3).

FREUD, S. Carta. In: FREUD, S. *Publicações pré-psicanalíticas e esboços inéditos (1886-1889)*. Rio de Janeiro: Imago, 1977a. (Edição standard brasileira das obras psicológicas completas de Sigmund Freud, v. 1).

FREUD, S. *Conferências introdutórias sobre psicanálise (1915-1916)*. Rio de Janeiro: Imago, 1976i. (Edição standard brasileira das obras psicológicas completas de Sigmund Freud, v. 15, parte 1-2).

FREUD, S. *Construções em psicanálise*. Rio de Janeiro: Imago, 1976ad. (Edição standard brasileira das obras psicológicas completas de S. Freud, v. 23). Publicado originalmente em 1937.

FREUD, S. Dostoievski e o parricídio. In: FREUD, S. *O futuro de uma ilusão, o mal-estar na civilização e outros trabalhos (1927-1931)*. Rio de Janeiro: Imago, 1974a. (Edição standard brasileira das obras psicológicas completas de Sigmund Freud, v. 21).

FREUD, S. Esboço de psicanálise. In: FREUD, S. *Moisés e o monoteísmo, esboço da psicanálise e outros trabalhos (1937-1939)*. Rio de Janeiro: Imago, 1975b. (Edição standard brasileira das obras psicológicas completas de Sigmund Freud, v. 23).

FREUD, S. *El malestar en la cultura*. O.C.A.E., v. 21, 1930.

FREUD, S. *Esquema da psicanálise*. Amorrortu Editores, 1940. v. XXIII.

FREUD, S. *Estudos sobre a histeria (1893-1895)*. Rio de Janeiro: Imago, 1974b. (Edição standard brasileira das obras psicológicas completas de Sigmund Freud, v.2).

FREUD, S. Fantasias histéricas e sua relação com a bissexualidade. In: FREUD, S. *Gradiva de jensen e outros trabalhos (1906-1908)*. Rio de Janeiro: Imago, 1976j. (Edição standard brasileira das obras psicológicas completas de Sigmund Freud, v. 9).

FREUD, S. Fausse reconnaissance ('déjà reconte) no tratamento psicanalítico. In: FREUD, S. *Totem e tabu e outros trabalhos (1913-1914)*. Rio de Janeiro: Imago, 1974c. (Edição standard brasileira das obras psicológicas completas de Sigmund Freud, v. 13).

FREUD, S. Fetichismo. In: FREUD, S. *O futuro de uma ilusão, o mal-estar na civilização e outros trabalhos (1927-1931)*. Rio de Janeiro: Imago, 1974d. (Edição standard brasileira das obras psicológicas completas de Sigmund Freud, v. 21).

FREUD, S. Fragmentos da análise de um caso de histeria. In: FREUD, S. *Sobre a psicopatologia da vida cotidiana (1901)*. Rio de Janeiro: Imago, 1972c. (Edição standard brasileira das obras psicológicas completas de Sigmund Freud, v. 6).

FREUD, S. *História de uma neurose infantil*. Rio de Janeiro: Imago, 1976ac. (Edição standard brasileira das obras psicológicas completas de S. Freud, v. 17). Publicado originalmente em 1918.

FREUD, S. Inibições, sintomas e ansiedade. In: FREUD, S. *Um estudo autobiográfico, inibições, sintomas e ansiedade, análise leiga e outros trabalhos (1925-1926)*. Rio de Janeiro: Imago, 1976k. (Edição standard brasileira das obras psicológicas completas de Sigmund Freud, v. 20).

FREUD, S. Introdução a psicanálise e as neuroses de guerra. In: FREUD, S. *Uma neurose infantil e outros trabalhos (1917-1918)*. Rio de Janeiro: Imago, 1976l. (Edição standard brasileira das obras psicológicas completas de Sigmund Freud, v. 17).

FREUD, S. Luto e melancolia. In: FREUD, S. *A história do movimento psicanalítico, artigos sobre a metapsicologia e outros trabalhos (1914-1916)*. Rio de Janeiro: Imago, 1974e. (Edição standard brasileira das obras psicológicas completas de Sigmund Freud, v. 14).

FREUD, S. *Más allá del principio del placer.* O.C. A.E., v. 18, 1920.

FREUD, S. *Moisés e o monoteísmo, esboço da psicanálise e outros trabalhos (1937-1939).* Rio de Janeiro: Imago, 1975c. (Edição standard brasileira das obras psicológicas completas de Sigmund Freud, v. 23).

FREUD, S. Neurose e psicose. In: FREUD, S. *O ego e o id e outros trabalhos.* (1923-1925). Rio de Janeiro: Imago, 1976ae. (Edição standard brasileira das obras psicológicas completas de Sigmund Freud, v. 19).

FREUD, S. Notas psicanalíticas sobre um relato autobiográfico de um caso de paranóia: dementia paranoides. In: FREUD, S. *O caso Schreber, artigos sobre técnica e outros trabalhos (1911-1913).* Rio de Janeiro: Imago, 1976m. (Edição standard brasileira das obras psicológicas completas de Sigmund Freud, v. 12).

FREUD, S. *Novas conferências introdutórias sobre psicanálise e outros trabalhos (1932-1936).* Rio de Janeiro: Imago, 1976n. (Edição standard brasileira das obras psicológicas completas de Sigmund Freud, v. 22).

FREUD, S. Novos comentários sobre as neuropsicoses de defesa. In: FREUD, S. *Primeiras publicações psicanalíticas (1893-1899).* Rio de Janeiro: Imago, 1976o. (Edição standard brasileira das obras psicológicas completas de Sigmund Freud, v. 3).

FREUD, S. O "estranho". In: FREUD, S. *Uma neurose infantil e outros trabalhos (1917-1918).* Rio de Janeiro: Imago, 1976p. (Edição standard brasileira das obras psicológicas completas de Sigmund Freud, v. 17).

FREUD, S. *O chiste e sua relação com o inconsciente (1905).* Rio de Janeiro: Imago, 1972d. (Edição standard brasileira das obras psicológicas completas de Sigmund Freud, v. 8).

FREUD, S. O humor. In: FREUD, S. *O futuro de uma ilusão, o mal-estar na civilização e outros trabalhos (1927-1931).* Rio de Janeiro: Imago, 1974f. (Edição standard brasileira das obras psicológicas completas de Sigmund Freud, v. 21).

FREUD, S. O inconsciente. In: FREUD, S. *A história do movimento psicanalítico, artigos sobre a metapsicologia e outros trabalhos (1914-1916).* Rio de Janeiro: Imago, 1974g. (Edição standard brasileira das obras psicológicas completas de Sigmund Freud, v. 14).

FREUD, S. O mal-estar na civilização. In: FREUD, S. *O futuro de uma ilusão, o mal-estar na civilização e outros trabalhos (1927-1931).* Rio de Janeiro: Imago, 1974h. (Edição standard brasileira das obras psicológicas completas de Sigmund Freud, v. 21).

FREUD, S. Obsessões e fobias: seu mecanismo psíquico e sua etiologia. In: FREUD, S. *Primeiras publicações psicanalíticas (1893-1899).* Rio de Janeiro: Imago, 1976r. (Edição standard brasileira das obras psicológicas completas de Sigmund Freud, v. 3).

FREUD, S. Os instintos e suas vicissitudes. In: FREUD, S. *A história do movimento psicanalítico, artigos sobre a metapsicologia e outros trabalhos (1914-1916).* Rio de Janeiro: Imago, 1974i. (Edição standard brasileira das obras psicológicas completas de Sigmund Freud, v. 14).

FREUD, S. (1892-1894). Prefácio e notas de rodapé à tradução de Leçons du Mardi, de Charcot. In: FREUD, S. *(1886-1889) Publicações pré-psicanalíticas e esboços inéditos.* Rio de Janeiro: Imago, 1977d. (Edição standard brasileira das obras psicológicas completas de Sigmund Freud, v.1).

FREUD, S. Projeto para uma psicologia científica. In: FREUD, S. *Publicações pré-psicanalíticas e esboços inéditos (1886-1889).* Rio de Janeiro: Imago, 1977b. (Edição standard brasileira das obras psicológicas completas de Sigmund Freud, v. 1).

FREUD, S. Psicologia de grupo e a análise do ego. In: FREUD, S. *Além do princípio de prazer, psicologia de grupo e outros trabalhos (1920-1922)*. Rio de Janeiro: Imago, 1976s. (Edição standard brasileira das obras psicológicas completas de Sigmund Freud, v. 18).

FREUD, S. Rascunho. In: FREUD, S. *Publicações pré-psicanalíticas e esboços inéditos (1886-1889)*. Rio de Janeiro: Imago, 1977c. (Edição standard brasileira das obras psicológicas completas de Sigmund Freud, v. 1).

FREUD, S. *Recomendações aos médicos que exercem a psicanálise*. Rio de Janeiro: Imago, 1976aa. (Edição standard brasileira das obras psicológicas completas de S. Freud v. 12). Publicado originalmente em 1912.

FREUD, S. Reflexões para os tempos de guerra e morte. In: FREUD, S. *A história do movimento psicanalítico, artigos sobre a metapsicologia e outros trabalhos (1914-1916)*. Rio de Janeiro: Imago, 1974j. (Edição standard brasileira das obras psicológicas completas de Sigmund Freud, v. 14).

FREUD, S. *Romance familiar do neurótico*. Amorrortu Editores, 1908. v. IX.

FREUD, S. Sexualidade feminina. In: FREUD, S. *O futuro de uma ilusão, o mal-estar na civilização e outros trabalhos (1927-1931)*. Rio de Janeiro: Imago, 1974l. (Edição standard brasileira das obras psicológicas completas de Sigmund Freud, v. 21).

FREUD, S. *Sobre o início do tratamento*. Rio de Janeiro: Imago, 1976ab. (Edição standard brasileira das obras psicológicas completas de S. Freud, v. 12). Publicado originalmente em 1913.

FREUD, S. Sobre o narcisismo: uma introdução. In: FREUD, S. *A história do movimento psicanalítico, artigos sobre a metapsicologia e outros trabalhos (1914-1916)*. Rio de Janeiro: Imago, 1974m. (Edição standard brasileira das obras psicológicas completas de Sigmund Freud, v. 14).

FREUD, S. Sobre os critérios para destacar da neurastenia uma síndrome particular intitulada neurose de angústia. In: FREUD, S. *Primeiras publicações psicanalíticas (1893-1899)*. Rio de Janeiro: Imago, 1976t. (Edição standard brasileira das obras psicológicas completas de Sigmund Freud, v. 3).

FREUD, S. *Totem e tabu e outros trabalhos (1913-1914)*. Rio de Janeiro: Imago, 1974n. (Edição standard brasileira das obras psicológicas completas de Sigmund Freud, v. 13).

FREUD, S. *Um caso de histeria, três ensaios sobre a teoria da sexualidade e outros trabalhos (1901-1905)*. Rio de Janeiro: Imago, 1972e. (Edição standard brasileira das obras psicológicas completas de Sigmund Freud, v. 7).

FREUD, S. *Um estudo autobiográfico, inibições, sintomas e ansiedade, análise leiga e outros trabalhos (1925-1926)*. Rio de Janeiro: Imago, 1976u. (Edição standard brasileira das obras psicológicas completas de Sigmund Freud, v. 20).

FREUD, S. Uma neurose demoníaca do século XVIII. In: FREUD, S. *O ego e o id e outros trabalhos (1923-1925)*. Rio de Janeiro: Imago, 1976v. (Edição standard brasileira das obras psicológicas completas de Sigmund Freud, v. 19).

FREUD, S. *Uma neurose infantil e outros trabalhos (1917-1918)*. Rio de Janeiro: Imago, 1976w. (Edição standard brasileira das obras psicológicas completas de Sigmund Freud, v. 17).

FREUD, S. Uma nota sobre o 'bloco mágico'. In: FREUD, S. *O ego e o id e outros trabalhos (1923-1925)*. Rio de Janeiro: Imago, 1976x. (Edição standard brasileira das obras psicológicas completas de Sigmund Freud, v. 19).

FREUD, S. *Uma nota sobre o inconsciente na psicanálise*. Rio de Janeiro: Imago, 1972f. (Edição standard brasileira das obras psicológicas completas de S. Freud, v. 12). Publicado originalmente em 1912.

FREUD, S. Uma réplica às críticas do meu artigo sobre neurose de angústia. In: FREUD, S. *Primeiras publicações psicanalíticas (1893-1899)*. Rio de Janeiro: Imago, 1976y. (Edição standard brasileira das obras psicológicas completas de Sigmund Freud, v. 3).

GAMBAROFF, M. *Utopia da fidelidade*. São Paulo: Artes Médicas, 1991.

GAMONDI, A. Anotações de aula do doutorado em psicologia da Universidad de Ciencias Empresariales y Sociales (UCES). Buenos Aires, 2005.

GARMA, A. *El dolor de cabeza*. Buenos Aires: Nova, 1958.

GARMA, A. *El psicoanalisis*. Buenos Aires: Paidós, 1962.

GARMA, A. *Génesis psicosomática y tratamiento de las úlceras gástricas y duodenales*. Buenos Aires: Nova, 1954.

GARMA, A. *Psicoanalisis de los ulcerosos*. Buenos Aires: Paidós, 1969.

GAUTHIER, J-M. O corpo do anoréxico: entre real e imaginário. In: SAMI-ALI et al. *Manual de terapias psicossomáticas*. Porto Alegre: Artmed, 2004.

GIOVANNETTI, M. de F. Hospitalidade na clínica psicanalítica hoje. *Revista Brasileira de Psicanálise*, v. 39, n. 4, p. 25-32, 2005.

GLENN, J. Freud's adolescent patients: Katharina, Dora and the "homosexual woman". In: KANZER, M; GLENN, J. *Freud and his patients*. New York: J. Aronson, 1980.

GLOVER, E. *Psycho-analysis*: a handbook for medical practioners and students of comparativy psychology. 2th. New York: Staples Press, 1949.

GRAMSTAD, T. Disponível em: <http://heim.ifi.uio.no/thomas/>. [S.l.: s.n, 2003]. Página livre da internet.

GREEN, A. *De locuras privadas*. Buenos Aires: Amorrortu, 1990.

GREEN, A. *Le travail du négatif*. Paris: Minuit, 1993.

GREEN, A, A clínica contemporânea e o enquadre interno do analista. *Revista Brasileira de Psicanálise*, v. 46, p.215-225, 2012.

GREEN, A. A mãe morta. In: GREEN, A. *Narcisismo de vida, narcisismo de morte*. São Paulo: Escuta, 1988.

GREEN, A. Comentario sobre la observación de Press. In: FINE, A.; SCHAEFFER, J. (Ed.). *Interrogaciones psicosomáticas*. Buenos Aires: Amorrortu, 2000.

GREEN, A. *Idées directrices pour une psychanalyse contemporaine*: méconnaissance et reconnaissance de l'inconscient. Paris: PUF, 2002.

GREEN, A. Issues of interpretations: conjectures on constructions. *European Federation of Psychoanalysi Meeting*. Vilamoura, Portugal, 2005.

GREEN, A. *Narcissisme de vie, narcissisme de mort*. Paris: Minuit, 1983.

GREEN, A. *O discurso vivo*: uma teoria psicanalítica do afeto. Rio de Janeiro: Francisco Alves, 1982.

GREEN, A. The analyst, symbolization and the absence in the analytic setting. Londres: The Hogarth Press, 1986. (On private madness). Publicado originalmente em 1975.

GREEN, A.; DONNET, J-L. *L'enfant de çà*. Paris: Minut, 1973.

GRINBERG, L. *Teoria de la identificación*. Madrid: Tecnipublicaciones, 1985.

HEIMANN, P. "Cumulative trauma" to the privacy of the Self: A critical review of M. Masud R. Khan's book. *International Journal of Psycho-Analisys*, v. 56, p. 465-76, 1975.

HERBERT, S. O traumatologista e a criança maltratada. In: OUTEIRAL, J. O. et al. *Infância e adolescência*: psicologia do desenvolvimento, psicopatologia e tratamento. São Paulo: Artes Médicas, 1982.

HERMAN, J. L. *Trauma and recovery*: from domestic abuse to polical terror. New York: BasicBooks, 2001.

HÉRRIER, F. Del engendramiento a la filiación. *Revista de Psicoanálisis con Niños y Adolescentes*, n. 3, 1992.

HESSE, H. *O lobo da estepe*. Rio de Janeiro: Record, 2000. Publicado originalmente em 1927.

HORNEY, K. En miedo a la mujer. In: JONES, E. et al. *Psicoanálisis y sexualidad feminina*. Buenos Aires: Hormé, 1967a. Publicado originalmente em 1932.

HORNEY, K. La (re)negación de la vagina. In: JONES, E. et al. *Psicoanálisis y sexualidad feminina*. Buenos Aires: Hormé, 1967b. Publicado originalmente em 1932.

HORNSTEIN, L. *As depressões*: afetos e humores do viver. São Paulo: Via Lettera, 2008.

JACOBSON, E. Denial and repression. *Journal of the American Psychoanalytic Association*, v. 5, n. 1, p. 61-92, Feb. 1957.

JIMÉNEZ AVELLO, J. *Para leer a Ferenczi*. Madrid: Biblioteca Nueva, 1998.

JONES, E. El desarrolo temprano de la sexualidad feminina. In: JONES, E. et al. *Psicoanálisis y sexualidad feminina*. Buenos Aires: Hormé, 1967. Publicado originalmente em 1932.

KAES, R. *El aparato psíquico grupal*. Barcelona: Gedisa, 1977.

KAËZ, R. et al. *Transmission de la vie psychique entre générations*. Paris: Dunod, 1993.

KAUFMANN, P. *L'apport freudien: Éléments pour une encyclopédie de la Psychanalyse*. Paris: Éditions Bordas, 1993.

KHAN, M. *La intimidad del si mismo*: el concepto de trauma cumulativo. Buenos Aires: Saltes, 1980. Publicado originalmente em 1963.

KLEIN, M. Contribuición a la psicogênisis de los estados maníaco-depressivos. In: KLEIN, M. *Obras Completas*. Buenos Aires: Paidós, 1975a. (v. 2). Publicado originalmente em 1935.

KLEIN, M. El psicoanálisis de niños. In: KLEIN, M. *Obras completas*. Buenos Aires: Paidós, 1974. (v. 1). Publicado originalmente em 1933.

KLEIN, M. Notas sobre algunos mecanismos esquizoides. In: KLEIN, M. *Desarrollos en psicoanálisis*. Buenos Aires: Paidós, 1975b. Publicado originalmente em 1946.

KLEIN, M. Sobre a identificação. In: KLEIN, M. *O sentimento de solidão*: nosso mundo adulto e outros ensaios. 2. ed. Rio de Janeiro: Imago, 1975c. Publicado originalmente em 1955.

KOHUT, H. *Análise do self*. Rio de Janeiro: Imago, 1988. Publicado originalmente em 1971.

KOPITTKE, C. A. A psicanálise frente à reprodução assistida. Trabalho apresentado na jornada *A Psicanálise Frente à Reprodução Assistida: Novos Desafios?* promovida pela Sociedade Brasileira de Psicanálise, 2013.

KREISLER, L. *Le nouvel enfant du désordre psychomatique*. Paris: Dunod, 1995. Publicado originalmente em 1981.

KROHN, A.; KRHON, J. The nature of the Oedipus complex in the Dora case. *Journal of the American Psychoanalytic Association*, v. 30, n. 3, p. 555-578, Jun. 1982.

KRYSTAL, H. Alexithymia and the effectiveness of psychoanalytic treatment. *International Journal of Psychoanalytic Psychotherapy*, v. 9, p. 353-378, 1982.

KUHN, T. *The structure of scientific revolutions*. Chicago: Univ. of Chicago Press, 1962.

LABARTHE, C. El enquadre interno del analista. *Revista Psicología Sociedad Peruana de Psicoanalisis*, n. 10, p. 89-104, 2012.

LACAN, J. Histeria y homossexualidad feminina. In: KRELL, I de. *La escucha, la histeria*. Buenos Aires: Paidós, 1984. Publicado originalmente em 1978.

LACAN, J. *Las relaciones de objeto y las estructuras freudianas*. Buenos Aires: Imago, 1978. Publicado originalmente em 1956.

LACAN, J. *Les complexes familiaux dans la formation de l'individu*. Paris: Navarin Éditeur, 1984.

LACAN, J. Les formations de l'inconscient (Seminar V). *Bulletin de Psychologie*, Paris, 1958.

LACAN, J. *Los cuatro conceptos fundamentales del psicoanalisis*. Barcelona: Barral, 1974. Publicado originalmente em 1964.

LAMPL-DE-GROOT, J. La evolución del complexo de Édipo en la mujer. In: JONES, E. et al. *Psicoanálisis y sexualidad feminina*. Buenos Aires: Hormé, 1967. Publicado originalmente em 1927.

LAMPL-DE-GROOT, J. Problems of feminity. *Psychiatric Quaterly*, v. 2, p. 489, 1933.

LANDER, R. Discusión a los trabajos plenarios sobre los afectos y el desarrollo. *41st. International Psychoanalytical Congress*, Santiago, 1999.

LANDER, R. La masculinidade cuestionada. *Trópicos: Revista de la Sociedad Psicoanalítica de Caracas*, v. 18, n. 1, 2010.

LASCH, C. *The culture of narcissism*: American life in an age of diminishing expectations. New York: Warner Books, 1979.

LAUB, D.; AUERHAHN, N. C. Knowing and not knowing massive psychic trauma: forms of traumatic memory. *The International Journal of Psychoanalysis*, v. 74, p. 287, 1993.

LE BON, G. *Psychologie dês foules*. 4. ed. Paris: Puf, 1991. Publicado originalmente em 1895.

LEBOVICI, S. Maternidade. In: COSTA; KATZ. *Dinâmica das relações conjugais*. Porto alegre: Artmed, 1992.

LECLAIRE, S. *Para una teoria del complexo de Edipo*. Buenos Aires: Nueva Vision, 1986.

LEVINAS, E. *Totalidade e infinito*. Lisboa: Edições 70, 1988. Publicado originalmente em 1961.

LIBERMAN, D. *Del cuerpo al símbolo*: sobreadaptación y enfermedad psicosomática. Buenos Aires: Kargieman, 1982a.

LIBERMAN, D. *Lingüística, interacción comunicativa y proceso psicoanalítico*. Buenos Aires: Nueva Visión, 1976.

LIBERMAN, D. et al. Sobreadaptación, transtornos psicosomáticos y estados tempranos del desarrollo. *Revista de Psicoanalísis*, v. 39, p. 845-853, 1982b.

LIBERMAN, D. Entropía e información em el processos terapêutico. *Revista de Psicoanálise, Asociación Psicoanalítica Argentina*, v. 24, n.1, 1967.

LIPOVETSKY, G. *O império do efêmero*: a moda e seu destino nas sociedades modernas. São Paulo: Companhia das Letras, 1989.

LIPOVETSKY, G.; CHARLES, S. *Os tempos hipermodernos*. São Paulo: Barcarolla, 2004.

LISONDO, A. Filiação simbólica e filiação diabólica. Parentalidade. Adoção. *44º Congresso Internacional da IPA*. Rio de Janeiro, 2005.

LOSOVIZ, A. Escenario psicoanalítico de la fertilización asistida. *Revista de Psicoanálise, Asociación Psicoanalítica Argentina*, v. LII, n. 2, 1995.

LOWENKRON, T. S. *Psicoterapia psicanalítica breve*. 2. ed. Porto Alegre: Artmed, 2006.

MALDAVSKY, D. *Anorexia en la infancia*: metapsicología y clínica. *Diarios clínicos*, n. 3, 1991.

MALDAVSKY, D. *Casos atípicos*: cuerpos marcados por delírios y números. Buenos Aires: Amorrortu, 1998.

MALDAVSKY, D. Clínica de las adicciones. *Zona Erógena*, v. 26, p. 19-21, 1995a.

MALDAVSKY, D. *El complejo de Edipo positivo*: constitución y transformación. Buenos Aires: Amorrortu, 1982.

MALDAVSKY, D. *El dominío del trauma*. 2011. Trabalho inédito.

MALDAVSKY, D. *Estructuras narcisistas*: constitución y transformaciones. Buenos Aires: Amorrortu, 1988.

MALDAVSKY, D. *Judéité*: origenes et identifications. Paris: Delachaux et Niestlé, 2001. Publicado originalmente em 1993.

MALDAVSKY, D. *La desvitalización y la economia pulsional vincular*. Buenos Aires: UCES, 2007. Disponível em: < http://www.devel.uces.edu.ar/iaepcis-instituto-de-altos-estudios--en-psicologia-y-ciencias-sociales/1235/desvitalizacion-economia-pulsional-vincular-david--maldavsky/>. Acesso em: 17 jul. 2014.

MALDAVSKY, D. *La investigación psicoanalítica del lenguaje*. Buenos Aires: Lugar Editorial, 2004.

MALDAVSKY, D. *La intersubjetividad en la clínica psicoanalítica*. Buenos Aires: Lugar, 2007.

MALDAVSKY, D. *Las crisis en la narrativa de Roberto Arlt*: algunas contribuiciones de las ciencias humanas a la comprensión de la literatura. Buenos Aires: Escuela, 1968.

MALDAVSKY, D. Las situaciones críticas y la economía pulsional. In: BEKER; BELTRÁN; BÓ DE BESOZZI (Comps.). *Intervenciones en situaciones críticas*. Ed. Catálogos, 2002.

MALDAVSKY, D. *Lenguaje, pulsiones, defesas*. Buenos Aires: Nueva Visión, 2000.

MALDAVSKY, D. *Linajes abúlicos*: procesos tóxicos y traumáticos en estructuras vinculares. Buenos Aires: Paidós, 1996.

MALDAVSKY, D. *Pesadillas em vigília*: sobre neuroses tóxicas y traumáticas. Buenos Aires: Amorrortu, 1995b.

MALDAVSKY, D. *Procesos y estructuras vinculares*: mecanismo, erogeneidad y lógicas. Buenos Aires: Nueva Visión, 1991.

MALDAVSKY, D. *Sobre las ciencias de la subjetividad*. Buenos Aires: Nueva Visión, 1996.

MALDAVSKY, D. *Teoría de las representaciones*. Buenos Aires: Nueva Visión, 1976.

MALDAVSKY, D. *Teoría y clínica de los procesos tóxicos*: adicciones, afecciones psicosomáticas, epilepsias. Buenos Aires: Amorrortu, 1992.

MALDAVSKY, D. *Casos atípicos*: cuerpos marcados por delírios y números. Buenos Aires: Amorrortu, 1998.

MALDAVSKY, D. *Lenguajes del erotismo*. Buenos Aires: Nueva Visión, 1999.

MALDAVSKY, D.; ROITMAN, C. R.; STANLEY, C. T. de. Correntes psíquicas e defesas: pesquisa sistemática de conceitos psicanalíticos e da prática clínica com o algoritmo David Liberman (ADL). *Psicanálise*: revista da Sociedade Brasileira de Psicanálise de Porto Alegre, v. 10, n. 1, p. 31-68, 2008.

MALDAVSKY, D. et al. Investigação psicanalítica contemporânea. *Psicanálise*: revista da Sociedade Brasileira de Psicanálise de Porto Alegre, v. 6, n. 1, p. 93-130, 2004.

MALDAVSKY, D. et al. *La intersubjetividad en la clínica psicoanalítica*. Buenos Aires: Lugar Editorial, 2007.

MALDAVSKY, D. et al. La desvitalización y la economía pulsional vincular. *Revista Subjetividad y Procesos cognitivos*, 2014. De próxima aparición.

MALDAVSKY, D. et al. Sobre la investigación de los procesos subjetivos e intersubjetivos en psicoterapia de pareja. *Clínica y investigación relacional, Revista Subjetividad y Procesos cognitivos*, n. 14, 2010.

MALDAVSKY, D. et al. *Systematic research on psychoanalytic concepts and clinical practice*: the David Liberman algorithm (DLA). Buenos Aires: UCES, 2005.

MARMOR, J. Orality in the hysterical personality. *Journal of the American Psychoanalytic Association*, v. 1, n. 4, p. 656-671, Oct. 1953.

MARTY, P. *A psicosomática do adulto*. São Paulo: Artes Médicas, 1993.

MARTY, P. Génesis de las enfermedades graves y criterios de gravedad en psicosomática. In: TENORIO DE CALATRONI, M. et al. *Pierre Marty y la psicosomática*. Buenos Aires: Amorrortu, 1998. Publicado originalmente em 1991.

MARTY, P. *L'ordre psychomatique*: désorganisations et regressions. Paris: Payot, 1980.

MARTY, P. La depresión essentielle. *Revue Française de Pychanalyse*, v. 32, p. 595, 1966.

MARTY, P. *Les mouvements individuels de vie et de mort*: essai d'économie psychomatique. Paris: Payot, 1976.

MARTY, P. Un processus majeur de somatisation: la desorganisation progressive. *Revue Française de Pychanalyse*, v. 32, p. 1120, 1967.

MARTY, P.; MUZAN, M. La "pensée opératoire". *Revue Française de Psychanalyse*, v. 27, p. 345, 1963.

MARTY, P; MUZAN, M.; DAVID, C. *Línvestigation psychomatique*. Paris: PUF, 1963.

MASSON, J. M. *Atentado à verdade*: a supressão da teoria da sedução por Freud. Rio de Janeiro: José Olympio, 1984.

MAYER, H. *Histeria*. São Paulo: Artes Médicas, 1989a.

MAYER, H. *Voltar a Freud*: da teoria do narcisismo a clínica psicanalítica. São Paulo: Artes Médicas, 1989b.

McDOUGALL, J. *Em defesa de uma certa anormalidade*: teoria e clínica psicanalítica. Porto Alegre: Artmed, 1987. Publicado originalmente em 1978.

MCDOUGALL, J. O psicossoma e a psicanálise. In: MCDOUGALL, J. *Em defesa de uma certa anormalidade*: teoria e clínica psicanalítica. Porto Alegre: Artmed, 1983. Publicado originalmente em 1978.

MCDOUGALL, J. *Teatros de la mente*: ilusión y verdad en el escenário psicoanalítico. Madrid: Tercniopublicaciones, 1987a. Publicado originalmente em 1982.

MCDOUGALL, J. Um corpo para dois. In: MCDOUGALL, J. *Conferências brasileiras*. Rio de Janeiro: Xenon, 1987b.

MELGAR, M. C. Procreación asistida (natural-artificial) en la cultura contemporánea. *Revista de Psicoanalisis*, Asociación Psicoanalítica Argentina, v. LII, n. 3, 1995.

MELTZER, D. *O desenvolvimento kleiniano*. São Paulo: Escuta, 1989. (v. 1). Publicado originalmente em 1978.

MELTZER, D. *O processo psicanalítico*: da criança ao adulto. Rio de Janeiro: Imago, 1971. Publicado originalmente em 1967.

MELTZER, D.; WILLIAMS, M. H. *La aprehensión de la belleza*. Buenos Aires: Spatia, 1990.

MENEZES, L. S. de. Pânico efeito do desamparo na contemporaneidade: um estudo psicanalítico. São Paulo: Casa do Psicólogo, 2006.

MESHULAN-WEREBE, D. M.; ANDRADE, M. G. O.; DELOUYA, D. Transtorno de estresse pós-traumático: o enfoque psicanalítico. *Revista Brasileira Psiquiatria*, v. 25, p. 37-40, 2003, Suplemento 1.

MEYER, L. *Rumor na escuta*: ensaios de psicanálise. São Paulo: Editora 34, 2008.

MINERBO, M. Psicopatología psicanalítica: notas críticas. *Revista Psicanálise*, v. 11, p. 155-164. 2009.

MIRANDA, M. R. Em busca das palavras perdidas: corpo-carcereiro da mente nos distúrbios alimentares. *Revista Ide*, v. 30, p. 28, 2007.

MONTAGNA, P. O paciente psicossomático. *Revista Brasileira de Psicanálise*, v. 37, n. 2-3 p. 679-686, 2003.

MORAES, V. *Eu não existo sem você*. Letra de música.

NAGERA, H. *A sexualidade feminina e o complexo de Édipo*. Rio de Janeiro: Imago, 1983. Publicado originalmente em 1975.

NAGERA, H. *Desarrollo de la teoría de la libido en la obra de Freud*. Buenos Aires: Hormé, 1978. Publicado originalmente em 1968.

NASIO, J-D. *Lições sobre os 7 conceitos cruciais da psicanálise*. Rio de Janeiro: Jorge Zahar, 1989.

NEVES, N.; HASSON, A. *Del suceder psíquico*: erogeneidad y estructuración del yo em la niñez y la adolescência. Buenos Aires: Nueva Visión, 1994.

NICOLAÏDIS, N. El modelo Marty: prepsíquico o cerca de lo psíquico? In: FINE, A.; SCHAEFFER, J. (Ed.). *Interrogaciones psicosomáticas*. Buenos Aires: Amorrortu, 2000.

NOSEK, L. Corpo e infinito: notas para uma teoria da genitalidade. Chicago: *46.º Congresso da IPA*, 2009.

OGDEN, T. *La matriz de la mente*: las relaciones de objeto y el diálogo psicoanalítico. Madri: Tecnopublicaciones, 1989. Publicado originalmente em 1986.

OGDEN, T. *Os sujeitos da psicanálise*. São Paulo: Casa do Psicólogo, 2006. Publicado originalmente em 2004.

OGDEN, T. Sobre três formas de pensar: o pensamento mágico, o pensamento onírico e o pensamento transformativo. *Revista Brasileira de Psicanálise*, v. 46, p. 193-214, 2012.

OLIVEIRA, J. F.; RACHEWSKY, C.; NICOLOSO, M. A. Ovodoação: da carga genética à maternidade. *Revista Psicanálise*, v.14, n. 2, 2013.

PEÇANHA, D. Contribuições teóricas do instituto de psicossomática de Paris. *Cadernos de psicologia.*, v. 4, p. 129, 1998.

PEREIRA, M. E. C. *Pânico e desamparo*: um estudo psicanalítico. São Paulo: Escuta, 1999.

PEREIRA, M. E. C. *Psicopatologia dos ataques de pânico*. São Paulo: Escuta, 2003.

PERSON, E.; COOPER, A. M.; GABBARD, G. O. (Org.). *Compêndio de psicanálise*. Porto Alegre: Artmed, 2007.

PLUT, S. T. *Estudio exploratorio del estrés laboral y trauma social em los empleados bancarios durante el "corralito"*. 2006. Tese (Doctorado en Psicologia) – Universidad de Ciencias Empresariales y Sociales, Buenos Aires, 2006.

PUGET, J. Experiencia clínica vincular y sus presupuestos. *2.º Encontro do Comitê Latino--Americano de Família e Casal*, São Paulo, 2009.

PUGET, J.; BERENSTEIN, I. *Psicoanálisis de la pareja matrimonial*. Buenos Aires: Paidós, 1988.

QUINODOZ, J-M. *A solidão domesticada*: a angústia de separação em psicanálise. São Paulo: Artes Médicas, 1993.

REICH, W. *Análisis del caracter*. 4. ed. Buenos Aires: Paidós, 1974. Publicado originalmente em 1933.

RESNIK, S. El "no" em la histeria. *Revista de Psicanálise*, v. 69, p. 503, 1992.

ROGOW, A. A further footnote to Freud's: fragment of an case of hysteria. *Journal of the American Psychoanalytic Association*, v. 26, n. 2, p. 331-356, Apr. 1978.

RONDINESCO, E. *Por que a psicanálise?* Rio de Janeiro: Jorge Zahar, 2000.

ROSEMBERG, B. *Masochisme mortifère et masochisme gardien de la vie*. Paris: PUF, 1991.

ROSOLATO, G. Le narcissisme. In: ROSOLATO, G. *La relation d'inconnu*. Paris: Gallimard, 1978. Publicado originalmente em 1971.

ROUSSILLON, R. *Agonie, clivage et symbolisation*. Paris: PUF, 2001.

SALAS, O. *La femineidad*: una revisión de la fase fálica. Buenos Aires: Nueva Visión, 1967.

SAMI-ALI. *El cuerpo, el espacio y el tiempo*. Buenos Aires: Amorrortu, 1993.

SANDLER, J. On the concept of superego. *Psychoanalytic Study of the Child*, v. 15, p. 128-162, 1960.

SCHOENENWOLF, G. Dream interpretation with hysterics. In: SCHOENENWOLF, G. *Turning points in analytic therapy*: the classic cases. Northvale: J. Aronson, 1990.

SIFNEUS, P. E. The prevalence of 'alexithimic' characteristics in psychosomatic patients. *Psychotherapy and Psychosomatics*, v. 22, n. 2-6, p. 255-262, 1973.

SPITZ, R. *The primal cavity*: the psychoanalytics study of the child. New York: Int. Univ. Press, 1955.

STOLLER, R. *A experiência transexual*. Rio de Janeiro: Imago, 1982.

TORT, M. *Le désir froid. Procréation artificielle et crise des repères symboliques*. Paris: La Découverte, 1992.

TUSTIN, F. *El cascarón protector en niños y adultos*. Buenos Aires: Amorrortu, 1992.

TUSTIN, F. *Estados autistas em crianças*. Rio de Janeiro: Imago, 1984. Publicado originalmente em 1981.

URRIBARRI, F. O pensamento clínico contemporâneo. *Revista Brasileira de Psicanálise*, v. 46, p.47-64, 2012.

VIEIRA NETO, O.; VIEIRA, C. M. S. (Org.). *Transtorno de estresse pós-traumático*: uma neurose de guerra em tempos de paz. São Paulo: Vetor, 2005.

VIRILIO, P. *The information bomb*. London: Verso, 1999.

WIDLÖCHER, D. Désir d'identificacion et effects struturaux dans l'oeuvre de Freud. *Revista de Psicanálise*, v. 42, p. 63, 1985.

WIDLÖCHER, D. *Sexualité infantile et attachement*. Paris: PUF, 2000.

WINNICOTT, D. W. *La familia y el desarrollo del individuo*. Buenos Aires: Hormé, 1967.

WINNICOTT, D. W. La relación inicial de uma madre com su bebé. In: WINNICOTT, D. W. *La família y el desarrollo del individuo*. Buenos Aires: Hormé, 1967. Publicado originalmente em 1960.

WINNICOTT, D. W. On transference. *The International Journal of Psycho-Analysis*, v. 37, p. 386-388, 1956.

WINNICOTT, D. W. Primitive emotional development. In: WINNICOTT, D. W. *Through pediatrics to psycho-analysis*. Londres: Tavistock Publications, 1958. Publicado originalmente em 1945.

WINNICOTT, D. W. *Realidad y juego*. Buenos Aires: Granica, 1972.

WINNICOTT, D. W. *The theory of infant-parent relationship*: the maturational process an d the facilitating environment. London: Hogarth, 1965.

WINNICOTT, D. W. The fear of breakdown. *The International Review Psycho-Analysis*, v. 1, p. 103-108, 1974.

ZAK DE GOLDSTEIN, R. *And then... why Lacan?* Lima: Fondo Editorial, 1995.

ZETZEL, E. The so-called good hysteric. *The International Journal of Psycho-Analysis*, v. 49, n. 2, p. 256-260, 1968.

ZIV, A. Psycho-social aspects of jewish humor in Israel and in the Diaspora. In: ZIV, A. (Ed.). *Jewish humor*. Tel Aviv: Papyrus, 1986.

LEITURAS SUGERIDAS

CODERCH, J. *Pluralidad y diálogo en psicoanálisis*. Barcelona: Herder, 2006.

COSTA, G. P.; PLUT, S. Escrava da delicadeza. In: COSTA, G. *A clínica psicanalítica das psicopatologias contemporâneas*. Porto Alegre: Artmed, 2010.

FARATE, C. *Psicanálise com limites, psicanálise ilimitada*. Lisboa: Fenda, 2012.

FREUD, S. *Introdução ao narcisismo*. Barcelona: Amorrortu, 1914. v. XIV.

FREUD, S. *Pulsão e destinos das pulsões*. Barcelona: Amorrortu, 1915. v. XIV.

FREUD, S. *O problema do econômico do masoquismo*. Barcelona: Amorrortu, 1924. v. XIX.

FREUD, S. Além do princípio do prazer. In: FREUD, S. Além do princípio do prazer, psicologia de grupo e outros trabalhos (1920-1922). Rio de Janeiro: Imago, 1976. (Edição standard brasileira das obras psicológicas completas de Sigmund Freud, v. 18).

FREUD, S. *O mal estar na civilização*. Rio de Janeiro: Imago, 1976. (Edição standard brasileira das obras psicológicas completas de Sigmund Freud, v. 21).

FREUD, S. *Carta 52*. Rio de Janeiro: Imago, 1977. (Edição standard brasileira das obras psicológicas completas de Sigmund Freud, v. 1).

HOLT, R. The death and transfiguration of metapsychology. *International Review Psychoanalysis*, v. 8, p. 129-144, 1981.

MORA, F. *Continuum*: como funciona el cérebro? Madri: Alianza, 2002.

MORESCO, M. *Real, simbólico, imaginário*: una introdución. Buenos Aires: Letra Viva, 2011.

PLUT, S. Revisão epistemológica e crítica do conceito de patologias atuais. *Psicanálise*: revista da Sociedade Brasileira Psicanalítica de Porto Alegre, v.12, n. 1, 2008.

PLUT, S. Se me dizes que vais a Cracovia. *Psicanálise*: revista da Sociedade Brasileira Psicanalítica de Porto Alegre, v.12, n. 1, 2010.

WINNICOTT, D. Objetos e fenômenos transicionais. In: WINNICOTT, D. *O brincar e a realidade*. Rio de Janeiro: Imago, 1975. Trabalho original publicado em 1951.